علم الاجتماع الطبـــي
دراسة تحليلية في طب المجتمع

تأليف
الأستاذ الدكتور

إحسان محمد الحسن

دكتوراه علوم في علم الاجتماع من جامعة لندن بدرجة امتياز
حائز على جائزة نوبل في العلوم الاجتماعية
أستاذ علم الاجتماع في كلية الآداب بجامعة بغداد

الطبعة الأولى
٢٠٠٨

دار وائل للنشر

رقم الايداع لدى دائرة المكتبة الوطنية : (٢٠٠٧/١٢/٣٨١٤)
الحسن ، إحسان محمد
علم الإجتماع الطبي: دراسة تحليلية في طب المجتمع / إحسان محمد الحسن. - عمان: دار وائل ، ٢٠٠٨
.
(٣٩٠) ص
ر.إ. : (٢٠٠٧/١٢/٣٨١٤)
الواصفات: علم الإجتماع الطبي
* تم إعداد بيانات الفهرسة والتصنيف الأولية من قبل دائرة المكتبة الوطنية

****

رقم التصنيف العشري / ديوي : ٣٠٦,٤٦١
ISBN 978-9957-11-747-4 (ردمك)

* علم الاجتماع الطبي
* الأستاذ الدكتور إحسان محمد الحسن
* الطبعـة الأولى ٢٠٠٨

* جميع الحقوق محفوظة للناشر

دار وائـل للنشر والتوزيع
* الأردن - عمان - شارع الجمعية العلمية الملكية - مبنى الجامعة الاردنية الاستثماري رقم (٢) الطابق الثاني
هـاتف : ٠٠٩٦٢-٦-٥٣٣٨٤١٠ - فاكس : ٠٠٩٦٢-٦-٥٣٣١٦٦١ - ص. ب (١٦١٥ - الجبيهة)
* الأردن - عمـان - وسـط البـلد - مجمـع الفحيص التجـاري- هــاتف: ٠٠٩٦٢-٦-٤٦٢٧٦٢٧
www.darwael.com
E-Mail: Wael@Darwael.Com

الاهـــداء

أهدي كتابي هـــذا لجميع المرضـــى الراقديـن

في المستشفيات ليكون دليلاً لهم لتجنب الاسباب

الاجتماعية للمرضى ونبراساً مضيئياً يهديهم إلى

الأسباب الاجتماعية للشفاء والصحة وطول العمر

البروفسور الدكتور

احسان محمد الحسن

المختص في طب المجتمع وطب الأسرة

المحتويات

المقدمـــة

يعد اختصاص علم الاجتماع الطبي مـن أهـم الاختصاصات في ميادين الطـب والتمريض وعلم الاجتماع والخدمة الاجتماعية ، إذ انه يـدرس في اقسـام طـب المجتمـع والطب السريري والتمريض وعلـم الاجـتماع والخدمـة الاجتماعيـة. فضـلاً عـن اهميتـه المتزايدة لاختصاصي الطـب وعلـم الاجـتماع . ذلـك ان العديـد مـن الأمـراض الجسـمية كامراض القلب والضغط الدموي العالي والسكر والفقـرات والقرحـة المعويـة والسرطـان وامراض الايدز وانفلـونزا الطيـور ترجـع الى عوامـل اجتماعيـة أساسـها المجتمـع والبنـاء الاجتماعي والمؤسسة الاجتماعية والوسط البيئي الذي يعيش فيه الانسان ويتفاعل معه . فضلاً عن دور العوامل الاجتماعيـة والبيئيـة في ظهـور العديـد مـن الامـراض النفسـية العصابية والذهانية والامراض السيكوسميتية التي يتناولها الكتاب بالدراسة والتحليل .

بيد ان المرض الجسمي الذي يعاني منه الانسان كمرض القلب وارتفـاع الضـغط الدموي في الكثير من الحالات يرجع الى عوامل اجتماعية كاضطراب البيئـة وقصـورها في تلبية حاجات ومطاليب الفرد او طبيعة العمـل الـذي يمارسـه الفـرد والـذي يعرضـه الى ضغوط ومضايقات خطيرة تقود الى مرضه الجسمي او النفسي ، او طبيعـة الأسرة التـي يعيش فيها والتي تعرض الفرد الى مضايقات وتحديات وخطوب من شأنها ان تـؤدي الى مرضه واختلال وظائف اعضـائه واجهزتـه الفيزيولوجيـة . بيـد ان العوامـل الاجتماعيـة الصاخبة التي يعيش الانسان في وسطها كفشـله الـدراسي او السـياسي او الرومـانتيكي او الأسري تؤدي في بـاديء الأمـر الى اضـطراب وتلكـؤ حالتـه النفسـية والمزاجيـة وشـعوره باعراض المرض النفسي كالكآبة والقلق والتوتر النفسي والهيسـتريا والوسـواس ... الخ ، والمرض النفسي هـذا يسـبب اضـطراب وظـائف الغـدد كالغـدة النخاميـة او الغدة الدرقية أو غدة البنكرياس والكبد ، فالغدد هذه غالباً ما تتعـرض الى الخلـل او العطل فهي اما تتوقف عن الافراز بصورة كلية أو تفرز هورمونات أقل أو

أكثر مما يحتاجه الجسم . واضطراب وظائف الغدد نتيجة للاصابة بالمرض النفسي الـذي يرجع سببه الى عوامل اجتماعية وبيئية وحضارية هو الذي يعرض الانسان الى مختلـف الامراض العضوية التي ذكرناها اعلاه .

فإذا اردنا معالجة المرض العضوي كالسكري او الضغط الدموي العالي او القلب فاننا يجب ان نفتش أولاً عن العامل الاجتماعي الذي سبب المرض النفسي ـ ونربط بـين المرض النفسي والمرض العضوي . فالعامل الاجتماعي قد يكون الأجهاد الناجم عـن سـوء ظروف العمل او سوء ظروف المنزل والأسرة ، والاجهـاد ينتـج في ظهور اعراض الكآبـة والهيستريا والقلق الحاد التي تؤثر بدورها على غدة البنكرياس إذ تعطلها عـن العمـل وتسبب للفرد مرض السكري الذي غالباً ما يعاني من آلامه وشروره كل يوم من حياته .

وعلم الاجتماع الطبي هو الذي يتخصص بدراسة أثـر العوامـل الاجتماعيـة في الصحة والمرض وأثر الصحة والمرض في البناء الاجتماعي والمجتمع والعلاقات الاجتماعيـة . من هنا نعي دور علم الاجتماع الطبي في تشخيص أهم اسباب العديد من الأمراض العضوية التي يتعرض لها الانسان في حياته اليومية لـكي يصار الى معالجتها والقضـاء عليها كمحاولة اولية لتطويق المرض العضوي والتصدي لآثاره المهلكة . إذاً علم الاجتماع الطبي لا تكمـن أهميته بتشخيص اسباب العديـد مـن الامراض النفسية والعضوية فحسب ، بل تكمن أهميته ايضاً بمعالجة هذه الأمراض والتحرر من سـلبياتها وشرورها على الانسان والمجتمع على حدٍ سواء .

والأهمية الأخرى لعلم الاجتماع الطبي انه يحلل المؤسسـة الطبيـة كالمستشفى مثلاً الى عناصرها الاولية بغية فهمها اولاً وتشخيص المشكلات والمعوقات التي تعـاني منها في محاولة مجدية لعلاجها لـكي تكون المؤسسـة الصـحية فعـلاً في خدمة المـريض الراقد فيها وخدمة المجتمع الذي توجد في وسطه . فضـلاً عـن معرفة الطـرق والآليـات العملية لتطويرها وتنمية اجهزتها لكي تكون فاعلة في المجتمع . وينبغي ان لا ننسى دور وأهمية علم الاجتماع الطبي في تنمية وتعميق العلاقة الأنسانية التي تـربط الأطبـاء

بالمرضى من جهة ، وتربط المرضى بالممرضات وبقيـة اعضاء الفريـق الصحي مـن جهـة ثانية ، وتربط المؤسسة الصحية بالمجتمع والبناء الاجتماعي من جهة ثالثة .

ولما كان علم الاجتماع الطبي يدرس العلاقة المتفاعلة بين العوامل البيئية المسببة للأمراض العضوية وبين العوامل والاحاسيس النفسية المتعلقة بالامراض النفسية والاجتماعية فانه أخذ يهتم في الآونة الأخيرة بدراسة الأمراض النفسية والاجتماعية السائدة في المجتمع . وقد ركزت هذه الدراسة على أهم الأمراض النفسية والاجتماعية والأسباب الموضوعية والذاتية الخاصة بها مع تحديد آثارها القريبة والبعيدة في الانسان والمجتمع على حدٍ سواء . فمن الامراض النفسية التي حددتها الدراسة والتي يرجع سببها الى العوامل الاجتماعية الامراض العصابية كالقلق والهيستريا والكآبة والوسواس والامراض الذهانية كالشيزوفرينيا والخرق والكآبة الذهانية والهوس الدوري ، والامراض السيكوسوميتية كأمراض القلب والسكري وارتفاع الضغط الدموي ذات المنشأ النفسي . أما الأمراض الاجتماعية فهي مرض الأدمان على تناول المشروبات الكحولية والمخدرات ومرض السرقة وامراض الكذب والوشاية والنفاق وجلب الضرر للآخرين والتآمر عليهم .

ومن الأهداف الاخرى لعلم الاجتماع الطبي تأكيد المبدأ الذي يقول بان الامراض يمكن تقسيمها الى ثلاثة انواع هي الامراض العضوية والامراض النفسية والامراض الاجتماعية . وان كل نوع من انواع هذه الامراض له عيادته الطبية التي تعالج فيها مرضاها ، فهناك عيادة الامراض العضوية وعيادة الامراض النفسية وعيادة الامراض الاجتماعية طالما ان الطب ينقسم الى ثلاثة أقسام هي الطب الجسمي والطب النفسي والطب الاجتماعي الذي هو موضع اهتمام ودراسة علم الاجتماع الطبي . لهذا يتخصص هذا المؤلف بدراسة العيادة الاجتماعية والذي يعد رائداً في دراسة العيادة الاجتماعية (Social Surgery) يدرسها من حيث تعريفها واهدافها وتقنياتها ووظائفها ومقوماتها والمشكلات التي تواجهها . علماً بان العيادة الاجتماعية تدرس العوامل الاجتماعية المسؤولة عن الصحة والحيوية وطول العمر ، والعوامل الاجتماعية المسؤولة عن المرض والوفاة والموت المفاجيء . وهذه العوامل جميعاً قد شخصها الباحث ميدانياً

باجراء دراسات استطلاعية قابل فيها ٥٠٠ طبيب في عدد من المستشفيات في مدينة بغداد في النصف الاول من عام ٢٠٠٥.

وهناك غرض مهم يكمن خلف تأليف مثل هذا الكتاب وهو دراسة مفاهيم علم الاجتماع الطبي وطبيعته واهدافه ومناهجه ومشكلاته وعلاقاته العلمية باختصاصات الطب وعلم الاجتماع والتمريض . فضلاً عن دراسة الخلفية التأريخية لاستقلالية علم الاجتماع الطبي عن كل من حقل الطب وحقل علم الاجتماع واهم المؤلفات التي ظهرت في ميدان الاجتماع الطبي والتي أدت الى استقلاليته العلمية والوقوف على قدمه كبقية العلوم الاجتماعية والطبيبة ، مع دراسة السير العلمية والاضافات التي قدمها رواد العلم والتي اسهمت في ظهوره ونموه ، ومن هؤلاء تالكوت بارسونز ، وأدوين ليميرت ، واميل دوركهايم ، وديفيد ميكانيك ، وريجارد اليزيلي وغيرهم .

وأخيراً هناك غرض آخر من تأليف هذا الكتاب ذلك هو القاء الاضواء المنيرة على واقع العلاقات الاجتماعية في المؤسسة الطبية لاسيما العلاقة الانسانية بين الطبيب والمريض ، والعلاقة الانسانية بين الممرضة والمريض وبقية اعضاء الفريق الطبي . وقد دُرست هذه العلاقات الانسانية من حيث طبيعتها واسباب تكوينها ومشكلاتها والعوامل الاجتماعية المؤثرة فيها وتقنيات تقويتها وتعميقها وتحويلها من علاقات سلبية او هامشية الى علاقات ايجابية .

بيد ان هناك عاملاً مهماً حفّز المؤلف على تأليف مثل هذا الكتاب هو ندرة الكتب في ميدان الاجتماع الطبي وطب المجتمع وطب الأسرة والحاجة الماسة لها في أقسام الطب والتمريض وعلم الاجتماع والخدمة الاجتماعية وعلم الاجتماع الطبي وطب المجتمع . والكتاب فعلاً جاء ليفي بهذه الحاجة المتزايدة لمثل هذا المؤلف .

ان الكتاب برمته يتكون من ستة عشر فصلاً متكاملاً كل فصل يتمم ويكمل الفصل الآخر . وكل فصل منها يتكون من عدد من المباحث المتكاملة. والفصول هي ما يأتي :

١- الفصل الاول : علم الاجتماع الطبي : مفاهيمه وطبيعته ومجاله واهدافه ومشكلاته .

٢- الفصل الثاني : ظهور علم الاجتماع الطبي والعوامل المؤدية الى استقلاليته مع إشارة خاصة الى أهم رواده واعمالهم العلمية .

٣- الفصل الثالث : العلاقة العضوية بين علم الاجتماع والطب والتمريض وعلم الاجتماع الطبي .

٤- الفصل الرابع : التحليل البنيوي الوظيفي للمؤسسة الطبية .

٥- الفصل الخامس : العيادة الاجتماعية : مفهومها واهدافها ، وتقنياتها ووظائفها ومقوماتها .

٦- الفصل السادس : الامراض الاجتماعية السائدة في المجتمع .

٧- الفصل السابع : الامراض النفسية السائدة في المجتمع .

٨- الفصل الثامن: التفسيرات السببية للأمراض النفسية مع إشارة خاصة الى التفسيرات والعوامل الاجتماعية .

٩- الفصل التاسع : دور العوامل الاجتماعية المؤثرة في الصحة والحيوية وطول العمر .

١٠- الفصل العاشر : دور العوامل الاجتماعية المؤثرة في المرض والوفاة.

١١- الفصل الحادي عشر : الاصابة بالمرض كعملية اجتماعية .

١٢- الفصل الثاني عشر : الطب كمؤسسة ضبط اجتماعي .

١٣- الفصل الثالث عشر : واقع العلاقة الانسانية بين الطبيب والمريض وسبل تطويرها / دراسة ميدانية .

١٤- الفصل الرابع عشر: طبيعة العلاقة الانسانية بين الممرضة والمريض / دراسة ميدانية .

١٥-	الفصل الخامس عشر : المرأة والصحة .

١٦-	الفصل السادس عشر: الخدمات الاجتماعية الطبية ودور الاختصاصي الاجتماعي فيها .

نأمل ان يكون الكتاب مثمراً لطلبة الاجتماع والطب والاجتماع الطبي وطب المجتمع وطب الأسرة لاسيما الذين يدرسون في اقسام الطب وعلم الاجتماع الطبي والتمريض وعلم الاجتماع والخدمة الاجتماعية والرعاية الاجتماعية . وان يكون ساداً للنقص في الكتب والادبيات والابحاث في المكتبات العراقية والعربية ودوائر ومؤسسات البحوث والدراسات العلمية الطبيبة منها والاجتماعية والتمريضية ، والله هو الموفق وبه نستعين .

المؤلف

البروفسور الدكتور إحسان محمد الحسن

استاذ الاجتماع وطب المجتمع في كليتي

الآداب والطب في جامعة بغداد

الفصل الاول

علم الاجتماع الطبي : مفاهيمه ، طبيعته ، مجاله ،
أهدافه ومشكلاته

مقدمة:

يعد علم الاجتماع الطبي من أهم الاختصاصات الفرعية لعلم الاجتماع نظراً لاهمية موضوعاته وما يدرسه من قضايا الصحة والمرض وعلاقتهما بالبيئة التي يعيش فيها الانسان . ان هناك صلة وثيقة بين العوامل البايولوجية والتكوينية والعوامل الاجتماعية والحضارية طالما ان الصحة والمرض يرجعان الى عوامل اجتماعية تتجسد في البيئة الاجتماعية التي يعيش فيها الانسان والطبقة او الفئة التي ينتمي اليها والصراع الاجتماعي مع الآخرين [١] . فضلاً عن أثر العوامل المؤسسية والقيمية والتفاعلية في صحة الانسان وحيويته ودرجة تعلقه وتفاعله بالمحيط الذي يعيش فيه ويتفاعل معه .

ان علم الاجتماع الطبي لا يختلف كثيراً عن التخصصات الفرعية الاخرى لعلم الاجتماع كعلم الاجتماع الحضري وعلم الاجتماع الريفي وعلم الاجتماع الاقتصادي وعلم الاجتماع الصناعي وعلم الاجتماع العسكري . وعلى الرغم من الاختلافات بين علم الاجتماع الطبي وفروع علم الاجتماع الأخرى الا ان هناك اوجه شبه كثيرة بين علم الاجتماع الطبي وبقية الاختصاصات الاخرى لعلم الاجتماع [٢] . ولا نريد هنا ذكر اوجه الشبه والاختلاف بين علم الاجتماع الطبي وبقية اختصاصات علم الاجتماع حيث سنتطرق اليها فيما بعد .

ان هذا الفصل يقع في خمسة مباحث رئيسية هي ما يأتي :

المبحث الاول: مفاهيم علم الاجتماع الطبي .

المبحث الثاني: طبيعة علم الاجتماع الطبي .

المبحث الثالث : مجال علم الاجتماع الطبي .

المبحث الرابع : أهداف علم الاجتماع الطبي .

المبحث الخامس : مشكلات علم الاجتماع الطبي .

والآن علينا دراسة هذه المباحث مفصلاً وكما يأتي :

المبحث الاول : مفاهيم علم الاجتماع الطبي

(Definition of Medical Sociology)

هناك عدة مفاهيم لعلم الاجتماع الطبي لعـل أهمهـا المفهـوم الـذي جـاء بـه البروفسور ديفيد ميكانيك والذي ينص على انه العلم الذي يدرس العلاقة المتفاعلـة بـين المؤسسات الصحية وما يكتنفها من مهام وتقنيات وسياقات عمل والمجتمع ، إذ ان كـل جانب يعطي ويأخذ من الجانب الاخر [٣] . وعرّف العـالم أديـون ليمـرت علـم الاجتمـاع الطبـي بـالعلم الـذي يـدرس علاقـة المجتمـع والحيـاة الاجتماعيـة بـالامراض المزمنـة والانتقالية حيث ان المجتمع مصدر هذه الامراض وان الاخيرة تـترك آثارهـا وانعكاسـاتها على المجتمع والبناء الاجتماعي [٤] . ويعرّف الدكتور كينـث جونز علم الاجتماع الطبي في كتابه الموسـوم " علـم الاجتماع في الطب " بانـه ذلـك العلـم الـذي يـدرس الجـذور الاجتماعية لميدان الطب ومؤسساته وتقنياته وأثر الطب وتقنياته ومعارفه في المجتمـع والبناء الاجتماعي [٥] .

ويعرّف البروفسور دونالد باتيرك علـم الاجتماع الطبي بـالعلم الـذي يـدرس الاسباب الاجتماعيـة للمـرض والوفـاة والاسـباب الاجتماعيـة للصـحة والحيويـة وطـول العمر [٦] . أما العالم ريدنك فيعرّف علم الاجتماع الطبي بالعلم الـذي يـدرس الجماعـات والمنظمات الطبية وعلاقتها بالمجتمع الذي توجد فيه وتتفاعل معـه [٧] ، بمعنى آخـر ان علم الاجتماع الطبي هو فرع من فروع علم الاجتماع العـام ، يـدرس العلاقـة المتفاعلـة بين المجتمع والمؤسسة أو الجماعة الطبية . واخيراً يعرّف البروفسور تالكوت بارسنز علم الاجتماع الطبي بـالعلم الـذي يـدرس الصـلة بـين المجتمـع والمـرض مـن حيـث طبيعتـه واسبابه وآثاره وكيفية معالجتـه ، وصـلته بـالمجتمع الـذي يوجـد فيـه ويتطور في ظل ظروفه ومعطياته [٨] .

بعد عرض هذه التعاريف والمفهومات لعلم الاجتماع الطبي ، علينـا اختيـار احـد هذه التعاريف وتحليله وتفسيره مفصلاً . لعل من أهم التعاريف المذكورة اعلاه التعريف

الذي جاء به كينث جونز والذي ينص على ان علم الاجتماع الطبي هو العلم الذي يدرس الجذور الاجتماعية للصحة والمرض وأثرهما ، أي الصحة والمرض على المجتمع والبناء الاجتماعي .

هناك جذور اجتماعية للمرض لعل اهمها الاجهاد اليومي الذي يتعرض له الفرد نتيجة ممارسة عمله اليومي [٩] ، والجهل باسباب المرض وكيفية تفاديه ومقدار التربية والتعليم الذي يحصل عليه الفرد ، وظروفه ومعطياته الاقتصادية والاجتماعية والثقافية، وخبره وتجاربه حول المرض،وضعف التقيد باساليب الحياة الصحية والسليمة وكثرة الاطعمة التي يتناولها الفرد وعدم تنوعها [١٠] . أما الجذور الاجتماعية للصحة فهي التقيد بالمواد الغذائية المفيدة للجسم ، والابتعاد عن الادوية والعقاقير الطبية الا إذا كانت هذه ضرورية لاستهلاك المريض ، فضلاً عن ضرورة الابتعاد عن الاجهاد والاعياء الجسمي والعقلي والابتعاد عن التدخين وتناول المسكرات والمخدرات ، مع تجنب مواطن العدوى والمرض [١١] . واخيراً ضرورة ممارسة الانشطة الترويحية الايجابية وتحقيق الموازنة المثالية بين انشطة العمل وانشطة الفراغ والترويح، فضلاً عن الابتعاد عن مواطن الصخب والضجر [١٢] . جميع هذه العوامل والمعطيات يمكن ان تمنح الصحة والحيوية للمرضى من ابناء المجتمع وتجنبهم شرور الامراض والنكبات .

هذه هي الجذور الاجتماعية للصحة والمرض ، ولكن ينبغي هنا فحص الآثار الاجتماعية والحضارية للصحة والمرض . من أهم آثار الصحة على المجتمع والبناء الاجتماعي ما يأتي :

(١) الصحة تساعد الفرد على العمل والفاعلية ، وهذا العمل يعود بالنفع العميم لابناء المجتمع وينمي المجتمع مادياً ومعنوياً [١٣] .

(٢) الصحة تشجع الفرد على التفاعل مع الآخرين وتكوين العلاقات الايجابية معهم مما يساعد على تماسك الجماعات وتضامنها .

(٣) الصحة تمكّن الدولة من تقليص شراء الادوية والاجهزة الطبية مما يوفر للدولة اموالاً طائلة يمكن ان تستثمرها في مشاريع التنمية القومية [١٤] .

(٤)   الصحة تساعد الانسان في تطـوير امكاناتـه وقابلياتـه وتحقيـق الاهـداف التـي يصبو اليها .

(٥)   الصحة والحيوية والفاعلية تمكّن المجتمع من زيادة افراده عـن طريـق التكـاثر السكاني . ولهذا التكاثر السكاني اهميته في استثمار الثروات الطبيعية للمجتمع مما ينتج عن ذلك شيوع الرفاهية الاقتصادية وبلورتها في المجتمع (١٥) .

(٦)   الصحة تعني قابلية المجتمع على الـدفاع عـن ارضـه وسكانه وتراثـه وعاداتـه وتقاليده ومقدساته .

هذه هي الفوائد والمردودات التي تتمخض عنها الصحة . أمـا المـرض والوفـاة فينجم عنه العديـد مـن المسـاوىء والسلبيات والشـرور التـي تمـس واقـع المجتمـع ومستقبله . ولعل من أهم سلبيات وشرور المرض والوفاة ما يأتي :

١-   المرض يؤدي الى توقف الانسان عن العمل وشل حركته ونشاطه مما يؤثر سلباً في انتاجيته المادية (١٦) .

٢-   الوفاة الناجمة عن المرض تسبب تناقص السكان وقلته مما يؤثر سلبـاً في نشـاط المجتمع وتجميد حركته في البناء والتنمية واعادة البناء (١٧) .

٣-   المرض والوفاة يسببان زيادة النفقـات التـي تخصصـها الدولـة لمعالجـة المـرض والتصدي له . فضلاً عن ان شيوع الامراض المزمنة والانتقالية يدفع بالدولـة الى تخصيص مبالغ مالية كبيرة لمواجهة المرض ومعالجة ظواهره ومسبباته (١٨) . كما ان الوفاة تقلص حجم السكان وتحول دون قدرة المجتمع على استثمار مـوارده وخيراته الطبيعية مما يقف حجر عثرة في طريـق التنميـة والتحـول الاقتصادي والاجتماعي .

٤-   المرض والوفاة يسببان تفكك الاسرة والجماعات التقليدية في المجتمع مما يقلـل انشطتها في تنمية المجتمع وتطويره في المجالات كافة .

٥- شيوع الامراض في المجتمع وزيادة معدلات الوفيات تجعل المجتمع في وضع صعب لا يستطيع من خلاله بلوغ اهدافه وطموحاته القريبة والبعيدة .

٦- المرض والوفاة يعوقان قدرة المجتمع في الدفاع عن ارضه وسكانه وعاداته وتقاليده وتراثه المقدس مما يمس بطبيعته إذ تغيرها الى حالة لا يستطيع ابناء المجتمع قبولها والتكيف معها [١٩] .

هذه هي أهم سلبيات الآثار الاجتماعية والحضارية للمرض والوفاة والتي يمكن ان توقف حركة المجتمع وتنميته .

المبحث الثاني: طبيعة علم الاجتماع الطبي

نعني بطبيعة علم الاجتماع الطبي منزلته العلمية بالنسبة للعلوم الانسانية والعلوم الطبيعية . فهل هو علم صرف أم أدب صرف أم موضوع يجمع بين العلمية والانسانية . ان علم الاجتماع الطبي، الموضوع الذي ظهر في العشرينات والثلاثينات من القرن العشرين، كعلم الاجتماع العام فهو ليس علماً وليس أدباً بل انه علم يجمع بين العلمية والانسانية [٢٠] . ذلك ان علم الاجتماع الطبي ليس هو علماً صرفاً كالرياضيات والفيزياء والكيمياء ،ولا هو أدباً صرفاً كالفلسفة والادب والدين واللاهوت بل هو علم يجمع بين المجال العلمي والمجال الانساني او الأدبي .

ان علم الاجتماع الطبي يشترك ببعض الصفات او السمات التي يتسم بها الموضوع العلمي الصرف ، وهذه الصفات او السمات هي ما يأتي:

أ-   انه علم نظري يتكون من منظومة من الفرضيات والنظريات التي تشكل العمود الفقري للعلم كنظريات الطبقة الاجتماعية والمرض او نظريات طبيعة البيئة الاجتماعية والطبيعية التي يعيش فيها الانسان والمرض [٢١] ، ونظرية البيئة والوراثة والمرض ، ونظرية المستوى الثقافي العلمي عند الفرد والمرض ، واخيراً نظرية الخصائص الاجتماعية التي يتميز بها الانسان والجنس والعمر والحالة الزوجية والدخل ، والتحصيل الدراسي ، حجم الأسرة والمهنة والمرض الذي قد يصيب بعض الافراد الذين يتسمون بخصائص اجتماعية محددة ولا يصيب غيرهم . لعلم الاجتماع الطبي نظرياته التي تعد فنية ، غير انها قابلة للتغير والتحول الى ان تتكامل .

ب-   انه موضوع تراكمي، أي ان نظريات علم الاجتماع الطبي قابلة على الزيادة والتراكم والتحول من طور الى طور آخر وذلك بزيادة الدراسات والبحوث التي يجريها علماء الاجتماع الطبي [٢٢] .

ولما كانت نظريات علم الاجتماع الطبي متغيرة وداينميكية ، لذا فهي نظريات نسبية وليست ثابتة على مر العصور والاجيال .

جـ - انه موضوع تجريبي ، بمعنى ان جميع موضوعاته يمكن ان يجري عليها دراسات ميدانية للتثبت من صحتها ومصداقيتها (٢٣) . ان موضوع أثر الطبقة الاجتماعية في المرض والوفاة يمكن دراسته دراسة ميدانية تستعمل الاستمارات الاستبيانية والمقابلات الميدانية والتبويب الاحصائي والتحليل الكمي ومن هذه العمليات المتتابعة يمكن التوصل الى النتائج النهائية للبحث والتي يمكن تحليلها والتعليق عليها وربطها بالدراسات السابقة .

د- انه علم لا يهتم بالتقييم والاحكام القيمية بل يهتم بما هو كائن ولا يهتم بما ينبغي ان يكون (٢٤) .

هذه هي السمات او الخصائص المشتركة التي يتسم بها علم الاجتماع الطبي وتتسم بها ايضاً جميع العلوم الطبيعية كالرياضيات والفيزياء والكيمياء. وعلى الرغم من الخصائص العلمية الأربعة التي يتسم بها علم الاجتماع الطبي فان علم الاجتماع الطبي يتسم ببعض السمات التي تتميز بها الآداب . ومن هذه انه يدرس الانسان ويشتق منه حقائقه ، ودراسة الانسان هي دراسة معقدة لا تدور حول عامل او عاملين بل تتعلق بعشرات العوامل والمعطيات التي لا يمكن بسهولة ذكرها والتفكير بها (٢٥) ، ولما كان علم الاجتماع الطبي يأخذ في الحسبان عشرات العوامل والمتغيرات التي لا يمكن حصرها ودراستها ، فضلاً عن ان علم الاجتماع الطبي يدرس الانسان كوحدة بحث ، ولهذا الانسان عقلين : عقل ظاهري وعقل باطني ، والعقل الاخير يشغل مساحة اكبر من العقل الظاهري . وهذا يعني بان الفرد لا يقول الحقيقة دائماً بل يخفيها في العقل الباطني ، وان ما يكشفه الانسان للعالم الخارجي ينبعث من الأنا وما يخفيه يبقى مطموراً في منطقة الأنا السفلى أو الغرائز الحيوانية . وعندما يعتمد علم الاجتماع الطبي في بعض معلوماته على ما يحصل عليه من حقائق من منطقة الأنا السفلى فان المعلومات لا تكون موثوقة ولا يمكن الاعتماد عليها في التوصل الى الحقيقة والواقع (٢٦) .

وهكذا لا يمكن اعتبار علم الاجتماع الطبي علماً صرفاً شبيه بالرياضيات والفيزياء والكيمياء وذلك لوجود سببين هما :

(١)   كثرة الحقائق والمعلومات التي يمكن ان تدخل في الظاهرة الاجتماعية الطبية والتي لا يستطيع عالم الاجتماع الطبي معرفتها جميعاً [٢٧] .

(٢)   اخفاء الانسان الذي يدرسه علم الاجتماع الطبي الكثير من الحقائق الموجودة في منطقة الأنا السفلى ، وما يذكره الا الشيء القليل . لذا لا يمكن التأكد من صحة ما يصرح به الفرد لأنه يخفي ثلثي الحقائق ويكشف للناس فقط ما هو موجود في منطقة الأنا . انه لا يكشف ما هو موجود في منطقة العقل الباطني .

وهكذا يمكن القول بان علم الاجتماع الطبي يتسم بطبيعة تجمع ما يتميز به العلم من خواص وبين ما يتميز به الأدب .

المبحث الثالث : مجال أو أبعاد علم الاجتماع الطبي

نعني بمجال او ابعاد علم الاجتماع الطبي الموضوعات التي يدرسها العلم ويتخصص بها . ومثل هذه الموضوعات او المواد الدراسية نجدها في الكتب والمؤلفات المنهجية لعلم الاجتماع الطبي حيث ان لكل كتاب منهجي في علم الاجتماع الطبي محتوياته العلمية وابعاده الدراسية التي تتشابه بعضها مع بعض او تختلف من مؤلف الى مؤلف آخر . وإذا ما فحصنا المواد الدراسية التي تنطوي عليها مناهج علم الاجتماع الطبي نجدها تتكون من المواد الدراسية والعلمية الآتية وهي :

١- مفهومات علم الاجتماع الطبي واهدافه ومشكلاته وابعاده ومناهجه (٢٨) .

٢- ظهور علم الاجتماع الطي كعلم مستقل عن علم الاجتماع والطب وعن الفروع التخصصية لعلم الاجتماع كعلم أجتماع المعرفة وعلم اجتماع العلم وعلم الاجتماع الريفي والحضري وعلم الاجتماع السياسي والقانوني والعسكري والاقتصادي والاداري ٠٠٠ الخ . مع دراسة العوامل الموضوعية التي أدت الى استقلالية علم الاجتماع الطبي عن علم الاجتماع العام والطب العام .

٣- تأريخ علم الاجتماع الطبي مع اشهر رواده واعمالهم العلمية ونخص منهم ابن رشد والبيروني وأميل دوركهايم وأدون ليمرت وجادوك وتالكوت بارسونز وميرتن وديفيد ميكانيك (٢٩) .

٤- علاقة علم الاجتماع الطبي بعلم الاجتماع وبعلم الطب .

٥- التحليل الوظيفي البنيوي للمؤسسة الطبية كالمستشفى مثلاً . وهذا التحليل يأخذ بعين الاعتبار اسباب التحليل وتقنياته التي تشمل الادوار الاجتماعية في المؤسسة الصحية والحقوق والواجبات والشخصية مع دراسة اسباب التحليل واهميته للنظرية البنيوية الوظيفية .

٦- العيادة الاجتماعية : طبيعتها ووظائفها واهدافها ومقوماتها ومشكلاتها.

٧- العلاقة الانسانية بين الممرضة والمريض وسبل تطويرها .

٨- العلاقة الانسانية بين الطبيب والمريض وسبل تطويرها .

٩- العوامل الاجتماعية المؤثرة في الصحة والحيوية وطول العمر (٣٠) .

١٠- العوامل الاجتماعية المؤثرة في المرض والوفاة .

١١- الامراض الاجتماعية الشائعة : اسباب الامراض ونتائجها وعلاجها.

١٢- الامـراض النفسـية والعقليـة والعصـبية الشـائعة ، اسـباب الامـراض ونتائجهـا وعلاجها .

١٣- طب المجتمع وطب الأسرة مع إشارة خاصة الى امراض المجتمع وامـراض الأسرة وكيفية معالجتها وتفاديها وتطويق آثارها السلبية والهدامة .

المبحث الرابع : اهداف علم الاجتماع الطبي

لعلم الاجتماع الطبي نوعين من الاهداف هما أولاً : الاهداف العملية والبراغماتيكية وثانياً : الأهداف العلمية والمنهجية . فالاهداف العملية والبراغماتيكية تتجسد في خمس نقاط أساسية هي ما يأتي :

١- دراسة وفحص الأسس الاجتماعية والانسانية للنشاط الطبي كالفحص والتشخيص وتحديد اسباب الأمراض ونتائجها وتقنيات معالجتها للتحرر من سلبياتها وشرورها [٣١].

٢- تحديد الأمراض الاجتماعية وتمييزها عن الأمراض الجسمية والأمراض النفسية والعصبية . فالامراض الاجتماعية تتجسد في الكذب والنفاق والغيرة والحسد والنميمة والحاق الاذى والضرر بالآخرين وافتعال النزاعات والصراعات بين الأفراد والجماعات والمؤسسات والجريمة بانواعها المختلفة والمنافسة الهدامة والعدوانية وحب الانتقام من الناس ... الخ [٣٢] . أما الأمراض النفسية والعقلية والعصبية فهي الكآبة والخوف والقلق والهستيريا وعقدة الذئب والصرع وانفصام الشخصية والتعلثم في الكلام وفقدان الثقة بالنفس ... الخ [٣٣] . في حين تتجسد الأمراض الجسمية بالضغط الدموي العالي والواطيء ومرض السكري وامراض القلب والقرحة والتهاب الفقرات والمفاصل وامراض المعدة والقولون والسرطان والحصبة والتدرن الرئوي ... الخ [٣٤] .

٣- دراسة الوسط الاجتماعي او البيئة الاجتماعية ودورها في ظهور الأمراض الاجتماعية والنفسية .

٤- التعرف على أثر الايكولوجيا الاجتماعية والطبيعية وأثر المجتمع والحياة الاجتماعية في المرض النفسي- الذي قد يتعرض له الفرد ، وأثر المرض النفسي- وأعراضه في الامراض الجسمية التي قد يتعرض لها الفرد .

٥- أنشاء فكرة العيادة الاجتماعية التي يعالج فيها الاختصاصي الاجتماعي الطبيب الامراض الاجتماعية التي قد يصاب بها [٣٥] . علماً بان العيادة الاجتماعية لا تختلف

كثيراً عـن العيـادة النفسـية والعيـادة الأخيـرة لا تختلـف كثيراً عـن عيـادة الطـب الجسمي .

٦- فهم طبيعة العلاقات الاجتماعية التي تأخذ مكانهـا في المؤسسات الصحية والتعرف على اسبابها وآثارها وكيفية تقوية اواصرها .

٧- التعرف على كيفية تفعيل المؤسسات الصحية مـن خـلال دراسـة بنائهـا ووظائفهـا وعلاقاتهـا الداخلية والخارجيـة وانظمـة السـلطة والمنزلـة فيهـا. علـماً بـان تفعيل المؤسسات الصحية يسهم مساهمة مجدية في مواجهة الامراض والتعرف على اسبابها ومعالجتها . وتحرير الناس من شرورها وآثارها الهدامة (٣٦) .

أما الاهداف العلمية والمنهجية لعلم الاجتماع الطبي فتتجسد بالنقاط الآتية :

١- زيادة عدد رجاله واساتذته وباحثيه لكي يستطيعوا تطوير بحوث الاختصاص وجعلها أكثر جدية ونضوجاً .

٢- تراكم الابحاث العلمية الخاصة بحقل الاجتماع الطبي لكي يكون الحقل ناضجاً وقادراً على تفسير جميع الظواهر الاجتماعية التي يهتم بها (٣٧) .

٣- تطبيق الابحاث العلمية في حقل علم الاجتماع الطبي على المشكلات الاجتماعيـة والطبية التي تواجه الانسان والمجتمع على حدٍ سواء (٣٨) .

٤- تثبيت الحدود العلمية بين علم الاجتماع الطبي وعلم الاجتماع والطب حيث ان تثبيت مثل هـذه الحـدود يقـود الى اسـتقلالية علـم الاجـتماع الطبـي ونضوجـه واستقلاليته الكاملة .

٥- تنمية نظريات علم الاجتماع الطبي ومناهجه الدراسية وبخاصة المـنهج الميـداني التحليلي الذي يستعمله في الحصول على معلومات جديدة واصيلة لم يبحثها العلم من قبل .

٦- فتح اقسام علمية في علم الاجتماع الطبي وطب المجتمع تكـون ملحقـة باقسـام الطب الاجتماعي واقسام علم الاجتماع وعلم النفس حيث ان مثل هذه الأقسـام تنمي اختصاصي علم الاجتماع الطبي وطب المجتمع (٣٩) .

المبحث الخامس : مشكلات علم الاجتماع الطبي

يعاني علم الاجتماع الطبي من عدة مشكلات علمية ومنهجية ودراسية لعل أهمها ما يأتي :

١- عدم وجود الفواصل والحدود الواضحة بين اختصاص الطب وعلم الاجتماع الطبي من جهة ، وبين علم الاجتماع وعلم الاجتماع الطبي من جهة أخرى . ذلك ان هناك موضوعات العوامل الاجتماعية للصحة والمرض يدعيها علم الاجتماع على انها موضوعات تابعة لمجاله واختصاصه ، وهناك موضوعات دور العوامل الوقائية والعلاجية لمواجهة الأمراض هي موضوعات مشتركة بين اختصاص الطب واختصاص طب المجتمع [٤٠] .

٢- حساسية الموضوعات التي يدرسها علم الاجتماع الطبي كموضوع دور القيم الاجتماعية في الوقاية والعلاج من الأمراض المزمنة والآثار الاجتماعية التي تتركها الأمراض المزمنة مثل مرض الضغط الدموي العالي والسكري والسرطان والأيدز على المريض واسرته [٤١] .

٣- قلة عدد المتخصصين في ميدان علم الاجتماع الطبي بسبب حداثة العلم وصعوبة دراسته والتخصص فيه ، وقلة المردود المادي لاختصاصيه واساتذته مقارنة باختصاصات الطب الجسمي كالامراض القلبية والصدرية وامراض الجهاز البولي وامراض الدم ... الخ.

٤- شحة الابحاث العلمية المنشودة في ميدان الاجتماع الطبي وطب المجتمع وطب الأسرة . ومثل هذه الشحة تجعل العلم فتياً وغير قادر على تفسير المظاهر الطبية ـ الجسمية .

٥- لما كانت المصادر والابحاث العلمية في ميدان علم الاجتماع الطبي قليلة ومحدودة فان العلم لا يكون قادراً على تفسير وتحليل ظواهره الاجتماعية

والطبية ، بمعنى آخر ان العلم فتي وغير قادر على تفسير ظواهره وعملياته وغير قادر على تفسير المظاهر السببية للأمراض الاجتماعية ^(٤٢) .

٦-   المختص في علم الاجتماع الطبي ينبغي ان يكون متمرساً في مادتي علم الاجتماع والطب والربط بينهما ربطاً علمياً جدلياً. وليس من السهولة على المختص الألمام بحيثيات الموضوعين والربط بينهما . لهذا يفضل الباحث التخصص أما في حقل الطب أو حقل علم الاجتماع وليس في الحقلين . لهذا يعزف الاختصاصيون عن التخصص في كلا الموضوعين مع الربط بينهما . ذلك ان مثل هذه الدراسة هي اصعب بكثير من دراسة الاجتماع لوحده او دراسة الطب لوحده او دراسة طب المجتمع وعلم الاجتماع الطبي لوحده طالما ان التخصص في الاجتماع الطبي يستلزم دراسة الطب وعلم الاجتماع كل على انفراد . وهذا يفسر قلة المتخصصين في الاجتماع الطبي لان العلم صعب ومتفرع وشائك مقارنة بدراسة الطب العام ودراسة علم الاجتماع العام .

(1) Mechanic, David. Medical Sociology, New York, the Free Press , 7th Edition , 1971, P. 10.

(2) Ibid., P. 33.

(3) Ibid., P. 4.

(4) Lemert, Edwin. Social Pathology, New York, McGraw-Hill, 6th Ed. 1984, P. 15.

(5) Jones, K. Sociology in Medicine , English University Press, 1985, P. 16.

(6) Patrick, D. Sociology As Appled to Medicine, London, Bailliere Tindall, 1992, P.4 .

(7) Reading, Hugo. Dictionary of the Social Sciences, London, Routledge and Kegan Paul, P. 196.

(8) Parsons, T. The Social System, Glencoe, The Free Press, 3rd ed., 1989, P. 11.

(9) Patrick, D. Sociology As Applied to Medicine , P. 31.

(10) Ibid., P. 35.

(11) Mechanic, D. Medical Sociology , PP. 16-17.

(12) Ibid., P. 17.

(13) Ibid., P. 18.

(14) Ibid., P. 20.

(15) Ibid., P. 21.

(16)   Jones, K. Sociology in Medicine, P. 113.

(17)   Ibid., P. 115.

(18)   Ibid., P. 121.

(19)   Ibid., P. 122.

(20)   Johnson, H. Sociology: A Systematic Introduction, London, Routledge and Kegan Paul, 3rd ed., 1988, P.2.

(21)   Ibid., P. 3.

(22)   Ibid., PP. 2-3.

(23)   Ibid., P. 4.

(24)   Ibid., P. 6.

(25)   Ibid., P. 7.

(26)   Weber, Max. The Methodology of the Social Sciences, The Free Press, Glencoe, 4th ed., 1977, P. 123.

(27)   Ibid., P.125.

(28)   Coe, R.M. Sociology of Medicine, 1995, New York, McGraw-Hill, PP. 146-147.

(29)   Ibid., P. 149.

(30)   Mechanic, David . Medical Sociology,P. 9.

(31)   Freeman, H. and et al, Handbook of Medical Sociology, Prentice- Hall, Englewood Cliffs, New Jersey, 1983, P.7.

(32)   Ibid., P. 10.

(33)   Ibid., PP. 10-11.

(34)   Ibid., P. 13.

(35)   Ibid., P. 14.

(36)   Laurie, P. Drugs. Medical, Psychological and Social Facts,Penguin Books, Harmondswerth, 1976,P. 25.

(37)   Ibid., P. 30.

(38)   Ibid., P.٣٢ .

(39)   Davy, F.M. Medical Sociology: Scope, Objectives and Problems, London, Longman, 2000,P. 17.

(40)   Ibid., P. 21.

(41)   Ibid., P. 94.

(42)   Ibid., P. 95.

الفصل الثاني

ظهور علم الاجتماع الطبي والعوامل المؤدية الى استقلاليته مع إشارة الى أهم رواده واعمالهم العلمية

المقدمـــة :

كان علم الاجتماع الطبي قبل عقد الخمسينات من القرن العشرين ، أي قبل ظهوره في عقد الخمسينات متناثراً ومشتتاً ، إذ تقع العديد من موضوعاته العلمية في حقلي علم الاجتماع والطب ، وان موضوعاته المتداولة الآن لم تكن معروفة آنذاك نظراً لعدم ظهور العلم وعدم بلورة موضوعاته الدراسية ومناهجه العلمية [1] . بيد ان اهمال الطب للخلفية الاجتماعية للصحة والمرض وعدم اهتمامه بالجذور الاجتماعية للأمراض وأثر الأمراض في المجتمع والبناء الاجتماعي كانت من بين الاسباب التي أدت الى استقلالية علم الاجتماع الطبي عن علم الطب [2] . ومن جهة ثانية ان اهمال علم الاجتماع لدراسة الصحة والمرض والمؤسسات الصحية دراسة جدية ومتعمقة ، مع اهماله دراسة الفعل ورد الفعل بين الصحة والمجتمع كان من الاسباب الاخرى لظهور علم الاجتماع الطبي . ومع هذا فان هناك اسباباً أخرى كانت مسؤولة عن ظهور العلم الجديد سوف نتطرق اليها في هذا الفصل .

ان هذا الفصل يتكون من اربعة مباحث رئيسية هي ما يأتي :

المبحث الاول : ظهور علم الاجتماع الطبي كعلم مستقل .

المبحث الثاني: العوامل المسؤولة عن استقلالية علم الاجتماع الطبي عن علم الاجتماع وعلم الطب .

المبحث الثالث : المؤلفات والمصادر التي اسهمت في ظهور علم الاجتماع الطبي .

المبحث الرابع : أهم رواد علم الاجتماع الطبي واعمالهم العلمية .

والآن علينا دراسة هذه المباحث مفصلاً .

المبحث الاول: ظهور علم الاجتماع الطبي كعلم مستقل

عندما لم يهتم علماء الاجتماع كثيراً بدراسة الظواهر الصحية والمرضية في المجتمع دراسة جدية ومتعمقة ولم يركزوا على دراسة وتحليل المؤسسة الصحية كمؤسسة اجتماعية مسؤولة عن مقاومة الأمراض الانتقالية والمزمنة التي تصيب ابناء المجتمع ولم يلبوا حاجاتها الاجتماعية والانسانية على الرغم من اهميتها وخطورتها فان علم الاجتماع الطبي من خلال اساتذته ورجاله واختصاصيه راحوا يكونون علماً جديداً اطلقوا عليه اسم علم الاجتماع الطبي (Medical Sociology) ليدرس ويتعمق في فهم طبيعة الصلة التي تربط الظاهرة الاجتماعية بالظاهرة الصحية [٣]، وقد حدث هذا في عقد الخمسينات من القرن العشرين كما ذكرنا ذلك اعلاه .

وعلم الطب نتيجة اهماله لدراسة طبيعة البيئة وما فيها من عوامل وقوى تؤثر في صحة الانسان وحيويته وفاعليته وتكون في الوقت ذاته مسؤولة عن الأمراض الانتقالية والمزمنة التي يتعرض لها والتي قد تقود الى عوقه وتوقفه جزئياً او كلياً عن العمل او الاعمال التي يمارسها او قد تقود الى وفاته وانهاء اعماله كلية . فعلم الاجتماع الطبي قد شمّر عن ساعديه ليتبوأ مسؤولية دراسة موضوع العلاقة المتفاعلة بين الظواهر الاجتماعية والظواهر الطبية والمرضية [٤]. وهذا كان مدعاةً لظهور علم الاجتماع الطبي ليدرس الامراض والظواهر المرضية دراسة اجتماعية طالما ان هناك العديد من الأمراض الفيزيولوجية كامراض القلب وامراض الضغط الدموي العالي والواطيء وامراض السكري وامراض السرطان ترجع الى عوامل وحوادث اجتماعية تكون السبب الحقيقي الذي يكمن خلفها ، ناهيك عن دور العوامل الاجتماعية في العديد من الامراض النفسية العصابية منها والذهانية كامراض الكآبة والخوف والقلق والتوتر النفسي والهيستريا وعقدة الذنب والصرع والهوس والفصام واضطرابات الكلام والنطق وصعوبة التكيف للمحيط ... الخ [٥].

لذا ففشل كل من علم الاجتماع والطب في دراسة الظواهر الطبية الاجتماعية دراسة جدية ومتعمقة ترقى الى مستوى العلمين الطب وعلم الاجتماع هو الـذي حفـز على ظهور علم الاجتماع الطبي ليدرس الطب في المجتمع ويدرس المجتمع في الطب نظراً لتكامل كل من الطب والمجتمع والعلاقة الوطيدة التي تربط بينهما الى درجة اننا لا نستطيع فصل أي علم عن العلم الآخر (٦) .

لقد تزامن ظهور علم الاجتماع الطبي بنشر العديد مـن المؤلفـات التـي تتعلـق بالاجتماع الطبي وعـلى رأسـها كتـاب دور المـريض في المستشـفى وتغيـر انمـاط واجباتـه وحقوقه للعالم تالكوت بارسونز عام ١٩٦١ (٧) ، وكتاب المـرض الاجتماعـي للعالم أدوين ليميرت (٨) ، وكتاب الاجهاد والسلوك المرضي والمريض للدكتور ديفيد ميكانيك عام ١٩٥٢ (٩) ، وكتاب علم الاجتماع الطبي للدكتور ديفيد ميكانيك عام ١٩٥٩ (١٠) ، وكتاب الطبيب ومريضه والمرض للبروفسور بالنت عام ١٩٥٤ (١١) ، وكتاب الدراسات السيكواجتماعية والسيكوفيزيولوجية للتدرن الرئوي للبروفسور هولمز عام ١٩٥٥ (١٢) ، وكتاب تأريخ مهنة التمريض للعالم أبيل سميث عام ١٩٥٩ (١٣) وغيرها من الكتـب والمؤلفـات التـي شـكلت حجر الاساس لظهور علم الاجتماع الطبي في عقد الخمسينات من القرن العشرين .

وقد ظهر علم الاجتماع الطبي ليؤدي الوظائف الآتية :

١- تفسير الأساس الاجتماعي للصحة والمرض (١٤) .

٢- تحليل آثار الصحة والمرض على المجتمع والبناء الاجتماعي .

٣- دراسة العلاقة بين الواقع الاجتماعي ومكوناته والامـراض السـائدة في المجتمـع بنوعيها الجسمي والنفسي (١٥) .

٤- ربط معطيات الواقع الاجتماعي بالامراض النفسـية وأثـر الامـراض النفسـية في الامراض الجسمية . وهذا يدل دلالة واضحة على ان هناك علاقة متفاعلـة بـين الامراض الاجتماعية والامراض النفسية والامراض الجسمية (١٦) .

٥- دراسة العلاقات الاجتماعية في المؤسسات الصحية وبخاصة العلاقات بين المريض والطبيب والممرضة وبقية أعضاء الفريق الطبي .

٦- تحديد ماهية الامراض الاجتماعية التي يتخصص بدراستها علم الاجتماع الطبي وهي الأدمان على المشروبات الكحولية ، والادمان على العقاقير ، التعصب والتحيز والتطرف السياسي والديني والاجتماعي والعنصري ، الصراعات الطائفية والعنصرية والاثنية والطبقية ، الانحرافات السلوكية بضمنها الانحرافات الجنسية والغيرة والحسد والكذب والنفاق والنميمة وجلب الاذى والضرر للآخرين وافتعال المشاكل والصراعات والعداوات مع الغير ، فضلاً عن صعوبة التكيف مع البيئة الاجتماعية وصعوبة الانسجام مع الافراد والجماعات (١٧) .

٧- تشخيص اسباب الأمراض الاجتماعية وآثارها وعلاجها .

المبحث الثاني: العوامل المسؤولة عن استقلالية علم الاجتماع الطبي عن علم الاجتماع وعلم الطب

لقد استقل علم الاجتماع الطبي عن كل من علم الاجتماع والطب كما اسلفنا قبل قليل في عقد الخمسينات من القرن العشرين . وبعد استقلاليته بقليل استطاع ان يكون منزلته العلمية التي لا تقل مكانة عن منزلة علم الاجتماع ومنزلة الطب . علماً بان منزلة علم الاجتماع الطبي قد ارتفعت في الآونة الأخيرة بعد زيادة عدد المؤلفات والابحاث العلمية وبعد نمو النظرية الاجتماعية الطبية وتطورها وقدرتها على تفسير الظواهر والاشكاليات المتعلقة بالاجتماع الطبي لاسيما بعد تحسن الطرق البحثية والعلمية التي يستعملها علم الاجتماع الطبي في التحليل والقياس [١٨] .

ان هناك العديد من العوامل المسؤولة عن استقلالية علم الاجتماع الطبي عن علم الاجتماع وعلم الطب . وهذه العوامل هي على النحو الآتي :

١- فشل كل من علم الاجتماع وعلم الطب في دراسة الظواهر الطبية والمرضية والوقائية والعلاجية دراسة اجتماعية علمية متخصصة ، فضلاً عن فشل علم الاجتماع في تناول المؤسسة الصحية تناولاً متعمقاً ، وفشله في الاهتمام بدراسة مظاهر الصحة والمرض دراسة اجتماعية ترجع الى البيئة ومعطياتها والقوى المؤثرة فيها [١٩] . ان مثل هذا الفشل الذي وقع فيه علم الطب وعلم الاجتماع هو الذي حفز العلماء والمتخصصين على تكوين علم جديد هو علم الاجتماع الطبي ليدرس الظاهرة الطبية في ضوء المجتمع والحياة الاجتماعية ويدرس كل ما يتعلق بالبيئة من عوامل وقوى تؤثر في صحة الانسان وحيويته ومرضه ووفاته [٢٠].

٢- ظهور عدد لا بأس به من علماء الاجتماع الطبي الذين ينحدرون أما من اختصاص علم الاجتماع او من اختصاص الطب . ولعل من أهم هؤلاء العلماء تالكوت بارسونز ، اميل دوركهايم ، أديون ليميرت ، اديون جادوك ، ابيل سميث، ديفيد ميكانيك، أي. كارترايات ، ام. بالينت ، تي. هولمز ، ام. سوسر، دي. تيكيت، نيكي هارت واخيراً ار. أيليزلي [٢١] . وظهور هذا العدد الكبير من علماء

الاجتماع الطبي كان نتيجة نشرهم للكتب والمؤلفات ونشرهم للابحاث العلمية في المجلات والدوريات العلمية .

٣- نشر الكثير من الكتب والابحاث العلمية التي اشرنا اليها اعلاه والتي أدت الى تنامي النظرية الاجتماعية الطبية وقدرتها على تفسير الكثير من الظواهر الخاصة بعلم الاجتماع الطبي . غير اننا لا نستطيع القول بان نظرية الاجتماع الطبي هي نظرية ناضجة ومتكاملة [٢٢] .

٤- تأسيس العديد من الاقسام العلمية في ميدان علم الاجتماع الطبي ، وهذه الاقسام تكون عادة ملحقة باقسام الطب او طب المجتمع او الطب النفسي- او علم الاجتماع او علم النفس الاجتماعي او علم النفس العلاجي . ومعظم جامعات العالم لاسيما جامعات العالم المتقدم قد فتحت اقساماً علمية بتخصص طب المجتمع كجامعات لندن وادنبرة وكلاسكو ومانجستر وشيفيلد وويلز في بريطانيا وجامعات شيكاغو وهارفرد والينوي ، ونيويورك وكاليفورنيا في الولايات المتحدة الامريكية ، وجامعات باريس وليل والسوربون في فرنسا وجامعات برلين ودرزدين ومونيخ وفرانكفورت وبفاريا في المانيا وجامعات بودابست وبيج واتفوش لوراند ودبرسن في المجر ٠٠٠ الخ [٢٣] .

٥- تطوير وتنمية نظريات ومناهج طب المجتمع . ومثل هذه النظريات والمناهج مكنت علم الاجتماع الطبي من الاستقلالية والوقوف على قدميه في تفسير أهم واخطر مشكلاته واشكالياته كعلم مستقل عن علم الاجتماع والطب .

٦- تثبيت الحدود العلمية والاكاديمية بين علم الاجتماع الطبي وعلم الاجتماع وعلم الطب بحيث لا يدعي أي عالم من هذه الاختصاصات الثلاثة موضوعات العلوم الأخرى على انها موضوعاته ومن حقه دراستها او تدريسها في قسمه العلمي المختص [٢٤] . ومثل هذه الاستقلالية العلمية التي تمتع بها علم الاجتماع الطبي مكنته من زيادة ابحاثه ودراساته وتنامي نظرياته مع القدرة على تطبيقها على الحياة الواقعية والعملية ، فضلاً عن تطوير مناهجه الدراسية التي مكنت علماءه من زيادة وتراكم ابحاثهم العلمية النظرية منها والتطبيقية.

المبحث الثالث : المؤلفات والمصادر التي اسهمت في ظهور علم الاجتماع الطبي

هناك ستة مؤلفات رئيسية في طب المجتمع وعلم الاجتماع الطبي اسهمت في ظهور العلم ونضوجه وتكامل موضوعاته ونظرياته . وهذه المؤلفات هي على النحو الآتي :

أولاً :   النظام الاجتماعي لمؤلفه العالم تالكت بارسونز

يبدأ الكتاب بالتحدث عن الصلة المتفاعلة بين النظام الاجتماعي والنظام الحضاري ونظام الشخصية ، هذه الانظمة الثلاثة التي استنتج منها بارسونز نظريته المشهورة المعروفة بنظرية الحدث [٢٥] . ركز بارسونز في هذا الكتاب على النظام او النسق الاجتماعي الذي حلله الى المؤسسات البنيوية وهي المؤسسة الدينية والمؤسسة العسكرية والمؤسسة التربوية والتعليمية والمؤسسة الاسرية والمؤسسة السياسية . وقد حلل كل من هذه المؤسسات ليصل الى الأدوار الاجتماعية التي تنطوي على الواجبات والحقوق الاجتماعية. وقد صنف بارسونز الادوار في كتابه الموسوم النظام الاجتماعي الى ادوار قيادية وادوار وسطية وادوار قاعدية [٢٦] .

بعد هذه الدراسة المتعلقة بالادوار الوظيفية اختار بارسونز المؤسسة الصحية وانتقى منها المستشفى وشخّص ادوارها والتي من أهمها دور الطبيب ودور المريض فدرس بارسونز العلاقة الاجتماعية بين هذين الدورين ، بعدها راح يتكلم عن دور المريض مفصلاً [٢٧] . لقد اعترف بارسونز في كتابه النظام الاجتماعي بالدور الاجتماعي الرسمي للمريض الذي يظهر من خلال المهنة الطبية . يقول بارسونز بان توازن النظام الاجتماعي انما يعتمد على ان يؤدي كل فرد دوره بما يمكن النظام من العمل والفاعلية والاستمرار . لذا فان الناس يجب ان يكونوا مدفوعين بشعور الواجب والالتزام بالعلاقات الاجتماعية . لقد حدد بارسونز المرض بانه تهديد للمسؤولية الشخصية المشتركة لانه يزود الناس باسباب مشروعة للتوقف عن العمل . لهذا السبب

يحتاج الى قواعد تنظيمية لتجنب استعمال المرض عذراً للتحرر من الواجبات والمهام الاعتيادية .

وفي هذا الصدد يضيف بارسونز قائلاً باننا نستطيع ضبط دور المريض من خلال تعيين اطباء يكونون بمثابة ادوات للضبط الاجتماعي من خلال احتضان دور المريض بمراجعة الطبيب . وهنا يستطيع المريض الحصول على الاعتراف الاجتماعي باعراض المرض التي يشعر بها ، وفي الوقت نفسه يستطيع المجتمع عزل حالة مرضية تكون سبباً لانتشار المرض عن طريق انتقال العدوى . لذا فدور المريض يمنحه الحق بان يعفى من واجباته والتزاماته مدة مؤقتة مع الاذعان للعلاج الرسمي . بهذه الطريقة يشخص بارسونز دور الطبيب الذي يكون من الادوار التي تحمي المسؤولية الاجتماعية بين المرضى . ان المريض في هذه الحالة يوجه بهدوء نحو بلوغ الشفاء بسرعة لان استقرار المجتمع يعتمد على الدور الوظيفي الذي يلعبه الفرد الذي وقع في المرض ^(٢٨) . ولكن لو ترك المرض معلقاً على نزوات المريض دون تدخل الافراد في ذلك فان ذلك لا بد ان يؤثر سلباً في مهام العمل والحياة الاسرية ويؤثر كذلك على مسيرة المجتمع المحلي . ولكن عندما نضع المرض والمريض تحت اشراف المجتمع والطبيب او الاطباء وتحت نظام الضبط الاجتماعي فان اخطار وعواقب المرض لا بد ان تكون أقل تأثيراً مما لو لم يترك المريض تحت اشراف الطبيب والمجتمع على حدٍ سواء ^(٢٩) . وهكذا يفسر بارسونز دور المريض في الاسرة والمجتمع انه دور قائم على التزام المريض بواجباته وحقوقه .

ثانياً:   علم الاجتماع الطبي لمؤلفه ديفيد ميكانيك

يقع هذا الكتاب بنحو ٥٠٠ صفحة ويحتوي على ثلاثة اقسام كل قسم يحتوي على عدد من الفصول . فالقسم الاول يأخذ عنوان المنطلقات الجوهرية لظهور ونمو علم الاجتماع الطبي ^(٣٠) . وهذا القسم يقع في خمسة فصول هي الفصل الاول الذي يأخذ عنوان الصحة والمرض والسلوك المنحرف ، أما الفصل الثاني فيدور حول الرؤى العامة للصحة والمرض مع إشارة خاصة الى آراء العلوم السلوكية حول الموضوع . في حين جاء الفصل الثالث يحمل عنوان آراء الطبيب أزاء المرض والمريض . بينما الفصل الرابع يهتم

بتوضيح رأي المريض حول مرضه مع إشارة خاصة الى دراسة سلوك المرض . واخيراً يهتم الفصل الخامس بموضوع المقابلة بين الطبيب والمريض مع إشارة خاصة لموضوع الممارسة الطبية .

أما القسم الثاني من الكتاب فيحمل عنوان المنطلقات المنهجية والقضايا الخاصة [٣١] . وهذا القسم يحتوي على اربعة فصول هي الفصل السادس الذي يهتم بالرؤى المنهجية في دراسة عمليات المرض . في حين يعالج الفصل السابع العوامل المؤثرة في الوفاة والمرض من وجهة النظر الديموغرافية ، بينما يهتم الفصل الثامن بدراسة العدوى والمرض من زاوية دراسة الاسباب والبحث عنها . واخيراً يدرس الفصل التاسع من هذا القسم موضوع الاجهاد او الاعياء الاجتماعي وعلاقته بالمرض .

أما القسم الثالث من الكتاب فيهتم بموضوعات التفاعل بين الطبيب المعالج والمريض [٣٢] . وهذا القسم يقع في فصلين هما الفصل العاشر الذي يهتم بسرد ملاحظات حول انظمة الرعاية الطبية من خلال النظر الى المؤسسات الطبية في كل من الولايات المتحدة الامريكية وبريطانيا والمقارنة بينها . في حين يهتم الفصل الحادي عشر من الكتاب بدراسة العوامل المنهجية المؤثرة في المرض والعناية بالمريض .

فضلاً عن وجود الملاحق الخاصة بموضوع القوة الاجتماعية التي يتمتع بها كل من الاطباء واعضاء الفريق الصحي في المنظمات الطبيبة المعقدة [٣٣] . وملحق بعض الملاحظات حول الرؤى المختلفة التي يحملها الاطباء أزاء التدخل العلاجي من أجل العناية بالمصابين في الامراض النفسية والعقلية والعصبية ، اضافة الى المصادر الكثيرة والمتنوعة التي يحددها الكتاب . علماً بان الكتاب قد ظهر لاول مرة عام ١٩٥٤ ثم توالت بعد ذلك طبعاته المختلفة خلال عقد الخمسينات والستينات من القرن العشرين .

ثالثاً: كتاب الدراسات السيكواجتماعية والسيكو فيزيولوجية لمرض التدرن الرئوي (السل) لمؤلفه البروفسور تي. هولمز

ظهر هذا الكتاب لأول مرة عام ١٩٥٧ ويقع بحوالي ٢٩٠ صفحة . ان الكتاب يدرس العوامل النفسية والاجتماعية والفيزيولوجية المسؤولة عن مرض التدرن الرئوي

ويحلل كيف ان هذه العوامل تسبب المرض وتؤدي الى استحكامه عند المريض الى درجة تكون طريقة معالجته صعبة جداً [٣٤]، ومع هذا فان الكتاب يضع قائمة مطولة من التوصيات والمعالجات لمواجهة المرض ، وان هذه التوصيات لا تتعلق فقط بالجوانب الفيزيولوجية والعضوية الخاصة بالمريض بل تتعلق ايضاً بالعلاج النفسي ـ والاجتماعي للمرض .

يقع الكتاب في ثمانية فصول رئيسية هي ما يأتي :

يتناول الفصل الاول اهداف الكتاب واهميته ومحتوياته مع التحديد العلمي لمصطلحات السيكواجتماعي والسيكوفيزيولوجي ، اضافة لتحديد مفهوم مرض التدرن الرئوي (السل) . والفصل الثاني من الكتاب يحلل ويفسر ـ دور العامل النفسي ـ والاجتماعي المؤثر في مرض السل ، فعندما يعلم المريض بانه مصاب بهذا المرض المعدي فان علائم الخوف والقلق والاضطراب النفسي ـ والسلوكي تخيم عليه ، وعندما يعلم الآخرون بأصابته بهذا المرض فانهم يتجنبونه ويبتعدون عنه خوفاً من الاصابة ،وهذا ما يؤثر سلباً في حالته النفسية والمزاجية ، ان الفصل يهتم بتصورات المريض نحو ذاته وبتصورات الآخرين نحوه [٣٥] .

يتناول الفصل الثالث من الكتاب العوامل السيكوفيزيولوجية المؤثرة في الشخص المصاب بمرض التدرن الرئوي . فالعلائم الفيزيولوجية وآلام العضوية التي يحس بها المريض من جراء المرض مع تطور المرض عند المريض وما يشعر به من ظواهر جسمية مؤلمة كارتفاع الحرارة والتعرق والنحول الجسمي والبصاق المستمر والسعال الحاد والأرق وفقدان الشهية للطعام تؤثر على الحالة النفسية للمريض إذ تجعله يشعر بان تحرره من ظواهر المريض ليس من السهولة بمكان تجاوزها أو القضاء عليها ، لذا يشعر بالقلق والخوف من المستقبل . وهنا تكون نظرة المريض نحو ذاته متشائمة وتدعو الى الخوف والقلق والتوتر النفسي . كما ان تطور اوجه المرض عند المريض قد تشله عن الحركة . لذا تضعف مقاومة المريض للمرض ويكون المريض فريسة الجراثيم المسببة للمرض [٣٦] . والفصل الرابع يهتم بدراسة اسباب البيئة الاجتماعية التي يعيشها

المريض والتي تؤثر في ظهور اعراض المرض عليه . ويجمل المؤلف هذه الاسباب بالاسباب الاقتصادية والسكنية والتربوية والدينية والسياسية . في حين يدرس الفصل الخامس أثر العمل وبيئة العمل في الاصابة بالمرض ، والفصل السادس يهتم بطرق انتقال جراثيم المرض من الشخص المريض الى الشخص السليم وكيفية تفاديها [٣٧] .

أما الفصل السابع فيعالج العلاقة بين أساليب التنشئة الاجتماعية التي شهدها المريض وتحصيله العلمي ودرجة ثقافته وتعليمه والاصابة بالمرض . واخيراً يهتم الفصل الثامن من الكتاب بتحديد التوصيات والمعالجات التي من شأنها ان تواجه اسباب المرض وتخفف من حدتها . علماً بان التوصيات التي جاء بها الكتاب تنقسم الى شقين توصيات موجهة للفرد لكي يأخذ بها ويخفف من حدة مرضه، وتوصيات موجهة للدولة والمجتمع والمسؤولين لكي يأخذوا بها في محاولة للتصدي للمرض وتطويق اسبابه وآثاره الاجتماعية والعضوية .

رابعاً: كتاب المرض الاجتماعي لمؤلفه أديون ليميرت

ظهر هذا الكتاب لأول مرة عام ١٩٥١ ويقع بحوالي ١٨٠ صفحة ويحتوي على ستة فصول أساسية . علماً بان المؤلف البروفسور أديون ليميرت كان من أحد أعضاء النظرية التفاعلية الرمزية ، الا انه بعد حين قد أنشق عليها وانتقدها وأخذ ينتمي الى نظرية الوصم الذي كان من أحد قادتها مع البروفسور هوارد بيكر .

الفصل الاول من الكتاب يتناول مفهوم المرض الاجتماعي ودلالالته وابعاده مع التمييز بين المرض الاجتماعي الاولي والمرض الاجتماعي الثانوي . والفصل الثاني من الكتاب يتناول آثار المرض الاجتماعي الثانوي الذي يصاب به الفرد على حالته الصحية بحيث يصاب بالمرض الاجتماعي الاولي فعلاً وحقيقة [٣٨] . أما الفصل الثالث من الكتاب فيدرس عدداً من الامراض الاجتماعية الاولية كتعاطي المخدرات والمشروبات الكحولية والتطرف الاجتماعي والسياسي والاثني والطائفي . والفصل الرابع يهتم بدراسة اسباب الامراض الاجتماعية وآثارها وكيفية مواجهتها .

أما الفصل الخامس من الكتاب فيهتم بدراسة العلاقة بين المرض الاجتماعي والمرض العضوي او الفيزيولوجي . واخيراً يدرس الفصل الثامن عدداً من التوصيات والمقترحات والمعالجات التي من شأنها ان تقضي على الامراض الاجتماعية التي قد يصاب بها الفرد (٣٩) .

لعل من أهم الموضوعات التي عالجها أديون ليميرت في كتابه الموسوم " المرض الاجتماعي " العلاقة بين الامراض الاجتماعية الاولية والامراض الاجتماعية الثانوية . الامراض الاجتماعية الاولية هي الامراض التي يصاب بها الأفراد نتيجة سبب اجتماعي او آخر كالادمان الكحولي والادمان على تناول المسكرات والتطرف الطائفي والطبقي والاديولوجي ، الاصابة بالمرض سرعان ما يعلم بها ابناء المجتمع المحلي الذي يعيش فيه المريض فيكوّن هؤلاء الافراد صورة نمطية ذهنية متعصبة عن ذلك الفرد بحيث تتحول هذه الصورة الى وصمة عار تلازمه طيلة حياته إذ ينعت ذلك الفرد بالسكير مثلاً . وان المجتمع المحلي عندما يكوّن الصورة الذهنية النمطية نحوه لا تتغير هذه الصورة التي يحملونها عنه حتى ولو اقلع عن الادمان الكحولي (٤٠) .

وعندما يشعر الفرد بان الصورة النمطية المتحيزة التي كوّنها المجتمع لا يمكن ازالتها ، لذا يشعر الفرد بانه فعلاً سكير ومدمن . وهنا يعود الفرد ثانية الى الادمان الكحولي ، الامر الذي يجعلنا مؤهلين ان نقول بان الفرد مصاب بمرضين اجتماعيين هما المرض الاولي والمرض الثانوي الذي هو عبارة عن وصمة العار التي الصقها المجتمع بالمريض بحيث لا تتغير هذه الوصمة حتى إذا اقلع الفرد عن الأدمان .

خامساً : علم الاجتماع في الطب لمؤلفه الدكتور كينث جونز

ظهر هذا الكتاب لأول مرة عام ١٩٥٥ ويحتوي على ٢٢٢ صفحة ويقع في اربعة عشر فصلاً . يتناول الفصل الأول من الكتاب موضوع علم الاجتماع وصلته بالطب ، إذ يسرد اهم السمات التي تميز بها علم الاجتماع عبر التاريخ وعلاقتها بادوار الطبيب والممرضة (٤١) . أما الفصل الثاني الذي يهتم به الكتاب فهو التكوين الاجتماعي للأفراد عبر عمليات التنشئة الاجتماعية التي يمرون بها والتي تترك آثارها وانعكاساتها

على طباعهم وشخصياتهم ولغاتهم المستنبطة من المؤسسات الاجتماعية التي ينتمون اليها . والفصل الثالث من الكتاب يهتم بدراسة الأسرة من حيث انواعها ومضامينها الاجتماعية على سلوك الافراد وعلاقاتهم الاجتماعية .

في حين يدرس الفصل الرابع المعتقدات والقيم والمقاييس وكيفية تكوينها عند الأفراد وأثرها في الاديان التي يعتقدون بها . والفصل الخامس يهتم بدراسة الفوارق الفردية بين الافراد والجماعات وأثرها في الصحة والمرض وفي مقدار القوة والنفوذ التي يتمتع بها الأفراد في النظام الاجتماعي (٤٢) . والفصل السادس يهتم بدراسة الانحراف الاجتماعي من حيث انواعه وعلاقته بسوء التنظيم الاجتماعي مع إشارة خاصة الى الانحرافات الاجتماعية والسلوكية المتعلقة بالامراض العقلية وتناول المشروبات الكحولية والانحرافات الجنسية والسلوك الاجرامي .

في حين يهتم الفصل السابع بدراسة المرض والوفاة ، علماً بان الفصل يتناول دراسة الاساليب الاجتماعية لفهم المرض والوفاة في الاطار الاجتماعي والطبي . والفصل الثامن يتخصص بدراسة الايكولوجيا الاجتماعية والديموغرافيا، يتخصص هذا الفصل بدراسة اتجاهات النمو السكاني في المجتمع فيما يتعلق بالمرض والرعاية الطبية. والفصل التاسع يدرس سلوك الأفراد في الجماعات الصغيرة ، وهذا يهتم بتحليل التفاعل الاجتماعي داخل الجماعات الصغيرة . أما الفصل العاشر فيتخصص بدراسة المهن مع إشارة خاصة الى مهنة التمريض (٤٣) . في حين يهتم الفصل الحادي عشر بدراسة علم الاجتماع في الطب ، والفصل يوضح مجال علم الاجتماع في الطب ونماذج المرض السائدة بين السكان .

أما الفصل الثاني عشر فيدرس البناء الاجتماعي للمستشفى، والفصل يدور حول المزايا الرئيسية للمستشفى كمنظمة بيروقراطية مع إشارة خاصة الى المرض . في حين يتخصص الفصل الثالث عشر بدراسة علم الاجتماع والعناية بالمريض من زاوية الاضافات التي يقدمها علم الاجتماع الطبي لموضوع رعاية المرضى . واخيراً يدرس

الفصل الرابع عشر عدد من علماء الاجتماع والاضافات التي قدموها لنمو وتطور علم الاجتماع .

سادساً: الانتحار لعالم الاجتماع الفرنسي أميل دوركهايم

يُعد كتاب الانتحار لمؤلفه أميل دوركهايم من أهم مؤلفات علم الاجتماع الطبي طالما ان دوركهايم يعتقد بان الانتحار هو ظاهرة اجتماعية لا يستطيع أي علم تفسيرها وتحديد معالمها سوى علم الاجتماع . ذلك ان اسباب الانتحار وآثاره كلها اجتماعية وليست نفسية او طبية أي عضوية كما يتصور البعض ^(٤٤). ان الانتحار مهما يكن نمطه يرجع الى عوامل اجتماعية ، أما ما يتعلق بالعزلة الاجتماعية كأنتحار العزلة الاجتماعية او الانتحار الأنوي أو انتحار التضحية من أجل الآخرين او ما يسمى بالانتحار الايثاري او انتحار التفسخ الاجتماعي . وان العامل الاجتماعي الذي يدفع بالفرد الى الانتحار يؤثر في بادىء الامر على حالته النفسية ، إذ تضطرب الحالة النفسية للفرد الى درجة تقود به الى الانتحار ، لذا فالظاهرة الاجتماعية كالفشل السياسي او الفشل الاسري او الفشل الدراسي هي التي تؤدي الى ظهور الحالة النفسية المرتبكة كالخوف من المستقبل والقلق والكآبة والتوتر النفسي والمزاجي، وهذه الحالة النفسية تعرضه الى المرض النفسي الجسمي (Psychosomatic Disorder) ، وهذه الحالة التي يؤول لها الفرد هي التي تدفعه الى قتل ذاته او تدمير نفسه عن طريق الانتحار (Suicide) ^(٤٥).

وهكذا يعتقد أميل دوركهايم في كتابه هذا بان الحادثة الاجتماعية المؤسفة سرعان ما تعرض الفرد الى المرض النفسي ، هذا المرض الذي يتحول فيما بعد الى مرض نفسي ـ جسمي يكون السبب الواضح في اندفاع الفرد نحو الانتحار أي نحو قتل وتدمير ذاته . من هنا نخلص الى القول بانه في حالة الانتحار كما يعلمنا أميل دوركهايم يكون السبب الاجتماعي هو الاساس ، هذا السبب يقود الى الحالة النفسية المرضية التي تتحول بعد ذلك الى حالة نفسية جسيمة سلبية تقود بالفرد الى الانتحار .

المبحث الرابع : أهم رواد علم الاجتماع الطبي اعمالهم العلمية

بعد عرض فحوى او محتويات مؤلفات رواد علم الاجتماع الطبي والذي كان عددهم ستة رواد علينا في هذا المبحث دراسة سيرتهم العلمية والاقطار التي ينتمون لها مع التطرق الى أهم اعمالهم العلمية وكما يأتي :

أولاً: تالكوت بارسونز (١٩٠٢- ١٩٧٩)

هو من اشهر واهم علما الاجتماع الامريكيين الذين وهبوا الشيء الكثير الى نمو وتطور النظرية الاجتماعية حيث كان رائداً للنظرية البنيوية الوظيفية [٤٦] . ولد في الولايات المتحدة الامريكية عام ١٩٠٢ ودرس علم الأحياء في كلية امهرست . وبعد تخرجه من الكلية سافر الى انكلترا ودرس علم الاجتماع في مدرسة لندن للاقتصاد والعلوم السياسية التابعة لجامعة لندن. كما درس بارسونز في الجامعات الالمانية حيث تأثر بعلماء الاجتماع الالمان لاسيما ماكس فيبر وسمبارت . رجع بارسونز الى امريكا وفي عام ١٩٤٤ حصل على مرتبة الاستاذية في الاجتماع من جامعة هارفرد . من أهم مؤلفات وابحاث بارسونز في علم الاجتماع الطبي كتاب النظام الاجتماعي الذي يدرس فيه دور المريض في المجتمع وعلاقة الدور بالمؤسسة الطبية . اضافة الى دراسته وتحليله لموضوع المهن لاسيما مهنة الطب ، كذلك دراسته للأسرة والتنشئة وعملية التفاعل مع التركيز على دور الأسرة في الصحة والمرض [٤٧] . واخيراً اهتم بارسونز بدراسة أثر الطبقة الاجتماعية في معدلات الولادات والوفيات ليس في امريكا فحسب ، بل في العديد من الدول الاوربية التي زارها .

ثانياً: ديفيد ميكانيك (١٩١٥-٢٠٠١)

من أهم علماء الاجتماع الطبي الامريكان ، درس في جامعة مشيغان علم الطب بعدها تخصص في علم الاجتماع الطبي في جامعة شيكاغو ، وفي عام ١٩٦٢ عين استاذاً في علم الاجتماع الطبي في جامعة وسكنسن الامريكية التي درّس فيها لغاية أحالته على التقاعد عام ١٩٨٥[٤٨] . كما عمل ديفيد ميكانيك في العديد من

المستشفيات الامريكية المتخصصة بالامراض الاجتماعية ، وكانت له عيادة في الطب الاجتماعي وطب الأسرة التي عمل فيها كطبيب متفرغ لغاية وفاته عام ٢٠٠١ .

كان ديفيد ميكانيك نشطاً في الكتابة والتأليف والنشر . إذ نشر ثلاثة كتب في طب المجتمع وعلم الاجتماع الطبي ونشر عشرات الابحاث والدراسات الاجتماعية في المجلات العلمية الطبية الامريكية . من أهم مؤلفاته ما يأتي :

١- علم الاجتماع الطبي .

٢- طب المجتمع .

٣- طب الأسرة .

أما أهم المقالات والدراسات التي نشرها فهي دراسة الاجهاد وسلوك المرض والمريض .

ثالثاً: أدوين ليميرت (١٩١٧-١٩٩٢)

يُعد أدوين ليميرت من أهم علماء الاجتماع الامريكيين . كان في بداية حياته العلمية مناصراً للنظرية التفاعلية الرمزية التي كان زعيمها جورج هيربرت ميد ، الا انه بعد حين انشق على هذه المدرسة أو النظرية وتبنى نظرية الوصم مع زميله عالم الاجتماع الامريكي المعروف هوارد بيكر [٤٩]. وعند تبنيه لنظرية الوصم الف كتاباً بعنوان المرض الاجتماعي (Social Pathology) الذي صنف فيه الامراض الاجتماعية الى صنفين : الامراض الاجتماعية الاولية والامراض الاجتماعية الثانوية . وفي هذا الكتاب وضح كيف ان الامراض الاجتماعية الثانوية تتحول الى امراض اولية وكيف ان الامراض الأخيرة تتحول الى امراض ثانوية [٥٠] .

وبجانب كتاب المرض الاجتماعي ألف كتباً أخرى في علم الاجتماع الطبي اهمها الاجهاد والامراض المزمنة ، ودور العوامل الاجتماعية والحضارية في الصحة والمرض . اضافة الى نشر العديد من الدراسات في ميدان طب المجتمع وطب الأسرة في الصحف والمجلات الامريكية .

رابعاً: أميل دوركهايم (١٨٥٨-١٩١٧)

ولد أميل دوركهايم في مدينة ابينال بمقاطعة اللورين في الجنوب الشرقي من فرنسا منحدراً من عائلة متوسطة الحال . درس في فرنسا وتدرج في الالقاب العلمية حتى

اصبح استاذاً في علم الاجتماع التربوي في جامعة السوربون كما ترأس اصدار مجلة علمية هي الحولية الاجتماعية التي كان رئيس تحريرها الى وفاته عام ١٩١٧ [٥١] .

من اهم المؤلفات التي نشرها أميل دوركهايم في الاجتماع الطبي كتاب " الانتحار " الذي تحدث فيه عن الاسباب الاجتماعية للانتحار والتي حددها بثلاثة اسباب هي العزلة الاجتماعية والايثار الاجتماعي وأخيراً التفسخ الاجتماعي . فضلاً عن دراسته للانتحار دراسة احصائية كمية معتمداً في ذلك على مؤلفه الموسوم " قواعد المنهج في علم الاجتماع " .

أما المؤلفات والابحاث الاخرى التي نشرها في ميدان الاجتماع الطبي فهي كتاب " التكاثر السكاني والمرض والوفاة " [٥٢] وكتاب " الأسس الاجتماعية للتكاثر السكاني وتقسيم العمل " . اضافة الى انجاز دور كهايم العديد من الأبحاث الاجتماعية الطبية ونشرها في حوليته والتي اهمها بحث "التماسك الميكانيكي ومعدل الوفيات " وبحث " التربية والأخلاق ومعدل الولادات " .

خامساً: ريجارد أليزيلي (Richard Illesley) (١٩٢٨ـ   )

يُعد ريجارد اليزيلي من أهم علماء الاجتماع الطبي ومن اهم الاطباء البريطانيين في اختصاص طب المجتمع وطب الأسرة . درس في انكلترا وتخرج من جامعة شيفيلد عام ١٩٤٣ يحمل شهادة البكالوريوس في الطب والجراحة ، وفي عام ١٩٥١ حصل على شهادة الدكتوراه في طب المجتمع (Community Medicine) وعين استاذاً في طب المجتمع عام ١٩٥٩ في جامعة ويلز البريطانية . من أهم مؤلفاته في علم الاجتماع الطبي كتاب "المجتمع في الطب " وكتاب " اسباب الصحة والمرض " [٥٣]، اضافة الى نشره العشرات من الأبحاث العلمية في حقل طب الاسرة وطب المجتمع اهمها بحث " اختيار زيجات الطبقة الاجتماعية والفوارق الطبقية في وفيات الاطفال" وبحث " الطبقة الاجتماعية والصحة والمرض " . وقد نشر البروفسور ريجارد اليزيلي هذين البحثين العلميين المعززين بالاحصاءات في المجلة الطبية البريطانية خلال عامي ١٩٥٥، ١٩٦٤.

مصادر الفصل الثاني

(1)   Cartwright, A. The Development of Medical Sociology, London, Routledge and Kegan Paul, 1984, P. 12.

(2)   Ibid., P. 17.

(3)   Ibid., P. 20.

(4)   Hanna, W. M. Scope of Sociology in Medicine, London, the Strand Press, 1998, P.7.

(5)   Ibid., P. 9 .

(6)   Jones , K. Sociology in Medicine, P. 13.

(7)   Parsons, T. Role of Patient in Hospital, New York, The Free Press, 1974, P.11.

(8)   Lemert, E. Social Pathology , New York, Mc Graw-Hill , 6th Ed., 1984.

(9)   Mechanic, D. Stress, Patient and Sickness Behaviour, New York , The Free Press, 1951.

(10)   Mechanic, D. Medical Sociology , New York, The Free Press, 1959.

(11)   Balint, M. The Doctor, His Patient and illness, Pitman Co., London, 1957.

(12)   Holmes, M. Psycho-Social and Psycho-Physical Studies of T.B., London, the New Press, 1955.

(13)   Abel- Smith ,B. A History of the Nursing Profession, Heinemann, London, 1960.

(14)   Coe, R.M. Sociology of Medicine , Mc Graw- Hill , New York, 1970,P. 13.

(15)   Ibid., P. 16.

(16)   Ibid., P. 17.

(17)   Ibid., P. 20.

(18)   Bodin , H. The Rise of Medical Sociology, Glasgow, the Strand Press, 2002, P.3.

(19)   Ibid., P. 7.

(20)   Ibid., P. 11.

(21)   Ibid., P. 14.

(22)   Ibid., P. 18.

(23)   Joseph , D. Teaching of Mdical Sociology, Glasgow, The Sunny Press, 2001, P. 4.

(24)   Ibid., P. 6.

(25)   Parsons, T. The Social System, New York, the Free Press, 1984, P. 17.

(26)   Ibid., P. 33.

(27)   Ibid., P. 35.

(28)   Ibid., P. 143.

(29)   Ibid., P. 146.

(30)   Mechanic, David, Medical Sociology , New York, the Free Press, 1984, P. 91.

(31)   Ibid., P. 161.

(32)   Ibid., P. 272.

(33)   Ibid., P. 450.

(34)   Holmes, T. Psycho-Social and Psychophysical Studies of T.B. , London, The New Press, 1957, P. 16.

(35)   Ibid., P. 37.

(36)   Ibid., P. 111.

(37)   Ibid., P. 192.

(38)   Lemert, Edwin , Social Pathology, P.37.

(39)   Ibid., P. 66.

(40)   Ibid., P. 79.

(41)   Jones, K. Sociology in Medicine, P. 78.

(42)   Ibid., P. 81.

(43)   Ibid., P. 112.

(44)   Durkheim, Emile. Suicide , Chicago, The Free Press Glencoe, 1967, P. 14.

(45)   Ibid., P. 93.

(46)   Parsons , T. Toword A General Theory of Action, New York , The Free Press of Glenoe, 1971, P. 123.

(47)   Ibid., P. 145.

(48)   Mechanic, David . Medical Sociology , P. 47.

(49)   Lemert, E. Social Pathology ,P. 21.

(50)   Ibid., PP. 60- 62.

(51)   Durkheim, Emile . Suicide ,P. 56.

(52)   Ibid., P. 71.

(53)   Illesley, R. The Causes of Health and Discase , London, the University Press, 1973, PP. 72-73.

الفصل الثالث

العلاقة العضوية بين علم الاجتماع والطب والتمريض

وعلم الاجتماع الطبي

مقدمة تمهيدية :

هناك علاقة وثيقة ومباشرة بين علم الاجتماع والطب من جهة ، وبين علم الاجتماع وعلم الاجتماع الطبي والتمريض من جهة أخرى . وهذه العلاقة يمكن معرفتها والشعور بأهميتها من خلال عملية التعاون والتفاعل التي ينبغي ان تأخذ مكانها بين هذه العلوم الأساسية . فعلم الاجتماع كعلم الطب يعطي ويأخذ من علم الطب ، كما أنه يعطي ويأخذ من علم التمريض [1]. وعلى الرغم من التفاعل الداينميكي الحي بين هذه العلوم فأن هناك ثمة فوارق أساسية بينها تتعلق بالشكل والمضمون والمنهج والهدف أو الاهداف التي تتبناها هذه العلوم . ومع هذا توجد درجة واضحة من التكامل بين علم الاجتماع كعلم أنساني وبين علم الطب وعلم الاجتماع الطبي والتمريض كعلوم أساسية ذات توجهات تطبيقية ومضامين انسانية .

المبحث الاول : العلاقة بين علم الاجتماع والطب

أن دراستنا للعلاقة العضوية بين علم الاجتماع والطب تتطلب منا أولاً تعريف العلمين كلٌ على حدة ، ثم تحديد أوجه الشبه والاختلاف بينهما وتوضيح أهمية كل علم للعلم الآخر . علم الاجتماع هو العلم الذي يدرس طبيعة وأسباب ونتائج العلاقات الاجتماعية بين الأفراد والجماعات الصغيرة او الكبيرة [2]. أو هو العلم الذي يدرس طبيعة السلوك الاجتماعي وأغراضه ونتائجه [3]. أو هو العلم الذي يهتم بدراسة البنى المؤسسية للمجتمعات من حيث عناصرها التكوينية والوظيفية ودرجة ترابط بعضها ببعض [4]. أما علم الطب فهو فن وعلم الوقاية من الأمراض وعلاجها عند وقوعها [5].

وهناك من يعرّف علم الطب بالعلم الذي يدرس أسباب وآثار الأمراض على حيوية وفاعلية جسم الانسان ويدرس طرق وتقنيات علاجها والتحرر من آثارها السلبية . وقد عُرّف علم الطب بالعلم الذي يدرس الأعضاء والاجهزة الفيزيولوجية عند الانسان دراسة علمية تتوخى معرفة عناصرها التكوينية ووظائفها بغية معالجتها والتحرر من آثارها التي قد تؤدي الى وفاة الانسان[٦١] .

من التعاريف المتباينة لعلمي الاجتماع والطب نستطيع أشتقاق أوجه الشبه والاختلاف بينهما ونستطيع في ذات الوقت دراسة الفعل ورد الفعل بينهما . ان أوجه الشبه بين علمي الاجتماع والطب يمكن درجها بثلاث نقاط أساسية هي :

١- إن علم الاجتماع يدرس الكائن الاجتماعي دراسة بنيوية ووظيفية في نفس الطريقة التي يدرس فيها علم الطب الاجهزة والأعضاء الفيزيولوجية دراسة بنيوبة ووظيفية . فعلم الاجتماع يدرس النظم الاجتماعية الفرعية كالنظام الديني والاقتصادي والسياسي والتربوي والعائلي دراسة تحليلية ووظيفية ، وعلم الطب يدرس الأجهزة والأعضاء كالجهاز الحسي والعصبي والعظمي والهظمي دراسة فيزيولوجية ووظيفية . ولما كان هناك شبه كبير بين الكائن الاجتماعي (المجتمع) الذي يدرسه علم الاجتماع . والكائن البايولوجي (جسم الانسان) الذي يدرسه علم الطب ، فأن هناك علاقة وثيقة بين العلمين.

٢- ينقسم علم الاجتماع الى فرعين أساسيين هما علم الاجتماع النظري او مباديء علم الاجتماع ، وعلم الاجتماع التطبيقي الذي يطبق مباديء الاجتماع على معالجة أمراض ومشكلات المجتمع . كما ينقسم علم الطب الى فرعين أساسيين هما علم الطب النظري أو مباديء الطب ، وعلم الطب التطبيقي الذي يستعمل مباديء ونظريات وفنون الطب في معالجة الأمراض المزمنة والطارئة .

٣- يستخدم علم الاجتماع طرقاً بحثية مشابهة للطرق البحثية التي يعتمدها علم الطب كالطريقة التأريخية وطريقة المقارنة وطريقة المشاهدة أو الملاحظة وطريقة المسح الميداني والطريقة التجريبية . ومثل هذه الطرق البحثية تساعد كلٌ من عالم

الاجتماع وعالم الطب من جمع المعلومات وتصنيفها وتنظيمها وصياغتها بقالب نظري عند بناء الفرضية أو النظرية أو القانون الكوني الشمولي ^(٧).

أما أوجه الاختلاف بين العلمين علم الاجتماع وعلم الطب فيمكن درجها بثلاث نقاط أساسية هي :

١- أن علم الطب هو من أقدم العلوم التي عرفها الانسان ، وقدمه التأريخي شبيه بالقدم التأريخي لعلم القانون وعلم الفلك وعلم الدين والفلسفة والتأريخ والأدب ^(٨). علماً بان القدم التأريخي لعلم الطب يدل على نضوجه واكتمال نظرياته وقدرته على معالجة الأمراض التي يعاني منها الانسان والمجتمع . أما علم الاجتماع فهو من العلوم الفتية التي ظهرت في أواخر القرن الثامن عشرـ خصوصاً بعد الثورة الصناعية وما جلبته للانسان من مشكلات ومعاناة إنسانية وحضارية وجب تشخيص أسبابها ومعالجتها على نحو علمي هادف ^(٩). وحداثة علم الاجتماع كعلم إنساني تدل على عدم نضوجه وتكامل نظرياته وعدم قدرته على معالجة بعض المشكلات الاجتماعية التي تواجه الجماعة والمجتمع .

٢- علم الاجتماع هو علم دراسة النظم والمؤسسات الاجتماعية في المجتمعات المتحضرة والراقية ، وهو علم السلوك والعلاقات الاجتماعية والمشكلات الانسانية والحضارية . بينما علم الطب هو علم دراسة الوقاية من الأمراض ومعالجتها، وعلم دراسة الاجهزة والأعضاء الفيزيولوجية عند الانسان من حيث عناصرها التكوينية ووظائفها وظروف أختلال عملها واضطراب توازنها وتناغم بعضها مع البعض الآخر ^(١٠).

٣- إن دراسة الطب تتخصص بمعرفة أسباب وتطور وآثار المرض على جسم الانسان ، ومثل هذه الدراسة تركز على العوامل والقوى الموضوعية التي يستطيع العالم الطبي مشاهدتها والاحساس بها. بينما يتخصص حقل الاجتماع بدراسة الظواهر والتفاعلات والعمليات الاجتماعية دراسة موضوعية وذاتية في آن واحد . فدراسة ظاهرة التعاون أو المنافسة أو الصراع من قبل العالم الاجتماعي لا تقتصر على

معرفة الاسباب الموضوعية للظاهرة بل تتطرق الى معرفة الاسباب الذاتية أيضاً . فللتعاون أسباب موضوعية هي التقيد بالقانون الذي يقضي- بضرورة انجاز العمل المطلوب والتفاعل بين الأفراد المتعاونين وميل كل منهم نحو تحقيق مكاسب معينة . أما الأسباب الذاتية للتعاون فتتجسد في حب وأحترام كل شخص للشخص الآخر ، ورغبة الافراد المتعاونين في خدمة واحدهم للآخر وميلهم نحو انجاز أهداف المؤسسة التي يعملون فيها (١١) . ولما كان حقل الاجتماع يهتم بدراسة الظواهر دراسة موضوعية وذاتية في آن واحد ، وحقل الطب يهتم بدراسة ظاهرة المرض دراسة موضوعية فقط بعيدة عن القيم والاحكام القيمية والذاتية فأن المشكلات النظرية والمنهجية التي تجابه العالم الاجتماعي اكثر خطورة وتعقداً من تلك التي تواجه المختص في حقل الطب .

وأخيراً يمكننا دراسة العلاقة العضوية بين الاجتماع والطب وأهمية كل علم للعلم الآخر . يستطيع حقل الطب تعلم وأستيعاب الكثير من الحقائق والمعلومات التي يكتنفها حقل علم الاجتماع . ومثل هذه المعلومات واستيعابها ذات قيمة وأهمية كبيرة للاطباء عند أدائهم للمهام الفنية والمسؤوليات الطبية التي يضطلعون بها . فأكتساب المعرفة الأساسية المتعلقة ببناء ووظائف المجتمع وطبيعة الافراد والجماعات وحجم وخطورة المشكلات الانسانية التي يعاني منها المجتمع من قبل الاطباء لا بد أن يساعدهم في انجاز مهامهم الطبية الوقائية منها والعلاجية بدرجة عالية من الدقة والكفاءة والفاعلية (١٢) .

ولعل من المفيد أن نوضح بأن هناك الكثير من الأمراض الفيزيولوجية التي ترجع أسبابها الى العوامل الاجتماعية والنفسية أكثر مما ترجع الى العوامل العضوية (١٣) . لذا ينبغي على الطبيب أن يكون ماهراً وخبيراً في كشف ماهية العوامل الاجتماعية والنفسية التي تكمن خلف الأمراض العضوية. ولكي يتمكن الطبيب من كشف هذه العوامل ينبغي عليه التزود بالمعرفة الاجتماعية والحقائق الانسانية التي يستطيع الحصول عليها من حقل علم الاجتماع . فأمراض القرحة والسكر والضغط الدموي العالي التي يعاني منها المريض قد لا ترجع الى أسباب عضوية كالالتهاب الحاد

في المعدة او أختلال وظيفة غدة البنكرياس أو تضيق الشرايين بل قد ترجع الى أسباب نفسية واجتماعية كتعرض المريض الى القلق والتوتر الناجمين عن سوء ظروف العمل والمنبهات البيئية السلبية والاجهاد الاجتماعي (١٤) .

لذا فالعلاج الفاعل لأمراض القرحة والسكر والضغط الدموي العالي يكمن قبل كل شيء في تشخيص العوامل الاجتماعية والنفسية لهذه الأمراض ثم معالجتها ووضع حد لآثارها السلبية الوخيمة . وإذا لم ينجح الطبيب المعالج في التصدي للأسباب الاجتماعية والنفسية المؤدية لحدوث الأمراض الجسمية فأن الأمراض هذه تبقى مستحكمة عند المريض مهما تكن طبيعة الأدوية والعقاقير والمستحضرات الطبية التي يستعملها . إن هذه الحقيقة توضح أهمية الطب الاجتماعي في معالجة الأمراض الجسمية ذات الاسباب الاجتماعية والنفسية . علماً بأن الطب الاجتماعي (Social Medicine) يعتمد على حقل علم الاجتماع الطبي والحقل الأخير يعتمد على علم الاجتماع العام اعتماداً كبيراً .

ومن الجدير بالاشارة الى ان موضوع علم الاجتماع في أوربا والولايات المتحدة الامريكية يعتبر من الموضوعات الأساسية التي يدرسها طلبة الطب . ذلك أن علم الاجتماع يساعد الاطباء على تشخيص العوامل الاجتماعية والنفسية المؤثرة في الأمراض الجسمية ، ويمكنهم من معرفة أنماط وأسباب ونتائج العلاقات والسلوك الاجتماعي تلك الموضوعات التي تمكن الأطباء من فهم ظروف المرضى ومشكلاتهم والتكيف لأوضاعهم ومعاناتهم وبالتالي معالجتهم معالجة أيجابية وهادفة (١٥) . إضافة الى أهمية علم الاجتماع للأطباء في تزويدهم بالمعرفة الاجتماعية العلمية عن بناء ووظائف المؤسسات الاجتماعية وطبيعة مسيرة المجتمعات والتفاعل العضوي الحي بين الفرد والجماعة والمجتمع .

لذا يتطلب من المسؤولين الصحيين والتربويين في مجتمعنا الاهتمام بتعليم مادتي علم الاجتماع وعلم النفس في المؤسسات التعليمية الطبية على أختلاف تخصصاتها ودرجاتها . ففي حالة تمرس الأطباء في اختصاص علم الاجتماع فأنهم يكونوا مؤهلين

على معالجـة المـرض معالجـة فاعلـة وهادفـة لا تتـوخى القضـاء عـلى مظـاهر الأمراض الجسمية التي يعاني منها المرضى فحسب ، بل تتوخى أيضاً القضاء على الأسباب الاجتماعية والنفسية والعضوية التي تكمن خلف الأمراض المزمنة والطارئـة التـي يعـاني منها المرضى في مجتمعنا المعاصر .

ومن جهة ثانية نلاحظ بأن حقل الاجتماع يسـتطيع تعلـم الكثـير مـن المعـارف والخِبر والحقائق من علم الطب والتي تساعد العالم الاجتماعي على ممارسـة أختصاصـه بصورة علمية هادفة . فعلم الطب يرفد علم الاجـتماع بمعلومـات قيّمـة عـن الظـروف والعوامل الصحية الايجابية التـي تسـاعد الفـرد عـلى التمتـع بقسـط وفـير مـن الصـحة والحيوية . ذلك أن صحة وحيوية الفرد وسلامة جسمه وعقله تساعده عـلى أداء أدواره الاجتماعية الوظيفية على أحسن صـورة ممكنـة . وأداء الفـرد لأدواره بطريقـة عقلانيـة وهادفة يمكّن المؤسسة الاجتماعية التي ينتمـي اليهـا الفـرد ويتفاعـل معهـا مـن القيـام بأعمالها وتحقيـق أهـدافها القريبـة والبعيـدة . وهنـا لا بـد أن ينمـو المجتمـع ويتطـور ويكون مؤهلاً على خدمة الفرد والجماعة على حدٍ سواء . كذلك يرفد علم الطـب العـالم الاجتمـاعـي بمعلومـات دقيقـة عـن عنـاصر ومكونـات ووظـائف الأجهـزة والأعضـاء الفيزيولوجيـة وطبيعـة تكاملهـا وتغيرهـا مـن شـكل لآخـر بمـرور الـزمن. ومثـل هـذه المعلومات يستفيد منها عالم الاجتماع في دراسـته للكـائن الاجتماعـي لاسيما وأن هنـاك شبهاً كبيراً بين الكائن العضوي (جسم الانسان) والكائن الاجتماعي (المجتمع)[١٦].

وأخيراً يستفيد العالم الاجتماعي من حقل الطب مـا يعرفـه الحقـل الأخـير عـن أسس وتقنيات الوقاية والعلاج مـن الأمـراض المتوطنـة والطارئـة . وهنـا يسـتطيع عـالم الاجتماع استخدام مثل هذه المعلومات في الوقاية من الأمراض الاجتماعية المزمنـة منهـا والمؤقتة . إن من أهم واجبات عالم الاجتماع الوقاية من الأمراض الاجتماعية ومعالجتهـا وذلك من خلال دراسة أسبابها ونتائجها . وفي عمله هذا يمكـن أن يعتمـد عـلى المعرفـة الطبية المتعلقة بالوقاية والعلاج لاسيما وأن هنـاك علاقـة قويـة بـين الأمـراض العضـوية التي يدرسها حقل الطب والأمراض الاجتماعية التي يدرسها حقل الاجتماع .

المبحث الثاني: العلاقة بين علم الاجتماع والتمريض

إن العلاقة بين علم الاجتماع والتمريض إنما تستحق دراسة مستفيضة في هذا المبحث . يمكننا دراسة العلاقة بين العلمين من خلال تعريفهما وتوضيح أوجه الشبه والاختلاف بينهما وأثر كل علم في العلم الآخر. عرّفنا علم الاجتماع بأنه علم دراسة العلاقات والتفاعلات والمؤسسات الاجتماعية ، أما علم التمريض فهو علم دراسة أساليب تطبيب ورعاية المرضى ومساعدتهم على الشفاء من قبل الكوادر التمريضية في المؤسسات الصحية [١٧] . أو العلم الذي يسعف المرضى ويعتني بهم بغية شفائهم من الأمراض التي يعانون منها [١٨] . وهناك تعريف ثالث لعلم التمريض ينص على أنه العلم الذي يهتم بالعملية التمريضية وما يتعلق بها من رعاية وعناية تقدم للمرضى من قبل الممرضين والممرضات [١٩] . وعلم التمريض يهتم بالبرامج والتقنيات العلمية التي تتدرب عليها الممرضة في معاهد وكليات التمريض ، وهذه البرامج والتقنيات تهدف الى تزويد الممرضة بمعلومات أساسية واخصائية تساعدها في أداء واجباتها من خلال توفير العناية التمريضية الفاعلة التي تتسم بالطابع المهني وتكون أساساً للتوسع الاكاديمي والدراسات العليا .

هناك أوجه شبه وأختلاف كثيرة بين حقلي الاجتماع والتمريض . واوجه الشبه بين العلمين يمكن تحديدها بثلاث نقاط أساسية هي :

١- إن حقل الاجتماع هو حقل يقسم الى قسمين أساسيين هما الاجتماع النظري والاجتماع التطبيقي . كذلك يقسم حقل التمريض الى حقلين أساسيين هما حقل التمريض النظري (Pure Nursing) الذي يهتم بمباديء ونظريات التمريض المتعلقة بأسعاف المرضى ورعايتهم والاهتمام بشؤونهم وتمكينهم من الشفاء بأسرع وقت ممكن لكي يؤدوا أدوارهم الاعتيادية في المجتمع . أما حقل التمريض التطبيقي فيهتم بتطبيق مباديء وأسس ونظريات التمريض على

أسعاف المرضى والعناية بهم وتحريرهم من الآلام والمشكلات التي ترافقهم نتيجة تعرضهم للمرض المزمن أو الطاريء .

٢- إن مناهج علم الاجتماع التي يعتمد عليها في جمع المعلومات وتصنيفها وصياغتها بشكل فرضيات ونظريات وقوانين علمية شبيهة بمناهج وطرق التمريض . فكل من علم الاجتماع والتمريض يستعملان الطريقة التأريخية وطريقة المقارنة وطريقة المشاهدة وطريقة المسح الميداني والطريقة التجريبية .

٣- إن كلا العلمين (الاجتماع والتمريض) قابلان على النمو والتوسع من خلال الابحاث والدراسات النظرية والتطبيقية التي يقومان بها عن الظواهر والمشكلات المتعلقة بحقليهما الدراسي والعلمي . فكلما ازدادت الدراسات والنظريات التي يهتمان بها كلما كان بمقدور الاختصاصين على معالجة القضايا والمشكلات المستعصية التي تتعلق بحقليهما العلمي والموضوعي .

أما أوجه الاختلاف بين العلمين فيمكن درجها بثلاثة نقاط أساسية هي كالآتي :

١- إن علم الاجتماع يهتم بدراسة الواقع الاجتماعي وما يكتنفه هذا الوقع من ظواهر وتفاعلات وعمليات انسانية، إضافة الى اهتمامه بدراسة المؤسسات الاجتماعية من حيث بنائها ووظائفها وسكونها وتحولها من نمط الى آخر . بينما يهتم علم التمريض بالانسان المريض من حيث اسعافه طبياً والعناية به خلال فترة مرضه وتكييفه لدوره الجديد أثناء مرضه واعادة تكييفه للمجتمع بعد شفائه من المرض وتحرره من أدرانه وسلبياته وآلامه [٢٠] . إضافة الى تقوية معنويات المريض بحيث يكون قادراً على مقاومة المرض مع جلب الاستقرار والطمأنينة لذوي وأهل المريض وجعلهم يعتقدون بأن مريضهم سوف يتماثل للشفاء بأسرع وقت ممكن ويعود اليهم ليقود حياته الطبيعية بينهم .

٢- إن حقول وتفرعات علم الاجتماع أوسع بكثير من حقول وتفرعات التمريض . ذلك ان علم الاجتماع العام يتفرع الى علم اجتماع المعرفة وعلم اجتماع التربية

وعلم اجتماع القانون وعلم الاجتماع الريفي وعلم الاجتماع الحضري وعلم الاجتماع الصناعي وعلم اجتماع العلم وعلم اجتماع الأدب وعلم اجتماع الدين وعلم الاجتماعي السياسي وعلم الاجتماع العسكري وعلم الاجتماع الاقتصادي وعلم اجتماغ الفراغ وعلم اجتماع اللغة ... الخ . أما حقل التمريض فيتفرع الى حقوق اخصائية محدودة وهي حقل تمريض الاطفال وحقل تمريض المسنين وحقل تمريض النسائية (الولادة والقبالة) .

٣- إن علم الاجتماع أقدم تأريخياً من علم التمريض ، فقد نشأ علم الاجتماع في نهاية القرن الثامن عشر ، وقبل هذه الفترة كانت جذوره ممتدة في عدة علوم هي الفلسفة والدين والأدب والشريعة والفقه وعلم الأخلاق والتأريخ والاقتصاد وعلم النفس [٢١] . أما علم التمريض فهو علم فتي وحديث نوعما ، حيث بدأت نظرياته وقوانينه وتقنياته تظهر وتزداد بعد الحرب العالمية الثانية . أما مهنة التمريض فهي مهنة قديمة قدم مهنة الطب . فالطب كمهنة لا يستطيع القيام بواجباته ومهامه دون الاعتماد على التمريض ، والتمريض لا يمكن الشروع بأنشطته وخدماته دون الأخذ بالتوجيهات والوصايا الفنية والعلمية التي يقدمها حقل الطب [٢٢] . لذا لا يمكن الفصل بين المهنتين . ومن ناحية أخرى نلاحظ بأن أقسام الاجتماع قد تأسست في الجامعات قبل تأسيس أقسام التمريض، وان الدراسات العليا قد بدأت في حقل الاجتماع قبل بدئها في حقل التمريض . ويرجع هذا الى عدة عوامل في مقدمتها كون الاجتماع موضوعاً نظرياً أعمق وأشمل من التمريض وكون الأخير موضوعاً تطبيقياً وعملياً أكثر من علم الاجتماع . إضافة الى كثرة أساتذة وعلماء الاجتماع وقلة أساتذة وعلماء التمريض في كافة جامعات وأكاديميات العالم .

أما العلاقة بين علم الاجتماع والتمريض فهي علاقة وطيدة ويمكن أن تتعمق فيما بعد . فعلم الاجتماع يعطي ويأخذ من علم التمريض ، والعلم الأخير يعطي ويأخذ من علم الاجتماع . وهذه الحقيقة تشير الى تكامل العلمين وعدم أمكانية الفصل بينهما مهما تكن الظروف . فعلم الاجتماع يساعد الممرضة على أداء دورها الاجتماعي

الوظيفي على أحسن ما يمكن وذلك من خلال تزويدها بحقائق متكاملة عن طبيعة الانسان وعلاقته بأخيه الانسان ودوافع السلوك عند الأفراد والجماعات ونتائجها الايجابية والسلبية . إضافة الى تزويدها بحقائق مهمة عن بناء ووظائف وسكون وداينميكية المؤسسات والمجتمعات ، وماهية وأسباب وآثار المشكلات الاجتماعية التي تجابه الأفراد والجماعات على حدٍ سواء (٢٣) .

أما علم التمريض فيعطي الشيء الكثير للعالم الاجتماعي بحيث يكون متفهماً لطبيعة دور المريض في المجتمع وأثر الصحة والمرض في فاعلية المجتمعات أو أضطرابها وعدم قدرتها على تحقيق أهدافها المرسومة . فالتمريض يرفد حقل الاجتماع بحقائق ناصعة عن مهنة التمريض وما تستطيع أن تقدمه هذه المهنة من مهام جليلة في نمو وتطوير المؤسسات الصحية . إضافة الى أهمية التمريض في معالجة المرض والقضاء على سلبياته وشروره . وهنا يكون المجتمع صحياً وفاعلاً في أداء مهامه تجاه الفرد والجماعة . وإذا ما نجح المجتمع في هذه المهمة فأنه يكون قد قطع شوطاً متميزاً في تطوير الحضارة وتنمية قطاعاتها المادية والروحية بحيث تنتقل من طور الى طور آخر يتميز بالتشعب والتقدم والفاعلية .

ومن ناحية أخرى نلاحظ بأن الممرضة تحتاج الى معرفة اجتماعية ونفسية متخصصة لا تقل أهمية عن هذا النمط من المعرفة الذي ينبغي على الاطباء التزود به والألمام بفنونه النظرية والتطبيقية . فالممرضة بحكم أختصاصها تمكث وقتاً طويلاً مع المريض وتتعرف على طبيعة أحوال ومشكلات المريض أكثر من الطبيب . فهي التي تشرف على التزام المريض بتناول العلاج اللازم في الأوقات المحددة وتناول وجبات الطعام المسموح تناولها من قبله ، وهي التي تمنعه عن الحركة والمشي ـ وتذكره بماهية الاطعمة والمشروبات الممنوع تناولها ، وهي التي تقوي معنوياته وتشد أزره في أصعب واحلك الظروف والحالات التي يمر بها وهي التي ترعى صحته العامة وتراقب عن كثب سرعة شفائه من المرض الذي يعاني منه (٢٤) .

لكن الممرضة لا تستطيع أداء مثل هذه الاعباء والمسؤوليات تجاه المريض دون تزودها بمعرفة اجتماعية أخصائية تساعدها على التعامل مع المريض بطريقة تجمع بين العلمية والانسانية . وعلم الاجتماع يزود الممرضة بالمعلومات والحقائق الاجتماعية الأساسية التي تمكنها من أداء عملها بصورة أيجابية وهادفة . وهذه المعلومات تتجسد في طبيعة الفوارق الفردية بين الاشخاص والجماعات ، والعلاقة بين الدور والسلوك الاجتماعي من جهة وبين الدور والمؤسسة الاجتماعية من جهة أخرى ، ونمو الفرد وماهية القوى الموضوعية والذاتية المؤثرة فيه ، ومعنى الصحة والحيوية والمرض والموت ، والفوارق بين أهل المدينة وأهل الريف ، وسلوك الفرد في الجماعات الصغيرة والكبيرة، وتصنيف المهن ومؤهلاتها وأخلاقها ، والبناء الاجتماعي للمستشفى ودور علم اجتماع التمريض في تكييف الممرضة لظروف عملها وتذوقها لمهنتها وانسجامها مع بقية أعضاء الفريق الصحي الذي تعمل معه في المؤسسة الصحية التي تنتمي اليها وتتفاعل معها .

كل هذه المعلومات والحقائق الاجتماعية تحتاجها الممرضة في عملها. لذا يخدم علم الاجتماع الممرضة ومهنتها . ومن جهة أخرى لا يستطيع العالم الاجتماعي الاستغناء عن الحقائق العلمية التي يعرفها علن التمريض ، فهذه الحقائق تجعل العالم الاجتماعي مستوعباً لأهمية مهنة التمريض في تطوير المؤسسات الصحية ، وأهمية علم التمريض في الوقاية من المرض ومعالجته من خلال العملية والعناية التمريضية التي تقدمها الممرضة للمريض والتي عن طريقها تستطيع نشر وبلورة ظاهرة الصحة والحيوية في ربوع المجتمع . إذن التمريض مكمل لعلم الاجتماع وعلم الاجتماع مكمل للتمريض .

المبحث الثالث : العلاقة بين علم الاجتماع الطبي وعلم الاجتماع

ان هناك علاقة وطيدة بين علم الاجتماع الطبي وعلم الاجتماع طالما ان علم الاجتماع
الطبي هو فرع من فروع علم الاجتماع . وقد استقل عنه في النصف الاول من القرن
العشرين لاسباب تتعلق باهمال علم الاجتماع دراسة الطب في المجتمع ودراسة المجتمع في
الطب وفي الفصل الثاني درسنا العوامل الموضوعية والذاتية التي أدت الى استقلالية علم
الاجتماع الطبي عن كل من عالم الاجتماع والطب ولا حاجة لذكرها هنا .

قبل التطرق الى دراسة اوجه الشبه والاختلاف بين علم الاجتماع الطبي وعلم
الاجتماع علينا تعريف هذين العلمين كل على انفراد . علم الاجتماع هو العلم الذي يدرس
المؤسسات البنيوية في المجتمع دراسة اجتماعية ، او هو العلم الذي يدرس بناء ووظائف
الجماعات الاجتماعية التي يتكون منها المجتمع ، او هو العلم الذي يفهم ويفسر السلوك
الاجتماعي بانواعه المختلفة ، أو انه العلم الذي يدرس المجتمع من حيث اصول تكوينه
ومظاهره وتغييره من طور الى طور آخر . أما علم الاجتماع الطبي فهو العلم الذي يدرس
الجذور الاجتماعية للصحة والمرض وأثر الصحة والمرض على المجتمع والبناء الاجتماعي .
وهناك تعريف آخر لعلم الاجتماع الطبي ينص على انه العلم الذي يدرس العلاقة بين
المؤسسة الطبية كالمستشفى مثلاً والمجتمع . وهناك تعريف ثالث لعلم الاجتماع الطبي ينص
على انه العلم الذي يدرس المؤسسة الطبية دراسة اجتماعية ، أي دراسة انساقها العمودية
والافقية وعلاقاتها الاجتماعية ونظام السلطة والمنزلة فيها .

بعد تعريف العلمين كلّ على انفراد ، نستطيع دراسة الفوارق الأساسية بينهما. ان
هناك اربعة فوارق بين علم الاجتماع الطبي وعلم الاجتماع ، وهذه الفوارق هي على النحو
الآتي :

١- علم الاجتماع هو علم دراسة المؤسسات الاجتماعية دراسة اجتماعية او هو علم
    دراسة المجتمع من حيث بنائه ووظائفه ، بينما علم الاجتماع الطبي هو العلم الذي
    يدرس الأسس الاجتماعية للطب وأثر الطب في المجتمع والبناء الاجتماعي.

٢- علم الاجتماع هو أقدم تأريخياً من حيث نشأته وتكوينه من علم الاجتماع الطبي حيث نشأ علم الاجتماع على يد العالم الاجتماعي الفرنسي- اوكست كونت في نهاية القرن الثامن عشر- ، في حين ظهر علم الاجتماع الطبي في النصف الاول من القرن العشرين . بمعنى آخر ان علم الاجتماع هو أقدم تأريخياً من علم الاجتماع الطبي .

٣- المناهج التي يستخدمها علم الاجتماع الطبي هي المنهج التأريخي والمنهج المقارن ومنهج المسح الميداني والمنهج التجريبي ، بينما المناهج التي يستعملها علم الاجتماع هي المنهج التأريخي والمنهج المقارن ومنهج المسح الميداني ، إضافة الى منهج المشاهدة والمنهج الاستنتاجي .

٤- ميادين علم الاجتماع اوسع بكثير من ميادين علم الاجتماع الطبي حيث ان علم الاجتماع يدرس المجتمع برمته وما يكتنفه من ظواهر وعمليات مختلفة . بينما يدرس علم الاجتماع الطبي ميدان الصحة والطب دراسة اجتماعية تحليلية .

أما اوجه الشبه بين العلمين فهي كثيرة ومتنوعة ، إذ تقع باربع نقاط أساسية هي ما يأتي :

١- يدرس كل من علم الاجتماع وعلم الاجتماع الطبي الظواهر الاجتماعية والانسانية ولكن من زوايا مختلفة .

٢- يستعمل العلمان نفس المفاهيم والمصطلحات ، إذ كلاهما يستعملان مصطلحات النسق والوظيفة والنظام والدور والبناء والحقوق والواجبات والصراع والوفاق والتعاون والمنافسة ... الخ .

٣- يستعمل العلمان نفس النظريات الاجتماعية في تعليل الظواهر الاجتماعية التي يتعاملان معها كاستعمال النظرية البنيوية الوظيفية ونظرية التبادل الاجتماعي، والنظرية الصراعية والنظرية التفاعلية والنظرية التفاعلية الرمزية والنظرية السببية ونظرية الدور ... الخ.

٤- ينقسم كل علم من هذين العلمين الى فرعين هما علم الاجتماع النظري وعلم الاجتماع التطبيقي وعلم الاجتماع الطبي النظري وعلم الاجتماع الطبي التطبيقي .

أما العلاقة التي تربط العلمين علم الاجتماع وعلم الاجتماع الطبي فهي علاقة صلدة قائمة على التضامن والتماسك بين هذين العلمين ، فكل علم يعطي ويأخذ من العلم الآخر ، لذا لا يمكن الفصل بين هذين العلمين مطلقاً . فعلم الاجتماع يعطي علم الاجتماع الطبي معلومات قيّمة عن اقسام المجتمع ووظائفها والترابط العضوي بينها. فضلاً عن أهميته لعلم الاجتماع الطبي في معرفة السكون الاجتماعي والداينميكية الاجتماعية . بينما يعطي علم الاجتماع الطبي معلومات قيّمة لعلم الاجتماع تتعلق بالصحة والمرض وعلاقتهما بالمجتمع مع العوامل والقوى الاجتماعية والفيزيولوجية المؤثرة في الصحة والمرض .

ولما كان كل علم يعطي معلومات وحقائق مفيدة للعلم الآخر فان هناك درجة من التعاون والتكامل بينهما الى درجة أننا لا نستطيع الفصل بين هذين الاختصاصين العلميين مطلقاً .

الخاتمــة :

هناك علاقة صلدة ومتفاعلة بين علم الاجتماع والطب والتمريض وعلم الاجتماع الطبي بحيث اننا لا نستطيع الفصل بينهما . وبعد تعريف هذه العلوم الأربعة تمت معالجة العلاقة العضوية بين علم الاجتماع والطب من جهة ، وبين علم الاجتماع وعلم الاجتماع الطبي والتمريض من جهة ثانية . علماً بأن دراسة العلاقة بين هذه العلوم قد تجسدت في توضيح أوجه الشبه وأوجه الاختلاف بينهما ، ثم تبيان أهمية كل علم للعلم الآخر . فقد وضح البحث ما يعطيه علم الاجتماع لعلم الطب وما يأخذه منه ، وما يعطيه علم الاجتماع لعلم الاجتماع الطبي وما يأخذه منه ، وكيف أننا لا نستطيع وضع الحدود العلمية الصلدة بين هذه العلوم . ذلك أن هناك درجة عالية من التكامل بينهما، وأن كل علم يستطيع أن يستفيد من العلم الآخر في فهم ظواهره وتشخيص مشكلاته

ومعالجتها على نحو علمي هـادف . أن التعـاون والتنسـيق بـين هـذه العلـوم في مجـال البحوث والدراسات المشـتركة إنمـا ينميـان هـذه العلـوم ويقـودان الى نضـوجها وتراكم معلوماتها بحيث تكون قادرة عـلى تفسـير ظواهرهـا وتحليـل ملابسـاتها والقضاء عـلى معوقاتها ومشكلاتها الظاهرة والكامنة .

مصادر الفصل الثالث

(1)   Jones, K. and Patricia. Sociology in Medicine , London, the English University Press, 1975, P. 163.

(2)   Ginsberg ,M. Sociology, London, Oxford University Press, 1950, P, 7.

(3)   Weber, M. Theory of Social and Economic Organization , New York, 1969, P. 88.

(4)   Radcliff, Brown, A. Structure and Function in Primitive Society, London , 1952, PP. 188-190.

(5)   Hornby,A. S. Oxford Advanced Learner's Dictionary, Oxford Univ Press, 1986, P. 528.

(6)   Achebach, T. Developmental Psychopathology, New York, John Wiley and Sons, 1982, PP. 78-79.

(٧)   الحسن، إحسان محمد (الدكتور). الأسس العلمية لمناهج البحـث الاجتماعـي ، بـيروت ، دار الطليعة للطباعة والنشر ، ١٩٨٦.

(8)   Saunders,C. and P. Wilson. The Professions, London, 1973, PP. 5-8.

(9)   Broom, L. and P. Selznick. Sociology, New York, Harper and Row, 1968, P. 4.

(10)   Friedson, E. Profession of Medicine , New York, Mead and Co.,1972, PP. 3-5.

(11)   Coser, L.A. Masters of Sociological Thought , Harcourt Brace , Jovanvich, New York, 1971, See the Ch. On Gerg Simmel.

(12)   Jones, K. and Patricia . Sociology in Medicine ,PP. 16-18.

(13)   Ckark, D.H. Social Therapy in Psychiatry, A. Penguin Book, Middlesex, England , 1974, P. 57.

(14)   Ibid., P. 64.

(15)   Jones, K. and Patricia , Sociology in Medicine,   PP. 61-62.

(16)   Radcliff- Brown, A. Structure and Function in Primitive
Society. See the Section on the Comparison between biological Orgnism
and Social Organism.

(17)   Rudd,T.N. The Nursing of the Elderly Sick, London, Faber and
Faber,Ltd., 1970,P. 18.

(18)   Clark,D. Social Therapy in Psychiatry,P. 6.

(19)   Definition of Nurse , International Nursing Review , Vol. 12, No. 3,
May 1974 , P. 103.

(20)   Davis , F. The Nursing Profession, New York, John Wiley and Sons,
1966.

(21)   AL-Hassan ,Ihsan M. The Origin and Development of Sociology in
Iraq ,Bulletin of College of Arts,University of Baghdad,Vol.26, No.1,
Sept. 1982.

(٢٢)   الحسن ، إحسان محمد (الدكتور) . صفات الممرضة الجامعية ، مجلـة كليـة الآداب ، جامعـة
بغداد ، العدد ٣٣، تشرين ثاني ، ١٩٨٢، ص٥.

(23)   Jones , K. and Patricia . Sociology in Medicine , PP. 189- 191.

(٢٤)   الحسن ، أحسان محمد (الـدكتور) ، وجانيـت حبيـب تومـا . طبيعـة العلاقـة الانسـانية بـين
الممرضة والمريض (دراسة ميدانية في محافظة بغداد) ، بغداد، ١٩٨٥، ص ١٣.

الفصل الرابع

التحليل البنيوي الوظيفي للمؤسسة الطبية

المقدمــة :

المؤسسة الطبية كالمستشفى مثلاً هي مؤسسة اجتماعية كغيرها من المؤسسات الوظيفية الأخرى . يمكن دراسة المستشفى كمؤسسة طبية مهمة من مؤسسات المجتمع عن طريق تحليلها الى عناصرها الاولية بالاعتماد على النظرية البنيوية الوظيفية التي هي من أهم النظريات المعاصرة في علم الاجتماع [١]. والدراسة الاجتماعية للمؤسسة الطبية كالمستشفى تتطرق الى الأنساق العمودية والافقية للمستشفى ، والعلاقات الداخلية التي تربط افرادها ، فضلاً عن نظامي السلطة والمنزلة التي قد تكون عادة موجودة في المستشفى [٢].

ان المؤسسة الطبية هي مؤسسة بيروقراطية تعتمد على مباديء البيروقراطية التي أهمها اللاشخصية والديمقراطية والموضوعية والعلمية والتراتيبية ووضع الشخص المناسب في المكان المناسب [٣]. ولما كانت المؤسسة الطبية مؤسسة بيروقراطية فانها تتميز ببعض الايجابيات وبعض السلبيات التي يمكن ان نعرّج عليها في هذا الفصل . فالفصل يتكون من خمسة مباحث رئيسية هي ما يأتي :

١- المبحث الاول: الأنساق العمودية والافقية في المستشفى .

٢- المبحث الثاني : العلاقات الاجتماعية في المؤسسة الطبية .

٣- المبحث الثالث: نظام السلطة في المؤسسة الطبية .

٤- المبحث الرابع : نظام المنزلة في المؤسسة الطبية .

٥- المبحث الخامس: الاديولوجية والقيم والاهداف في المؤسسة الطبية .

قبل دراسة هذه المباحث علينا التنويه هنا بان فهمنا للمؤسسة الطبية يتطلب منا تحليلها الى عناصرها الاولية ، وان مراحل تحليل المؤسسة الطبية وفقاً للمبدأ التراتبي الاستنباطي هي ما يأتي :

١- مرحلة المؤسسة الطبية كمؤسسة اجتماعية .

٢- مرحلة الادوار الاجتماعية الوظيفية .

٣- مرحلة الحقوق والواجبات الاجتماعية .

٤- مرحلة الشخصية النموذجية العاملة في المؤسسة الطبية .

وتحليل المؤسسة الطبية يساعدنا في فهمها والتعرف على اشكالياتها مع استيعاب عوامل التغير وعوامل السكون المؤثرة في واقع المؤسسة الطبية وخواصها، وطبيعة القوانين والضوابط التي تهيمن على مسيرتها وتحدد معطيات واقعها المعاش .

إذاً هناك نمطان لتحليل المؤسسة الطبية كالمستشفى ، النمط الأول هو التحليل البنيوي الوظيفي للمؤسسة الطبية [٤]. والنمط الثاني هو التحليل التراتبي الاستنباطي للمؤسسة الطبية [٥]. علينا هنا شرح هذين النمطين من تحليل المؤسسة الطبية وكما يأتي :

أولاً:   التحليل البنيوي الوظيفي للمؤسسة الطبية

يعتمد هذا التحليل على النظرية البنيوية الوظيفية لتحليل وفهم المجتمع، والتحليل هذا يأخذ بعين الاعتبار المركبات والعناصر الاساسية للمؤسسة الاجتماعية او المجتمع ، وهذه العناصر هي ما يأتي :

المبحث الاول: الأنساق العمودية والافقية في المؤسسة الطبية (المستشفى)

نعني بالأنساق العمودية العناصر الرأسية التي تتكون منها المستشفى وهي المدير العام ونائب المدير العام ومدراء الاقسام والشعب والاطباء والمشرفين الصحيين والممرضات حيث ان المركز العالي او المركز القيادي هو الذي يحكم ويسيطر على المركز الوسطي والمركز الأخير هو الذي يحكم ويسيطر على المركز القاعدي وفقاً للمباديء والقيم البيروقراطية التي أكد على اهميتها عالم الاجتماع الالماني ماكس فيبر في كتابه الموسوم "نظرية التنظيم الاجتماعي والاقتصادي "[٦].أما وظائف الانساق العمودية فهي ما يأتي:

١- السيطرة والضبط أي سيطرة المراكز الرئاسية على المراكز المرؤوسة في المؤسسة الطبية وضبطها بما يخدم اهداف المستشفى .

٢- توزيع الاعمال والمهام والمسؤوليات على المراكز التراتبية في المؤسسة الطبية كتحديد مهام المدير العام ومهام مساعد المدير العام ومهام مدراء الشعب والاقسام كقسم العمليات الجراحية الكبرى وقسم العمليات الجراحية الصغرى وقسم الامراض القلبية والصدرية وقسم الامراض الباطنية وقسم الامراض التنفسية وقسم امراض الجملة العصبية وقسم الامراض البولية وقسم الامراض النفسية والعقلية وقسم امراض المجتمع ... الخ [٧] ، إضافة الى تحديد مهام الاطباء ومهام المشرفين الصحيين ومهام الممرضات ... الخ .

٣- تحديد المراجع في المستشفى مع تحديد مسؤولياتها الادارية والفنية والعلمية في المستشفى .

٤- تشخيص مواطن التميز والقصور او الخلل في المستشفى لكي تتحدد المسؤولية ويُكافأ الشخص على تميزه ويعاقب الشخص على اهماله وتقصيره والذنب الذي أقترفه في موقعه الاداري الطبي [٨] .

فضلاً عن قيام الانساق العمودية بتحديد مهام وواجبات كـل مركـز وظيفـي في المستشفى كتحديد مهام واعمال المدير العام ونائبه ومهام واعمال ومسؤوليات الاطبـاء وتحديد مهام ومسؤوليات المشرفين الصحيين ، واخيراً تحديد مهام ومسؤوليات المـرضى . وتحديد مثل هـذه المهـام والمسـؤوليات يمكّن ادارة المستشـفى مـن توصيـف طبيعـة العلاقات الاجتماعية القائمة بين المراكز التراتبية الموجودة في المستشفى [٩].

والشكل الآتي يوضح طبيعة الأنساق العمودية الموجودة في المستشفى كنظام اجتماعي بيروقراطي .

المدير العام

نائب المدير العام

مدير القسم أو الشعبة

الأطباء

المشرفون الصحيون

الممرضات

(شكل يوضح النسق العمودي القائم في المستشفى)

أما الانساق الافقية في المستشفى فهي الشعب والدوائر والاقسام التي تتكون منها المستشفى . وهذه الانساق الافقية تكون متكاملة وفي حالة اتصال دائم بعضها مع البعض الآخر . وهذه الانساق الافقية تأخذ بعين الاعتبار أهم الاقسام التخصصية التي تتكون منها المستشفى حيث ان كل قسم يعتمد على القسم الآخر ويكمله ويساعد في تحقيق الاهداف العليا التي تصبو اليها المستشفى [١٠] .

وللانساق الافقية أربع وظائف رئيسية هي ما يأتي :

١-   تحديد التخصصات الرئيسية او الاقسام الاساسية التي تتكون منها المستشفى، وهي اقسام متساوية ومتكافئة مـن حيـث الأهميـة والمكانـة تربطها علاقات افقية [١١] .

٢-   تنمية التخصصات الرئيسية التي تنطوي عليها المؤسسة الطبية وتوسيعها أفقياً .

٣-   تعميـق التعـاون والتنسـيق بـين اقسـام او شـعب المستشفى بحيـث تعمـل المستشفى ككيان اجتماعي واحد .

٤-   توسيع المستشفى وزيادة حجمها وامتدادتها [١٢] .

والشكل المرسوم ادناه يوضح الخارطة التنظيمية للمستشفى وانساقها الافقيـة مع هياكلها العمودية في آن واحد .

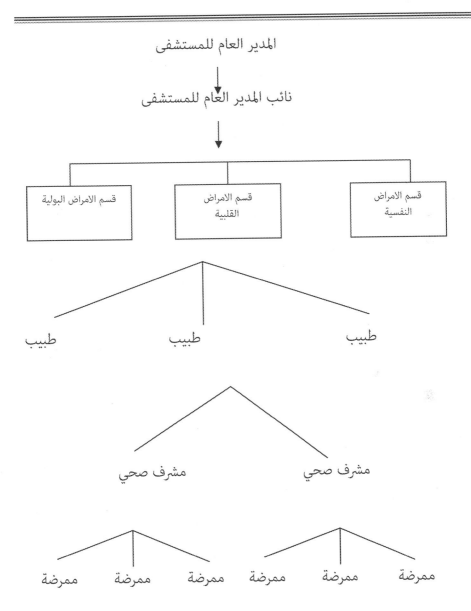

الخارطة التنظيمية للمستشفى ـ الانساق العمودية والافقية للمستشفى

المبحث الثاني : العلاقات الاجتماعية في المؤسسة الطبية

يمكن تقسيم العلاقات الاجتماعية في المؤسسة الطبية الى اربعة اقسام رئيسية هي ما يأتي :

أولاً:   العلاقة الاجتماعية العمودية .

ثانياً:   العلاقة الاجتماعية الافقية .

ثالثاً:   العلاقة الاجتماعية الرسمية .

رابعاً:   العلاقة الاجتماعية غير الرسمية [١٣] .

وللعلاقة الاجتماعية في المؤسسة الطبية اسبابها وآثارها التي سوف نعرّج عليها مفصلاً . ولكن قبل دراسة انواع العلاقات الاجتماعية في المؤسسة الطبية واسبابها وآثارها علينا أولاً تعريفها ثم تحديد اطراف هذه العلاقة .

العلاقة الاجتماعية بمعناها العلمي الدقيق هي اتصال او تفاعل يقع بين شخصين أو أكثر لغرض سد واشباع حاجات اطراف العلاقة الاجتماعية كالعلاقة الاجتماعية بين المريض والطبيب او بين المريض والممرضة او بين الممرضة والطبيب او بين مدير المستشفى والطبيب والممرضة . وهكذا فان للعلاقة الاجتماعية في المؤسسة الطبية اطرافها او جهاتها التي هي المريض والطبيب والممرضة والمشرف الصحي وبقية أعضاء الفريق الطبي مهما تكن تخصصاتهم .

والعلاقة الاجتماعية في المؤسسة الطبية تنطوي على فعل ورد فعل بين اطرافها الاساسيين ومجموعة رموز سلوكية وكلامية متعارف عليها وادوار اجتماعية وظيفية يحتلها اطراف العلاقة الاجتماعية كالمريض والطبيب والممرضة [١٤] .

أما اقسام العلاقة الاجتماعية فهي ما يأتي :

أولاً: العلاقة الاجتماعية العمودية

هي الاتصال او التفاعل الذي يقع بين شخصين يحتلان مراكز متباينة من حيث الجاه والسمعة والمكانة كالاتصال بين مدير المستشفى والطبيب الجراح او الاتصال بين مدير القسم او الشعبة والطبيب المختص او الاتصال بين الطبيب والممرضة او بين الطبيب والمريض [15]. ان العلاقة هي عمودية لأنها تقع بين شخصين يحتلان ادواراً اجتماعية مختلفة في الجاه والسمعة والشرف حيث ان العلاقة بين الطبيب والمريض هي علاقة عمودية لان الطبيب يحتل مركزاً اجتماعياً أعلى من المركز الاجتماعي الذي يحتله المريض . كما ان العلاقة بين الطبيب والممرضة هي علاقة اجتماعية عمودية لأن الطبيب يحتل موقعاً وظيفياً اعلى من الموقع الوظيفي التي تحتله الممرضة . وكذلك العلاقة بين المدير العام للمستشفى ومدير الامراض الصدرية والقلبية حيث ان المدير العام للمستشفى يحتل موقعاً اعلى من مدير قسم الامراض الصدرية والقلبية .

ثانياً: العلاقة الاجتماعية الافقية

هي الاتصال او التفاعل الذي يقع بين شخصين او اكثر يتساوون في المكانة والمنزلة الاجتماعية كالاتصال بين طبيب أ وطبيب ب أو الاتصال بين المريض أ والمريض ب او الاتصال بين مدير قسم الامراض الصدرية والقلبية ومدير قسم الامراض الباطنية أو الاتصال بين الممرضة أ والممرضة ب . والعلاقة تكون افقية لان كلا الشخصين المتفاعلين يحتلان مراكزاً متكافئة ومتساوية في الجاه والمنزلة والشرف الاجتماعي [16].

وتتسم العلاقة الافقية بالديمقراطية والحرية والشفافية لانها تقع بين شخصين متساويين في المكانة والمرتبة والجاه ، بينما العلاقة العمودية تتسم بالتسلط والحرج وعدم الارتياح من قبل اطرافها لاسيما الطرف الذي يخضع للأوامر والايعازات إذ يُطلب منه تنفيذها باسرع وقت ممكن ، وهذا لا يروق له. فضلاً عن ان العلاقة الافقية غالباً ما تنتهي بقوة العلاقة وفاعليتها ، بينما العلاقة العمودية قد تنتهي بضعف العلاقة وتفتيتها وانقطاعها .

ثالثاً: العلاقة الاجتماعية الرسمية

وهي العلاقة او الصلة التي تقع بين شخصين أو أكثر وتدور هذه العلاقة حول العمل واداء الواجب المطلوب كالاتصال الذي يقع بين المر يض والطبيب حول ضرورة تقيد المريض بأخذ أو تناول الدواء في الاوقات المحددة [١٧] ، او العلاقة التي تربط مدير المستشفى بالطبيب حول ضرورة تواجد الطبيب في الردهة لساعات اضافية بغية معالجة المرضى الذين يعانون من الأرق والصداع والدوار . علماً بان العلاقة الرسمية في المؤسسة الطبيبة تتقيد بالقوانين الرسمية المدونة او غير المدونة والتي ينبغي على الجميع الالتزام بها .

كما ان الاشخاص الذين يكوّنون العلاقة الرسمية لا يرتاحون ولا يطمئنون لها بقدر ما يرتاحون ويطمئنون للعلاقة غير الرسمية التي تربطهم مع الآخرين . إضافة الى ان علماء الاجتماع يطمحون الى تحويل العلاقة الاجتماعية الرسمية المقيدة لحرياتهم الى علاقة اجتماعية غير رسمية تمنحهم حرية التفاعل وشفافية الاتصال مع الغير من الذين يعمل معهم الافراد الذين يكوّنون مثل هذه العلاقة . وقوانين العلاقة الاجتماعية الرسمية قد تكون مدونة او غير مدونة .

رابعاً: العلاقة الاجتماعية غير الرسمية

وهي الاتصال او التفاعل الذي يأخذ مكانة في المؤسسة الطبيبة كالعلاقة او الاتصال بين طبيب أ وطبيب ب او الطبيب والمريض والذي يدعو الى خروج الطرفين المتفاعلين او المتصلين الى المطعم لتناول وجبة غذائية بعد انتهاء الدوام الرسمي للمؤسسة الصحية ، أو دعوة مدير المستشفى للاطباء للذهاب الى نادي الاطباء لمشاهدة فلم ترويحي ومن ثم تناول وجبة غذائية في مطعم الاطباء في النادي او النقابة . وتتسم العلاقة غير الرسمية بالحرية المطلقة والشفافية وعدم الحرج وفقدان القيود والاوامر والايعازات التي يتخذها الطرف المسؤول او الأمر [١٨] .

ويطمح علماء الاجتماع الطبي بتحويل العلاقة الاجتماعية الرسمية الى علاقة اجتماعية غير رسمية متحررة من القيود والاوامر والضغوط والمضايقات . بيد ان العلاقة

الاجتماعية غير الرسمية عندما تسود في اجواء العمل فانها قد تضعف الانتاجية وتقلل كميتها وتفضي الى التمرد والعصيان وظهور الصراعات الكامنة او الظاهرة بين مراكز العمل الوظيفي في المؤسسات الصحية على اختلاف مستوياتها العلمية وتنظيماتها البيروقراطية[١٩] .

ولعل من المفيد ان نشير هنا بان للعلاقات الاجتماعية في المؤسسات الطبيبة اسبابها ونتائجها . فاسباب العلاقة الطبيبة بين الطبيب والمريض هو ان المريض يدخل في علاقة مع الطبيب لانه يريد الشفاء من المرض والتحرر من الآلام والاخطار المعوقة لصحة المريض .أما سبب دخول الطبيب في علاقة مع المريض فانه يتجسد في رغبة الطبيب في شفاء المريض من امراضه وآلامه ومشكلاته ، فضلاً عن رغبة الطبيب في الحصول على المادة والنقود من جراء معالجته للمرضى الذين يحتاجون الى خدماته الطبية للناس على اختلاف شرائحهم ومستوياتهم الثقافية والمهنية والمادية والاجتماعية[٢٠] .

أما نتائج العلاقات الاجتماعية في المؤسسة الصحية فانها تكون على نوعين اساسيين هما النتائج الايجابية والنتائج السلبية .فإذا كانت العلاقة ايجابية بين المرضى والاطباء فان النتائج على المؤسسة الطبية تكون ايجابية إذ ان المؤسسة تكون متضامنة وموحدة وقوية في تحقيق اهدافها القريبة والبعيدة [٢١] .أما إذا كانت العلاقة بين الطبيب والمريض سلبية فان هذا سينسحب على المؤسسة الطبيبة سلباً إذ تكون هذه المؤسسة ضعيفة في المهام التي تقوم بها وبالتالي غير قادرة على تحقيق اهدافها الأساسية .

المبحث الثالث : نظام السلطة في المؤسسة الطبية

في المؤسسة الطبيبة هناك نظامان هما نظام السلطة (Authority System) ونظام المنزلة (Ststus System) . وهذان النظامان متوازنان الى درجة ان نظام السلطة لا يستطيع العمل في المؤسسة الطبية دون نظام المنزلة ، والنظام الأخير لا يستطيع العمل دون نظام السلطة، إذ ان كل نظام مكمل للنظام الآخر [٢٢] . ونعني بنظام السلطة النسق الذي يصدر الايعازات والاوامر الى العاملين من أجل تمشية امور المؤسسة وتحقيق اهدافها القريبة والبعيدة وتضامنها وتماسكها من أجل قوتها واقتدارها. ففي المؤسسة الطبيبة هناك اشخاص بمواقع القيادة والأمرة يصدرون الأوامر والايعازات الى شاغلي المراكز الوسطية والقاعدية من أجل وضعها موضع التنفيذ ضماناً لاستمرارية المؤسسة وحسن أداء شؤونها وتحقيق اهدافها القريبة والبعيدة . وهناك اشخاص ينفذون هذه الاوامر طواعية من اجل حسن أداء المؤسسة الطبية واستمرارية اعمالها ووظائفها وخدماتها الجليلة للمواطنين كافة .

أما إذا لم تنفذ المراكز الوسطية والقاعدية الأوامر الصادرة لها من المراكز القيادية العليا فانها تتعرض للعقوبات والجزاءات ، حيث ان العقوبات الصادرة بحق المقصرين والمتقاعسين في تنفيذ الواجبات تهدف الى معاقبتهم لسببين اساسيين هما رد الأعتبار للمؤسسة الطبية التي لم يطعها العاملون ، والردع أي ردع المتقاعسين والمقصرين في أداء الواجب لكي يكون هذا الردع وسيلة فاعلة لتحريض العاملين على العمل الجدي والدقيق الذي يهدف إلى تحقيق اغراض المؤسسة [٢٣] .

ان من اهم الايعازات والاوامر التي تصدرها القيادة في المؤسسة الطبيبة الى المنفذين والعاملين هي ما يأتي :

١- تشخيص الامراض والعلل الجسمية او النفسية التي يعاني منها المرضى والمراجعون ليصار الى معالجتها والتحرر من ادرانها باسرع وقت ممكن [٢٤] .

٢- تحديد ماهية الآثار الناجمة عن عدم التصدي للمرض ومعالجته والتصدي له. لذا يحرص الاطباء والمسؤولون الطبيبون الى التصدي للمرض او الامراض المشخصة باسرع وقت ممكن .

٣- وصف المعالجات وطبيعة العلاج الخاص بازالة المرض او تخفيف آثاره على المريض [٢٥] .

٤- القيام بالبحوث والدراسات النظرية والتطبيقية التي تشخص اسباب الامراض وآثارها وكيفية معالجتها .

٥- توزيع الاعمال التشخيصية والعلاجية على العاملين من أعضاء المستشفى كل حسب معارفه وطاقاته وخبره وتجاربه حيث ان الشخص المناسب ينبغي وضعه في المكان المناسب الذي يستحقه .

٦- اتخاذ الاجراءات التي من شأنها ان تحمل العاملين على العمل الجدي والمبدع الذي يطور المؤسسة الطبية ويحقق اغراضها القريبة والبعيدة.

٧- توزيع المكافآت والهدايا على الاشخاص المستحقين توخياً لتحقيق مباديء المساواة والعدالة الاجتماعية [٢٦]

٨- نشر المعلومات والحقائق بين الافراد والجماعات فيما يتعلق ببرنامج الثقافة الصحية الذي يعزز الجانب الوقائي عند الافراد والجماعات لتجنب الامراض والعلل الاجتماعية .

٩- وضع البرامج والخطط التي من شأنها ان توسع المؤسسة الطبيبة وتديم نشاطها وتضاعف فاعليتها في مواجهة المرض وقهره وتذليل صعوباته .

١٠- الاهتمام بنظافة المؤسسة الطبية وتجهيزها بالمستلزمات الطبية التي تحتاجها مع تأسيس مركز للبحوث والدراسات يتوخى البحث عن احسن الوسائل الناجحة في القضاء على اسباب المرض ودحرها .

ان نظام السلطة في المؤسسة الطبية يتعلق بالدور او الادوار المهنية والوظيفية التي يشغلها العاملون ، ونظام السلطة ينطوي على الواجب الذي يقوم به المهني في المؤسسة الطبية كالطبيب او المشرف الصحي او الممرضة . والدور الوظيفي هذا قد ينجزه المهني بصورة ايجابية ومتميزة او ينجزه بصورة معيبة او مخالفة للقوانين والتعليمات (٢٧) . فإذا كان شاغل الدور قد أنجز دوره بتميز وكفاءة عاليتين فان مكافئته ينبغي ان تكون مجزية لشده مع العاملين الآخرين الى العمل المخلص والدؤوب . أما إذا كان الانجاز ليس بالمستوى المطلوب او ان شاغل الدور لم يتقيد بمفردات انجاز دوره او تقاعس في القيام بالواجب الملقى على عاتقه ، ان هذا الشخص نتيجة لانجازه القليل او المذبذب ينبغي محاسبته وفرض العقوبات او الجزاءات عليه لكي تقوّم سلوكه وتحس درجة انجازاته، ويكون في الوقت ذاته عبرة للآخرين ، أي لا يحتذي الآخرون سلوكه المنحرف او المقصر في العمل . وهكذا يعد نظام السلطة في المؤسسة الطبية صيغة من صيغ تحسين العمل وتطويره،وفي الوقت ذاته وسيلة من وسائل الرقي بنوعية العمل المطلوب .

المبحث الرابع : نظام المنزلة في المؤسسة الطبية

ذكرنا في المبحث السابق بان هناك موازنة بين نظام المنزلة ونظام السلطة، وإذا لم تكن هذه الموازنة فان على المسؤولين الطبيين تكوين مثل هذه الموازنة التي تؤدي الى تنمية وتطوير المؤسسات الطبية . نعني بنظام المنزلة ذلك النسق الـذي يهـتم بتوزيع الحقوق المادية والاعتبارية على ابناء المؤسسة الطبية بعد التأكد من قيامهم بالواجبات وأدائهم المهام والمسؤوليات الملقاة على عاتقهم . ان نظام المنزلة ينطلق من المبدأ الـذي ينص على ان منزلـة الفرد في المؤسسـة تعتمـد علىحجم الواجبات والمسـؤوليات التـي يضطلع بها (٢٨) . فكلما كانت واجبات الفرد ومهامه كبيرة وخطيرة ويحتاج أداؤها الى تدريب طويل ومهارة ودراسة علمية صعبة وشائكة كلما كانت منزلته عاليـة ومحترمـة في المؤسسة التي يعمل فيها . وكلما كانت واجبات الفرد قليلة وهامشية ومحدودة كلما كانت منزلته واطئة وغير محترمة .

إذاً المنزلة الاجتماعية التي يحتلها الفرد في المؤسسة الطبيـة تعتمـد علـى حجـم المهام التي يضطلع بها (٢٩) . فالافراد الذين يحتلون المنزلة العالية في المؤسسة الطبية هم مدير عام المستشفى ومدير القسم او الشعبة المختصة بالامراض والطبيب . بينما الافراد الذين يحتلون المنزلة المتوسطة في المؤسسة الطبية هـم المشرفون الطبيـون والموظفـون الصحيون والاداريون . بينما الافراد الذين يحتلون المنزلة القاعدية في المؤسسـة الطبيـة هم الممرضات والممرضون والمنظفون وخدام الردهات .

ان المؤسسـة الطبية التي يكتب لها النجـاح هـي المؤسسة التـي يبـادر قادتهـا ومسؤوليها على شد الأعضاء العاملين اليها مـن خـلال الحـرص عـلى تـرفيعهم وترقيتهم الوظيفية ومنحهم الامتيازات والمخصصات المالية السخية التي تشجعهم عـلى العمـل والانجاز والتفاني في سبيل أداء الواجب المطلوب . فهذه الامتيازات المادية والمعنوية التـي تُقدم الى العاملين في المؤسسة الصحية تحتم عليهم القيام بالواجبات والاعمال والمهام

التي تناط بهم . وهنا تتوازن كفتا السلطة مع المنزلة وتتمكن المؤسسة الطبية من تحقيق اهدافها ومراميها القريبة والبعيدة (٣٠) .

ان نظام المنزلة يتواشج مع نظام الحقوق المادية والاعتبارية التي يتمتع بها الافراد العاملون في المؤسسة الطبية ، بينما نظام السلطة يتواشج مع الواجبات والمهام والاعمال التي تناط بالافراد . علماً بان نظام السلطة هو الذي يحدد نظام المنزلة لانه لا نظام منزلة بدون نظام سلطة . ان مبدأ العدالة التوزيعية في النظم والمؤسسات مهما تكن نوعيتها أو طبيعتها هو الذي يفضي الى الموازنة بين نظامي السلطة والمنزلة .

من الجدير بالذكر ان نظام المنزلة الذي تعتمده المؤسسة الصحية والذي يفرض عليها تعيين الامتيازات المادية والاعتبارة للعاملين مهما تكن مواقع عملهم انما يعتمد على العديد من المتغيرات والاعتبارات المحددة للامتيازات التي يمكن ان يتمتع بها العاملون ومن هذه المتغيرات أو الاعتبارات ما يأتي :

١- المؤهلات العلمية للافراد العاملين ، أي الشهادات المهنية والعلمية والاكاديمية التي يحملونها.

٢- مدة خدمة الفرد العامل في المؤسسة او المهنة ، فكلما كانت مدة الخدمة طويلة كلما كانت منزلته عالية ، والعكس هو الصحيح إذا كانت مدة الخدمة قصيرة ومحدودة (٣١) .

٣- الأعباء والمسؤوليات التي يتحملها العامل أو الموظف المهني حيث ان كثرة الاعباء والمسؤوليات التي يتحملها الفرد في المؤسسة الصحية تسبب ارتفاع مكانته ، بينما قلة هذه المسؤوليات والاعباء تؤدي الى انخفاض مكانته الاجتماعية .

٤- الاخطار والتحديات التي يتعرض لها شاغل المهنة تؤثر في منزلته ومكانته الاجتماعية ، فكلما كانت الاخطار والتحديات كبيرة كلما كانت المنزلة عالية .
بينما إذا قلت أو انعدمت الاخطار والتحديات في العمل أو المهنة الطبية

التي يمارسها الفرد فان المنزلة الاجتماعية لذلك الفرد تكون واطئة أو متدنية^(٣٢).

٥- قيادية المركز او الموقع الذي يشغله الفرد في المؤسسة الطبية . إذا كان مركز الفرد في المؤسسة الطبية قيادياً ومسؤولاً عن اتخاذ القرارات المهمة فيها فان منزلته الاجتماعية في المؤسسة تكون عالية، بينما إذا كان مركز الفرد في المؤسسة الطبية غير قيادي ولا مسؤول فان منزلته في تلك المؤسسة لا تكون عالية ^(٣٣).

هذه هي أهم العوامل التي تعين درجة المنزلة الاجتماعية التي يحتلها الفرد في المؤسسة الطبية . علماً بان المنزلة الاجتماعية التي يشغلها الفرد في المؤسسة الطبية مع طبيعة المنازل الاجتماعية التي يحتلها الفرد في مؤسسات المجتمع الأخرى كالأسرة مثلاً والنادي والحزب والشركة التجارية والكلية او الجامعة والمجتمع المحلي هي التي تحدد شريحته الاجتماعية أو طبقته التي ينتمي اليها ، إذ أن الطبقة او الشريحة الاجتماعية انما تعتمد على المنزلة وان الاخيرة تعتمد على الدور أو الادوار التي يشغلها الفرد والتي تحدد المهام والواجبات الوظيفية التي يضطلع بها ^(٣٤).

المبحث الخامس : الاديولوجية والقيم والاهداف في المؤسسة الطبية

لكل مؤسسة طبية اديولوجية أو منظومة افكار ورؤى وآراء ومُثل تسير عليها وتمثل لمفرداتها . وهذه الاديولوجية قد تكون رأسمالية أو اشتراكية أو اسلامية . فإذا كانت اديولوجية المستشفى رأسمالية فانها تهتم بربحية المؤسسة من حث تنميتها وتعزيز اسسها وقواعدها المادية ، فالربحية هي التي تمكن المؤسسة من التوسع والنمو والفاعلية حسب آراء منظري الفكر الرأسمالي [٣٥] . بينما إذا كانت اديولوجية المؤسسة الصحية اشتراكية فانها تهتم بالرعاية والعناية والشفاء من المرض أو الامراض التي يعاني منها المواطنون أكثر مما تهتم بالربحية العالية حيث ان اشتراكية العمل الطبي تتوخى توفير الخدمة للمواطنين وتحرير المرضى من امراضهم والعناية بهم ورعايتهم باقل قدر من التكاليف .

أما إذا كانت الاديولوجية التي تعتمدها المؤسسة الطبية اسلامية فان الاديولوجية الاسلامية تهتم بالمريض ورعايته وحمايته من المرض الذي يعاني منه، وتهتم في الوقت نفسه بالمؤسسة الطبية التي هي ملكية عامة لجميع المسلمين ، ولما كانت كذلك فانها تحرص على تحقيق ارباح معتدلة تضمن استمرارية وديمومة المؤسسة ورفع مستوى كفاءتها في الاداء . لذا فان طبيعة الاديولوجية التي تعتمدها المؤسسة الطبية هي التي تحدد مسار عملها وتوجهاتها وبرامجها العلاجية والتمريضية والوقائية في المجتمع المحلي .

والمستشفى كمؤسسة طبية مهمة في قلب المجتمع لها قيمتها السلوكية والاخلاقية والاعتبارية التي تحدد مبادءها التي تعمل في ضوئها وتهتدي بمفرداتها [٣٦] . لعل من أهم قيم المستشفى الصدق والامانة والمبدئية والعدالة والاستقامة والايثار والصراحة والموازنة بين الحقوق والواجبات والتعاون والصبر والتواضع والابتعاد عن التكبر والغرور عند التعامل مع الآخرين . وهذه القيم الاجتماعية الايجابية التي تعتمدها المستشفى انما تطور صيغ عملها الفني والمهني . وهذا ما يمكّن المستشفى من

استقطاب المرضى من كل مكان والتعامل معهم وفقاً للمباديء الانسانية التي تعتمدها مهنة الطب كمهنة من أقدم المهن التي عرفها الانسان منذ وقت بعيد .

وهنا نتيجة للقيم التي تعتمدها المستشفى كمنظمة طبية تصبح المستشفى بؤرة من بؤر النهوض والاتقاء بالمجتمع الى مستويات عالية تحقق من خلالها حالة الصحة والحيوية والنشاط بين الافراد والجماعات وتقاوم حالة المرض والجمود والركود بما يقود الى تقدم المجتمع في جميع الميادين(٣٧) .

وللمستشفى كمؤسسة طبية رائدة في قلب المجتمع أهداف تعبوية وسوقية مهمة ووسائل براغماتيكية تستطيع من خلالها تحقيق ما تصبو اليه وسط المجتمع الذي تعمل فيه . وأهداف المستشفى كثيرة ومتعددة أهمها ما يأتي :

١- معالجة المرضى المراجعين للمستشفى عن طريق تشخيص امراضهم ومعرفة اسبابها وآثارها وطرق معالجتها والتحرر من ادرانها وسلبياتها .

٢- تعد المستشفى في المجتمع المحلي بمثابة البؤرة المركزية التي تتجه اليها الانظار من أجل نيل الشفاء من المرض والتحرر من الآلام التي ترافقه(٣٨) .

٣- تعمل المستشفى عادة على وقاية المجتمع المحلي والكبير من الامراض الانتقالية والسارية التي تهاجم ابناء المجتمع وتفتك بعدد كبير منهم . إضافة الى اهميتها في مواجهة اسباب وآثار الامراض المتوطنة التي يصعب مكافحتها والتحرر من آثارها القريبة والبعيدة .

٤- تجاهد المستشفى في معالجة الامراض المزمنة التي يعاني منها المواطنون كامراض القلب والضغط الدموي العالي والواطيء وامراض السكري وامراض المفاصل والفقرات . ناهيك عن امراض القرحة المعدية والسرطانات وامراض المسالك البولية والامراض النفسية والعصبية وامراض الجملة العصبية .

٥- تكون المستشفى عادة مركزاً لنشر وبلورة الثقافة الصحية بين المواطنين حيث انه من مراكز البحوث والدراسات الطبية التي توجد عادة في المستشفيات تصدر عشرات النشريات والكراريس والبوسترات والمطويات التي تنشر مفردات الثقافة الصحية بين الناس. ومفردات الثقافة الصحية تعمل على مواجهة الامراض المزمنة والمتوطنة والانتقالية على حدٍ سواء .

٦- في المستشفى هناك عيادة خارجية لاستقبال حالات الطواريء كالجروح والكسور والتسمم والانهيار العصبي والنفسي- ... الخ والعيادة الخارجية للطواريء تسعف حالات الطواريء وتستجيب لطلبات المرضى مهما تكن طبيعة الامراض الطارئة التي يعانون منها[٣٩] .

٧- في المستشفى تكون هناك عيادات استشارية لمختلف الامراض المزمنة والمتوطنة والانتقالية . ويعمل عادة في هذه العيادات متخصصون على مستوى عالي من الامراض وقادرون على تشخيص الامراض ومعالجتها .

٨- في المستشفى تكون هناك عادة وحدة تعليمية تابعة للجامعة الموجودة في المدينة. والوحدة التعليمية تدرب الاطباء والممرضات على فنون الطب والتمريض . وهنا تكون وظيفة المستشفى وظيفة تعليمية خصوصاً عندما تكون لها صلة بالجامعة التي يدرس فيها الطلبة مختلف الموضوعات الطبية والتمريضية والصيدلانية [٤٠] .

هذا ما يتعلق بتحليل المؤسسة الطبية وفقاً للنظرية البنيوية الوظيفية . أما التحليل الثاني للمؤسسة الطبية الذي يأخذ بعين الاعتبار المبدأ التراتبي الاستنباطي فيعتمد المراحل التحليلية الآتية :

١- مرحلة المؤسسة الطبية كمؤسسة اجتماعية :

يمكن تمثيل المؤسسة الطبية بالمستشفى التي هي عبارة عن نسق اجتماعي فرعي متخصص يتكون من مجموعة اقسام او بنى فرعية كل بناء يؤدي وظيفته التي

تساعد على استمرار المستشفى وديمومتها ككيان اجتماعي [٤١] . ولهذا البناء عدة مقومات او ركائز تساعده على العمل والفاعلية ، وهذه الركائز هي ما يأتي :

أ- التكنولوجيا .

ب- المنزلة .

جـ - اللغة (نظام الاتصال) .

د- الرمز او الشارة .

هـ - التعليم .

فالتكنولوجيا هي منظومة الاجهزة والمعدات الفنية التي تعتمدها المستشفى في أداء اعمالها وفعالياتها كاجهزة الفحص والتحليل والاختبار وتشخيص المرض [٤٢] .

ونظام المنزلة هو الذي يحدد الموقع أو المركز الاجتماعي الذي يحتله كل عضو من أعضاء المستشفى والمنزلة تكون تراتبية من الأعلى الى الأسفل .

أما اللغة فهي وسيلة التفاهم والتخاطب وقاعدة الاتصال بين الادوار الوظيفية التراتبية الموجودة في المستشفى [٤٣] .

في حين ان الرمز او الشارة هو شعار المستشفى او علمها او اللون الذي يميزها عن بقية المستشفيات والمؤسسات الاجتماعية الأخرى التي تعمل في المجتمع . والرمز أو الشارة هو اساس وحدة المستشفى وتضامنها .

واخيراً هناك نظام التعليم الذي يتخصص بتمرير الخبر والتجارب والمعارف من الجيل الكبير الى الجيل الصغير .

٢- مرحلة الادوار الاجتماعية الوظيفية :

المستشفى ككيان او نظام اجتماعي فرعي تتكون من مجموعة أدوار وظيفية تراتبية كل دور منها مربوط مع الادوار التي تقع فوقه او تقع اسفله. والادوار الاجتماعية الوظيفية في المستشفى هي دور المدير العام ودور المدير ودور رئيس القسم او

الشعبة ودور الطبيب ودور الممرضة ودور المريض ... الخ . والادوار الوظيفية في المستشفى تقسم الى ادوار قيادية وادوار وسطية وادوار قاعدية [٤٤] . علماً بان الدور كما يعرّفه ماكس فيبر هو المركز او المنصب الذي يحتله الفرد والذي يحدد واجباته وحقوقه .

٣- **مرحلة الحقوق والواجبات الاجتماعية :**

ينطوي الدور الاجتماعي في المؤسسة الطبية على واجبات وحقوق [٤٥] . فالواجبات هي المهام والمسؤوليات والوظائف الاساسية التي ينطوي عليها الدور الوظيفي في المؤسسة الصحية . بينما الحقوق الاجتماعية هي الامتيازات والمكافآت التي تمنح لشاغل الدور بعد قيامه باداء الواجبات الملقاة على عاتقه . والامتيازات هذه قد تكون امتيازات مادية كالراتب أو الأجر أو المكافأة المادية والعينية او امتيازات معنوية هي الجاه والشرف ودرجة الاحترام والتقدير والتقييم التي تمنح للدور الاجتماعي في المؤسسة الطبية . علماً بانه ينبغي ان يكون هناك تناغم بين واجبات الدور وحقوقه المادية والاعتبارية .

٤- **مرحلة الشخصية النموذجية العاملة في المؤسسة الطبية :**

الشخصية هي ذلك الكل المعقد الذي يتكون من مجموعة الصفات البايولوجية والسيكولوجية والاجتماعية التي يتسم بها الفرد والتي تجعله يختلف عن بقية الاشخاص الآخرين [٤٦] . علماً بان شخصية الفرد في المؤسسة الطبية تتكون من عدة عناصر هي ما يأتي :

أ- الكائن البايولوجي للفرد (Biological Organism) .

ب- التركيب السيكولوجي للفرد (Psychological Struture) .

جـ - الشخص (Person) .

د- التركيب الاخلاقي للفرد (Character Structure) .

فالكائن البايولوجي للفرد هو مجموعة الصفات البايولوجية التي يتسم بها الفرد كطول القامة ومعدل البنية ومعامل الذكاء ولون الشعر والعيون ولون البشرة ... الخ ، وهي تميز الفرد عن غيره من أفراد المجتمع .

أما التركيب السيكولوجي للفرد فهو تكامل عناصر الشعور والاحساس والدوافع في الانسان ، وفي حالة قدرته على إشغال الأدوار الاجتماعية تتحول هذه العناصر الى انفعالات وادراك واغراض (٤٧) .

أما الشخص فنعني به الفرد كلاعب لادوار اجتماعية مختلفة ومعرفتنا لهذه الادوار تمكننا من التنبؤ بسلوكه والتعرف على نتائج عمله (٤٨) . وعند تدرب الفرد على لعب ادواره الاجتماعية يقوم بوضع خطط واهداف يسير بموجبها وتعمل على تحديد طبيعة سلوكه وعلاقته بالآخرين في المؤسسة الطبية .

أما التركيب الاخلاقي للفرد فهو مصطلح شامل يفسر الانسان برمته مع تأثير تركيبه السيكولوجي على سلوكه وتصرفاته . ان التركيب الاخلاقي هو التكامل النسبي بين التركيب السيكولوجي عند الفرد وادواره الاجتماعية (٤٩) . لذا فشخصية الفرد في المؤسسة الطبية ما هي الا وليدة آثار التركيب النفسي ـ او السيكولوجي والادوار الاجتماعية التي يحتلها في تلك المؤسسة او غيرها من المؤسسات الاجتماعية . علماً بان الادوار التي يحتلها الافراد في المؤسسة الطبية سواء كانت هذه الادوار قيادية أو وسطية أو قاعدية هي التي تؤدي الى ظهور المؤسسة الطبية (٥٠) .

لذا فالمؤسسة الطبية تنطوي على الكائن البايولوجي والبناء النفسي ـ والشخصي ـ والبناء الخلقي . وتكامل هذه العناصر هي التي تقود الى ظهور نظام الشخصية او الشخصية في المؤسسة الصحية التي تأخذ طابعاً معيناً يميزها عن الشخصية في المؤسسات الاخرى التي يتكون منها البناء الاجتماعي .

والشكل الهندسي المرسوم ادناه يوضح عناصر تحليل المؤسسة الطبية (المستشفى) الى عناصرها الأولية .

مصادر الفصل الرابع

(1)   Jones, K. Sociology in Medicine, London, The English Universities Press , 1985, P. 178.

(2)   Ibid., P. 180.

(3)   Ibid., P. 181.

(٤)   الحسن، إحسان محمد (الدكتور). فنون دراسة المؤسسة الطبية ، مجلة العلوم الاجتماعية ، العدد ٤١ ، ٢٠٠٤، ص ١٦.

(٥)   المصدر السابق، ص ١٧.

(٦)   المصدر السابق، ص ١٨.

(٧)   الحسن، إحسان محمد(الدكتور). البناء الاجتماعي والطبقية ، بيروت، دار الطليعة للطباعة والنشر ، ١٩٨٥، ص ١٩.

(٨)   المصدر السابق، ص ٢٠.

(٩)   الحسن، إحسان محمد(الدكتور). فنون دراسة المؤسسة الطبية، ص٢٠.

(١٠)   المصدر السابق، ص ٢٢.

(١١)   المصدر السابق، ص ٢٣.

(١٢)   المصدر السابق، ص ٢٤.

(١٣)   الحسن، إحسان محمد(الدكتور). علم الاجتماع الصناعي ، بغداد، مطبعة جامعة بغداد، ١٩٨٦، ص ٨٠.

(١٤)   المصدر السابق،ص ٨٠ ـ ٨١.

(١٥)   المصدر السابق، ص ٨١.

(١٦)   المصدر السابق، ص ٨٣.

(١٧)   المصدر السابق،ص ٨٤.

(١٨)   المصدر السابق، ص ٨٥.

(١٩)   الحسن،إحسان محمد (الدكتور). فنون دراسة المؤسسة الطبية ، ص٢٤.

(٢٠)   المصدر السابق، ص ٢٦.

(٢١)   المصدر السابق، ص ٢٧.

(٢٢)   الحسـن، إحسـان محمـد(الـدكتور) . التنظيـم الاجتماعـي ، بغـداد، دار الرسـائل الجامعية ، ٢٠٠٦، ص ١١١.

(٢٣)   المصدر السابق، ص ١١٢.

(٢٤)   المصدر السابق، ص ١١٥.

(٢٥)   المصدر السابق، ص ١١٧.

(٢٦)   المصدر السابق، ص ١٢٠.

(٢٧)   المصدر السابق، ص ١٢١.

(28)   Holmesd, F.M. Nature of Medical Organization, London, Narrow Corner Press, 2000,P. 21.

(29)   Ibid., P. 24.

(30)   Ibid., P. 25.

(31)   Ibid., P. 29.

(32)   Ibid., PP. 28-29.

(33)   Ibid., P. 30.

(34)   Ibid., P. 39.

(35)   Jahoda, G. Values in Medical Organizations, Academy Press, Budapest, 2002, P. 15.

(36)   Ibid., P. 17.

(37) Ibid., P. 20.

(38) Ibid., P. 21.

(39) Ibid., P. 23.

(40) Ibid., P. 25.

(٤١) الحسن، إحسان محمد(الدكتور). دراسات تحليلية في المجتمع المعاصر،

(٤٢) المصدر السابق ، ص ٦١.

(٤٣) المصدر السابق ، ص ٦٢.

(٤٤) المصدر السابق، ص ٦١-٦٢.

(٤٥) المصدر السابق، ص ٦٣.

(٤٦) المصدر السابق، ص ٦٤.

(٤٧) المصدر السابق، ص ٥٤.

(48) Gerth, Hans and C.Wright Mills , Character and Social Structure, London, Routledge and Kegan Paul, 4th ed., P. 25.

(49) Ibid., P. 26.

(50) Ibid., P. 27.

الفصل الخامس

العيادة الاجتماعية : مفهومها ، اهدافها ، تقنياتها ، وظائفها ومقوماتها

المقدمـة :

تقسم العيادات العلاجية الى ثلاثة أقسام هي العيادة الجسمية والعيادة النفسية والعيادة الاجتماعية [١] . فالعيادة الجسمية تعالج الامراض الفيزيولوجية والعضوية المعروفة كمرض القلب ومرض السرطان ومرض الضغط الدموي العالي والواطيء ومرض السكري ومرض الفقرات والمفاصل [٢] ... الخ ، بينما تعالج العيادة النفسية الامراض النفسية والعصبية والعقلية كمرض الكآبة والهيستريا والقلق والخوف والنرفزة والصرع وانفصام الشخصية والتأتأه ... الخ [٣] ، في حين تعالج العيادة الاجتماعية امراض التطرف والتعصب العنصري والطائفي والسياسي والطبقي [٤] . ولكلٌ من هذه العيادات الثلاث طبيعتها واهدافها وتقنياتها ووظائفها ومشكلاتها . بيد ان العيادتين الطبية والنفسية معروفتان للمتخصصين في الطب وعلم النفس . بينما العيادة الاجتماعية هي عيادة حديثة الشأن نسبياً وغير معروفة في العراق والعديد من الدول العربية ، في حين انها عيادة معروفة وذات شأن كبير في الدول الصناعية المتقدمة والنامية لاسيما الولايات المتحدة الامريكية وبريطانيا وفرنسا والمانيا والسويد والنرويج ومصر والكويت ودولة الامارات العربية [٥] .

ان هذا الفصل يحتوي على سبعة مباحث هي ما يأتي :

المبحث الاول: مفهوم العيادة الاجتماعية ودورها في معالجة الامراض الاجتماعية للعصر.

المبحث الثاني: تأريخ العيادة الاجتماعية .

المبحث الثالث: أهداف العيادة الاجتماعية .

المبحث الرابع: وظائف العيادة الاجتماعية .

المبحث الخامس : تقنيات العيادة الاجتماعية .

المبحث السادس : المستلزمات المادية والبشرية للعيادة الاجتماعية .

المبحث السابع : مشكلات ومعوقات العيادة الاجتماعية .

والآن علينا دراسة هذه المباحث مفصلاً .

المبحث الاول : مفهـوم العيـادة الاجتماعيـة ودورهـا في معالجـة الامراض الاجتماعيـة للعصر

العيادة بمفهومها العلمي الدقيق هي المكان الـذي يراجعه المريض الـذي يعـاني من مرض أو آفة معينة بغية تشخيصها من قبـل الطبيب أو المعالج المختص ومعرفة اسبابها الموضوعية والذاتيـة لـكي يصار الى معالجتها والتحـرر مـن سـلبياتها وآلامهـا ومنغصاتها (٦). ولما كانت الامراض الشائعة تنقسم الى ثلاثة اقسام رئيسية هي الامراض الجسمية او الفيزيولوجية او العضوية والامراض النفسية والامراض الاجتماعية ، فان العيادات التي يمكن ان يراجعها المرضى لمعالجـة هـذه الامـراض ينبغـي ان تكون اولاً عيادات الامراض الجسمية او العضوية التي تهتم بتشخيص ومعرفة اسباب الامراض العضوية ومعالجتها كالامراض الصدرية والباطنيـة وامراض الـدورة الدمويـة والامراض السرطانية وامراض الجلد والجهاز التناسلي وامـراض الفقـرات والمفاصل . وثانياً هنـاك العيادات النفسية والعصبية والعقلية التي تهتم بتشخيص ومعالجـة الامراض النفسـية والعقلية والعصبية ومعرفـة اسبابها وآثارهـا كـالامراض الذهانيـة والامـراض العصـابية والامراض السكوسميتية (الامـراض الجسـمية ـ النفسـية). وثالثـاً هنـاك العيـادات الاجتماعية التي تهتم بتشخيص الامراض الاجتماعية ومعرفة اسبابها الموضوعية والذاتية ومعالجتها باستعمال فنـون او تقنيـات الطب الاجتماعـي او علـم الاجتمـاع الطبـي او الطب النفسي الاجتماعي .

وهناك من عرّف العيادة الاجتماعية بانها المكان الـذي تُشخص فيه الامراض الاجتماعية وتعالج ويضع حداً لها بعد التعرف على مسبباتها وآثارهـا القريبـة والبعيدة (٧). لقد عرّف العالم اديون ليميرت العيادة الاجتماعية في كتابـه الموسـوم " الباثولوجيا الاجتماعية " بالقول انها دار الطبابة الاجتماعية الذي يتمحور حول فحص المرضى الذين يعانون من الامراض الاجتماعية وتشخيص الامراض الاجتماعية التـي يعانون منهـا مع التعرف على اسبابها وآثارها لكي يصار الى معالجتها ووضع نهاية سريعة لها (٨) ، علماً بان الامراض الاجتماعية هي كالامراض النفسية والعقلية يستغرق شفاؤها والتحرر من

آثارها الاجتماعية السلبية فترة طويلة من الزمن لأن علاجها لا يعتمد فقط على اعطاء العقاقير والادوية للمرضى كما في حالة الامراض الجسمية او العضوية ، بل يعتمد علاجها ايضاً على تبديل معالم البيئة التي يعيش فيها المريض واصدار الايعازات الى الاصدقاء والاقارب والاحباب الى ضرورة حسن التصرف والتعامل مع المريض والتكيف لمزاجه ومرضه الذي يعاني منه وذلك من خلال تبديل بيئته وعمله بل وحتى مكان سكنه وتكييفه الى محيطه الجديد مع حث افراد اسرته واصدقاءه واربـاب عملـه على ضرورة التعامل بلطف ورقة وحنان معه لكي يستعيد ثقته بنفسه ويرجع الى طبيعته التي يتميز بها عادة (٩) . وهنا يستطيع المريض ان يتحرر من امراضه الاجتماعية التي تكون عادة ممزوجة مع امراضه النفسية او امراضه السيكواجتماعية او امراضه السيكوفيزيولوجية او امراضه السيكوسوميتية .

ومن الجدير بالذكر ان نحو ٢٠% من العلاج في العيادة الاجتماعية يكون من خلال وصف الأدوية والعقاقير والحقن الطبية ذات التأثير الاجتماعي في المريض ، وان ٨٠% من العلاج يكون اجتماعياً ، أي مزاملة المريض من أجل التعرف على مشكلاته الاجتماعية الخطيرة التي تحتاج الى حلول ناجعة وسريعة التي اهمها سوء التكيف للوسط الاجتماعي والادمان الكحولي والتطرف الديني والعرقي والسياسي والفكري، مع افتعال النزاعات والصراعات والفتن بغية الاضرار بمصالح الآخرين . فضلاً عن تجسيد ممارسات خاطئة ومنحرفة كالكذب والرياء والنميمة والنفاق والغيرة والحسد والتصرف خارج نطاق المقبول والمتعارف عليه . العيادة الاجتماعية تهتم بجميع هذه الاضطرابات السلوكية والاجتماعية (١٠) .

المبحث الثاني: تأريخ العيادة الاجتماعية

للعيادة الاجتماعية تأريخ قديم قد بدأ في اوربا الغربية والولايات المتحدة الامريكية منذ منتصف القرن التاسع العشر . ذلك ان علماء الطب ورجال السياسة والاجتماع والاصلاح الاجتماعي قد ايقنوا بان الامراض التي تشهدها الانسانية ليست كلها امراضاً عضوية بل ان هناك امراضاً نفسية واجتماعية على درجة كبيرة من الخطورة ، وهذه الامراض لا يمكن ان يعالجها الاطباء الاعتياديون بل يعالجها علماء النفس وعلماء الاجتماع لأن اسبابها نفسية وبيئية وحضارية (١١) . لذا ايقن علماء الاجتماع الذين عاشوا خلال القرن التاسع عشر ضرورة انشاء عيادات اجتماعية تُعالج فيها الامراض الاجتماعية المعروفة وبخاصة الأدمان الكحولي والادمان على تناول المخدرات والأدوية والعقاقير التي تجعل المريض لا يعي ما يقول ويفعل ويتصرف ، او ان الامراض الاجتماعية كالتطرف والتعصب والتحيز ترجع الى عوامل بيتية ووراثية تفسر مسببات المرض وطبيعته وسلبياته على الشخص الذي يحمل اعراضه وسماته (١٢) .

ان الاطباء الذين لديهم خلفية اجتماعية وتدريب وثقافة اجتماعية هم الذين أسسوا العيادات الاجتماعية الخاصة في كل من انكلترا والولايات المتحدة والمانيا . وان هناك علماء اجتماع لديهم اهتمامات طبية ونفسية قد ساهموا ايضاً بتأسيس العيادات الاجتماعية . فأول عيادة اجتماعية قد أسسها احد الاطباء الانكليز المدعو سوثوود سميث (Southwood Smith) في مدينة ليفربول بانكلترا عام ١٩١٢ (١٣) . وكان يعالج في هذه العيادة المدمنين على المشروبات الكحولية والمدمنين على تناول العقاقير . وبعد أربع سنوات تمكن عالم الاجتماع الامريكي آلين كيريك (Allen Craig) من مدينة نيويورك تأسيس عيادة اجتماعية اهلية عام ١٩١٦ ، إذ كان كيريك يعالج فيها المدمنين على المسكرات والمرضى الذين يعانون من مرض التطرف والتعصب العنصري والديني والطبقي ، ونتيجة هذا المرض كانوا يفتعلون انواع الصراعات والنزاعات مع ابناء مجتمعهم المحلي (١٤) .

أما الطبيب الالماني آخين باغ من مدينة مونيخ الالمانية فقد تمكن من تأسيس عيادة اجتماعية عام ١٩٢٢ كان يعالج فيها العديد من المشكّلين الاجتماعيين الذين يعانون من انحرافات تتعلق بالكذب والنميمة والنفاق والتحيز والتعصب وافتعال الازمات والفتن والنزاعات مع ابناء المجتمع المحلي ، إضافة الى مرتكبي الجرائم واعمال العنف والارهاب (١٥) . من هذه البلدان الثلاثة شاعت فكرة العيادة الاجتماعية خلال حقبة الثلاثينات من القرن العشرين ، وان شيوعها أدى الى انتقالها الى العديد من القارات والدول حيث ان هناك عيادات اجتماعية في الكثير من البلدان الاوربية وبلدان الشرق الاوسط وامريكا الشمالية والجنوبية ، إضافة الى قارة استراليا . إذ كلما تقدم الوقت كلما يزداد اعداد العيادات الاجتماعية في البلدان كافة .

ومن الجدير بالذكر ان العيادة الاجتماعية الخاصة التي انشئها الطبيب الانكليزي سوثوود سميث في مدينة ليفربول الانكليزية عام ١٩١٢ هي عيادة تتكون من أربع غرف ، غرفة مخصصة للتشخيص والعلاج، وغرفة لادارة شؤون المراجعين والمرضى ، وغرفة مخصصة للبحوث والدراسات ، وغرفة للانتظار أي انتظار المراجعين للطبيب المعالج (١٦) . علماً بان الطبيب المعالج كان يعالج معدل عشرة مرضى في اليوم الواحد ، غير ان التشخيص والعلاج هو عملية طويلة ومعقدة ، إذ تتطلب مقابلة الطبيب لمدة تتراوح بين اسبوع الى السنة الواحدة ، وان اسعار المعالجة هي اسعار باهظة لأن المعالجة تتطلب جهوداً مضنية من قبل الطبيب المعالج ، وان الطبيب يكون عادة متفرغاً لعمله .

ومن الجدير بالذكر ان بلدنا العراق لم يبدأ بعد بفتح العيادات الاجتماعية لاستقبال المرضى المصابين بالامراض الاجتماعية والحضارية على الرغم من شيوع هذه العيادات وتوافد المرضى اليها في العديد من الاقطار الصناعية المتقدمة كالولايات المتحدة الامريكية وبريطانيا وفرنسا والمانيا والمجر وبولندا واليابان والنمسا . كما ان عيادات الطب الاجتماعي موجودة في العديد من الاقطار العربية كالبحرين ومصر وتونس ولبنان والمغرب وموجودة في البلدان النامية مثل تايلاند والفيلبين والهند وتركيا والمكسيك والبرازيل والارجنتين وشيلي وغيرها من الدول (١٧) .

وقد ازدادت اعداد هـذه العيادات خـلال الفـترة ١٩٧٠ـ ٢٠٠٠ في العديد مـن الـدول الصناعية المتقدمة والدول العربية والنامية ، فقد ازداد عدد عيادات الطب الاجتماعي في الولايات المتحدة من ٣٢٥٤ عيادة عـام ١٩٧٠ الى نحـو ٧٥٩٠ عيادة عـام ٢٠٠٠، وازداد عدد عيادات الطب الاجتماعي في مصر من ١١٢ عيادة عـام ١٩٧٠ الى نحـو ٣٨٠ عيـادة عـام ٢٠٠٠، في حين ازداد عدد عيادات الطب الاجتماعي في البرازيل من ٢٥٠ عيادة عـام ١٩٧٠ الى ٤٩٠ عيادة عام ٢٠٠٠ ^(١٨). بينما في العراق لا توجد مع شديد الأسـف عيـادة واحدة في الطب الاجتماعي بالرغم مـن تنامي الحاجـة الى عيـادات الطب الاجتماعي نظراً لزيادة عدد الاصابات بالامراض الاجتماعية نتيجة تعقد طبيعة الحياة الاجتماعيـة وكثرة ضغوطها ، وتفاقم مشـكلاتها الناجمـة عـن مظاهر التحضر ـ السـريع والتنميـة الاقتصادية والاجتماعية الشاملة والتصنيع ونقل التكنولوجيا وتوطينها في المجتمع .

المبحث الثالث: أهداف العيادة الاجتماعية

تهدف العيادة الاجتماعية الى تحقيق العديد من الاهداف البراغماتيكية والنظرية والمنهجية التي أهمها ما يأتي :

١- تحديد مهامها التقنية وانشطتها التطبيقية لكي تكون فاعلة في مواجهة المرض الاجتماعي او الامراض الاجتماعية التي يعاني منها المريض [١٩] .

٢- وضع الفواصل الرئيسية والحدود الثابتة بين العيادة الاجتماعية والعيادة النفسية من جهة ، وبين العيادة الاجتماعية وعيادة الطب الفيزيولوجي من جهة أخرى لكي يصار الى معرفة الفوارق التقنية والمعرفية والمنهجية بين هذه الأنواع الثلاثة من العيادات .

٣- تشخيص ماهية الأمراض الاجتماعية التي تتخصص هذه العيادة في التعامل معها ومعالجتها . علماً بان الامراض الاجتماعية المشخصة التي تقع ضمن تخصص العيادة الاجتماعية ، هي ما يأتي : مرض التطرف والتعصب والتحيز العنصري والطائفي والسياسي والطبقي والفكري [٢٠] .

٤- التعرف على أهم اسباب وآثار كل مرض من هذه الأمراض الاجتماعية لكي يصار الى معالجتها ووضع نهاية سريعة لها تنقذ الناس من شرورها وادرانها .

٥- زيادة اعداد العيادات الاجتماعية في انحاء القطر لكي تعمل هذه العيادات جنباً الى جنب مع عيادات الطب الجسمي وعيادات الطب الفيزيولوجي او العضوي .

٦- تحديد ماهية التقنيات التي تعتمدها عيادات الطب الاجتماعي في التشخيص والعلاج والوقاية البيئية [٢١] .

٧- تقوية وتعميق الصلات والروابط العلمية والمنهجية والبراغماتيكية بين عيادة الطب الاجتماعي وعيادة الطب النفسي وعيادة الطب الفيزيولوجي لكي يصار

الى تطوير الجوانب الوقائية والعلاجية لكل نوع من أنواع الطب هـذه والأخـذ والعطاء بين هذه الأنواع من العيادات .

٨- تنمية الدراسات والابحاث الخاصة بموضوع العيـادة الاجتماعيـة لـكي تتطور العيادة الاجتماعية وتخطو خطوات موفقة ورائدة تمكنها مـن العمل جنبـاً الى جنب مع عيادة الطب الفيزيولوجي وعيادة الطب النفسي (٢٢) .

٩- زيادة عدد الاساتذة والمتخصصين في ميدان العيادة الاجتماعية لكي تتمكن هذه العيادة من سد احتياجاتها الى الموارد البشرية والملاكات العلمية المؤهلة عـلى العمل في العيادة الاجتماعية .

١٠- جلـب انتبـاه القـادة والمسـؤولين والمصلحين الاجتماعيـين الى أهميـة العيـادة الاجتماعية ودورها في التحرر من العديد من الامـراض المزمنـة والانتقاليـة لـكي يصار الى تخصيص الأموال اليها واستثمارها في تنميـة المجـالات والحقـول التـي تهتم بها ، لكي تكون فاعلة في احداث التغيير الصحي المطلوب (٢٣) .

وعلى الرغم من الاهـداف البراغماتيكيـة والعمليـة للعيـادة الاجتماعيـة والتـي حددناها اعلاه ، هناك العديد من الأهـداف المرجعيـة والمنهجيـة لهـذه العيـادة والتـي أهمها تنمية اطرها النظرية وبلورة مناهجها الدراسية والمرجعية. وإذا ما تم هذا فـان العيادة الاجتماعية لا بد ان تنمو وتزدهر وتكون فاعلة في أداء مهامها الأساسية . علمـاً بان تنمية الاهداف المرجعية للعيادة الاجتماعية تمكـن هـذه العيـادة مـن أداء اعمالها بصورة فاعلة وملتزمة وتساعد في الوقت ذاته عـلى توسـيع افقها ومجالات عملها . في حين ان تنمية الاهداف المنهجيـة للعيـادة الاجتماعيـة انمـا تساعدها في اعتماد المناهج الدراسية العملية التي من شأنها ان تمكنها من أداء انشطتها المحلية والمجتمعية بصورة فاعلة ودقيقة .

المبحث الرابع : وظائف العيادة الاجتماعية

تؤدي العيادة الاجتماعية العديد من الوظائف المهمة والفاعلة للاشخاص الذين يعانون من الأمراض الاجتماعية وللمجتمع المحلي والكبير على حدٍ سواء . أما الوظائف الأساسية التي تضطلع بها العيادة الاجتماعية فيمكن اجمالها بالنقاط الآتية :

١- تشخيص المرض الاجتماعي الذي يعاني منه المريض عن طريق المقابلات السريرية (Clinical Interviers) التي يجريها الطبيب الاجتماعي معه، والتشخيص يكون عن طريق مقابلة المريض ومقابلة ذويه والاشخاص الآخرين الذين يعمل او يتفاعل معهم مع مشاهدة وضعه الصحي وبيئته الاجتماعية التي يعيش فيها ويتفاعل معها . وهذا المرض قد يكون الأدمان الكحولي او الأدمان على تناول العقاقير او ازدواجية الشخصية او الغيرة والحسد او العنصرية والعرقية او التحيز والتعصب وضيق الفكر ، والاقليمية والطائفية او الانانية وحب الذات او الاتكالية او التسلطية او ضعف الشعور بالمسؤولية او تفكك القيم او اضطراب السلوك او سوء التكيف للوسط الاجتماعي ... الخ[٢٤] .

٢- معرفة الاسباب الموضوعية والذاتية للامراض الاجتماعية التي يعاني منها المريض ، وهذه الاسباب قد تكون أسرية او اقتصادية او قيمية ودينية وسياسية او تربوية وعلمية وثقافية ونفسية وعضوية وغيرها[٢٥] . والاسباب يمكن تشخيصها عن طريق المقابلة مع المريض او عن طريق الاختبارات الاجتماعية والنفسية التي يمكن اجراؤها معه .

٣- معرفة الآثار القريبة والبعيدة للامراض الاجتماعية التي يعاني منها الفرد وعلاقتها بمشكلاته الموضوعية والذاتية ، مع معرفة آثارها الوخيمة عليه إذا تركت بدون معالجة لمدة طويلة .

٤- تشخيص العوامل والظروف والمعطيات والمشكلات الاجتماعية المسؤولة عـن الامراض النفسية والعصبية ، مع دراسة العلاقة المتفاعلة بين الامراض النفسية والعصبية والامراض العضوية التي يعاني منها المريض من جهة ، وبين الامراض النفسية والعصبية والامراض الاجتماعية المطلوب معالجتها مـن قبـل الطبيب الاجتماعي من جهة أخرى .

٥- تحديد طبيعة العلاج الاجتماعي للمريض بعد معرفة اسباب مرضه. علماً ان هذا النوع من العلاج يتطلب درجـة كبيرة مـن التعاون بين المريض وأسرته وارباب عمله ومسؤولي بقية المؤسسات الاجتماعية الوظيفية التي ينتمي اليهـا ويتعامل معها ^(٢٦).

٦- عندما يكون المرض الاجتماعي كالكذب والنفاق نتيجة أو سبباً مـن أسباب المرض النفسي الذي يعاني منه الفرد كانفصام الشخصية والقلـق والهلوسـة فان الطبيب المعالج ينبغي معالجة المرض الاجتماعي والمـرض النفسي ـ في آن واحد إذا كانـت لديـه مهارة وكفاءة ودرايـة في معالجـة الأمراض النفسية ^(٢٧)، والا ينبغي أحالة المريض الى اختصاصي في الامراض النفسية والعقلية والعصبية .

٧- عندما يشعر الاختصاصي الاجتماعي بـان العوامل البيئية او المحيطيـة التي يعيشها المريض هي سبب ازمته النفسية ، وان ازمته النفسية تكمن وراء مرضه العضوي كالسكري او الضغط الدموي العـالي او الـواطيء او امـراض القلـب او الفقرات او السرطان ، فان الاختصاصي الاجتماعي ينبغي عليه معالجة العوامـل البيئية الصعبة والمعقدة التي يعيشها المريض لكي يتحـرر المـريض مـن مرضه النفسي اولاً ، ومن ثم يتغلب على مرضه الجسمي او العضوي ثانياً ^(٢٨).

٨- يمكن ان يقيم الطبيب الاجتماعي درجة عالية من التعاون والتنسيق بينه وبين الطبيب النفسي وطبيب الامراض العضوية في تشخيص العـلاج الـذي يستفيد منه المريض .

٩- يمكن ان يكون الاتصال بين المريض او صاحب المشكلة الاجتماعية والطبيب الاجتماعي عن طريق المراسلة . فالمريض يكتب رسالة الى الطبيب الاجتماعي يشرح فيها مشكلته او حالته المرضية، والطبيب الاجتماعي يسدي له النصائح والارشادات العلاجية التي من شأنها ان تحرره من المرض او المشكلة التي يعاني منها .

١٠- تستطيع ان تؤدي الأدبيات التي ينشرها الاختصاصي في الطب الاجتماعي او علم الاجتماع الطبي كالمقالات والابحاث والدراسات والمؤلفات دورها الكبير في تعميق الوعي الاجتماعي في معالجة الامراض بانواعها المختلفة والمساهمة في حل المشكلات الاجتماعية والازمات الحياتية التي يواجهها المريض في حياته اليومية .

المبحث الخامس : تقنيات العيادة الاجتماعية

تأخذ العيادة الاجتماعية في تعاملها مع المرض الاجتماعي في عين الاعتبار اختصاص خدمة الفرد حيث ان هذا الاختصاص عندما يعتمده الطبيب الاجتماعي المعالج في علاجه للمريض فانه ينجح في المعالجة ويحرر المريض من مرضه الاجتماعي مهما يكن ذلك المرض . علماً بان العيادة الاجتماعية تنطوي على ثالوث الفرد او المريض او الزبون المراجع (The Client) الذي يعاني من المرض الاجتماعي والذي يريد علاجاً سريعاً وفاعلاً ينقذه من المرض الذي يعاني منه ، والمعالج او الطبيب الاجتماعي (Social Physician) الذي يفحص المريض من أجل تشخيص طبيعة المرض والتعرف على أسبابه الموضوعية والذاتية ويعالجه بالوصفة الطبية الاجتماعية التي قد تنطوي على المهدئات والعقاقير الطبية والارشادات والتوصيات والاجراءات الداينميكية التي لها اهميتها في تبديل واقع الحياة الاجتماعية للمريض ، واخيراً الموقف الطبي (Medical Situation) او المرض او المشكلة التي يعاني منها المريض والتي يريد التحرر من عقدها وادرانها واخطارها باسرع وقت ممكن (٢٩) .

ومن الجدير بالاشارة هنا الى ان العيادة الاجتماعية يمكن ان تشخص الاسباب الاجتماعية والحضارية التي تكمن خلف العديد من الامراض النفسية. علماً بان الامراض النفسية قد تكون عوامل سببية للامراض العضوية او الفيزيولوجية التي يعاني منها المريض . ونستطيع ضرب بعض الامثلة على العلاقة السببية بين المرض الاجتماعي والمرض النفسي والمرض العضوي . ان عدم تكيف الفرد مع أسرته او ضعف تكيفه مع مدرسته او مجتمعه المحلي قديخلق عنده بعض الامراض النفسية العصابية كالقلق والخوف والتوتر والكآبة ، وظهور مثل هذه الامراض النفسية العصابية وسيطرتها على المريض قد تسبب له ظهور بعض الامراض العضوية الخطيرة كالقرحة المعوية او ارتفاع الضغط الدموي الشرياني أو السرطان او السكري او التدرن الرئوي . لذا ترجع العديد من الامراض العضوية الى مسببات نفسية ، والمسببات النفسية تكون

عادة متأصلة في العوامل الاجتماعية والبيئية التي ترجع الى المجتمع والبناء الاجتماعي والحياة الاجتماعية التي يعيشها المريض او يعيشها الفرد قبل مرضه .

مما ذكر أعلاه نستنتج بان العيادة الاجتماعية قد تكشف الاسباب الحقيقية للامراض النفسية والعضوية ، وهذه الاسباب انما تكمن في مشكلات الواقع الاجتماعي وتناقضاته وقواه الموضوعية والذاتية المؤثرة في حياة الفرد تأثيراً سلبياً وهداماً ومخرباً (٣٠) .

أما التقنيات العلمية والطبية التي تضطلع بها العيادة الاجتماعية فيمكن اجمالها بخمس نقاط رئيسية هي ما يأتي :

١- قيام اختصاصي الطب الاجتماعي بمقابلة المريض الذي يعاني من المرض الاجتماعي مرة واحدة او عدة مرات للتعرف على ماهية المرض الاجتماعي او الامراض الاجتماعية التي يعاني منها وتشخيص عوارض المرض ومؤثراته على المريض مع التعرف على اسبابه الموضوعية والذاتية.

٢- ربط الطبيب الاجتماعي المرض الذي يعاني منه المريض بمشكلاته البيئية والحضارية والتربوية والاقتصادية والسياسية والدينية والاجتماعية والنفسية (٣١) .

٣- ربط الطبيب الاجتماعي المرض الذي يعاني منه المريض بتاريخ حياته المرضية وتأريخه الاجتماعي وتاريخ أسرته وخلفيتها الاجتماعية .

٤- معرفة الآثار القريبة والبعيدة التي يتمخض عنها المرض الاجتماعي فيما إذا لم يعالج المرض بالوقت المحدد . علماً بان هذه الآثار لا تصيب المريض واسرته فحسب ، بل تصيب ايضاً المجتمع المحلي والكبير عن طريق العدوى الاجتماعية (٣٢) .

٥- تحديد العلاج الاجتماعي (Social Therapy) الذي يمكن وصفه للمريض والذي يمكن ان يأخذ به لكي يشفى من المرض باسرع وقت ممكن . والعلاج قد يكون طبي أو توجيهي او مؤسساتي او مجتمعي (٣٣) .

المبحث السادس : المستلزمات المادية والبشرية للعيادة الاجتماعية

لا يمكن تأسيس العيادة الاجتماعية المؤهلة على تشخيص المرض الاجتماعي ومعرفة أسبابه وعلاجه دون توفير المستلزمات المادية والبشرية لها والتي تعينها على العمل والاستمرارية والتنمية والتقدم . ان العيادة الاجتماعية تحتاج نوعين من المستلزمات هما :

أولاً:المستلزمات المادية والفنية للعيادة الاجتماعية

١- بناية تحتوي على عدد من الغرف والقاعات التي يستعملها الطبيب الاجتماعي المعالج وغيره من الباحثين الاجتماعيين والاداريين .

٢- سيارة لاندكروز لنقل الباحثين والموظفين ومدير العيادة الاجتماعية من محل اقامتهم الى العيادة والعكس بالعكس .

٣- حاسبة او حاسبتان الكترونيتان تستعمل لتسجيل الحالات المرضية ومتابعة شؤون المرضى المراجعين [٣٤] .

٤- ملفات وقرطاسية واوراق واضابير يمكن وضعها في غرفة الادارة والذاتية .

٥- مكتبة تحتوي على كتب واجهزة بحثية ومجلات وجرائد وتكون صالحة للمطالعة .

٦- غرفة واسعة نوعما للباحثين الاجتماعيين [٣٥] .

٧- غرفة لانتظار المرضى والمراجعين .

٨- دائرة حسابات لصرف رواتب الباحثين والموظفين .

ثانياً: المستلزمات البشرية للعيادة الاجتماعية

تتطلب العيادة الاجتماعية العديد من الملاكات والكوادر البشرية التي تمكنها من العمل مع المرضى الذين يعانون من الامراض الاجتماعية المختلفة. أما الكوادر او الملاكات البشرية التي تحتاجها العيادة الاجتماعية فهي ما يأتي :

١- مدير العيـادة الاجتماعيـة وعـدد مـن الاختصاصيـين في طب المجتمـع او علم الاجتماع الطبي . علماً بان المؤهلات العلمية لهؤلاء هي :

أ- شهادة ماجستير أو دكتوراه في الطب الاجتماعي أو طب الأسرة أو علم الاجتماع الطبي .

ب- خبرة واسعة في التدريس والبحث الاجتماعي في ميادين علم الاجتماع الطبي ، طب المجتمع ، طب الاسرة ، وعلم النفس الطبي وعلم النفس الاجتماعي .

جـ- خبرة في العلاج الاجتماعي والنفسي- العمـلي والتطبيقـي (٣٦) (Social and Psychological Therapy) .

٢- عدد من الباحثين الاجتماعيين والنفسيين لجمع معلومـات عـن الحالـة المرضية العضوية والنفسية والاجتماعية للمرضى المراجعين . علماً بان المؤهلات العلميـة لهؤلاء هي ما يأتي :

أ- شهادة البكالوريوس في علم الاجتماع او علم النفس أو الطب .

ب- خبرة واسعة في البحث العلمي الاجتماعي والطبي والنفسي .

جـ- القدرة على التعامل والتفاعل مع المرضى المصابين بالامراض الاجتماعيـة والامراض النفسية .

٣- طبيب واحد في الامراض العضوية وطبيب مختص بالامراض النفسية والعقليـة والعصبية (٣٧) .

٤- عدد من الموظفين الاداريين بضمنهم محاسب او أمين صندوق .

٥- أمين مكتبـة او امينـة مكتبـة لتنظيـم الكتـب والمراجـع والمجـلات والـدوريات والصحف .

٦- سائق سيارة وعدد من المنظفين الـذين تنـاط بهـم وظيفـة تنظيـف البنايـة ومرافقها.

٧- عدد من الكتبة والعمال الذين قد تناط بهم المهام الكتابية مـع ادارة وتشغيل مقهى او مطعم العيادة الاجتماعية .

إذا توفرت هذه المستلزمات المادية والبشرية التي تحتاجها العيادة الاجتماعيـة مع التخصيصات المالية اللازمة فان العيادة الاجتماعية يمكـن ان تعمـل جنبـاً الى جنـب مع العيادات النفسية وعيادات الامراض العضوية او الجسمية .

المبحث السابع: مشكلات ومعوقات العيادة الاجتماعية

كما تشير خبرات الدول المتقدمة والدول النامية التي تمتلك مئات العيادات الاجتماعية المنتشرة في كل مكان بان العيادة الاجتماعية مهما يكن موقعها تعاني من العديد من المشكلات والمعوقات التي تفوق تلك التي تعاني منها العيادات النفسية وعيادات الامراض العضوية . علماً بان المشكلات والمعوقات التي تعاني منها العيادات الاجتماعية في الدول الصناعية المتقدمة والدول النامية هي على النحو الآتي :

١- عدم معرفة الافراد الاعتياديين والجماعات بوجود العيادات الاجتماعية مع عدم تعرفهم على اماكن وجود هذه العيادات . فضلاً عن جهلهم المطبق بالامراض الاجتماعية التي يمكن ان تعالجها هذه العيادات ودرجة فاعليتها في التشخيص وتحديد الاسباب والعلاج .

٢- ندرة الاختصاصيين في الطب الاجتماعي وصعوبة تشغيلهم في العيادة الاجتماعية [٣٨] .

٣- عدم معرفة القادة والمسؤولين الصحيين بما يمكن ان تقوم به العيادة الاجتماعية من مهام ووظائف من شأنها ان تعين الطبيب النفسي ـ وطبيب الامراض العضوية على القيام بمهامه وواجباته .

٤- حساسية الامراض التي تتعامل معها العيادة الاجتماعية كالادمان على العقاقير والمشروبات الكحولية ، والتطرف والتحيز والتعصب الديني والسياسي والطبقي والعنصري والفكري ، والانحرافات السلوكية والاخلاقية والقيمية . ومثل هذه الحساسية تجعل المصابين بالامراض الاجتماعية يبتعدون عن العيادة كلما استطاعوا الى ذلك سبيلا [٣٩] .

٥- شكوك العديد من الاطباء المتخصصين بالامراض العضوية والنفسية بجدوى العيادة الاجتماعية ، إذ غالباً ما يتهمون اختصاصي طب المجتمع وعلم الاجتماع الطبي بانهم يتطفلون على مهامهم واعمالهم واختصاصهم . فضلاً عن اتهام

العيـادة الاجتماعيـة بابتعادهـا عـن الطـرق والاسـاليب العلميـة في التشـخيص والعلاج [٤٠] .

٦- الفترة الزمنية الطويلة التي يستغرقها العلاج الاجتماعي الذي تعتمـده العيـادة الاجتماعية يجعل العديد من المرضى وذويهم ينفـرون مـن العيـادة الاجتماعيـة ويشككون بفاعليتها وقدرتها على معالجة الامراض الاجتماعية والنفسية .

٧- صعوبة الفرز بين العلاج النفسي والعلاج الاجتماعي والعلاج العضـوي للامـراض النفسية والاجتماعية والعضوية تجعل المختصين بـالامراض النفسـية والامـراض العضوية يستحوذون ويتطفلون على الامراض الاجتماعيـة السـائدة ويعتبرونهـا جزءاً لا يتجزأ من اختصاصاتهم . وهذا ما يثير المشكلات والصراعات والتقاطعات والتناقضات بين الطب وعلم النفس وعلم الاجتماع الطبي لاسـيما وان الحـدود المرسومة بين اختصاص الطب والطب النفسي وطب المجتمع ليسـت صـلدة ولا واضحة بل متداخلة ومتشابكة بعضها مع بعض [٤١] .

٨- عدم اعتراف الكثير من المواطنين بالعيادة الاجتماعية ولا بطب المجتمـع ، إذ ان ما يعترفون به هـو الطـب والطـب النفسيـ . وهنـا لا بـد ان يكـون المراجعـون لعيادات الطـب الاجتماعـي قليلـين ومحـدودي العـدد، بعكـس الافـراد الـذين يراجعون عيادات الطب الفيزيولوجي والطب النفسي حيث ان عـددهم يكـون كبيراً وان ثقتهم بالطب الفيزيولوجي والطب النفسي تكون عالية بعكس ثقتهم بفاعليـة ومصـداقية الطـب الاجتماعـي التـي تكـون عـادة ضـعيفة ومهـزوزة ومقطوعة الجذور .

مصادر الفصل الخامس

(1) Mechanic, David. Medical Sociology, New York, The Free Press , 7th Ed., 1971, P. 348.

(2) Andry, R. G. The Concise of Medical Guide, London, 1997, Virtue and Co., P.2.

(3) Stafford- Ckark, D. Psychiatry For Students ,Vol1,London, George Allen and Unwin, New Edition, 1994, P. 13.

(4) Mechanic, David. Medical Sociology, P. 349.

(5) Ibid., P. 351.

(6) Allen, G.M. Functions of Surgeries,London, Virtue and Co., 1996, P. 52.

(7) Wardwell, W. Limited and Marginal Practioners in: Handbook of Medical Sociology, ed., by Freeman ,H. and et al., New York, 1991, P. 32.

(8) Lemert, Edwin . Social Pathology, New York, McGraw-Hill, 6th Ed., 1984, P. 21.

(9) Ibid., P. 23.

(10) Ibid., P. 43.

(11) Coe, R.M. History of Medical Sociology , New York, Mc Graw-Hill ,1996,P. 150.

(12) Ibid., P. 153.

(13) Ibid., P. 155.

(14) Ibid., P. 156.

(15) Ibid., P. 161.

(16) Ibid., P. 163.

(۱۷)   الحسن، أحسان محمد (الدكتور) . مهـمات العيـادة الاجتماعيـة ، مجلـة الصيدلي ، تصـدر عـن
       نقابة صيادلة العراق ، العدد العاشر ، حزيران ۲۰۰۱، ص ٥٦.

(۱۸)   المصدر السابق، ص ٥٦_٥٧.

(۱۹)   المصدر السابق، ص ٥٧.

(۲۰)   المصدر السابق، ص ٥٨.

(21)   Cedrics, F.G. The Characteristics of Social Surgeries, New York , West
       Point Press, 2002,P. 7.

(22)   Ibid., P. 11.

(23)   Ibid., P. 15.

(24)   Allen, G.M. Functions of Surgeries,P. 61.

(25)   Ibid., P. 62.

(26)   Ibid., P. 70.

(27)   Ibid., P. 72.

(28)   Ibid., P. 75.

(29)   Douglas,A.S. Techniques of Social Therapy, London, Social Studies
       Press,2000,P.6.

(30)   Ibid., P. 15.

(31)   Ibid., P. 16.

(32)   Ibid., PP. 16-17.

(33)   Ibid., P. 17.

(۳٤)   الحسن ، إحسان محمد الحسن (الدكتور). مهمات العيادة الاجتماعية ، ص ٥٨.

(۳٥)   المصدر السابق، ص ٥٩.

(۳٦)   المصدر السابق، ص ٥٧.

(٣٧)   المصدر السابق، ص ٥٨.

(38)   Snith, Henry. Social Surgery, Methods, Percpectives and Problems. New York, the Strand Press, 2002,P. 17.

(39)   Ibid., P. 20.

(40)   Ibid., P.22.

(41)   Ibid., P. 29.

الفصل السادس

الامراض الاجتماعية السائدة في المجتمع

المبحث الأول : مفهوم المرض الاجتماعي

هناك عدة تعاريف للمرض الاجتماعي جاء بها علماء الاجتماع الطبي وعلى رأسهم أي . ام ليميرت وديفيد ميكانيك وري فيزباترك وكينث جونز . يعرّف ليميرت المرض الاجتماعي في كتابه الموسوم " المرض الاجتماعي " بانه شكل من اشكال الاضطراب الذي يعتري المجتمع والذي يؤثر تأثيراً سلبياً في صحة الفرد وحيويته وقدرته على أداء مهامه المناطة به مع عجزه نتيجة ذلك على تكييفه للمجتمع الذي يوجد فيه ويتفاعل معه (١) . أما تعريف ديفيد ميكانيك للمرض الاجتماعي فقد ورد في كتابه الموسوم " علم الاجتماع الطبي "والذي يقول عنه بانه حالة باثولوجية تنتاب الفرد وتجعله غير قادر على أداء واجباته الاجتماعية ، فضلاً عن دورها في حثه على الانسحاب كليةً من المجتمع لانه لا يمتلك المؤهلات التي تعينه على القيام بأدواره الاجتماعية(٢) .

في حين يعرّف ري فيزباترك المرض الاجتماعي في كتابه الموسوم "علم الاجتماع كما مطبق على الطب " بانه خلل يمس الفرد نتيجة سوء تكييفه للمجتمع بسبب اضطراب وتلكؤ وقصور علاقة المجتمع بالفرد وعدم اهلية الفرد على التكيف للمجتمع (٣) . واخيراً يعرّف كينث جونز المرض الاجتماعي في كتابه الموسوم " علم الاجتماع في الطب " على انه عجز يصيب عضو او مجموعة اعضاء الفرد بسبب الظروف الاجتماعية السلبية المحيطة بالفرد والمؤثرة في انشطته وفعالياته اليومية والتفصيلية (٤) .

من هذه التعاريف الاربعة للمرض الاجتماعي نستطيع تحديد أهم السمات التي يتميز بها المرض الاجتماعي . ان المرض الاجتماعي يتسم بست خواص رئيسية هي ما يأتي :

١- المرض الاجتماعي لا يرجع الى عوامل فيزيولوجية أو عضوية ولا يرجع الى عوامل نفسية وعقلية وانما يرجع الى عوامل بيئية واجتماعية بحتة ينبغي تشخيصها أولاً واستخدامها ثانياً في تفسير المرض الاجتماعي [٥] .

٢- المرض الاجتماعي لا يرجع الى عوامل فردية تتعلق بالفرد الذي يعاني منه وانما يرجع الى عوامل محيطية معقدة متأصلة بالمجتمع والحياة الاجتماعية [٦] .

٣- المرض الاجتماعي لا يمكن القضاء عليه الا باتخاذ فعل جماعي منظم وهادف يتوخى معالجته او تخفيف حدته كما في حالة الأدمان الكحولي والكذب والغش والنفاق والبغاء وتفكك الأسرة والجريمة [٧] .

٤- المرض الاجتماعي كتناول العقاقير والمسكرات والمخدرات يرجع الى عوامل داخلية تتعلق بالفرد وعوامل خارجية تؤثر في حياته الخاصة والعامة . وكما ان له اسبابه فله آثاره القريبة والبعيدة المؤثرة في المرض وبيئته الاجتماعية والحضارية .

٥- يصاب الفرد بالمرض الاجتماعي بصورة تدريجية تستغرق وقتاً طويلاً . كما ان علاج المرض وتحرر الفرد من اعراضه وآثاره لا يكون خلال يوم او يومين بل يستغرق فترة زمنية طويلة قد تمتد أشهراً طويلة إذا لم نقل سنوات [٨] .

٦- تفوق خطورة المرض الاجتماعي كتحلل الأسرة وتفكك القيم والكذب والنفاق والجريمة خطورة كل من المرض النفسي- كالكآبة والهيستريا والقلق والتوتر والخوف ... الخ والمرض الجسمي كالسكري والضغط الدموي العالي وامراض القلب والسرطان والموت المفاجيء حيث ان المرض النفسي- والجسمي يصيب الفرد بينما المرض الاجتماعي يصيب الجماعة والمجتمع قبل ان يصيب الفرد [٩] ، فالفرد على سبيل المثال لا يتناول المسكرات ولا يكذب ولاينافق ولا يرتكب الجريمة إذا كان مجتمعه سليماً من الامراض الاجتماعية والآفات السلوكية والاخلاقية حيث ان المرض الاجتماعي عادة يصيب المجتمع والجماعة قبل ان يصيب الفرد .

المبحث الثاني: الاسباب الموضوعية والذاتية للامراض الاجتماعية

ترجع الامراض الاجتماعية الى اسباب موضوعية وذاتية معقدة ، فالاسباب الموضوعية هي الدوافع التي يمكن مشاهدتها ولمسها والتحقق منها حيث ان تأثيراتها تكون واضحة على سلوك الفرد وتفاعلاته اليومية والتفصيلية الى درجة انها توقعه في المرض الاجتماعي المطلوب دراسته كالادمان الكحولي وتناول المخدرات والبغاء والسرقة وجنوح الاحداث والكذب والنفاق والغش والخداع . ولعل من أهم الاسباب الموضوعية للامراض الاجتماعية ما يأتي :

١- سوء التنشئة الاجتماعية :

عندما تكون عمليات التنشئة الاجتماعية رديئة ومخربة لسلوك الفرد ومضرة بقيمه وعاداته وتقاليده لانها لا تعرف ما تزرعه من قيم ومفاهيم في شخصية الحدث ولا تعرف الاضرار الناجمة عن اهمالها للحدث وعدم توقيها من المثالب التي يمكن ان يتعرض لها ، مع عدم توفير المستلزمات الاساسية التي يحتاجها في حياته الخاصة والعامة فان الحدث لا ينشأ النشأة المطلوبة التي تمكّنه من الالتزام بالسلوك الايجابي الذي يبعده عن الشر والزلل والانحراف (١٠) . وترجع التنشئة الاجتماعية الملتوية وغير الصحيحة الى عدة اسباب منها ما يأتي :

أ- عدم معرفة المربي او الاشخاص المسؤولين عن التنشئة بتقنيات واساليب التنشئة الصحيحة ، مع عدم اهتمامهم بالآثار التي يمكن ان تتركها التنشئة على الاحداث والصغار .

ب- وجود أكثر من مصدر للتنشئة الاجتماعية أو الأسرية التي يشهدها الفرد مما يجعل عملية التنشئة مضطربة وقاصرة ومشوبة بالاخطار والتحديات (١١) .

جـ- فقر وشحة الامكانات المادية والاجتماعية التي يمكن ان ينفقها المربي في تنشئة الجيل الجديد وتقويم سلوكه مما يجعل عملية التنشئة الاجتماعية قاصرة ومتلكئة (١٢) .

د- فشل عملية التنشئة الاجتماعية في تحديد اغراضها واهدافها وماذا تريد ان تحقق وتغرس عند الجيل الجديد مما يجعل التنشئة عملية بدون هدف ، لذا يكون فعلها الاجتماعي ضعيفاً وقاصراً وليس بالمستوى التربوي والسلوكي والقيمي المطلوب .

وعندما تكون عملية التنشئة الاجتماعية مضطربة وغير مؤثرة فان الاشخاص الذين يخضعون لها يكونون عرضة للامراض الاجتماعية كالكذب والنفاق والغش والسرقة وتناول المخدرات والمسكرات والبغاء والسمسرة ... الخ .

٢- تأثير الجماعات المرجعية :

عندما تعاني الجماعات المرجعية كالأسرة وجماعة اللعب ووسائل الاعلام والمدرسة والمجتمع المحلي ... الخ من اشكالات وعقد وتناقضات واحباطات فان الاضطرابات والمعاناة التي تواجه هذه الجماعات تعرّض الفرد الذي ينتمي اليها ويتفاعل معها الى شتى الامراض الاجتماعية التي تسيء الى سلوكه وعلاقاته مع الغير وتؤدي الى ضعف تكييفه للمجتمع الذي يعيش فيه ويتفاعل معه [١٣] . ذلك ان الجماعة المرجعية او الجماعات المرجعية التي ينتمي اليها الفرد تؤثر في سلوكه وتفاعلاته وطرق تكييفه للبيئة تأثيراً سلبياً يقود الى تدهور صحته الاجتماعية وضعف تكييفه للمحيط وتفكك قيمه السلوكية والاخلاقية واضطراب سلوكه اليومي والتفصيلي وابتعاد الناس عنه مما يحطم شخصيته ويقود الى مرضها وفشلها في انجاز ما تريد تحقيقه.

٣- ضعف وسائل الضبط الاجتماعي :

من اسباب شيوع الامراض الاجتماعية في المجتمع ضعف وسائل الضبط الاجتماعي . ووسائل الضبط الاجتماعي هي منظومة الروادع والكوابح التي تدين السلوك المشين للفرد وتستنكره وتمنع حدوثه . وتتمثل وسائل الضبط هذه بالقوانين والمحاكم وقوات الشرطة والامن والضمير والوجدان والاخلاق والقيم والمقاييس [١٤] . فعندما تكون الوسائل العقابية والضبطية المسلطة على الفرد ضعيفة ومفتتة ولا تقوى الى ضبط وتهذيب سلوك الفرد فان الفرد لا يتردد عن ممارسة افعال مدانة توقع الفرد

بالمرض الاجتماعي عاجلاً أم آجلاً كتناول المسكرات والادمان على العقاقير وتعاطي البغاء والغش والكذب والتزوير والبغاء ... الخ من الامراض الاجتماعية التي تسبب تدهور سمعته في المجتمع المحلي وضعف تكييفه للوسط الاجتماعي الذي يعيش فيه ويتفاعل معها [١٥] . فالفرد الذي لا يخاف ولا يهيب وسائل الضبط الاجتماعي فانه يكون عرضة للمرض الاجتماعي الذي لا يستطيع تجاوز ضغوطه وآلامه وآثامه .

٤- التقليد والمحاكاة :

يعد عامل التقليد والمحاكاة من العوامل الاجتماعية المهمة المسببة للمرض الاجتماعي كتناول المسكرات او الادمان الكحولي والكذب والنفاق والادمان على تناول المخدرات والبغاء والسمسرة وغيرها من الامراض الاجتماعية السائدة في المجتمع [١٦] . واول عالم اجتماعي نبه العلماء والباحثين الى خطورة عامل التقليد والمحاكاة هو عالم الاجتماع الفرنسي جبرائيل تارد الذي أشار في كتابه " قانون التقليد والمحاكاة " بان تقليد السلوك المنحرف من قبل الافراد ينتشر بسرعة منقطعة النظير كانتشار النار في الهشيم لاسيما تقليد السلوك الجانح والمنحرف [١٧] . وعندما يقلد الفرد السلوك الجانح ويستمر بالتقليد يصبح هذا السلوك ضرباً من ضروب المرض الاجتماعي الذي يستحكم في الفرد ويؤثر في سلوكه ومزاجه شخصيته بصورة واضحة وجلية .

نتيجة عامل التقليد والمحاكاة يصبح الفرد مبتلياً بمرض الأدمان الكحولي او الكذب والنفاق او الولوج في مرض الدعارة والفساد الاخلاقي والاجتماعي . ومثل هذا السلوك الذي يعتمده الفرد يجعله غير مرغوب به إذ ينفر منه الافراد والجماعات ويصبح منعزلاً ومنبوذاً من الآخرين [١٨] . من هنا يتضح لنا دور التقليد والمحاكاة في اصابة الفرد بالمرض الاجتماعي .

أما العوامل الذاتية او النفسية للمرض الاجتماعي فانها لا يمكن تفسيرها بعوامل التقليد والمحاكاة ولا بعامل التنشئة الاجتماعية ولا بعوامل الجماعات المرجعية بل يمكن تفسيرها بعامل الشخصية العدائية او الشخصية غير المتزنة التي يتميز بها الفرد والتي قد تقوده الى الحاق الاذى والضرر بالآخرين عن طريق مضايقتهم والحقد

عليهم والاعتداء على حقوقهم بطرق غير مبررة ولا مشروعة . فالفرد قد يكون ذا علاقة سطحية او هامشية مع الآخرين ، فالآخرون لم يضروه ولم يعتدوا عليه باية صورة من الصور، ومع هذا فانه يعتدي عليهم ويجلب لهم الاذى والضرر . وهذا العدوان يكون نتيجة حتمية للشخصية غير السوية التي يحملها والتي تجلب له مختلف الامراض الاجتماعية التي لا يمكن التحرر من ادرانها وسلبياتها [١٩] . لهذا نرى بان صاحب الشخصية غير السوية والعدوانية لا يمكن المضي في حياته الاعتيادية ويتفاعل مع الآخرين ويتصل بمؤسسات المجتمع دون قيامه بارتكاب الافعال المستهجنة والضارة التي تخرج عن قوانين وعادات وتقاليد المجتمع والتي تشير الى مرضه الاجتماعي كارتكابه السرقة والقتل العمد والتزوير والتحايل .

والشخصية العدائية ليست وحدها المسؤولة عن المرض او الامراض الاجتماعية التي يعاني منها الفرد بل ان هناك الشخصية غير المتزنة التي هي سبب آخر من اسباب المرض الاجتماعي ، هذا المرض الذي لا يدع صاحبه على التكيف مع البيئة الاجتماعية بما تكتنفه من ادوار وظيفية ومؤسسات بنيوية وعلاقات اجتماعية وايكولوجيا طبيعية[٢٠] . عندما يكون الفرد يعاني من المرض الاجتماعي نتيجة شخصيته العدائية أو غير المستقرة فانه لا يستطيع أداء ادواره الاجتماعية ولا الايفاء بالتزاماته اليومية ولا تكوين العلاقات الاجتماعية القوية مع الآخرين . في هذه الظروف يكون الفرد مصاباً بالمرض الاجتماعي الذي يجعله ميالاً نحو الكسل والخمول والخدر والترهل فلا يطور امكاناته الجسمية والعقلية ولا يستفيد من مواهبه الذاتية وامكاناته الخلاقة ولا يستثمر التسهيلات الثقافية والعلمية والاجتماعية والصحية والترويحية المتاحة أمامه والتي يمكن ان تخلق منه شخصاً مفيداً وخلاقاً . لهذا يقتل المرض الاجتماعي المواهب الفطرية والذاتية عند الفرد إذ تتلاشى فائدته وتنعدم انتاجيته ويتحول الى كائن مضر- لا يتردد عن القيام بالاعمال الاجرامية التي تتنافى مع القانون والرأي العام والضمير الانساني[٢١] .

ومن العوامل الاخرى المسؤولة عن الامراض الاجتماعية التي قد يصاب بها الفرد الامراض النفسية والعقلية التي غالباً ما تدفعه الى القيام بالسلوك الاجتماعي

المدان والمشين والمرفوض . ومن هذه الامراض القلق والتوتر والهوس والصرع والهيستريا والكآبة والتخلف العقلي ٠٠٠ الخ وقد تكون هـذه الامـراض شـديدة وخطيرة أو تكون خفيفة وبسيطة . وقد يكون علاجها صعباً مستحيلاً ويستغرق مـدة طويلة او يكون علاجها سـهلاً وبسيطاً ولا يستغرق مـدة طويلة . ومهـما يكـن مـن أمـر فـان جميـع الدراسات والابحاث العلمية تشير الى ان هناك علاقة طردية ومباشرة بين شيوع الامراض النفسية والعقلية وارتفاع معدلات الامراض الاجتماعية بين السكان [٢٢] . فكلما كان الفرد مصاباً بالامراض النفسية والعقلية كلمـا كـان ميالاً للاصابة بـالمرض الاجتماعي . الا ان هذه الحقيقة لا تعني بان غير المصابين بالامراض النفسية والعقليـة لا يكونـون مصـابين بالامراض الاجتماعية .

ان الامـراض النفسية والعقليـة إذا تظـافرت مـع عوامـل الحاجـة الاجتماعيـة والتنشئة الاجتماعيـة الخاطئـة والشخصية العدائيـة قـد تكـون عـاملاً يـدفع الفرد الى الاصابة بالمرض الاجتماعي [٢٣] . فالفرد المصاب بمرض الهوس او الكآبة او الهيستريا يكون ميالاً نحو جلب الاذى والضرر للآخرين ويكون ميالاً ايضاً الى الجريمـة والجنـوح ويكـون ميالاً الى الادمان الكحولي والادمان على تناول العقاقير الطبية .

المبحث الثالث : ماهية الامراض السائدة في المجتمع

لقد شخص الفصل العديد من الامراض الاجتماعية السائدة في العراق والبلدان العربية والاسلامية . ولعل من أهم هذه الامراض الاجتماعية ما يأتي:

أولاً:   الادمان الكحولي كمرض اجتماعي (AL Coholism)

الادمان مصطلح شاع استعماله في نهاية النصف الاول مـن القـرن التاسـع عشر عندما حاول الطبيب السويدي ماكنس هاس (Maguus Hass) ادخاله في المصطلحات عام ١٨٤٩ [٢٤] . ومنذ ذلك الحين تداول استعماله على نطاق واسع في كتابـات وبحـوث العلماء والمختصين في مختلف العلوم الطبية والنفسية والاجتماعية على الرغم من تأكيد منظمة الصحة العالمية (W.H.O.) على احـلال مصطلـح " متلازمـة الاعتمـاد علـى الكحول"[٢٥] Alcohol Dependence Syndrom بدلاً منه. ويعـود السـبب في ذلـك الى ما اكتسبه العالم كيلير مارك مـن تأييـد معظم المختصين في هـذا المجال ، لاستعماله مصطلح "الاعتماد" في تعريفه الادمان ، الذي يعتبر أكثر واقعيـة وشمولية من التعاريـف الاخرى ، والمتضمن ان الادمان " اعتماد نفسيـ أو فسيولوجـي علـى مـادة " الكحـول الايثانول (Ethanol) [٢٦] . وقد اقتبس كيلير هذا المصطلح مـن التعريـف الـذي وضعه مجلس الادمان الكحولي الوطني N.C.A. في الولايات المتحـدة الامريكية والمتضمـن ان الادمان هو " اعتماد مرضي على الايثانول " [٢٧] .

من هذا نلاحظ ان المصطلحين مترادفان ، لكن الادمان مصطلح غامض، تتداخل فيه عوامل متعددة الى حد بعيد، سواء أكانت نفسية أم اجتماعية أم فسيولوجية . وان أكثر الجدل المثار في السنوات الاخيرة يتركز حول مفهومه وكأنه مرض عضوي [٢٨] .

والادمان لغةً " ادامة شرب الخمر وعدم الاقلاع عنها " . يقال فلان مدمن خمـر أي مداوم شربها . قال الازهري : واشتقاقه من دمن البصر . وفي الحديث : مدمن

الخمر كعابد الوثن ، هو الذي يعاقر شربها ويلازمـه ولا ينفـك عنه ، وهـذا تغليظ في أمرها وتحريمه (٢٩) .

وقد عرّفه العالم الاجتماعي روبرت شتراوس Robert Straus بأنه: " استعمال المدمن المشروبات الكحولية بدرجة تزيد على تناول المواد الغذائية أو المشروبات التي يتناولها أبناء المجتمع المحلي بصورة طبيعية . وهذا الاستعمال يضر بصحة الفرد ويؤثر تأثيراً سلبياً في علاقاته الاجتماعية والشخصية ويتعارض مع عمله الاقتصادي " (٣٠) .

بينما عرّفه سنتمارا Santamafria بأنه " الحالة التي يكون فيهـا الفرد ملزماً عـلى تعاطي المشـروبات الكحولية بـافراط ، بـالرغم مـن انحطاطـه البـدني والنفسي والاجتماعي أوتردي أوضاعه الاقتصادية بسبب تعوده على الشرب"(٣١) .

ونحن بصدد تعريف الادمان الكحولي لا يمكن أن نتخلى عـن التعريف الـذي وضعته منظمة الصحة العالمية في عام ١٩٥٢، والمتضمن أن الادمان "أي شكل مـن الشراب المسكر تكون فيه الكمية المتناولة أكثر مـن الحد الاعلى للاستعمال التقليدي والمألوف أو المسايرة المعتادة مع عادة الشرب المتعلقة بالمجتمع المحلي بغض النظر عن العوامل السببية ، التي تؤدي الى مثل هذا السلوك ، وبغض النظر أيضاً عن المدى الـذي تكون فيه العوامل السببية معتمدة عـلى الوراثة وبنية الجسـم أو الامراض الوظيفيـة المكتسبة والتأثيرات الجرثومية " (٣٢) .

من هذه التعاريف نلاحظ ان الادمان الكحولي يتضمن النقاط الآتية :

١-   حاجة قهرية للاستمرار في التعاطي والحصول عليـه بأيـة وسيـلة ، والميـل الى زيادة الكمية أثناء الشرب .

٢-   اعتماد فسيولوجي ونفسي على مادة الايثانول .

٣-   تأثير ضار بصحة الفرد تنعكس آثاره على العائلة والمجتمع .

وبهذا المعنى فان مصطلح الادمـان يختلـف عـن مصطلح التعـود " الاعتيـاد" Habituation ، ويعني الاعتماد النفسي دون ان يصحبه اعتماد فسيولوجي على مادة

الايثانول ، بسبب تناول الكمية المحددة يومياً مما يؤدي الى عدم تدهور صحة الفرد النفسية والجسمية ، وتأدية مسؤولياته العائلية والاجتماعية بشكل اعتيادي تقريباً. أي ان التعود كما ورد في تقرير منظمة الصحة العالمية يتضمن النقاط الآتية [٣٣] :

١-   رغبة لكنها قهرية في الاستمرار على تعاطي المسكر .

٢-   قلما يوجد ميل الى زيادة الجرعة المتعاطاة من المسكر .

٣-   اعتماد نفسي الى حد ما على تأثير المسكر .

٤-   قد يوجد تأثير ضار للمسكر وفي هذه الحالة يقع الضرر على الفرد في المقام الاول .

وعلى هذا الاساس فان الفرد المعتاد يومياً على تعاطي كمية محددة من المسكر يمتلك القدرة على مقاومة المشروب عندما تقتضي الضرورة ولا تظهر الاعراض الانسحابية بعد الاقلاع المفاجيء عنده لعدم اعتماده فسيولوجياً عليه، بعكس الادمان الذي يؤدي الى اختلال توازنه النفسي والبدني. وهذا ما نلاحظه في مجتمعنا حيث ان الغالبية العظمى من المعتادين، يتركون المشروب عندما تتكون لديهم القناعة الذاتية في المناسبات الاجتماعية والدينية خصوصاً في شهر رمضان وأيام محرم والمآتم . وهذا يساعد على انخفاض معدل الادمان في القطر بسبب عدم الاستمرار في الشرب ، وما ينجم عنه من اعتماد فسيولوجي ، لان البعض منهم ينحدر الى حالة الادمان ومن الباحثين المعروفين في ادمان الخمر (جيللنك) E.M.Jellineck الذي حدد أول علائم الاقتراب من الادمان بما يأتي [٣٤]:

١-   حدوث ما يسمى بنوبة النسيان Blackout ، وهو نسيان ما حدث في اليوم السابق من جراء شرب الخمر .

٢-   احتساء الخمر بانفراد دون الميل الى الصحبة الاجتماعية السابقة .

٣-   الالتجاء الى الخمر كوسيلة للتهدئة والاطمئنان قبل مواجهة الاجتماعات العامة .

٤-   الالتجاء الى الخمر منذ بداية النهار تلافياً للاعراض الجسمية التي يشعر بها ، وهي الارتجاف العام ، والشعور بالقلق والتوتر .

٥-   فشل المقاومة والارادة في كبح جماح الدافع القهري نحو الخمر .

وقد حاول (جيللنك) تقسيم الادمان الى ثلاث مراحل أساسية هي [٣٥] :

(١)   المرحلة المبكرة   Early Symptoms .

(٢)   المرحلة المتوسطة   Middle- phase Symptoms .

(٣)   المرحلة المتأخرة   Late- Stage Symptoms .

الا اننا لا نستطيع التمييز بين هذه المراحل الثلاث ، ومعرفة المرحلة التي وصل اليها المدمن ، وذلك لوجود صفات مشتركة يتسم بها المدمنون في هـذه المراحل . وعلى الرغم من ذلك فأننا نستطيع ان نعطي مؤشرات عامة وسمات خاصة لهذه المراحل .

١-   المرحلة المبكرة للادمان :

ان الدليل الذي يجعل المختص على اعتبار المدمن في هذه المرحلة هو ما ينتابه نوبة النسيان بحيث لا يتذكر ماذا حدث أثناء تعاطيه المسكر على الرغم من أنه يمتلك الوعي والاحساس ، وشعوره بالذنب والتقصير وكلما تزايد هـذا الشعور يقـوم المـدمن بطرح بعـض المبررات والاسباب التي دفعتـه الى الشرب ، وفي نفس الوقت يشجع الآخرين على الشرب ويفضل أن يتعاطى جميع أبناء المجتمع المحلي المسكر ، حتـى يبدو مدمناً أمام الآخرين . وجميع هـذه الممارسات التي يتحلى بهـا المـدمن في هـذه المرحلة تدفعه الى الاعتقاد بأن كمية المشروب التي يتعاطاها شيء طبيعي مـن اجل تغطية ما ينتابه من الشعور بالذنب .

اضافة الى ميل المدمن الى العزلة أو السرية في الشراب ، حتى يتمكن من اخفاء عدم قدرته على مقاومة المشروب ، وفقدان ضبط النفس . ويتوقف طـول هـذه الفتـرة على حالة كل شخص فيما يخص العمـر ، الامـراض النفسية والعصبية ، وموقفـه نحو مشكلاته [٣٦] .

٢-   المرحلة المتوسطة للادمان :

في هذه المرحلة يفقد المدمن السيطرة على قواه الفكرية والجسمانية عندما يكون في حالة سكر، مما يدفعه الى الاستمرار على الشرب ، حتى يصبح حالة مرضية وما ينجم عنها من تدهور صحته النفسية والبدنية ، وعدم القدرة على تأدية مسؤولياته العائلية والاجتماعية والاقتصادية ، فيما يتعلق بانخفاض الانتاجية وكثرة الغياب عن العمل وضعف العلاقات الاسرية وعدم تحمل المسؤولية . وفي هذه المرحلة يزداد افراطه في الشرب وعدم قدرته على تقليل المشروب على الرغم مما يدعيه أمام اصدقائه وافراد عائلته وزملائه في العمل بأنه مسيطر وقادر على تركه في أي وقت يشاء وان سلوكه طبيعي على الرغم من تعرضه الى بعض الاعراض الفسيولوجية والنفسية والتي من أهمها القلق حول المستقبل ، وفقدان الامل ، وتأنيب الضمير ، وعدم السيطرة على دوافعه الانفعالية والغريزية ، واختلال توازنه الجسمي وتعرضه الى مختلف الامراض كارتفاع ضغط الدم وضعف الرؤيا والشرود الذهني وفقدان الشهية والافراط في التدخين وتناول المنبهات كالقهوة والشاي . وهذا يولد عنده الشعور بأنه مقصر ويأخذ باحتقار وازدراء ذاته والاشمئزاز من نفسه ومحيطه والخوف من الموت ، مما يدفعه الى تعاطي المزيد من المسكر ، حتى يصبح الاداة الوحيدة أمامه في تغطية أعراضه الجسمانية والنفسية .

المرحلة المتأخرة للادمان :

وفي هذه المرحلة لا يستطيع المدمن الاستغناء عن المشروب مهما كانت الظروف حتى يصبح له كالماء والهواء، ولا يستطيع الاستمرار في الحياة بدونه على الرغم من تفاقم الاعراض الجسمية والنفسية ، وهذا يدفعه الى الافراط حتى يتمكن من تخفيف حدة آلامه وانفعالاته ومخاوفه الناجمة عن الادمان ، بحيث يكون في حالة سكر دائم، وفاقداً للوعي في الليل والنهار. وهنا لا يفكر بالعمل أو الواجبات أو المسؤوليات أو النفقات المالية التي يصرفها على المشروب وانما يفضل أن يكون المشروب بجانبه في جميع الاوقات ومهما كانت الظروف والمناسبات ، مما يجعله يدفع كل ما يملكه

ومهما كانت قيمته المادية والمعنوية من أجل الحصول على المشروب ،وفي حالة فقدانه انه يضطر الى تعاطي الكحول المركزة كالقلونيا والاسبرت مما تجعله في حالة فقدان الوعي وفي هذه الحالة يشكو من فقدان الشهية للطعام بسبب استمراره في الافراط مما يعرضه الى مختلف الامراض كالارتعاش وفقر الدم ، وانخفاض ضغط الدم اضافة الى أمراض القلب وألم في جميع أنحاء الجسم .

ثانياً: السرقة كمرض اجتماعي

السرقة هي مرض من الأمراض الاجتماعية الذي لا يختلف عن الامراض الاجتماعية الأخرى التي يعاني منها الانسان والمجتمع كامراض الفقر والامية والجهل والبغاء والادمان الكحولي وجنوح الاحداث ... الخ . ذلك ان عواقب المرض وانعكاساته الضارة لا تمس فرداً واحداً او جماعة واحدة بل تمس جميع الافراد والجماعات التي يتكون منها المجتمع [٣٧] . وان هناك شعوراً جماعياً يختلج المواطنين بوجود المرض واستمراريته وتفاقم نتائجه . لذا يحاول الافراد معالجته وتخليص المواطنين من شروره من خلال اتخاذ عمل جماعي منظم يهدف الى تطويقه وانهاء اسباب بقائه وحيويته ومضاعفاته . والدولة باجهزتها الاجتماعية والاصلاحية والعدلية والامنية والبحثية هي المؤسسة المؤهلة على التصدي لهذا المرض ومعالجته بالطرق العلمية والقانونية دون دراسة المرض دراسة منهجية شمولية ودون استخدام الاساليب والفنون الاجتماعية والاصلاحية والعقابية التي تحد من ظاهرة المرض في المجتمع من خلال تغيير انماط العلاقات الاجتماعية المفككة والممارسات السلوكية المنحرفة والخاطئة [٣٨] .

والسرقة ليست هي مرض اجتماعي فحسب ، وانما هي جريمة مرتكبة ضد المجتمع باسره [٣٩] . فالانماط السلوكية التي يعتمدها السارق والمختلس والتي تتجسد في اندفاعه نحو الاستحواذ على اشياء مادية او معنوية منقولة او غير منقولة ، ثمينة او رخيصة ، كبيرة أو صغيرة الحجم لا تعود اليه بل تعود للآخرين انما هي انماط سلوكية مرضية ومنحرفة لانها تخرج عن النمط السوي للسلوك الاجتماعي المقبول

والمتعارف عليه والـذي تقـره الاحكـام والمقـاييس الاجتماعيـة وطريقـة الاسـتحواذ عـلى الاشياء والممتلكات المادية والمعنوية التي ينتهجها السارق قد تأخـذ عـدة اسـاليب منهـا خفية ومبطنة ومنها ظاهرة ومكشـوفة ومنهـا سـلمية ومنهـا صـدامية ومنهـا مقصـودة ومنظمة ومنها غير مقصودة وعفوية . ومهما اختلفت اساليب وخطط السرقات الا انها تتشابه بمتغيرات مشتركة تـنعكس في السيطرة عـلى ممتلكـات الغـير وتجريـدهم منهـا بطريقـة اسـتفزازية وتعسـفية والحـاق الاذى بهـم والاسـتهانة بحقـوقهم ومراكـزهم واعتباراتهم الاجتماعية [٤٠] .

الاسباب الموضوعية للسرقة كمرض اجتماعي :

سميت بالعوامل الموضوعية لان الباحث الاجتماعي يستطيع مشاهدتها ولمسها وتسـجيل البيانـات الدقيقـة والمفصـلة عنهـا مـن خـلال مقابلـة المجـرمين المتهمـين او المحكومين مقابلة رسمية او غير رسمية تتضمن طرح الاسئلة على المبحوثين (المجـرمين) من قبل الباحث وقيام الأخير بتدوين الاجابات في استمارات الاسـتبيان المخصصـة لهـذا الغـرض او تـدوينها عـلى أوراق في حالـة المقـابلات غـير الرسـمية بعـد الانتهـاء مـن المقابلات[٤١] .

ان من أخطر العوامل الموضوعية المسؤولة عن حدوث السرقة كمرض اجتماعي كما شخصها الباحثون في عدة مجتمعات انسانية الفقـر والحاجـة الاقتصـادية . فـالفقر كمشكلة ومرض اجتماعي يعتبر العامل المحفز لاندفاع العديد من الاشخاص الفقراء من الذين يحملون شخصيات ضعيفة ومهزوزة ويفتقرون الى التربية الاخلاقية السـوية نحـو الاستحواذ بطريقة غير مشروعة على ممتلكات الغير خصوصاً المنقولة منها والتي حسب اعتقاد السراق تسد رمقهم وتحقق امانيهم وتـؤمن حيـاتهم [٤٢] . والفقـر الـذي يصـيب الافراد والجماعات يعني عدم امكانية هؤلاء من الحصول على مقومات العيش الكـريم واشباع الحاجـات المتفرعـة للحيـاة بسـبب عـدم وجـود عمـل لهـم يعتمـدون عليـه في حياتهم اليومية أو عدم التوازن بـين مصرـوفاتهم ومـدخولاتهم نتيجـة هبـوط اجـورهم وكثرة عدد اطفالهم او كبر حجم عوائلهم أو تعرضهم للحوادث المؤسفة التي تجعلهم

غير قادرين على أداء العمل او كسلهم وعدم رغبتهم بالعمل ذاته . ان جميع هذه الاسباب تجعل الافراد في حاجة ماسة لمقومات المعيشة والحياة الكريمة . ومثل هذه الحاجة قد تدفع البعض منهم ، خصوصاً إذا كانوا يعانون من مشكلات اجتماعية ونفسية وتربوية حادة ولديهم استعداد على الولوج في عالم الجريمة والانحراف ، على ارتكاب السرقة وبقية الجرائم الأخرى التي تمس امن وسلامة واستقرار وطمأنينة الآخرين [٤٣] .

غير ان الفقر والحاجة المادية لا يدفعان بالضرورة جميع الفقراء والمحتاجين على السرقات وارتكاب الجرائم الأخرى . فالفقراء عادة يندفعون نحو الجريمة والشر إذا كانت هناك عوامل ومتغيرات أخرى تتعلق بهم او بالمجتمع المحلي تحفزهم على السرقة وارتكاب اعمال الشر كسوء التربية الاسرية والامراض النفسية وتساهل الاحكام والقوانين وعدم وجود أو قلة قوات الشرطة والامن ... الخ [٤٤] .

ومن العوامل الموضوعية الأخرى المسؤولة عن جريمة السرقة عامل التنشئة الاجتماعية الخاطئة الذي يؤثر في الصغار والمراهقين تأثيراً سلبياً يجعل سلوكهم شاذاً وغير مقبول بنظر الاعراف والتقاليد والقيم الاجتماعية . والتنشئة الاجتماعية تعني سلسلة العمليات التربوية والتأنيسية التي يتعرض اليها الفرد منذ الصغر والتي تحدد انماطه السلوكية وطبيعة شخصيته والادوار الاجتماعية التي يشغلها في المجتمع والتي من خلالها تتحدد واجباته وحقوقه وعلاقته الاجتماعية. ولا تكون التنشئة الاجتماعية بعملية واحدة وانما تكون بمراحل مختلفة كل مرحلة لها فترتها الزمنية المحددة كالمرحلة الشفهية ومرحلة الرضاعة ومرحلة السبات الجنسي ومرحلة المراهقة ومرحلة النضوج والتكامل الجسمي والعقلي والتكويني ومرحلة الاكتمال [٤٥] . وخلال مراحل التنشئة الاجتماعية هذه يتعلم الطفل مهارات السير والكلام والتفاعل مع الآخرين واداء الاعمال والمهمات التي توكل اليه، ويتعلم مبادىء الدين والعادات والتقاليد والقيم والمقاييس الاجتماعية واخيراً يتعلم المهام الاجتماعية التي تنسب اليه من خلال الادوار الوظيفية التي يشغلها في المجتمع . والاشخاص الذين يتولون مسؤولية عمليات التنشئة الاجتماعية للجيل الصاعد هم الآباء والامهات والاقارب والمعلمون وقادة المجتمع المحلي

٠٠٠ الخ كما تتأثر برفاق اللعب Play Mates ووسائل الاعلام الجماهيرية خصوصاً التلفزيون منها والطبقة الاجتماعية والجماعات المرجعية التي ينتمي اليها الصغار والمراهقون ويتفاعلون معها (٤٦) .

لكنه عندما تكون اساليب التنشئة الاجتماعية خاطئة وملتوية بسبب عقم وانحراف طرقها ومناهجها التربوية والتقويمية او بسبب جهل وتخلف القائمين بها او بسبب الظروف الايكولوجية السلبية التي توجد فيها فأن الاشخاص المعرضين لها (الجيل الناشيء) لا بد ان يكونوا منحرفين وشاذين في تفكيرهم وشعورهم واحاسيسهم وسلوكهم والانحراف والشذوذ هذا يتجسد في ارتكاب الافعال المشينة كالسرقة والكذب والنفاق والغش والاختلاس والقتل والجريمة بأنواعها المختلفة . قد يرتكب الناشيء أو المراهق جريمة السرقة مثلا إذا كانت انماط تنشئته الاجتماعية شاذة ومنحرفة نتيجة لجهل الابوين بطرق التنشئة القويمة وعدم اهتمامهم بالامور الاجتماعية والتربوية والتهذيبية للابناء . وقد يرجع انحراف الناشيء الى تفاعله مع ابناء السوء وفقر وتحلل بيئته الاجتماعية وعدم وجود المؤسسات الاجتماعية والاصلاحية التي تهتم بتقويم سلوكه وتحسين علاقاته بالغير وتعرضه للتيارات الاجتماعية الهدامة التي تقتل عنده روح الرفعة والتسامي والتعاون والمحبة . وهنا يصبح الفتى او المراهق شخصاً شاذاً بمعنى الكلمة بحيث لا يتورع عن القيام بالاعمال الهدامة والمشينة في المجتمع .

ويجب ان لا ننسى- هنا طبيعة الآثار التي تتركها الجماعات المرجعية Referencs Groups على اخلاقية وسلوكية الفرد الذي ينتمي اليها(٤٧) . نعني بالجماعات المرجعية الجماعات الاولية والثانوية التي يتفاعل معها الفرد ويعتبرها مصدراً موثوقاً لانماطه السلوكية وقيمه ومصالحه واهدافه كالعائلة والمدرسة ومكان العبادة والمجتمع المحلي وجماعة اللعب والحزب ومكان العمل ٠٠٠ الخ (٤٨) . وتترك هذه الجماعات انعكاساتها الايجابية او السلبية على شخصية الفرد نتيجة احتكاكه معه وفرض القيود والشروط والاحكام عليه . وإذا كانت الضغوط التي تفرضها هذه الجماعات على الفرد متعارضة ومتناقضة وليس فيها اية درجة من الانسجام والتوافق فأن شخصية وسلوكية الفرد لا بد ان تتسم بالشذوذ وعدم التوازن .

اضافة الى الآثار غير الحميدة التي تتركها هذه الجماعات على الافراد اذا كانت افكارها وقيمها ومقاييسها جانحة وظروفها ومعطياتها الاجتماعية والاقتصادية سيئة ومتناقضة (٤٩). فاذا كانت العائلة مفككة مثلاً نتيجة تعرضها للطلاق او الهجر او الافتراق او الخصومات او تعرضها للفقر والمرض والجهل فأن اساليب تنشئتها الاجتماعية لا بد ان تكون خاطئة وملتوية . وهنا يخرج ابناؤها عن الطريق السوي وينزلقون في تيار الجريمة والشذوذ . كما قد يؤثر المجتمع المحلي Local Community او جماعة اللعب تأثيراً سلبياً في سلوكية الابناء إذا كانت افكارها وممارساتها وقيمها خاطئة وجانحة . فجماعة اللعب التي قد تتكون من رفاق السوء غالباً ما تجعل الصبي او المراهق الذي ينتمي اليها يعتقد بأفكارها وقيمها ويقتدي بسلوكها وممارساتها غير السوية نتيجة احتكاكها به وملازمته اياه خلال فترة زمنية معينة بحيث يصبح تفكيره وسلوكه شاذاً وغير مقبول (٥٠). وقد يعبّر التفكير والسلوك الشاذ هذا عن نفسه بالاعمال الشريرة والاجرامية التي يرتكبها في المجتمع كقيامه بالكذب والغش والنفاق وانغماسه في عالم الجنوح والجريمة .

ومن العوامل الموضوعية الاخرى التي تقف خلف مشكلة السرقة عامل الطبقة الاجتماعية Social Class التي ينتمي اليها الافراد والجماعات. فالفوارق الاجتماعية الكبيرة بين طبقات وشرائح المجتمع والتي قد ترجع الى عوامل الثقافة والتربية والتعليم ،والدخل والملكية ، والمهنة ، والمنطقة السكنية، والسلوك الاجتماعي ، والمواقف والاتجاهات والقيم والمصالح الشخصية غالباً ما تدفع ابناء الفئات والطبقات الكادحة والمظلومة الى انتهاج السلوك الخاطيء والمنحرف نتيجة فقرهم وجهلهم وسيطرة الافكار المتخلفة عليهم ، او نتيجة شعورهم بالظلم والتعسف الاجتماعي المفروض عليهم من قبل الفئات والطبقات الاجتماعية العليا والمستقلة (٥١). ان الفقر والحرمان وسوء الظروف الاجتماعية والثقافية المحيطة بالطبقة المسحوقة غالباً ما تعرض ابنائها الى المشكلات الاجتماعية الحادة كالسرقة والجنوح والتحلل الاجتماعي ، ومثل هذه المشكلات لا يمكن التخلص منها دون تشخيصها ودراستها دراسة علمية تحليلية ووضع العلاج المناسب لها . كما ان وجود الفوارق الاجتماعية الشاخصة بين الطبقات

وعدم امكانية ابناء الطبقات المسحوقة من الانتقال الاجتماعي الى الطبقات المتوسطة والعليا بسبب ظهور الوعي الاجتماعي بين ابنائها ، هذا الوعي الـذي يقود الى تماسكها ووحدتها ووقوفها ضد الفئات والشرائح المسؤولة عن جمودها وتدهور احوالها . في مثل هذه الظروف يقوم بعض افرادها بأتخاذ انماط سلوكية غير سوية تعبّر عـن سخط الطبقة وغضبها . ويتجسد هذا السخط والغضب بالافعال الاجرامية المشينة كالسرقة والجنوح وتحدي القوانين والضوابط والاعراف الاجتماعية .

واخيراً يمكن تفسير مشكلة السرقة بعامل هامشية وتساهل وسائل الضبط الاجتماعي وعدم قدرتها على السيطرة على سلوك وعلاقات الافراد والجماعات في المجتمع (٥٢) وبوسائل الضبط الاجتماعي نعني الادوات التي تهيمن على سلوك المواطنين وعلاقتهم بحيث تضعها في قالب العادات والتقاليد والاعراف المرعية في المجتمع (٥٣) . وإذا خرجت انماط السلوك والعلاقات الاجتماعية عن هذا القالب فأن العقاب والردع الاجتماعي او الديني او القانوني الذي يكمن في صلب هذه الادوات يفرض على كل مـن يتحلى بالسلوك الجانح او يكون العلاقات الاجتماعية الملتوية والمشكوك فيها . ووسائل الضبط الاجتماعي Means of Social Control تقسم الى قسمين أساسيين : الوسائل الداخلية للضبط الاجتماعي كالضمير او الوجدان والدين والعادات والتقاليد والاعراف الاجتماعية والرأي العام ، والوسائل الخارجية للضبط الاجتماعي كالقوانين والمحاكم وقوات الشرطة والامن . ومن الجدير بالاشارة هنا بأن تساهل وهشاشة ومطاطية الوسائل الداخلية والخارجية للضبط الاجتماعي تسبب زيادة معدلات الجرائم والجنوح في المجتمع ، في حين تقل معدلات الجرائم إذا كانت وسائل الضبط الاجتماعي تتميز بالفاعلية والكفاءة والحزم . من هنا ينبغي على اجهزة الدولة والمجتمع تحويل وسائل الضبط الاجتماعي خصوصاً الخارجية منها من وسائل غير جدية ولا كفوءة ومتساهلة الى وسائل جدية وكفوءة وحازمة لكي تقل معدلات الجرائم ويكون سلوك الافراد سوياً وعلاقاتهم سليمة ومتزنة .

الاسباب الذاتية لجرائم السرقة :

لا نستطيع ادراك ومعرفة العوامل السببية لارتكاب جرائم السرقة دون دراسة العوامل الذاتية والنفسية للمجرمين والتي بدون شك تلعب دورها المتميز في اندفاعهم نحو تيار الانحراف والجريمة . ونعني بالعوامل الذاتية المسؤولة عن ارتكاب الجرائم في المجتمع العوامل البايولوجية او التكوينية التي يتميز بها المجرم والتي يمكن ان تدفعه نحو ارتكاب الجريمة [٥٤] . والعوامل النفسية او الباطنية التي تكمن في منطقة العقل الظاهري والعقل الباطني Conscious and Subconscious Mind [٥٥] . فالعوامل التكوينية او البايولوجية Constitutional Factors التي تكمن خلف وقوع الجرائم قد تتجسد بالامراض العضوية التي تجعل الفرد غير مرتاح ولا متكيف مع المجتمع او بالامراض العصبية والعقلية الوراثية كالصرع والهواس وانفصام الشخصية وهبوط معامل الذكاء ... الخ والتي غالباً ما تؤثر تأثيراً سلبياً على علاقات وسلوكية الفرد في المجتمع . وهناك العوامل النفسية التي سندرسها بالتفصيل والتي تتجسد في الشخصية المرتبكة والامراض النفسية ودوافع الانتقام والعداوة . ويمكننا التعرف على العوامل الذاتية لارتكاب الجريمة وتشخيص معالمها الأساسية من خلال اتباع طرق التحليل النفسي Psychoanlysis Techniques والمشاهدة بالمشاركة Participant Observation ، والمقابلات غير الرسمية Informal Intervirws التي تتوخى جميعها الاطلاع على افكار وقيم ومواقف ومصالح واهداف الفرد ومعرفة طبيعة شخصيته والعوامل المؤثرة في استقرارها وداينمكيتها مع كشف الاسباب والدوافع Motives الحقيقية التي تقف خلف ممارسات الفرد اليومية وطبيعة علاقاته الاجتماعية مع الآخرين [٥٦] . ومثل هذه الحقائق التي نجمعها عن الحالة السيكولوجية للفرد تساعدنا على تفسير طبيعته السلوكية المنحرفة التي يتسم بها ، هذه السلوكية التي قد تتجسد في ارتكابه للافعال الشاذة والاجرامية كالقتل والسرقة والتزوير وتناول المخدرات والبغاء ... الخ .

الدراسة النظرية للأسباب الذاتية لجرائم السرقة :

ان جريمة السرقة لا يمكن تفسيرها بعوامل الحاجة الاقتصادية والتنشئة الاجتماعية الخاطئة ووسائل الضبط الاجتماعي اللينة والمتساهلة فقط بل يمكن تفسيرها ايضاً بعامل الشخصية العدائية او الشخصية غير المتزنة التي يتمتع بها الفرد والتي قد تقوده الى الحاق الاذى والضرر بالآخرين عن طريق سيطرته غير المشروعة ولا القانونية على ممتلكاتهم واموالهم بأتباعه اساليب الخداع والغش والتحايل واساليب القهر والقوة والعنف [٥٧] . فالفرد قد يكون غير محتاج مادياً ويعرف تمام المعرفة بأن افعال السرقة والتزوير والقتل والاغتصاب هي افعال اجرامية لا يقرها المجتمع وتتناقض كل التناقض مع عاداته وتقاليده وتعاليمه وقوانينه وان تربيته الاجتماعية لاتسمح له بأرتكاب هذه الافعال الملتوية وغير السوية . ومع هذا فأنه يندفع بدون تحفظ نحو القيام بالجريمة . فيسرق ويقتل ويزور ويعتدي على حرمة وممتلكات الآخرين .

ان مثل هذه الاعمال الاجرامية التي قد يرتكبها الفرد ربما ترجع الى شخصيته العدائية وغير المتزنة [٥٨] . فالشخصية العدائية هي ذلك الكل المعقد الذي يتكون من عناصر بايولوجية وسيكولوجية واجتماعية غير متجانسة ومتناقضة إذ يريد كل منها اشباع دوافعه ونزواته وحاجاته وبمعزل عن تلك التي تميز الآخرين وبمعزل عن حاجات ومواقف وقيم ومقاييس وقوانين المجتمع [٥٩] . ان الشخصية العدائية Psycho-Pathetic Personality بسبب عناصرها ودوافعها المتناقضة واللاعقلانية لا يمكن ان تعيش وتنمو وتتفاعل مع الآخرين دون الحاق الضرر والكوارث والنكبات بهم وذلك للتنفيس عن شدة احتدام التناقضات والصراعات في داخلها والتعبير عن الاسقاطات العدوانية Aggressive Projections التي تختلجها وتنفيذ المطاليب الغريزية واللااجتماعية لمنطقة العقل الباطني [٦٠] . لهذا نرى بأن صاحب الشخصية العدائية لا يمكن المضي في حياته الاعتيادية ويتفاعل مع الآخرين ويتصل بمؤسسات المجتمع دون قيامه بأرتكاب الافعال المستهجنة والضارة التي تخرج عن قوانين وعادات وتقاليد المجتمع كارتكابه السرقة والقتل والتزوير والتحايل .

والشخصية العدائية ليست وحدها مسؤولة عن اندفاع الفرد نحو عالم الشر والجريمة بل هناك الشخصية غير المتزنة Maladjusted Personality التي لا يستطيع حاملها التكيف مع البيئة الاجتماعية بما تكتنفه من ادوار وظيفية ومؤسسات بنيوية وعلاقات اجتماعية وايكولوجيا طبيعية (٦١). عندما لا يستطيع الفرد التكيف مع المجتمع بسبب شخصيته غير الناضجة ولا المستقرة فأنه لا يستطيع أداء أدواره الوظيفية والايفاء بالتزاماته اليومية وتكوين العلاقات الاجتماعية الصميمية مع الآخرين(٦٢). في هذه الحالة يميل الفرد نحو الكسل والخمول فلا يطور قدراته الجسمانية والعقلية ولا يستفيد من مواهبه الذاتية وامكاناته الخلاقة ولا يستثمر التسهيلات الثقافية والعلمية والاجتماعية والصحية والترويحية المفتوحة امامه والتي يمكن ان تخلق منه شخصاً مفيداً وخلاقاً ، لهذا تقتل المواهب الذاتية والفطرية عنده وتتلاشى فائدته وتنعدم انتاجيته ويتحومل الى كائن مضر لا يتردد عن القيام بالاعمال الاجرامية التي تتناف مع القانون والرأي العام والضمير الانساني .

ومن العوامل الذاتية الاخرى التي تقف خلف جرائم السرقة الامراض النفسية والعقلية التي تصيب الافراد نتيجة للعوامل البايولوجية الوراثية والعوامل البيئية الاجتماعية . فالامراض النفسية والعقلية التي تؤثر في افكار ومواقف وسلوكية وعلاقات الفرد تاثيراً سلبياً كثيرة ومتعددة اهمها القلق والتوتر والهواس والصرع والهستيريا والكآبة والتخلف العقلي ... الخ (٦٣). وقد تكون هذه الامراض شديدة وخطيرة او تكون خفيفة وبسيطة ، وقد يكون علاجها صعباً او مستحيلاً ويستغرق مدة طويلة او يكون علاجها سهلاً وبسيطاً ولا يستغرق مدة طويلة . ومهما يكن من امر فأن جميع الدراسات والابحاث العلمية تشير الى ان هناك علاقة طردية ومباشرة بين شيوع الامراض النفسية والعقلية وارتفاع نسب الجرائم خصوصاً السرقات (٦٤). فكلما كان الفرد مصاباً بالامراض النفسية والعقلية كلما كان ميالاً نحو ارتكاب الجرائم والموبقات ، الا ان هذه الحقيقة لا تعني بأن غير المصابين بالامراض النفسية والعقلية لا يرتكبون الافعال الاجرامية والمنحرفة .

ان الامراض النفسية والعقلية اذا تضافرت مع عوامل الحاجة الاقتصادية والتنشئة الاجتماعية الخاطئة والشخصية العدائية قد تكون عاملاً مساعداً يدفع الفرد نحو الجريمة والانحراف . فالفرد المصاب بمرض الهواس او الكآبة مثلاً تكون لديه ميول ملحة وفياضة نحو جلب الاذى والضرر للآخرين . ومثل هذه الميول لا يمكن ضبطها والسيطرة عليها نتيجة لوجود المرض النفسي العقلي . لهذا نرى الفرد يلجأ الى الجريمة عندما تكون الظروف ملائمة لذلك وعندما يتسم بالصفات المميزة للمجرمين.

واخيراً هناك عامل المصالح والاهداف الذي يعتبر من العوامل الذاتية المهمة التي تقود الى ارتكاب الجرائم . ان لكل فرد من افراد المجتمع مجموعة مصالح واهداف بعضها قد يكون مشروعاً وطبيعياً وبعضها الآخر قد يكون شاذاً وغير مشروع . فالمصالح والاهداف الشاذة وغير المشروعة التي يحملها الفرد ويؤمن بها هي التي تدفعه الى ارتكاب المخالفات والوقوع في المشكلات والاخطار . فالفرد نتيجة لغرائزه البايولوجية غير المهذبة ونتيجة لظروفه الاقتصادية والاجتماعية الصعبة والقاهرة قد يحمل مصالح انانية وشهوانية لا يقرها المجتمع والضمير الانساني . ومثل هذه المصالح غالباً ما تدفعه الى ارتكاب الافعال الشريرة والفاسدة [٦٥] . قد يحمل الفرد مصالح مادية غير مشروعة كرغبته في الحصول على الملكية والعقار والنقود والممتلكات المنقولة غالية الثمن . وعندما لا يستطيع كسب مثل هذه الاشياء بالطرق القانونية فأنه يلجأ الى ارتكاب جرائم السرقة والاختلاس والتزوير والاعتداء على حرمة وحقوق الافراد والجماعات للحصول على هذه الاشياء . ان قيام الفرد بارتكاب هذه الافعال المحرمة لا يتفق مع القوانين والاعراف والرأي العام ، لهذا يجب معاقبة الجاني ورد اعتبار المجتمع بصفته الجهة المعتدي عليها .

لكنه عندما تكون المصالح لا اخلاقية وغير مهذبة وخارجة على مقتضيات الشرع والقانون فان الاهداف والنوايا تكون كذلك . فقد يحمل الفرد مجموعة من الاهداف الملتوية والشريرة كالكسب المادي غير المشروع والاعتداء على حرمة الملكية وحمل روح الكراهية والضغينة والانتقام ضد المجتمع وجلب الضرر والاذى للآخرين ... الخ . ومثل هذه النوايا والاهداف الخبيثة والاجرامية لا بد ان تؤثر تأثيراً سلبياً في

سلوكية وعلاقات الافراد الذين يحملونها بحيث تكون هذه السلوكية والعلاقات غير سليمة وتتسم بروح الشر والجريمة والعدوان . فالسارق او المختلس او القاتل لا بد ان يكون قد تأثر بنواياه واهدافه الشريرة قبل ارتكابه للعمل الاجرامي . من هذا نستنتج بان الجريمة لا تتأثر بالمصلحة فقط بل تتأثر بالنوايا والاهداف التي يحملها المجرم والتي يمكن ان تعبّر عن تنشئته الاجتماعية وميوله الفطرية والمكتسبة .

ثالثاً:   الكذب كمرض اجتماعي (Lie As A Social Disease)

يعد الكذب من اخطر الامراض الاجتماعية السائدة في المجتمع . فالكذب بمعناه العلمي الدقيق هو عدم قول الحقيقة لسبب او لآخر لان قول الحقيقة كما يرى الكذاب قد يضر بمصالحه ويحط من مركزه الاجتماعي ويقف موقفاً معاكساً لما يريد الكذاب تحقيقه من مكاسب وارباح مادية واعتبارية [٦٦] . ان الكذاب يريد تمويه الآخرين عن طبيعة حقيقته وسمات شخصيته ونواياه الحقيقية ومقاصده الواقعية التي يريد تحقيقها . فالكذاب بكذبه يطمس الحقيقة والواقع عن الشيء الذي يكذب حوله ، وهو بكذبه هذا يعتقد بانه غش الآخرين وضحك عليهم وشوه ما يريدون معرفته ، ولكن بحقيقة الأمر ان الكذاب لا يغش ولا يخدع الا نفسه المريضة المبتلية بالعقد والامراض ومركب النقص [٦٧] . علماً بان الكذب هو شيء مدان ومرفوض من المجتمع ، وان المجتمع لا يحترم الكذاب ولا يعطيه وزناً بل يحتقره ويهينه ويرفضه نظراً لعدم مصداقيته وخيانته للأمانة وللمعايير المزدوجة التي يؤمن بها ويتصرف بموجب نصوصها وقواعدها .

ان الشخص الذي يعتاد على الكذب وعدم قول الحقيقة لا يتورع عن القيام بالافعال والممارسات السلوكية الأخرى التي يرفضها المجتمع ويدينها ويعتبرها جزءاً لا يتجزأ من ظاهرة الانحراف الاجتماعي حيث ان الكذب هو ظاهرة من ظواهر الانحراف الاجتماعي ، لان الكذاب هو المنحرف والخارج عن قوانين وقيم ومثل المجتمع [٦٨] . وعندما يكذب الفرد ويتخذ الكذب وسيلة له في الحصول على مصالحه ومآربه الخبيثة فانه لا يتورع عن القيام بالاعمال والممارسات المدانة الاخرى التي

يرفضها المجتمع ويعتبرها ذنباً من الذنوب التي يعاقب عليها الله سبحانه وتعالى ويدينها المجتمع كالسرقة والنميمة والشغب والنفاق وجلب الاذى والضرر للآخرين والقتل [٦٩] ... الخ .

يعتبر الكذب مرضاً اجتماعياً خطيراً لانه يشبه الامراض الاجتماعية الاخرى بخواصها واضرارها ونتائجها الوخيمة على الفرد والجماعة والمجتمع . فضلاً عن تشابه الكذب مع الامراض الاجتماعية الاخرى من حيث طرق الوقاية منها وطرق علاجها والتحرر من ادرانها . ان السمات الاجتماعية للكذب هي التي تجعله مرضاً ينبغي التوجس منه ومواجهته بغية التحرر منه ومن سلبياته القريبة والبعيدة . علماً بان السمات الاجتماعية للكذب هي ما يأتي :

١- الكذب كبقية الامراض الاجتماعية لا يصيب فرداً واحداً بل يصيب العديد من الافراد إذا توفرت له الارضية الخصبة لوجوده وبلورته وانتشاره.

٢- للكذب اسبابه الموضوعية والذاتية وآثاره القريبة والبعيدة وعلاجه للتحرر من سلبياته وشروره [٧٠] .

٣- لا يمكن مواجهة مرض الكذب الا باتخاذ عمل او فعل جماعي يتوخى التحرر منه والتخلص من سلبياته ، وادرانه [٧١] .

٤- يعد الكذب من الامراض السارية او الانتقالية . إذ انه ينتقل بفترة قصيرة جداً من الشخص المريض الى الشخص السليم وذلك عن طريق العدوى الاجتماعية التي تكلم عنها ودرسها دراسة اجتماعية تفصيلية البروفسور جبرائيل تارد في سياق نظريته حول التقليد والمحاكاة والعدوى الاجتماعية.

٥- لا يمكن القضاء على الكذب وتجاوز ادرانه وشروره خلال فترة قصيرة بل ان معالجته تحتاج فترة طويلة من الزمن وتكون بطريقة تدريجية وتتطلب جهوداً مضنية واموال باهضة خصوصاً ما يتعلق بالوقاية من المرض حيث ان الوقاية تتطلب اتخاذ تغييرات جذرية من شأنها ان تحد من المرض وتطوقه وتقض عليه .

الا ان القضاء على المرض لا يكون سهلاً بل يحتاج الى جهود واموال وفترة زمنية طويلة .

لهذه السمات التي يتسم بها مرض الكذب نستطيع اعتباره مرضاً اجتماعياً شبيهاً بالامراض الاجتماعية الاخرى السائدة في المجتمع [٧٢] .

عوارض مرض الكذب :

يتسم مرض الكذب بالعديد من العوارض التي اهمها ما يأتي :

١- مرض الكذب الذي يبتلى به الفرد لا يكون قائماً بذاته بل يكون مرافقاً لامراض اجتماعية أخرى كالنفاق والنميمة والغش والخداع والاحتيال[٧٣] .

٢- مرض الكذب يقود صاحبه الى التفتيش عن ضحية تسهل عملية غشها والاحتيال عليها وتمويهها .

٣- الكذاب يمكن ان يمرر اكاذيبه على الجميع شريطة ان لا تكون لديهم معرفة مسبقة باكاذيبه وحيله وغشه واحتياله على الناس .

٤- الكذب يخدم مصالح الفرد وحاجاته ويلبي مصالحه وطموحاته ويتوافق مع طبيعة شخصيته المذبذبة وغير المستقرة .

٥- عندما يبتلى الشخص بمرض الكذب فلا يستطيع معالجته والتحرر من سلبياته وأدرانه إذ يبقى يلازمه طيلة مدة حياته ، فالكذاب لا يستطيع التنصل من كذبه مهما تغيرت احواله [٧٤] . ان الكذب يمكن ان يستحكم في شخصيته حتى يصبح كذاباً .

وللكذب اسباب وآثار يمكن درجها بالنقاط الآتية :

١- **اسباب الكذب كمرض اجتماعي :**

يرجع الكذب كمرض اجتماعي الى عدة أسباب لعل أهمها ما يأتي :

أ- سوء التنشئة الاجتماعية ولاسيما التنشئة الأسرية .

ب- الرغبة في تحقيق المصالح والحاجات والامنيات .

جـ - الجماعات المرجعية .

د- ضعف وسائل الضبط الاجتماعي .

هـ - تأثير وسائل الاعلام الجماهيرية .

و- الامراض النفسية والعقلية .

ويمكن شرح هذه العوامل كما يأتي :

تعد التنشئة الاجتماعية الخاطئة التي يمر بها الابن او البنت من أهم العوامل التي تدفع بالفتى او الفتاة الى الكذب . فالمربي كالاب او الام لا يكترث بتربية الأبناء والعناية بهم وتلبية حاجاتهم ومتطلباتهم بل يميل الى اهمالهم وتركهم وشأنهم دون رعايتهم الرعاية السليمة التي تليق بهم . فضلاً عن ان المربي لا يستخدم مع الابناء اساليب الثواب والعقاب ، لا يستعمل الموازنة بين اساليب اللين والشدة . اضافة الى انه لا يعتمد برنامج الرعاية المكثفة مع الابناء. لهذه الاسباب تكون تربيتهم هشة ودرجة التزامهم بالسلوك الحسن والعلاقات الانسانية ضعيفة ومذبذبة . فالاب على سبيل المثال لا يعاقب ولده إذا كذب ولا يكافئه إذا كان صادقاً واميناً . وهنا يصبح الطفل غير قادر على التمييز بين السلوك الجيد والسلوك الرديء . وهكذا يستحكم الكذب في نفسية الطفل [٧٥] .

هناك اطفال لديهم رغبات في تحقيق المصالح والحاجات والامنيات ، الا ان المجتمع لا يعمل على تحقيق مصالحهم وحاجاتهم . لذا يضطر الصغير الى امتهان الكذب والتظاهر بانه ناجح في حياته ودراسته وان حياته تسير على ما يرام لكسب رضا واستحسان الناس اليه. بينما هو في حقيقة الأمر يعيش حياة مضطربة وفاشلة . فضلاً عن ان الطفل يكذب لاشباع حاجاته والوصول الى امنياته ومصالحه التي لم يستطع تحقيقها بسبب واقعه الاجتماعي الصعب والمضطرب .

وتؤثر الجماعات المرجعية على ممارسات الاطفال تأثيراً سلبياً لاسيما جماعة الرفقة او جماعة السوء التي تعلم الطفل على الكذب وتجعله يعتقد بان الكذب هو شيء صحيح ولا بد منه في تحقيق المصالح والاهداف والطموحات. ان الجماعات المرجعية غالباً ما تؤثر على الفتى تأثيراً سلبياً يقوده الى امتهان الكذب كمتنفس لديه لتمشية امور حياته [٧٦].

وهناك عامل ضعف وسائل الضبط الاجتماعي التي لا تردع الطفل ولا توبخه عندما يدخل في مجال الكذب والنفاق والوشاية والنميمة [٧٧]. بينما إذا كانت هذه الوسائل فعالة في ردع الطفل وايقافه عند حده ومنعه من الكذب والنفاق فانه أي الطفل لا بد ان يتخلى عن الكذب كليةً ويصبح صادقاً واميناً في المجتمع. هذه هي أهم اسباب الكذب بجانب الاسباب التي عددناها اعلاه.

ومثلما ان للكذب اسبابه الموضوعية والذاتية فان له آثاره الوخيمة القريبة والبعيدة على الفرد والجماعة والمجتمع . ولعل من أهم الآثار السلبية التي يتركها الكذب على الفرد والجماعة والمجتمع ما يأتي :

١- الكذب يسيء الى الكذاب ويؤثر سلباً في شخصيته بحيث تكون شخصيته منبوذة ومرفوضة وغير محترمة .

٢- عندما لا يحترم الكذاب ويهان ويحتقر في المجتمع فان هذا يجعل الكذاب يشعر بان لا وزن له في المجتمع ، مما يدفعه الى عدم تقييم ذاته ووضعها في المكان الذي تستحقه . وهذا ما يحكم ملكات الفرد ومواهبه ويجعله يشعر بانه لا شيء في الكل الاجتماعي .

٣- يؤدي الكذب الى شيوع حالة عدم الثقة بالآخرين لان المجتمع يبدأ بالاحساس بان الجميع يكذبون ، وان الكذب اصبح الحالة الاعتيادية في المجتمع . وليس الحالة الشاذة . وامر كهذا يسبب انتشار الكذب وبلورته في المجتمع الى ان تصبح الحياة شيئاً مستحيلاً لان الصدق قد ضاع من المجتمع وحل محله الكذب الذي هو شيء ممقوت .

٤- الكذب ينتج في تدمير منظومة القيم التي يتحلى بها المجتمع . وعند تدمر منظومة القيم فان السلوك ، أي سلوك الافراد يكون انتهازياً ومذبـذباً ولا يرقى الى ابسط القيم الاجتماعية التي يعرفها الافراد والجماعات .

٥- تفشي الكذب في ربوع المجتمع يسبب سقم المجتمع ومرضه وعدم قدرته عـلى أداء واجباته ، وهذا يضر بالحالة التنموية والنهضوية للمجتمع .

٦- الكذب يسبب تصدع الجماعة الاجتماعية الاولية والثانوية ومثل هـذا التصدع لا بد ان يقود الى انهيار النظام القيمي للمجتمع ، وبالتالي نبذ المجتمع من قبل الآخرين أي الدول الاجنبية التي هي في محك واتصال وتفاعل معه . الأمر الذي يحجم طاقات المجتمع ويجمدها بحيث لا يكون اهمية لها .

٧- عندما ينتشر مرض الكذب ويتفاعل مع الامراض الاجتماعية الأخرى كالجريمـة والجنوح وتناول المسكرات والبغاء والنفاق والنميمة ٠٠٠ الخ فان هذا يقود الى انهيار البناء الاجتماعي وعدم قدرته على دفع عملية التنمية الى امام . وهكذا يؤثر الكذب تأثيراً سلبياً في عملية التنميـة الشـاملة إذ يعرقلها ويجمـد زخمهـا ويوقف صيرورتها .

مصادر الفصل السادس

(1) Lemert , Edwin . Social Pathology,New York , Mc Graw-Hill , 6th Ed., 1984, P. 6.

(2) Mechanic, David. Medical Sociology, New York, the Free Press, 7th Ed., 1971, P. 7.

(3) Patrick, D.L. Sociology As Applied to Medicine , London, Bailliere Tindall, 1992, P. 31.

(4) Jones, K. Sociology in Medicine, English Universities Press, 1985, P. 10.

(5) Ibid., P. 12.

(6) Ibid., P. 14.

(7) Ibid., P. 20.

(8) Smith, T.H. Social Characteristics of Disease, Glasgow, 1995, Tyne River Press, P.11.

(9) Ibid., P. 31.

(10) Hender, M. Causes of Social Diseases, London Times Press, 2001, P. 29.

(11) Ibid., P. 30.

(12) Ibid., P. 42.

(13) Ibid., P. 86.

(14) Reddy, H.O. Social Causes of Disease, London, the Central Press, 2000 , ,P. 7.

(15)   Ibid., P. 61.

(16)   Ibid., P. 73.

(17)   Tarde, G. Laws of Imitation, New York, the Free Press, 1974, PP. 52-53.

(١٨)   الشرقاوي ، انور (الدكتور) . الادمان الحكولي كمشكلة اجتماعية ، القاهرة، مطبعة الانجلو مصرية ، ١٩٧٩ ، ص ١٢.

(١٩)   المصدر السابق، ص ١٩.

(٢٠)   المصدر السابق، ص ٢٥.

(21)   Joseph, K. Crime, Mass Communication and Social Disease, New York, The Green Press, 1991, P.13.

(22)   Ibid., P. 21.

(23)   Ibid., P. 42.

(24)   Lancet , W.H.O. and News Perspetive ,On ALcoholism , Vol, 13, No. 80, May 1977,P. 1087.

(25)   Edward,G. Alcohol- related Disabilities ,W,H.O. , Geneva, 1977, P. 17.

(26)   David, Sills. International Encyclopedia of the Social Sciences, Vol. 3-4, New York, 1972, P. 264.

(27)   Edward, G. AL-cohol- related Disabilities,P. 9.

(28)   Jellink ,E.M. Phases of Alcohol Addiction Quarterly Journal of Studies on Alcohol, Vol.13,No.4,December 1952.

(٢٩)   ابن منظور ، " لسان العرب " ، المجلد الاول ، دار لسان العرب ، بيروت، بلا سنة ، ص ١٠١٦.

(30) Robert Strans, Alcohol and Alcoholism, New York, 1966, P. 28.

(31) Santamariaa, J.M., The Social Implication of Alcoholic, 1972, P. 2.

(32) Ralph, E. Tarter, Alcoholism, Americam 1976,P. 56.

(٣٣) " تعاطي الحشيش " ، تقرير أعده المركز القومي للبحوث الاجتماعية والجنائية بمصر، الجزء الاول ، " استمارة الاستبيان" ، دار المعارف، مصر، ١٩٦٠، ص ١٢٦.

(٣٤) الدكتور فخري الدباغ ، " أصول الطب النفساني " ، الطبعة الثانية، مطبعة جامعة الموصل ، ١٩٧٧، ص ٢٦٩.

(35) Harrison, Trice, Alcoholism in America, America, 1966, PP. 30-39.

(٣٦) الدكتور كمال دسوقي ، " الطب العقلي والنفسي- " ، الجزء الاول ، دار النهضة العربية ، بيروت، ١٩٧٧، ص ٣١٥-٣١٦.

(37) Merton, R. and R. Nisbet. Contemporary Social Problems, New York, Harcourt, 1969, P. 21 .

(38) Reckless, W. The Crime Problem, New York, Appleton, 1985, P. 28.

(39) Ibid., P. 30.

(40) Burt, C. The Contribution of Psychology to Social Problems, London, 1977, P. 11.

(41) Bonger, Criminality and Economic Conditions , Little Brown, 1978, P. 37.

(42) Ibid., P. 41.

(٤٣) الحسن، إحسان محمد (الدكتور). علم الاجتماع : دراسة نظمية ، بغداد، مطبعة الجامعة ، ١٩٧٦، ص ٣٢٣.

(٤٤) الطاهر ، عبد الجليل (الدكتور). التفسير الاجتماعي للجريمة ، بغداد، ١٩٥٤، ص ١٤٥.

(45) Ibid., P. 122.

(46) Newcomb, T. Social Psychology, New York, 1958,P. 63-69.

(٤٧) احسن، إحسان محمد(الدكتور) . مشكلة جنوح الاحداث ، بحث منشور في مجلة العدالة ، العدد الاول ، شباط ، ١٩٨٠، ص ٩.

(48) Sprott, W. Human Groups, A Pelican Book, 1967,P.138.

(49) Ibid., P. 143.

(50) Tappan, P.Juvnile Delinquency, New York, 1959,P.31.

(51) Marshall, T. Citizenship and Social Class ,London , 1951, PP. 18-20.

(٥٢) الطاهر ، عبد الجليل ، التفسير الاجتماعي للجريمة، ص ٩٩.

(53) Eysenck,H. Uses and Abuses of Psychology, A Pelican Book, Middlesex, 1974, P. 217.

(54) Ibid., P. 225.

(٥٥) الكيال ، دحام ، الصحة النفسية والنمو ، بغداد، مطبعة دار السلام، ١٩٧٣، ص ١٣١.

(56) Murphy, G. An Outline of Abnormal Psychology , New York, 1954,P. 536.

(57) Eysenck, H. Sense and Nonsense in Psychology, A Pelican Bok, Middlesex, 1962, P. 241.

(58) Mussen, P.Development and Personality,London, 1966,P. 70.

(59) Ibid., P. 53.

(60) Clark, D. Social Therapy in Psychiatry, A Pelican Book, Middlesex, 1974, P. 112.

(61) Sarson, S. Psychological Problems in Mental Deficiency, New York, 1953, P. 123.

(62) Hakeem, M. A Critique of the Psychiatric Approach to crime and Correction, New York, 1958,P. 650.

(63) Faris, R. Mental Disorders in Urban Areas, Chicago, 1939, P. 44.

(64) Sober, A. Lie As A Social Probloem, London, 1991,P.6.

(65) Ibid., P. 10.

(66) Ibid., P. 18.

(67) Henry, F. M. Lying and Cheating As Social Crime , New York, The New Press, 1994, P. 12.

(68) Ibid., P. 14.

(٦٩) الشربيني، محمد ، الكذب كجريمة اجتماعيـة ، مطبعـة القـاهرة الحديثة ، القاهرة ، ١٩٩٢، ص ٢٣.

(٧٠) المصدر السابق، ص ٢٩.

(71) John Cecil . Why People Lie? London, George Allen and Unwin, 1988, P. 21.

(72) Ibid., PP. 23-24.

(73)   Henry ,F.M. lying and Cheating As Social Crimes, New
        York, the New Press, 1994, P. 26.

(74)   Ibid., P. 28.

(٧٥)   البلداوي ، محسن (الدكتور). مرض الكذب : مظاهره ، اسبابه وآثاره
        ، بغداد، مطبعة النهضة ، ١٩٩٨، ص ١١.

(٧٦)   المصدر السابق، ص ١٣.

(٧٧)   المصدر السابق، ص ١٥.

الفصل السابع

الأمراض النفسية السائدة في المجتمع

لمحة تأريخية :

ان التأمل في واقع الحياة الاجتماعية يدل على ان الانسان خلال مراحل حياته ومنذ القدم ، يجد نفسه معرضاً لصراع مستمر بين الدوافع التي يسعى الى تحقيقها والظروف البيئية التي تعرقل عملية اشباع هذه الدوافع المتضاربة . وهذه حقيقة كامنة في الطبيعة الانسانية ، ولا يمكن التخلص منها بصورة مطلقة مهما بذل الانسان من جهود مكثفة من أجل اقامة نوع من التكيف والموازنة بين دوافعه واهدافه المتضاربة ، لان عملية التكيف تعتمد على طبيعة شخصيته التي تتأثر بالعوامل البايولوجية والنفسية والاجتماعية [١].

وتشير التنقيبات الأثرية الى ان بعض الامراض النفسية كانت معروفة وشائعة في اقدم حضارات العالم واخص بالذكر منها الحضارة البابلية والسومرية والآشورية والمصرية والصينية واليونانية . وتكشف الدراسات الانثروبولوجية عن وقوع هذه الامراض بين افراد في المجتمعات البدائية .

كما ادرك هذه الحقيقة الفلاسفة القدماء واخص بالذكر منهم ، ايبوقراط وارسطو وديكارت وابن سينا ٠٠٠ الخ .

يعتبر ايبوقر اط (٤٦٠ ـ ٣٧٥ ق.م) من أبرز الشخصيات في هذا المجال ، لانه اكد على ان الدماغ موطن العقل ، وان الصرع مرض طبيعي وليس "مرضاً مقدساً كما كان يتصوره الناس آنذاك . وقد ادرك العلاقة بين النفس والجسم حيث استطاع شفاء برديكاس ملك مقدونيا من مر ضه الجسمي عندما قام بتحليل احلامه .

ويقول افلاطون (٤٢٧ ـ ٣٤٧ ق.م) ان اكبر خطأ يرتكب في علاج الجسم البشري في ايامنا هذه هو تفرقة الاطباء بين الروح والجسد [٢] . ويذهب ارسطو (٣٨٤ـ

٣٢٢ ق.م) الى أن الانفعالات تحدث تغيراً في الجسم. ويرى ديكارت (١٥٩٦ـ ١٦٥٠) ان النفس والجسم جوهران متمايزان ومتضادان . فالنفس روح بسيط مفكر والجسم امتداد قابل للقسمة٠٠٠ ثم يستدرك قائلاً : عن اتحاد النفس والجسم واختلاطهما ، لكنه لم يحسم مسألة العلاقة بينهما [٣] . وقد وصف ابن سينا (٩٨٠ـ ١٠٣٧م) الكآبة والقلق والميول الانتحارية والانفعالات وتأثيرها في الجسم [٤] . واستخدم الرازي (٨٦٥ـ ٩٢٥م) الموسيقى والايحاء والتسلية في العلاج النفسي. في حين وصف ابن ميمونة Maimonides مبادىء الصحة العقلية .

بينما توصل برتراند راسل وجون ديوي وهما من المفكرين المحدثين الى اتفاق بان الفصل بين الجسم والعقل لا معنى له أساساً ، لانه من الخطأ التفرقة بينهما، وتصوروا انهما عملية مستمرة من نواحي عقلية وجسمية كلاهما يخضع للدراسة العلمية . وفي عام ١٨٤٥ م نشر كريسنجر W.Griesinger كتابه الأول عن (الطب النفساني) [٥] . ويعتبر الطبيب النمساوي سيجموند فرويد من أبرز العلماء والمفكرين في تأريخ علم النفس والطب النفساني الحديث ، لانه وضع نظريته في التحليل النفسي Pay choanalysis والعصاب والجنس واللاشعور، التي من خلالها أكد على وحدة الانسان وقاوم الثنائية القديمة للجسم والنفس [٦] . من هذا نلاحظ ان المجتمعات البشرية وبغض النظر عن درجة التقدم أو التخلف ، وعلى مر العصور ، كانت تعاني من الامراض النفسية ، التي تعتبر من اكثر الامراض انتشاراً في الوقت الحاضر .

تيبولوجيا الأمراض النفسية السائدة :

يستخدم معظم الاطباء والمختصين اصطلاح " الامراض النفسية " بمعناه الواسع بحيث يشمل جميع الاضطرابات في كيان الشخصية من كافة النواحي الجسمية والعقلية والعاطفية والسلوكية . بينما يميل البعض من الاخصائيين الى تحديد الامراض النفسية في نطاق ضيق في الحالات المرضية الناجمة عن اضطراب الحياة العاطفية فقط. ان الاتجاه الأول (الواسع) أكثر شمولية وموضوعية ، لان الاضطراب لا يقتصر على الناحية العاطفية ، بل يشمل جميع النواحي ، وهذا أدى الى تداخل اسبابه البيولوجية

والنفسية والاجتماعية ، بحيث لا يجوز الفصل بينها او التحكم فيها مـن جهـة. كـما ان الاعراض المرضية متعددة ومتداخلة وهذا جعل معظم الامراض النفسـية تعطـي اكـثر عارض مرضي في آن واحد من جهة أخرى[٧]. وبموجب ذلك تكمن أهمية الاتجاه الأول في التشخيص والعلاج ، لان القاعدة التشخيصية في الوقت الحـاضر تتطلب الاعـتماد عـلى مجموعة الاعراض في تحديد المرض ، وهذه القاعدة تعتبر منطقية ومعقولة لفهم المرض وتطوره الطبيعـي وعلاجـه، أي انـه لا وجـود لمـرض مسـتقل   No Independent Disease في الطب النفساني [٨]. كـما تكمـن أهميتـه في الدراسـات والبحـوث النظريـة والتطبيقية ، التي تهدف الى تشـخيص الاسباب وابتكار الاسـاليب الحديثة في العـلاج . وعلى هذا الأساس اتفق معظم الاطباء والاخصائيين عـلى تصنيف الامراض النفسـية الى اربع فئات ، وقد اعتمدوا في ذلك على التصنيف الذي وضعته منظمة الصحة العالميـة عام ١٩٦٦ ، والتصنيف الذي وضعته الجمعية الطبية النفسانية الامريكية عـام ١٩٦٨ . ومن أهم هذه الفئات هي :

أولاً:   الامراض العصابية Neuroses .

ثانياً:   الامراض الذهانية Psychoses .

ثالثاً:   الامراض النفسجسمية Psycho Somatic Diseases .

رابعاً:   الاضطرابات السلوكية Behavioural Disorders .

المبحث الأول : الامراض العصابية

ان مصطلح العصاب يكثر تداوله اليوم في الامراض النفسية وبشكل متكافيء في الامراض ذات المنشأ النفسي [٩] .

والامراض العصابية مجموعة من الاضطرابات الشخصية تنشأ من صراعات نفسية مختلفة وتشترك جميعها في صفات عامة ، وتتألف الاعراض من اضطرابات جسمية : قلق وشعور بالاكتئاب ، وعدم الاستقرار مع حساسية متزايدة ، وشكوك غير معقولة ، وحصر ـ قهري ، ورعب ومخاوف ، واستثارات سريعة ، مصحوبة جميعها باضطرابات في النوم والشهية ، وضعف الكفاءة الانتاجية . وهذا جعل لها أهمية قصوى في الطب النفساني والطب عموماً ، لانها واسعة الانتشار بدرجة توازي انتشار الامراض التنفسية (كالزكام مثلاً) بين الناس ، ولا يخلو أي مستشفى او عيادة خاصة من مرضى مصابين بالعصاب ومتوهمين انهم مصابون بامراض جسمية [١٠] .

وعلى الرغم من ان العصابي تكون اعراضه على درجة من الشدة والخطورة، الا انه يكون قادراً على الاحتفاظ بقدر من الاتصال بالبيئة لامتلاكهم البصيرة ، ومعظم العصابيين يظلون قادرين على مواجهة مسؤولياتهم ـ فهم يحتفظون بعلاقاتهم الأسرية وباعمالهم التي يمارسونها يومياً او الدراسة التي هم منخرطون فيها . ولكن الاعراض والقلق قد تكون من الشدة احياناً بحيث تمنعهم من أداء وظائفهم بشكل تام [١١] .

وتختلف اعراض هذه الامراض من مريض الى آخر ، الا ان اوجه الشبه بينهما تغلب على الفروق الفردية ومن أهم هذه الامراض هي :

١- القلق العصابي Aniexty State .

٢- الهستيريا Hysteria .

٣- المراق (الوساوس المرضية) Hypochondriasis .

٤- الكآبة النفسية Psychogenic Depression .

٥- النحول العصبي Neurasthenia .

٦- الفزع (الرهاب) Phobia .

والآن نود شرح كل منها باختصار :

القلق العصابي :

القلق العصابي هو " حالة من التوتر الشامل الذي ينشأ خلال صراعات الـدوافع ومحاولة الفرد للتكيف او الانسجام " ^(١٢). وقد عرّف الطبيب النمساوي فرويد القلق بانه " رد فعل لحالة خطر " ^(١٣).

ويعتبر القلق من أكثر الامراض النفسية انتشاراً في الوقت الحاضر ، لان الانسـان يعيش في عالم يزخر بالاهداف والحاجات المتضاربة ، وما ينجم عنها من تنافس وحرمان وخداع وظلم . فما يشعر به الانسان من تـوتر Tension انمـا هـو نتيجـة مبـاشرة عـن قلقه ، الذي يعتبر مظهراً للعمليات الانفعالية المتداخلة التي تحدث خلال الاحبـاط والصراع . لذا فان وظيفة الحياة النفسية هي تكيـف الانسـان للبيئـة الاجتماعيـة التـي تتصف بالتغير المستمر وما يصحبه من مشكلات جديدة يقابلها الانسان بحالات مـن التفكير والانفعال ومختلف انواع السلوك . ولكن هذه المشكلات تكون احيانـاً شـديدة لا يمكن التكيف لها مما يسهل اصابة الفرد بالقلق . وهناك نوعـان مـن القلق احداهمـا القلق الطبيعي الذي يعرف الفرد مصدره كقلق الطالب مـن الامتحـان مثـلاً . والآخر القلق المبهم الذي لا يعرف الفرد مصدره . وهذا هو المرض النفسي ^(١٤).

يرى فرويد ان القلق ما هو الا نتيجـة الصراع بـين قـوتين في الـنفس هـما قـوة الغرائز البدائية (الهو) وقوة المعايير الاخلاقية (الذات العليا) وفي هذه الحالة يكون " الانا" هو موضوع الخطر ، إذ ينشأ الاضطراب بسبب عجز " الانا" تجاه " الهو" وتجاه " الذات العليا " ^(١٥). يـرى (ادلـر) ان القلـق النفسيـ ترجـع نشـأته الى الشـعور بالـنقص Inferiority Complex . وقد يكون هذا الشعور ظاهراً أو خفياً إذ يتجسد بالخجل او

الرغبة في الابتعاد عن المجتمع [16] . ويعتبر (يونك) القلق بانه رد فعل يقوم به الفرد عندما تغزو عقله قوى وخيالات غير معقولة صادرة عن اللاشعور الجمعي Collective Unconscious . كما انه تكلم عن العلاقة بين اللبيدو وطباع الانسان (الانبساط والانطواء) وما تسببه من امراض عصابية [17] .وتذهب (هورني) الى ان القلق يرجع الى ثلاثة عناصر : الشعور بالعجز ، والشعور بالعدوان ثم الشعور بالعزلة لان اندفاع المرء في الخضوع والطاعة واظهار المحبة والمودة في موقف كان يجب ان يكون فيه مدافعاً عن نفسه يعتبر من أهم العوامل التي تفسر شعور الانسان بالعجز أمام عالم معادي [18] . ويؤكد (فروم) على عملية التفرد Individualization في احداث القلق لان الفرد عندما يصبح مستقلاً فانه يقف بمفرده في مواجهة العالم المملوء بالمخاطر والقوى الخارقة . وهذا يدفعه الى الشعور بالعجز والقلق [19] .

وينتاب المصاب بالقلق امراض متعددة : الخوف المبهم ، صداع وشعور بالدوار ، حساسية سريعة وتهيج لاتفه الاسباب ، ارتفاع ضغط الدم وخفقان وشحوب في الوجه وتعرق وبرودة اليدين ، تيبس الفم والبلعوم ، صعوبة البلع ، سوء الهضم واحياناً الاسهال المعوي ، توتر عام وتوسع حدقة العينين، اضطراب في النوم ،صعوبة التركيز، الاعياء ونقصان الوزن وارتجاف الاطراف والوجه والشفاه .

٢- الهستيريا :

الهستيريا (Hysteria) كلمة يونانية مشتقة من لفظ هسترا (Hystra) ومعناها (بيت الرحم) [20] ، او لفظة اغريقية مشتقة من هستراكوس (Hysterikos) ومعناها (الرحم) .وقد كانت الهستيريا على مر الازمان موضوعاً لكثير من التفسيرات المختلفة . ففي ايام (ابقراط) اعتقد الناس ان الهستيريا تنتج بعد ان يترك الرحم مكان ارتكازه المعتاد ويستقر في الجزء المصاب من الجسم .

وكان في العصور الوسطى يُنظر الى الهستيريا كمرض سببه الجن والشياطين. وظل الامر هكذا الى بداية القرن التاسع عشر- حيث اكتشفوا ان الهستيريا اضطراب نفسي بعد ان لاحظ الطبيب (هيبولايت برنهايم) ان كلا من

المرضى الهستيريين والاسوياء الذين يمكن تنويمهم مغناطيسياً يتفقون على ان لديهم القابلية في الايحاء لدرجة عالية . وهذا عكس ما ذهب اليه طبيب الاعصاب جان مارتان شاركو الذي آمن بان الهستيريا عبارة عن مرض بيولوجي او عصبي وان اسبابه الفسيولوجية او التشريحية سوف ينتهي الأمر الى اكتشافها . وفي فيينا انظم فرويد بجهوده الى الدكتور جوزيف بروير Joseph Breuer واخذا يعالجان الهستيريا باستخدام التنويم المغناطيسي وبعد ذلك تعاونا في تأليف كتابهما الموسوم " دراسات في الهستيريا" Studies Hysteria الذي تم نشره عام ١٨٩٥ [٢١] .

لقد كانت الهستيريا بمثابة الاضطراب الذي اعتمد عليه فرويد عندما وضع دعائم التحليل النفسي ، مما دفعه ذلك الى اعتبارالعرض الهستيري بمثابة مظهر رمزي لنوع كامن من الصراع لم يجد حلاً بعد ، لانه يتصل بواقعة تهديد جنسي- حدثت في الطفولة [٢٢] . وقصة الهستيريا معقدة الى حد غير طبيعي تملأ مجلدات .

وهذا الاضطراب يتميز بفقدان الذاكرة وبامراض جسمية لا يبدو بها أساساً عضوياً من المرض والشلل وفقدان البصر- او السمع والصوت ، وانعدام الحساسية الجلدية [٢٣] Anestheias ونوبات الاغماء والتجوال الليلي. ونوبات الهستيريا تختلف عن نوابات الصرع . ففي الهستيريا تظهر اعراض تشنج وتوتر عضلي وسلوك فيه ضحك وبكاء وغالباً ما يثير هذه النوبة موقف انفعالي حاد، ولا تحدث الا في حضور الآخرين ولا يترتب عليها اصابات شديدة فلا يعض لسانه او يطلق بوله ولا يعقبها اختلاط عقلي او صداع او غثيان [٢٤] ، ويرى البعض انها حياة لا شعورية يستهدف من ورائها المريض جلب عطف الآخرين اوالهروب من موقف محرج [٢٥] . والعكس صحيح في نوابات الصرع.

ان الهستيريا أكثر انتشاراً عند النساء من الرجال بسبب طبيعة القيم والعادات السائدة في مجتمعنا .

٣- المراق (الوساوس المرضية) :

الوسواس المرضي حالة مرضية نفسية ، المظهر الغالب فيها هو شكوى المريض الدائم من اعراض مرضية ثابتة او متبدلة ، يشغل بها ذهنه وتستحوذ على اهتمامه بوظائف جسمه بشكل غير معقول ، وغالباً ما يشكو من اضطراب في وظائف احد اعضاء جسمه لا تكون له اعراض حقيقية او انها ليست ذات أهمية لديه[٢٦] .

ان المرضى من هذا النوع يعتبرون العملاء الدائميين للمستشفيات ولكبار الاخصائيين في الامراض المختلفة ،ويعتبرون من أكبر مستهلكي الادوية ، لانهم لا يقنعون بدواء واحد ، بل انهم يبالغون في كمية الادوية وانواعها، لانهم أسرع الناس استجابة لكل اعلان عن دواء جديد ، يتوهمون اعراضه المرضية ، لذلك نراهم ينتقلون من اخصائي الى آخر طلباً للدواء وليس العلاج . لقد درس (ادلر) مثل هذا السلوك واعتبره سلوكاً عدوانياً يمارس به المريض تعويضاً عدوانياً ضد الغير واجبارهم على الاهتمام بما يعانيه [٢٧] .

ويرى فرويد بان الوسواس المرضي " خوف لا شعوري من وقوع اذى جسمي نتيجة قيام رغبة او دافع غير مقبول ومكبوت ". ويقول شلدر Schilder بأن الوسواسي ذو شخصية خاصة ، فهو محب لنفسه (نرجسي) ويحب العزلة ويجد فيها وسيلة دفاعية نفسية ، وكلما زادت عزلته كلما زاد تأمله بنفسه وجسمه و كثرة اعراضه المرضية . ويرى بعض الكتّاب والاخصائيين أن اشغال المريض بوسواس المرض ما هو الا ضرب من الفكر التسلطي الذي يسيطر على ذهن المريض بشكل دائم . وعلى الرغم من التشابه الا ان هناك اختلافاً واضحاً بينهما . فالمريض بالوسواس لا يحاول دفع الوسواس عن ذهنه كما هو الحال في الفكر التسلطي الذي يتضمن الشعور المفاجيء عند المريض بورود فكرة او رغبة او خيال في ذهنه، طارئة على وعيه وخارجة عن ارادته ومفروضة عليه، وتثير في نفسه الرغبة في مقاومة تسلطها عليه وإذا تأملها بعد

انقضائها تبين له عقمها وسخفها [٢٨] . كالقيام بتكرار فكرة الموت او القتل او غسل اليدين عشرات المرات او ترتيب الاحذية وعلب الادوية والكتب بطريقة معينة ... الخ .

وتتصف شخصية المريض بانها جامدة وصارمة ومتزمتة ونظيفة ومرتبة ودقيقة ومحافظة على مواعيدها واوقاتها ومطيعة ومثالية ومجدة وشكوكة وحساسة وتعاني من سوء تكيفه الجنسي . ولكنها لا تحسن التصرف في المفاجئات والمواقف السريعة ـ أي انها غير مرنة [٢٩] .

٤- **الكآبة النفسية :**

الكآبة انفصال وجداني يتسم بمشاعر الحزن والاسى وبهذا المعنى فهي استجابة تتميز بعنصرين : الشعور بالبؤس ، والشعور بالتوعك والعجز. فالمكتئب شخص حزين ذو مزاج سوداوي ، عديم الرضا ، ضيق الصدر ، يائس عاجز، لا يكترث بالحوادث او نتائجها ، ويمتلكه شعور بالاعياء او عدم القدرة على انجازعمل، والتوعك وعدم الثقة بالنفس . وهذا دفع البعض الى القول بان " القلق مفتاح الكآبة، والكآبة ربيبة القلق " [٣٠] .

ان الحياة المزاجية عند الانسان ترتكز في محور ذات قطبين : اولهما الشعور باللذة (الفرح) وثانيهما الشعور بالحزن والالم (الكآبة) بسبب الحرمان من العطف الابوي في الطفولة والشدائد النفسية عند الكبر .

ان الكآبة النفسية تختلف عن الكآبة الذهانية التي تكون اسبابها غير واضحة لان المريض يشكو من الاوهام التي لا تظهر في الكآبة النفسية [٣١] .

٥- **النحول العصبي :**

استخدم الدكتور بيرد Beard مصطلح " نيورسشينيا " Neurasthenia لاول مرة في امريكا للدلالة على حالة مرضية متعددة الاعراض ، ويكون العارض الغالب والاهم فيها هو شعور المريض بالتعب الشديد او الاجهاد الجسمي والعقلي . وهذا دفع البعض من المختصين الى استخدام مصطلحات حديثة بدلاً من مصطلح " النحول

العصبي" ومـن هـذه المصطلحات : حالـة الاجهاد (Fatigus State) أو الاجهـاد العاطفـي (Emotional Fatigue) . وعلى الرغم مـن ان هـذه المصطلحات أكثر دقـة وتأكيداً للعوامل النفسية ، الا انه من الصعوبة تجاوز أهمية المصطلح الشائع الاستخدام (النحول العصبي) [٣٢] .ومن الصفات التكوينية للمريض انه يمتاز بجسم نحيل ، وعظام دقيقة وعضلات مرتخية ومظهر وتقاطيع طفولية وخمول في الحيويـة مـع بشرة رقيقـة واطراف باردة مزرقة .

ومن اعراض المرض: التعب السريع ، النحول والارتخاء الجسدي، ضعف القابلية الذهنية والعضلية ، فقدان الوازع ، حساسية شديدة من الضوضاء والاضواء ، تزايد في افكار المراق والوسوسة [٣٣] .

٦-   الفزع (الرهاب) :

ان كلمة (Phobia) ذات أصل يوناني ، مشتقة مـن لفظ فوبـوس (Phobos) ومعناها الفزع او الرعب او الخوف الـذي يـدفع الى الهرب ويعتبر (فرويد) أول مـن انتبه الى الطابع النفسي ـ الخفي لهـذه الحالة المرضية. ففي عـام ١٨٩٤ نشر ـ نظريته النفسية لتفسير الات الفزع وفي عـام ١٩٠٩ نشر ـ أول حالة مـن حالات الفـزع بعـد دراستها دراسة تحليلية نفسية عميقة وقد سماها بحالة (هانس الصغير) Little Hans وخلاصتها ٠٠ "ان هانس وعمره خمس سنوات ، يخاف من ركوب الخيل الى حـد الذعر والهروب . واذا سئل عن السبب اجاب بانه يخاف ان تعضه . وقد تبين بنتيجـة التحليل النفسي ان هـانس كـان يكـره والـده كرهـاً شـديداً ولا يستطيع التعـدي عليـه لاعتقاده بان التعدي يعرضه الى اذى معنوي ومادي بالنظر للفارق الكبير بين قوتيهما .

ومن هذا الموقف تولد صراع مؤلم مخيف في ذهن هانس . وكبته لهذا الموقـف لا بد ان يدفعه من تحويل مصدر الخوف مـن تجربة داخلية (الخوف مـن الأب) الى رمز خارجي (الخوف من الحصان) الذي يعتبر أقل ايلاماً وازعاجاً للطفل لانه يستطيع الهروب منه وتجنبه بعكس الأب الذي يعتبر حالة ملازمة لا يستطيع التخلص منه . وهذا ما يحدث في مرض الفوبيا". من هـذا نـرى ان الفوبيا صراع عاطفي يأتي نتيجة

تجربة نفسية مؤلمة ، لم يتمكن الفرد من تحمل الالم والازعاج لانها أكثر من قابليته، وهذا يدفعه الى ايجاد مصدر جديد بدلاً او رمزاً للمصدر الاصلي . ويتم ذلك بشكل تلقائي دون ان يشعر به . وقد تكون الفوبيا نتيجة فعل منعكس شرطي تعزز وترسخ نتيجة حدث او تجربة في ايام الطفولة . بينما يعتبر البعض بأن الخوف متأصل فطرياً لانه احد الغرائز ولكن شدته أو ضعفه يعتبر دليلاً على قوة هذه الغريزة او ضعفها ^(٣٤) . وتتخذ الفوبيا مصادراً مختلفة منها : فوبيا المرتفعات، فوبيا الماء، فوبيا البرق والرعد، فوبيا النار، فوبيا الظلام ، فوبيا الجراثيم ، فوبيا الكلاب ، فوبيا القطط ، فوبيا الدماء، فوبيا الاماكن الواسعة والمكشوفة ، فوبيا الاماكن الضيقة والمغلقة ٠٠٠ الخ، وتنتاب الفوبيا شعور بالازدواجية والاضطراب العام. وضيق الصدر والشعور بالاختناق وخفقان القلب والتعرق الشديد والآلام في الاحشاء وربما الاسهال وكثرة التبول ويزداد القلق عند المريض الى حد يحاول فيه الهروب او الانهيار والاغماء او الغثيان والقيء والدوار ^(٣٥) .

المبحث الثاني : الامراض الذهانية

اضطراب عضوي المنشأ ينجم عن تلف عضوي يصيب الجهاز العصبي المركزي ، ويبدو في صورة اعراض جسمية ونفسية شتى . ويمتاز بالاضطراب الشديد في الوظائف الشخصية والاجتماعية والسلوكية ومن خصائص الذهان الاساسية هي[٣٦]:

١- الاضطراب في اللغة والتفكير :

ويتمثل هذا الاضطراب في الاساليب غير المعتادة التي يستخدمها المريض الذهاني في ترتيب عالمه ، ويظهر ذلك بوضوح في التواصل الفكري . ففي بعض الاحيان يتكلم عبارة متناسقة ولكنها غير منطقية مثلاً "ان سريري مركبة فضاء " او " ان جسمي ميت " . وفي بعض الاحيان قد تكون الكلمات نفسها غامضة ومبهمة لانه يستخدم بدعاً لفظية Neologisms وهي تعبيرات تنشأ عن المزج بين حروف من كلمات مختلفة بحيث تعطي كلمة مبهمة لا معنى لها.

٢- اضطراب الوجدان :

يشير هذا الاضطراب الى الاستجابات الانفعالية غير الملائمة فمثلاً يضحك استجابة للاخبار المحزنة ويبكي لسماع الانباء السارة .وقد يستبد به الفرح الى درجة تفوق الاحلام ، وينحدر به الحزن الى اعماق سحيقة من القنوط .واخيراً قد يكون وجدان المريض متبلداً بحيث يصبح عاجزاً عن الاستجابة سواء كانت ايجابية اوسلبية .

٣- الانسحاب الاجتماعي :

وهذا السلوك يؤدي الى العزلة لان المريض فقد صلته بعالم الواقع واصبح يعيش في قوقعة نفسية ، مما يعرضه ذلك الى البكم Mutism او النكوص Regression وفي هذه الحالات تجده يتناول طعامه باصابعه او قد يمص ابهامه او يستسلم لنوبات الغيظ Tem[er La trums بل قد يعبث في برازه باصابعه .

٤- **التوهمات والهلاوس :**

التوهمات هي معتقدات زائفة يتشبث بها المريض . ويتمثل ذلك في هذاءات العظمة (اعتقاد المريض بانه نابليون بونابرت) وهذاءات الاضطهاد (اعتقاد المريض بان جماعة يتآمرون ضده ويحاولون ايذائه) .

واما الهلاوس فانها تشير الى الخبرات الحسية التي لا يكون لها ما يقابلها من المثيرات الواضحة . فالمريض يسمع اصواتاً او الضوضاء في السكن التام (هلاوس سمعية) وهو يرى اشياء حيث لا يكون هناك شيء تراه العين (هلاوس بصرية) .

٥- **فقدان البصيرة :**

وهي عدم قدرة المريض على ادراك تجربته العقلية في حدودها الطبيعية فلا يحس بطبيعة مرضه .

ومن أهم الامراض الذهانية هي :

١- الشيرزوفرينا Schizophrenia .

٢- الخرف Dementia .

٣- الكآبة الذهانية Endogenous Depression .

٤- الهوس الدوري Mania and Hypomania .

٥- اكتئاب سن اليأس Melancholia .

والآن نود شرح كل منها باختصار .

أ- **الشيزوفرينا :**

يعتبر الطبيب السويسري يوجين بلويلر Eugen Bleuler أول من اطلق مصطلح الفصام (Schizophrenia) في عام ١٩١١ عندما تحدى النظرة العضوية لهذا المرض، الذي كان يطلق عليه سابقاً الخرف المبكر Dementia Praecox ، وقام بتفسيره في اطار سيكولوجي ، لاعتقاده ان المصطلح مكون من كلمتين هما (العقل Phrenia وانقسام Schizo) ويدل على انهيار خطير في وظائف الشخصية ، وما يترتب عليه من

حدوث انقسام او انفصام في العمليات العقلية التي تؤدي الى ظهور معتقدات مشوهة عند المريض وانماط الكلام غير المفهومة في أكثر الاحيان والعزلة الاجتماعية[٣٧]. واستجابات انفعالية غريبة كالهلاوس والتوهمات التي تتخذ عدة صور ، كأن يعتقد بان اشياء تحدث في جسمه (هذاءات جسمية) او كأن يعتقد ان سلوكه تتحكم فيه قوى غريبة (هذاءات التأثير) . كما ان من بين أكثر الهذاءات شيوعاً هذاءات الاضطهاد وهذاءات العظمة التي تم شرحها في اعراض الذهان . والفصاميون المتعاظمون كثيراً ما يؤمنون بان لهم مهارات غير عادية أو قوى خارقة في السيطرة على الآخرين من خلال وجود شعاع رادار قوي مستقر في جسده . والهلاوس الهانية او الادراكات الحسية المزيفة الملحة تظهر في الاضطرابات الفصامية بدرجة أكبر مما تظهر في الاكتئاب او الهوس . واكثر أنواع الهلاوس شيوعاً وانتشاراً الهلاوس السمعية ولكن الهلاوس سواء كانت سمعية او بصرية من شأنها ان تؤدي الى الاضطراب والفزع في كثير من الاحيان .

وقد اختلفت الآراء في اسباب الفصام حيث أكد البعض على أهمية العوامل الوراثية التي تكمن في حدوث تلف أو ضمور لبعض الخلايا الدماغية او اختلال كيمياء الجسم . بينما يعتقد البعض الآخر باهمية العوامل النفسية التي تتضمن النكوص والانسحاب والكبت والتبرير والاسقاط . ويذهب فريق ثالث الى تأكيد اهمية البيئة الاجتماعية وما يترتب عليها من تفاعلات وعلاقات . وتذكر هيئة اطباء الامراض العقلية الامريكية في دليل التشخيص والاحصاء لعام ١٩٦٨ عدداً من أنواع الفصام ما لا يقل عن اربعة عشر نوعاً. ومن بين هذه الانواع : فصام المزاجية وفصام الطفولة وفصام البارانويا وفصام الغير متميز المزمن[٣٨] .

ب- الخرف :

الخرف هو حالة من الضمور والموت المستمر والمستديم لخلايا الدماغ والتي لا يمكن ايقافها او عكس مجراها ، وتؤدي بالنتيجة الى تدهور عام في القوى الذهنية للشخصية .

فالخرف إذن صورة شديدة " باثولوجية " لما يمكن حدوثه " فسلجياً " وتظهر اعراضه بصورة واضحة في مرحلتين من مراحل حياة الانسان هما^(٣٩) :

أ-   خرف الشيخوخة : Senile Dementia

يحدث هذا النوع بسبب موت في خلايا قشرة الدماغ السنجابية وخاصة في المناطق الجبهوية والصدغية والجدارية ويقل وزن الدماغ . وتلعب الوراثة دوراً هاماً في حدوث الخرف ، ويصيب النساء أكثر من الرجال . واهم اعراضه: تدهور في الذكاء والقوى الذهنية ونسيان الحوادث والاسماء الجديدة ، فقدان السيطرة على عواطفه فينفعل ويحتد بسرعة ويشعر بالقلق الوقتي وقد يضحك بسرعة ثم يبكي فجأة (سلس العواطف) ، واضطراب النوم ، وضعف الارادة وانطلاق الغرائز والميول المكبوتة في تصرفات طفيلية سخيفة تتصف بالانانية والميول الجنسية المنحرفة ،والشكوك والاوهام وفقدان السيطرة على التبول والتغوط .

ب -   الخرف المبكر : Presenile Dementia

ويظهر هذا النوع في المرحلة المتوسطة من العمر بسبب ضمور مستمر ومستديم في خلايا المخ لا يمكن علاجه ، ويؤدي الى تدهور القوى الذهنية والعصبية . وان سبب ضمور الخلايا لا يرجع الى عامل السن كما هو الحال في الشيخوخة ، وانما ينتقل بالوراثة وتحمله ورثات جسمية مسيطرة Dominant Autosomal واهم اعراضه: حركات شبه ارادية سريعة وغير منتظمة في الوجه والشفاه والاطراف والجذع ، الميل الى المعاكسة والمشاكسة والاجرام ، الكآبة وظهور حركات الرقص العصبي (كوريا) . ويتخذ اشكالاً مختلفة منها : الزهايمر ، مرض ابيك، كوريا هنتكتون ، وجاكوب - كروترفيلد .

جـ -   الكآبة الذهانية :

وهي اضطراب الحياة المزاجية التي تتمثل في الحزن والغم والتشاؤم، وظهور البلادة الجسمية Physical apathy والبلادة العقلية Mental apathy ، وشعور المريض بأنه أصبح عاجزاً عن القيام بأي نشاط كلما ازدادت مشاعر اليأس نمت الهذاءات لدى المريض حتى يشعر بانه عديم النفع . وهذه الهذاءات تمثل مشاعر الاثم

والخطيئة التي تفاقمت وتجاوزت الحدود ، لانه يعتقد بانه ارتكب الآثام ما لا يمكن التكفير عنه . وهذا الاعتقاد يدفعه الى الشعور بالتعاسة التي تعتبر نوع من العقوبة تجاه ما ارتكبه من أثم. ان هذاءات انعدام الجدوى تؤدي في كثير من الاحيان الى التفكير في الانتحار الذي يكون بمثابة الحل الوحيد لعذابه الذي لا ينتهي .

ان الكآبة الذهانية تتصف بالاعراض الآتية : القنوط المسيطر والبطء الشديد في العمليات الجسمية والعقلية ومشاعر التأثم ، وفقدان الشهية والارق، والبكاء المتكرر الذي يقترب من حالات الحداد المعروفة ، والانقباض واليأس والحيرة والغموض والشعور بالتعاسة في الصباح وهذا عكس الكآبة النفسية التي تكون اسوأ اوقات المريض فيها مساءاً [٤٠] .

د- الهوس الدوري :

هو اضطراب وجداني ذهاني يمتاز بالنشاط والمرح المفرط مع فقدان الاستبصار . وهنا يبدو مناقضاً لتلك الاعراض التي نراها في الكآبة الذهانية، لان المريض بالهوس بدلاً من ان يكون قانطاً تراه منتمياً مطمئناً تابلاً للاستشارة وبدلاً من ان يشعر بالاجهاد البدني والانهاك ، تراه لا يتعب مليئاً بالحيوية والطاقة . والمرضى الذين يعانون من ذهان الهوس يظلون في حالة دائمة من الضحك واطلاق النكت وارتجال الخطب في كل أنواع الموضوعات غير المعتادة .

وعلى الرغم من هذا المظهر السعيد المنشرح ، نجد ان مريض الهوس ابعد ما يكون عن السعادة او الرضا لان الفحص الدقيق يكشف عن فرط نشاطه يعتبر ستار يخفي ما وراءه من التوتر . وهو دائم التنقل لا لانه يريد ذلك ، وانما لانه يضطر الى ذلك، بل ان بعض المرضى يدفعون الى مستوى من حمى المرح والنشاط الى ان ينهاروا من الانهاك .

ان ذهان الهوس وذهان الاكتئاب يتشابهان في ان كلاهما يتضمن الهذاءات والتطرف في الوجدان او الحالة المزاجية لكن طبيعة الهذاءات في الهوس تتركز حول القوة والعظمة ، بينما تتركز الهذاءات في الاكتئاب حول عدم جدواه وهذاءات العظمة عند المريض بالهوس تقنعه بأنه على كل شيء قدير ونتيجة لذلك يصبح الشفاء بالايمان والقيام بالانقلابات السياسية والغزوات الجنسية الكبرى اموراً في ميسوره الآن لانه

يعجز عن ادراك مثل هذه الاعتقادات التي هي في حقيقة الامر تعبيرات عن أخيلته الداخلية .

ويرى اصحاب النزعة السيكولوجية ان سلوك الهوس هو بمثابة استجابة لمشاعر الاكتئاب او بمثابة انكار لها حتى يدفع عن نفسه الاكتئاب الذي يشعر به[٤١] .

هـ - اكتئاب سن اليأس " الميلانخوليا " :

ان مسألة علاقة مرض الميلانخوليا بسن اليأس لدى النساء أمر غير مفهوم لحد الآن ، لانه قد يحدث قبل تلك الحقبة أو بعدها. الا ان الصفة العامة للمرض انه يحدث حوالي سن اليأس الذي يتراوح ما بين (٤٥ـ٥٠) سنة . وفي هذه المرحلة تحدث تغيرات هرمونية تتعلق بالوظائف الجنسية والانحدار الى الكبر والضمور العام .

ان انقطاع الطمث وحده لا يفسر حدوث الاكتئاب لاننا نجد اعراضاً طبية خالصة كالاحمرار والتعرق والصداع والحساسية . كما يجب عدم اهمال النواحي النفسية والاجتماعية للمريضة كالشعور بالوحدة بسبب تقارب سن الاحالة على التقاعد او فراق الابناء والبنات الكبار بعد زواجهم .

ان هذا المرض ينتشر بين النساء أكثر من الرجال الذين تتراوح اعمارهم ما بين (٥٠ـ ٦٥) سنة ، ويلاحظ ان شخصية المصاب قبل المرض تكون من النوع المتحفظ ، المتزمت ، الاصولي ، النظامي ، الحساس، الحصري ، الوسواسي .

ومن اهم اعراض المرض : البؤس ، الحزن، القنوط ، عدم الارتياح، زيادة في التوتر والحركة ، فالمريض لا يستقر في مكان ويتكلم كثيراً ويفرك اصابعه ويعصر يديه، يمسك برأسه يحس وكأنه ينعصر او يوشك على الانفجار ويكون عديم الصبر، القلق والخوف العام ، الشعور بالاثم مع الميل الى الانتحار ، جفاف بالفم والبلعوم ، الخفقان والتعرق، الارق ، اوهام العلل البدنية والمراق . فهو يتصور ان معدته مسدودة تماماً وان رأسه منفوخ كالطبل وان اطرافه تطول او تقصر ، وجسمه يتضاءل او يكبر[٤٢] .

المبحث الثالث : الامراض السيكوسوماتية

ان السيكوسوماتية Psychosomatic كلمة يونانية مكونة من لفظتين: احدهما سيكو Psycho ومعناها (النفس) والاخرى سوما Soma ومعناها الجسم . ويشير الربط فيما بينهما الى ان وظائف الانسان متكاملة من الناحية النفسية والعضوية ويعتمد كل منهما على الآخر [٤٣] .

وقد ورد تعريف هذا الاصطلاح في الانسكلوبيديا البريطانية بانه "الاستجابات الجسمية للضغوط الانفعالية والتي تأخذ شكل اضطراب عضوي"[٤٤] . وهذا يعني ان الاضطراب السيكوسوماتي يحدث كاستجابة لشدة تأثير الانفعال مما يؤدي الى تغيرات في الوظائف الحيوية للجسم، التي تعتمد على نوعية الاعمال والاستعداد البدني.

ويعرّفه ايزنك Eysenck بانه " الاضطرابات الجسمية التي تكون اسبابها نفسية كالانفعالات الحادة " [٤٥] .

ويرى (ادلر) أن ضعف أحد الاجهزة في الجسم قد يكون شعوراً بالنقص لضعف تأدية وظيفته ، مما يسهل الاصابة بالامراض السيكوسامتية . ويرى اصحاب مدرسة التحليل النفسي ان الصدامات الحادة غير المتوقعة والكبت الشديد يساعد في الاصابة بهذه الامراض . كما ان بيئة الطفل الاجتماعية لها دور خطير في ظهور الاعراض السيكوسوماتية .

وفيما يلي عرض مختصر لاهم الامراض السيكوسوماتية : امراض القلب ، ضغط الدم، السكر ، القرحة المعدية ، التهاب القولون المخاطي ، الربو، الصداع النصفي ، داء الشقيقة ، التهاب المفاصل الرئوي ، آلام الظهر، التشنجات العضلية ، اضطراب الحيض ، العقم ، البرود الجنسي ، العنه ، الحمل الكاذب ، اضطرابات التبول ، مرض النوم ، السمنة المفرطة، امراض الغدة الدرقية ، مرض الحكاك ، حب الشباب ، الاكزيما ، مرض الصدف ... الخ .

هذه الامراض السيكوسوماتية التي تعتبر من الامراض المزمنة ، ولا يمكن علاجها بسهولة لان اسبابها النفسية والاجتماعية معقدة ، ولا يمكن السيطرة عليها بسبب التحولات الاجتماعية والحضارية السريعة التي تمر بها المجتمعات البشرية مما أدى ذلك الى تفشي هذه الامراض في الحضارات المتقدمة من العالم .

أ- امراض القلب :

تعتبر الاعراض المرضية التي تصيب القلب من اكثر الاعراض انتشاراُ في الجسم ، لان القلب يعتبر من أهم الاعضاء لما يقوم به من وظائف حيوية. وعلى هذا الاساس فانه يحتل في تفكير الانسان مكاناً هاماً وحيوياً ، يجعل من الطبيعي ان يتوجه له تفكير الانسان في الكثير من حالات القلق والخوف وخاصة تلك الحالات التي تنذر بالموت المفاجيء ، لانه من أكثر الاعضاء والاجهزة تأثراً بالانفعالات العاطفية ، وسرعة استجابة القلب للانفعالات وما يترتب عليها من اضطراب وظيفته . أما اعراض القلب فهي: الاحساس بالالم في منطقة القلب والخفقان وسرعة النبض وضيق التنفس والارتعاش والدوار والصداع ٠٠٠٠ وغيرها من الاعراض التي تجلب انتباه الفرد الى القلب [٤٦] . وتشير الدراسات والبحوث الى وجود علاقة قوية بين امراض القلب والبيئة الاجتماعية وما تنطوي عليه من ظروف أسرية وعلاقات اجتماعية [٤٧] .

ب- ارتفاع ضغط الدم :

الدم عنصر حيوي وأساسي في الجسم ، لانه الوسيلة الوحيدة التي تقوم بنقل الغذاء والاوكسجين الى كافة الاعضاء والاجهزة . وان أي اضطراب في ضغط الدم يسبب ظهور الامراض الآتية : الشعور بالتعب، الصداع، الدوار ، توتر وضيق ، الاغماء، اضطراب البصر، خفقان وسرعة نبض القلب ٠٠٠ وغيرها من الاعراض التي تدفع الانسان الى القلق ، وتشير الدراسات والبحوث الى وجود علاقة قوية بين اضطراب ضغط الدم والبيئة الاجتماعية وما ينتج عنها من تجارب مؤلمة تدفع الفرد الى الشعور بالبؤس والحرمان[٤٨] والجهد النفسي والارهاق .

جـ -   اضطرابات الجهاز الهضمي :

يعتبر اضطراب الجهاز الهضمي الناجم من العوامل النفسية والاجتماعية من أكثر الامراض السيكوسوماتية انتشاراً وذلك بسبب اختلال الافرازات الهرمونية التي تساعد في هضم وامتصاص الطعام ، نتيجة الانفعالات المزمنة ، فعلى سبيل المثال يزداد افراز هرمون الادرنالين عندما يعاني الفرد من الانفعال المستمر نتيجة الضغوط الاجتماعية وما يصحبها من هزات نفسية حادة . وهذه الزيادة في الهرمون تؤدي الى :

١-   توقف نشاط المعدة والامعاء .

٢-   قلة الدم المتدفق الى جد ران المعدة والامعاء بسبب ارتفاع ضغط الدم واندفاعه الى العضلات أكثر من المعدة والامعاء ، مما يعرقل عملية الهضم والامتصاص التي تحتاج الى كميات كبيرة من الدم وما يحتويه من غذاء واوكسجين تساعد في تعويض الطاقة المفقودة نتيجة الجهد الذي تبذله المعدة والامعاء . وهنا تكمن أهمية انطلاق السكر المخزون في الكبد لتعويض ما تحتاجه اجهزة واعضاء الجسم .

ان اضطراب نشاط المعدة والامعاء يؤدي الى فقدان الشهية ، وهذا اشبه بمكانزم يعمل لحماية الانسان من اضطراب الهضم ، لان تناول الانسان الطعام وهو في حالة انفعال يساعد في التهاب الغشاء المخاطي وقرحة المعدة والامعاء بسبب توقفهما عن الهضم والامتصاص من جهة وزيادة تأثير تركيز الهرمونات الحامضية التي تساعد في الهضم من جهة أخرى .

ولهذا ينصح الاطباء المرضى بعدم تناول الطعام اثناء الانفعال . وصدق رسول الله محمد صلى الله عليه وسلم عندما قال: " المعدة بيت الداء والحمية رأس كل دواء " وقوله صلى الله عليه وسلم " ما على احدكم إذا الح به الهم ، الا ان يتقلد قوسه" من اجل التسلية والراحة والتنفيس عن هموم الحياة ، لان الانسان له حاجات نفسية واجتماعية ، كحاجته الى الماء والغذاء . وتبدو اعراض اضطراب الجهاز الهضمي في : الغثيان ، فقدان الشهية ، سوء الهضم، التقيؤ، التجشؤ ، الحرارة والقهقهة، الاسهال ، الامساك والالم (٤٩) .

المبحث الرابع : الاضطرابات السلوكية

يستعمل هذا الاصطلاح في توضيح السلوك الـذي ينتهك الاحكـام الاخلاقيـة المتعارف عليها اجتماعياً أو التي تتوقها الانظمة الاجتماعيـة [٥٠]. أي ان هـذا السـلوك لا يتماشى مع القيم والمقاييس والتقاليد الاجتماعية التـي يعتمدها المجتمع في تحديد سلوكية افراده . وبهذا المعنى فان السلوك المنحرف حسب آراء العـالم ام . كلنـارد هـو السـلوك الـذي يجلب السـخط الاجتماعي مـن لـدن أفـراد المجتمع لتحديد الاعـراف والتقاليد الاجتماعية [٥١] مما يؤدي ذلك الى اضطراب الشخصية وظهـور اعـراض مرضية . وهـذا ما دفع الاطبـاء والمختصـين في علم النـفس الى تسـميتها باضطرابات الشخصية (Personality Disorders) على الرغم من انها تعتبر علل اجتماعية ناجمة عن البيئـة الاجتماعية بالدرجة الاولى والعوامل النفسية بالدرجـة الثانيـة لان الظـواهر الاجتماعيـة تؤثر على سلوكية الانسان كما يؤثر المرض على جسمه.

ومن أهم الامراض هي :

أ‌-   الشخصية العدائية .

ب‌-   الادمان على الكحول والمخدرات .

جـ -   الانحرافات الجنسية .

أ‌-   الشخصية العدائية Psychopathy :

يعتبر العالم النفساني الالماني شنايدر Schneider, K. والعالم النفساني الالماني كريبلين Kaerpelin أول من اطلق مصطلح " السيكوباثي" على مـرض الشخصية باعتباره مرضاً مستقلاً عـن الامـراض العصابية والذهانية [٥٢]. وهـذا الاصطلاح لا يتلائم مع طبيعة المرض واعراضه التي يصعب تشخيصها وعلاجها في آن واحد . وتبدو وكأنها اعراض متنوعة تختلف من مريض الى آخر حيث الكميـة والنوعيـة . ومن ابرز سماتها عدم النضج الاجتماعي والانفعالي وما يصحبه من اضطراب

علاقته الاجتماعية. ويتجلى هذا في الاندفاع والتهور والعجـز عـن ضبط النـفس . وهـذا دفع البعض من الباحثين الى تسـمية المرض بمصـطلح "سوشيوماثية (Sociopathic) ومعناها "اعتلال اجتماعي " بدلاً مـن مصـطلح سيكوباثية ، لعـدم الاكتراث بـالقيم والعادات السائدة في المجتمع الى درجة صلفة (وقحة) . ولعل هذه الخاصية تجمع بين السلوك الاجرامي وسوء اسـتخدام الكحول والعقـاقير والانحرافات الجنسية . وهـذه الاعراض الرئيسية للانحرافات السلوكية في الاضطرابات السوشيوباثية ^(٥٣) ، الا ان هـذه الاعراض تتأرجح بين ^(٥٤) :

أ-   الاعراض البسيطة: الكذب ، التكلف والتصنع ، المشاكسة ، اثارة الشغب، تفكك العلاقات الاجتماعية .

ب-   اعراض خطيرة : الاختلاس ، النصب والاحتيال ، الاعتداءات الجنسية ، القتـل، الادمان على الخمر والمخدرات .

وعلى الرغم من اختلاف آراء الاخصائيين في تصنيف الشخصية العدائيـة ، الا ان معظمهم يتفق على الانواع الآتية :

١-   الشخصية الانانية .

٢-   الشخصية العاجزة .

٣-   الشخصية المشردة .

٤-   الشخصية العدوانية .

٥-   الشخصية المدمنة .

٦-   الشخصية الابداعية .

٧-   الانحرافات الجنسية .

ب- الادمان على الكحول والمخدرات :

الادمان مصطلح شاع استعماله في النصف الاول من القرن التاسع عشر عندما حاول الطبيب السويدي ماكنس هاس (Magnus Hass) ادخاله في المصطلحات الطبية عام ١٨٤٩ [٥٥] . ومنذ ذلك الحين تداول استعماله على نطاق واسع في كتابات وبحوث العلماء والمختصين في مختلف العلوم الطبية والنفسية والاجتماعية ، على الرغم من تأكيد منظمة الصحة العالمية (W.H.O) على احلال مصطلح " متلازمة الاعتماد على الكحول " [٥٦] The Alcohol Sependce Syndrome بدلاً منه . ويعود السبب في ذلك الى ما اكتسبه العالم كيليرمارك Kaller Mark من تأييد معظم المختصين في هذا المجال ، لاستعماله مصطلح " الاعتماد" في تعريفه الادمان الذي يعتبر أكثر واقعية وشمولية من التعاريف الاخرى ، والمتضمن ان الادمان " اعتماد نفسي او فسيولوجي على مادة الكحول الايثانول Ethanol او المخدرات[٥٧] . من هذا نلاحظ ان الادمان يتضمن النقاط الآتية :

١- حاجة قهرية للاستمرار في التعاطي والحصول عليه بأية وسيلة .

٢- زيادة الاعتماد النفسي والفسيولوجي على الكحول والمخدرات .

٣- تدهور صحة الفرد وفقدان مسؤولياته الاجتماعية والاقتصادية .

وتشير نتائج الدراسات والبحوث التي اجراها الباحثون الى ان اسباب الادمان في اغلب الاحيان نفسية واجتماعية ، الا انه من الصعب التمييز بينها والتحكم في اهميتها . فهي بجانب كونها عوامل متصلة بالفرد (كالعوامل البدنية والنفسية) فان هناك عوامل اجتماعية وحضارية تؤدي الى الادمان الكحولي .

والادمان الكحولي يؤدي الى حدوث الاعراض التالية : اضطراب وظيفة القلب والكبد والمعدة والامعاء والجهاز العصبي المركزي وضعف المقاومة بسبب فقدان الشهية ، وظهور اعراض السرطان في الفم واللسان والقصبات الهوائية والبلعوم ، ارتفاع ضغط الدم ، فقدان السيطرة والادراك ، عدم القدرة على تأدية المسؤوليات الاجتماعية والاقتصادية [٥٨] ، الهذيان الارتعاشي ، القلق ، الكوابيس ، الفزع، الشعور بالعدوان والخداع ، الهلاوس البصرية ، الشكوك ، فقدان او ضعف القدرة الجنسية [٥٩] .

جـ - الانحرافات الجنسية :

الانحرافات الجنسية هي عملية الحصول على اللذة الجنسية بطرق تتنافى مع طبيعة القيم والعادات السائدة في المجتمع . وهذه الانحرافات تختلف من مجتمع الى آخر باختلاف الزمان والمكان ومن اهم هذه الامراض هي[٦٠]:

١- الجنس المثلية Homosexuality .

٢- الفتيشية Fetichism .

٣- السادية Sadism .

٤- المازوكية Masochism .

٥- الاستعراء Exhibitionism ,

٦- جماع الموتى Necrophilia .

٧- الشبق عن طريق الفم Oralism .

٨- الاتصال بالحيوانات Bestiality .

٩- الاتصال بالمحارم Incest .

١٠- التلصصية Voyearism .

مصادر الفصل السابع

(١) الكعبي، صبيح جبر (الدكتور). أثر العوامل الاجتماعية في الامراض النفسية ، دراسة ميدانية في علم الاجتماع الطبي ، اطروحة دكتوراه غير منشورة ، قسم الاجتماع ، كلية الآداب ، جامعة بغداد ، ١٩٩٠، ص ٦٢.

(٢) داناو . اتشلي ، " الطبيب معالجاً وعالماً " ، ترجمة زكريا فهمي، مؤسسة فرانكلين للطباعة والنشر ، القاهرة ، ١٩٦٤، ص ٨.

(٣) كرم ، يوسف ، " تأريخ الفلسفة اليونانية " ، لجنة التأليف والترجمة والنشر ، ١٩٥٨، ص ١٥٣.

(4) Eysenck,H. J." Sense and Nonesense in Psychology", Penguin Books, 1962, P. 71.

(٥) الدباغ ، فخري (الدكتور). أصول الطب النفسي ، مطبعة الموصل ، ١٩٧٤، ص ١٢-١٤ .

(٦) فرويد، سيجموند ، (الموجز في التحليل النفسي) ، ترجمة سامي محمود وآخرون، دار المعارف بمصر، ١٩٧٠، ص ٢٧-٣٤.

(٧) كمال، علي (الدكتور). النفس ، الطبعة الاولى ، الدار الشرقية ، بيروت، ١٩٦٧، ص ٥٧.

(٨) الدباغ ، فخري (الدكتور) (نفس المصدر السابق) ، ص ٧٧، ص٤١.

(9) Henri Ey, " History and Analysis of the Concept", in: " Hysteria" Edited Alec Roy, Page Bro (Norwich) 1982,PP. 4-5.

(١٠) الدباغ ، فخري (الدكتور) (نفس المصدر السابق) ، ص٨٩.

(١١) كاشدان ، شيلدون ، علم نفس الشواذ ، ترجمة الدكتور أحمد عبدالعزيز ، دار القاسم للطباعة ، الكويت ، ١٩٧٧ ، ص ٦٢ـ٦٣.

(12) Masserman ,J.H." Behavior and Neurosis" (Chicago) University of Chicago Press, 1943, P. 32.

(١٣) فرويد ، سيجموند ، القلق ، ترجمة محمد عثمان نجاتي ، مكتبة النهضة ، القاهرة، ١٩٥٧، ص ١٢٥.

(١٤) الكعبي، صبيح جبر ، " القلق النفسي " بحث منشور في مجلة العمل والتنمية الاجتماعية ، العدد الثامن ، ت ١، ١٩٨٠ ، ص ٢٦ـ٣٠.

(١٥) فرويد، سيجموند ، " الذات والغرائز" ، ترجمة محمد عثمان نجاتي، مكتبة النهضة ، القاهرة، ١٩٦١، ص ١٢٢.

(16) Morris. E. and et al, " Alcoholism and Society" Mc- Graw- Hill , New York, 1962, P. 45.

(17) Carl, Custav, Jung. " Psychology of Unconscioous", Maffat Yart, New York, 1916, P. 22.

(18) Karen, Horney, " New Ways of Psycho analysis " London, Routledge and Kegan Paul, 1937, P. 202.

(19) Erick, Fromm, Escape From Freedom" Farrar and Kienhord, New York, 1941, P. 29.

(٢٠) كمال ، علي (الدكتور). (نفس المصدر السابق) ، ص ٢٣٥.

(٢١) كاشدان، شيلدون ، (نفس المصدر السابق)، ص ٤٧ـ٤٩.

(٢٢) نفس المصدر ، ص ٧١.

(٢٣) نفس المصدر ، ص ٤٦.

(٢٤) راجح ، أحمد عزت (الدكتور). الامراض النفسية والعقلية ، دار المعارف بمصر ـ ، ١٩٦٤، ص ١٣٦.

(٢٥) كاشدان، شيلدون ،(نفس المصدر السابق)، ص ٦٦.

(٢٦)   كمال ، علي (الدكتور) . (نفس المصدر السابق) ، ص ٣٠٤.

(٢٧)   احمد، محمد (الدكتور) ورجاء محمود ، (القلق وامراض الجسم) ، بلا مطبعة ، ١٩٧٣، ص ٢٨٩ـ ٢٩١.

(٢٨)   كمال ، علي (الدكتور) ، (نفس المصدر السابق) ، ص ٣٠٥.

(٢٩)   الدباغ ، فخري (الدكتور) ، (نفس المصدر السابق)، ص ١٢٤.

(٣٠)   الدباغ ، فخري(الدكتور)، (نفس المصدر السابق) ، ص ١٠٦.

(٣١)   كمال ، علي(الدكتور) ،(نفس المصدر السابق)، ص ٢٦٦ـ٢٨٢.

(٣٢)   نفس المصدر ، ص ٢٩٧ـ ٢٩٨.

(٣٣)   الدباغ ، فخري (الدكتور)، (نفس المصدر السابق)، ص ١٤٠ـ١٤١.

(٣٤)   كمال، علي(الدكتور)، (نفس المصدر السابق) ، ص ٢٢٥ـ٢٣٢.

(٣٥)   الدباغ، فخري(الدكتور)،(نفس المصدر السابق)، ص ١١٩ـ١٢٢.

(٣٦)   كاشدان، شيلدون،(نفس المصدر السابق)، ص ١٠٣ ـ ١٠٦.

(٣٧)   نفس المصدر ، ص ٤٣ـ ٤٤.

(٣٨)   نفس المصدر، ص ١١٣ـ١٧٧.

(٣٩)   الدباغ ، فخري(الدكتور)، (نفس المصدر السابق)، ص ٢٩٦ـ٣٠١.

(٤٠)   كاشدان، شيلدون، (نفس المصدر السابق)، ص ١٠٧ ـ ١١٠.

(٤١)   نفس المصدر ، ص ١١٠ ـ ١١٢.

(٤٢)   الدباغ ، فخري(الدكتور)،(نفس المصدر السابق)، ص ٢٢٨ـ٢٢٩.

(٤٣)   كوفيل، والترج وآخرون ، (علم نفس الشواذ) ، ترجمة محمود الزيادي، دار النهضة العربية بمصر ، ١٩٦٨، ص ١٣٥.

(44) William, B." Anew Survey of Universal Knowledge Encyclopedia" Vol.18, 1966, P. 610.

(45) Eysenck, J. Ibid., P. 71.

(٤٦) كمال ، علي(الدكتور) ، (نفس المصدر) ، ص ٣٨٠ـ ٣٨١.

(47) Laird, Donald and Larird eleanor, " Practical BusinessPsychology" Mc Graw-Hill , New York , 1958, P. 337.

(٤٨) ابو النيل، محمود السيد(الدكتور). "الامراض السيكوسوماتية " ، مطبعة المني ، القاهرة ، ١٩٨٤، ص ١٢١ـ ١٢٤.

(٤٩) كمال، علي(الدكتور)، (نفس المصدر) ، ص ٣٨٤.

(50) David,L. Sills," International Encyclopedia of Social Sciences", Vol.14, New Ypork, 1972,P. 148.

(٥١) ميشيل ، دينكن (البروفسور). معجم علم الاجتماع ، ترجمة الدكتور إحسان محمد الحسن ، دار الشؤون الثقافية ، ١٩٨٠، ص١٠٣ـ١٠٤.

(٥٢) الدباغ ، فخري(الدكتور)، (نفس المصدر السابق)، ص ٢٦٠.

(53) Alec, Roy . Ibid., P. 50-53.

(٥٤) راجح، احمد عزت (الدكتور) ،(نفس المصدر السابق) ، ص١٨٣ـ١٨٤.

(55) Lancet,W.H. and New Perspective on Alcoholism, Vol.13, No. 8021, May 1977, P. 1087.

(56) Edwards, G. and et al." Alcohol-related disabilities, World Healh organization, Geneva, 1977, P. 17.

(57) David,L. Siils, Ibid., Vol. 3-4, P. 264.

(58) Keller and Morris, E. Chafetz," Alcohol and Health Department of Health, Education and Welfare Public Health Service , June, 1974, PP. 65-95.

(٥٩) عكاشة، احمد(الدكتور). " الطب النفسي المعاصر" ، مطابع سجل العرب، ١٩٧٦، ص ٣٠٨ـ ٣٠٩.

(٦٠) لزيادة الاطلاع راجع :

كاشدان ، شيلدون ، نفس المصدر السابق، ص ٩٢ـ ١٠٣.

الفصل الثامن

التفسيرات السببية للأمراض النفسية مع اشارة خاصة الى التفسيرات والعوامل الاجتماعية

المقدمـة :

ظهرت نظريات وآراء مختلفة في تفسير اسباب الامراض النفسية . وعلى الرغم من تضافر جهود الاطباء والاخصائيين في هذا المجال منذ عهد الفلاسفة القدماء ولحد الآن ، الا اننا ما زلنا عاجزين عن تفسير هذه الامراض على أسس علمية ومنطقية ، لان طبيعة الانسان معقدة لا يمكن التحكم فيها وكثيراً ما نعجز عن فهمها . وهذا دفع الباحث مونتاتي Montaighe الى القول " الانسان كائن عجيب ، غير مستقر ، بحيث يصعب التوصل الى قوانين تحكم سلوكه " [1]. مما ادى ذلك الى اختلاف الآراء والافكار في تشخيص الاسباب الحقيقية ، وتفسير العلة المرضية في ضوء الحقائق العلمية المطلقة وليس النسبية ، لان هذه الاسباب متعددة ومتشابكة . فقد أكد البعض على أهمية العوامل الوراثية والعضوية لنشأة الامراض النفسية . بينما أكد البعض الآخر على أهمية العوامل النفسية (الجنس والعدوان) . وذهب فريق ثالث الى تأكيد أهمية العوامل الاجتماعية . وقبل ذكر ماهية وطبيعة العوامل الاجتماعية المؤثرة في الامراض النفسية . علينا التطرق الى التفسيرات البيولوجية والنفسية في النظريات والآراء العلمية ومن أهم هذه التفسيرات هي :

١- التفسيرات البيولوجية .

٢- التفسيرات النفسية .

٣- التفسيرات الاجتماعية .

المبحث الاول : التفسيرات البيولوجية

تؤكد هذه التفسيرات على اهمية العوامل الوراثية Hereditary والعضوية Organic لنشأة الامراض النفسية . ان كل صفة بشرية ناتجة عن وراثة تشكيلات خاصة من الوراثات Chromosomse والجينات Genes . وتشير الدراسات الحديثة لاشكال واعداد الكروموسومات الى اكتشاف حقائق جديدة عن دور الوراثة في المرض العقلي والسلوك البشري، فقد وجد كروموسوم جنسي ذكري اضافي على العدد الطبيعي في الذكور السيكوباثيين الاعتدائيين وكان ذكاؤهم طبيعياً وكذلك طول القامة . كما وجد ان نسبة كبيرة من المرضى الذهانيين في المستشفيات يحملون كروموسوماً جنسياً انثوياً اضافي على العدد الطبيعي في الذكور والاناث على السواء . ان وجود ادلة قوية على العوامل الوراثية في امراض الفصام والكآبة والهوس الدوري والصرع لا يعني كونها وراثية صرفة ، بل ان الاستعداد الوراثي في حاملي الجينات يجعلهم أكثر استعداداً للاصابة بالمرض في حالة توفر عوامل بيئية أخرى . وتوضح لنا الدراسات ان الامراض المنقولة وراثياً تحدث في أكثر من (٧٥%) من التوائم المتماثلة Monozygotic (MZ) بينما تنخفض هذه النسبة كثيراً في الناس الاعتياديين . أما العوامل العضوية فهي ليس محصلة التشكيلات في الجينات والكروموسومات فقط (كما هو الحال في العوامل الوراثية) وانما تتضمن عوامل متفرقة ولادية Congenital واختلال افرازات الجهاز الهرموني ، والامراض العضوية كالرجة الدماغية ، التهابات السحايا (الحمى الشوكية) ، التهابات انسجة الدماغ (الحمى المخية)، الحمى العالية ، سوء التغذية ، الامراض المزمنة وسوء استخدام العقاقير والمخدرات والمشروبات الكحولية [٢] .

من هذا نلاحظ ان النظرية البايولوجية ترجع المرض النفسي الى أحد امرين: تلف في الانسجة او اختلال كيميائي في المخ . وكل من هذين الامرين يحدث نتيجة الوراثة او اختلال في وظائف الغدد الصماء .

وعلى الرغم من ان العامل العضوي لبعض الاضطرابات مثل الذهان ناتج عـن ادمان الخمور ، والذهان عن الشيخوخة قد كشف عن تأثيره فيهـا، الا انـه لا يـزال غـير معروف في كثير من الامراض كالشـيزوفيرينا ، لان ادواتنا الحاليـة تفتقـر الى الحساسية اللازمة التي تمكننا من الكشف عنه ، لكن تطور الفحوص الكيميائية الدقيقة وتقنيـات الجراحة في المستقبل سوف تمكن العلـماء مـن الكشـف عـن تـأثير العامل العضـوي في الامراض العصابية والذهانية [٣].

المبحث الثاني : التفسيرات النفسية

في بداية القرن العشرين اصبحت التفسيرات النفسية تحتل مكاناً بـارزاً في تفسير الامراض النفسية التي تأتي نتيجة انماط منحرفة من التعلم تنعكس في عجز الفرد بصفة عامة عن الوفاء بمطاليب حياته ، وهذا يدفعه الى الانسحاب والدخول في الاخيلـة والاوهام Fantasy وظهور الاعراض . يعتبر فرويد مـن أهـم المفكرين الـذين طرحوا النظريات النفسية في تفسير الامراض النفسية حيث انه ربط اللاشعور عند تفسيره للامراض ببعض الظواهر الجنسية التي اعتبرها عاملاً جوهرياً في الاصابة بالمرض خصوصاً عندما تكلم عن المراحل الجنسية التي يمـر بهـا الطفـل وعقـدة اوديب واثـر الغريـزة الجنسية في تحديد سلوكيته [٤] .

ونظرية فرويد في الوظائف المعرفية ترى ان كل العمليـات الفكرية تنتمـي الى واحد من اجهزة عقلية ثلاثة [٥] :

١- الهوا ID :

وهو الجـز الاساسي الذي تنشأ عنه الاجزاء الاخرى . كما انه مصدر كل الطاقـة الجنسية وناشيء عن الغرائز البيولوجية عند الانسان ، ويمثل ما كان غريزياً ، ومستودع الحوافز اللاشعورية Unconscious Urges .

٢- الانا Ego :

يتألف مـن العمليـات الفكرية المنطقيـة الغرضية التي تسـهل تفاعـل الفرد وعلاقاته مع البيئة المحيطة به . وهنا يبرز تأثير (الانا) في السيطرة على نزعات الانسان لان التعبير المفرط عـن الحوافز الجنسية والعدوانيـة قـد يـؤدي الى نتائج وخيمـة . فالمجتمع لا يقر الاغتصاب او الاعتداء او غير ذلك من الجرائم القائمة على نزعات التهور . لذلك يقوم (الانا) بتعطيل قوى (الهوا) والسيطرة عليه اثناء قيامه بتوجيه تفاعلات الفرد مع بيئته .

٣- الانا العليا Super Ego :

وهو مفهوم يستخدم للدلالة على تلك العمليات العقلية التي يشار اليها عادة بالضمير والتأثم Guilt . والانا العليا مفهوم يرمز الى غرس القيم في نفسية الطفل ، تلك القيم التي يحاول الابوان غرسها عند الاطفال من خلال مبدأ الثواب والعقاب . ولكن قوى (الانا العليا) و(الهوا) كثيراً ما تتعارض وتتصارع . إذ التعبير عن غرائز الفرد البدائية (الجنسية) يتعارض مع التحريمات الخلقية التي هي جزء من الانا العليا . وهذا يؤدي الى نتائج غير سارة (مؤلمة) يحاول الفرد التخلص منها من خلال عملية الكبت Repression التي هي عملية تلقائية تتم في اللاشعور . ونظرية فرويد في ديناميكية الامراض النفسية تتلخص بما يأتي :

١- وجود صراع عاطفي بين رغبتين متصارعتين .

٢- كبت هذا الصراع بشكل تلقائي في اللاشعور .

٣- يتخذ هذا الصراع المكبوت اشكالاً مختلفة في التعبير عن وجوده بما في ذلك الاعراض المرضية ، التي تعتبر أمارات سطحية تدل على اختلال عميق شأنها في ذلك شأن الاعراض الجسمية في مجال الطب .

أما الفرويديون المحدثون الذين يمثلهم آلفرد ادلر وهاري ستاك سوليفان واريك فروم ٠٠٠ وغيرهم . فقد أكدوا على أهمية العوامل الاجتماعية والحضارية في الامراض النفسية ، بحيث اصبحوا يمثلون الاتجاه الاجتماعي من التحليل النفسيـ . فقد اكدوا في دراساتهم على أهمية العلاقات الاجتماعية واثرها في التنشئة الاجتماعية . يرى المحلل النفساني مينجير Menniger في كتابه الموسوم " الانسان ضد ذاته " Man Against Himself ان الامراض النفسية ناتجة عن اندفاع الفرد نحو تدمير ذاته حيث يشعر برغبة قوية على صعيد اللاشعور نحو تحطيم نفسه وذلك بسبب الحوادث التي يمر بها خلال حياته ابتداء من مرحلة الطفولة . ويعتقد المحلل النفساني ادلر Adler ان الامراض النفسية ترجع الى الشعور بالنقص . وقد يكون هذا الشعور ظاهراً او خفياً إذ

يتجسد بالخجل او الرغبة في الابتعاد عن المجتمع [٦]. وتذهب كارين هورني K. Horney الى ان الامراض النفسية ترجع الى شعور المرء بالعجز امام عالم معاد [٧].

واكد العالم الفسلجي بافلوف Pavlov على أهمية المنعكسات الشرطية (Conditioned Reflexes) في الامراض النفسية. لقد تمخضت تجاربه على الكلاب عن استنتاجات معينة تفسر سلوك الكلاب في الظروف التجريبية.

تتلخص في سيل لعاب الكلب بطريقة غير معقولة عند سماع صوت الجرس وحاول تطبيق ذلك على السلوك الانساني حيث اعتقد بان الامراض النفسية ناتجة عن اضطراب عملية التدريب منذ الصغر. وهذا جلب انتباه عالم النفس الامريكي واطسن حيث اعتقد ان الفزع Phobia ناتجة عن التعلم بنفس الطريقة التي يتم بها تعلم سائر السلوك بعد اجراء تجربته المشهورة "البرت الصغير". وبعد واطسن، تعاون جون دولارد John Dollard ونيل ميلر Neal Miller على ان يخلقا نوعاً من التكامل بين التحليل النفسي ومبادىء نظرية التعلم، وفي سنة ١٩٥٠ نشرا كتابهما الموسوم "الشخصية والعلاج النفسي" الذي قاما فيه بتحليل مختلف اعراض الامراض النفسية من خلال مفاهيم التعلم مثل التدعيم والانطفاء وتعميم المثير. وفي السنوات الحديثة ينعكس استخدام نظرية التعلم في الامراض السيكولوجية، انعكاساً واضحاً في اعمال جوزيف ولبه Joseph Wolpe طبيب الامراض العقلية الذي استخدم التقنيات السلوكية في علاج الفزع، الذي يأتي نتيجة سلسلة من الارتباطات التعسة بين استجابات القلق (التنفس السريع، التوتر العضلي، العرق البارد) وبين بعض المثيرات التي لا ضرر منها (الخوف).

ويلخص هانز ايزنك Hans Eysenck أحد قادة السلوكيين وجهة النظر هذه قائلاً " نظرية التعلم تعتبر الاعراض العصابية مجرد عادات متعلمة، أي انه لا وجود لعصاب يكون وراء العرض. وكل ما هنالك هو العرض فقط فان انت تخلصت منه تخلصت من العصاب ". ويرى سكنر B.F. Skinner ان التعلم يحدث عادة عندما

تكون الاستجابة السلوكية متبوعة بمكافأة او دعم مادي ومعنوي . وهنـا لا بـد من دراسة العلاقة بين تصرفات الفرد والتدعيم الذي يحصل عليه نتيجة تصرفاته ^(٨) .

وفي اوائـل القـرن العشرين ظهرت المدرسـة الوجوديـة Existential Analysis في تفسير الامراض النفسية ومن روادها بنزوانجـر Binswanger وجيشـاتل Gebattel ورولو مـاي Rollo-May وقد اكد هؤلاء على ان القلق هو خـوف الانسـان مـن المـوت الذي يهدد الوجود . والشعور بالاثم ناتج عن عدم استطاعة الانسان انجاز مـا لا يقـدر عليه ^(٩) .

المبحث الثالث: التفسيرات الاجتماعية

مما تقدم نلاحظ ان اسباب الامراض النفسية لا زالت موضع خلاف بين العلماء والمختصين ، لم ينته الجدل فيه بعد . وهذا يفسر لنا ان الامراض النفسية لا تنشأ نتيجة عامل واحد ، وانما هي حصيلة تضافر وتفاعل مجموعة من العوامل الثلاثة المتعددة . وعلى هذا الأساس لا يمكن تفسير هذه الامراض على عامل واحد بمفرده ، لان جميع هذه العوامل متداخلة يصعب التحكم فيها والسيطرة عليها . فالانسان وحدة متكاملة ومتضامنة جسدياً ونفسياً واجتماعياً إذا اشتكى منها عضو تداعت له سائر الاعضاء بالسهر والحمى .

يعتبر العالم الاجتماعي الفرنسي اميل دوركهايم Emile Durkhiem أول من استعمل اصطلاح "التفسخ الاجتماعي " Anomie في كتابه الموسوم (تقسيم العمل) Division of Labour الذي نشره عام ١٨٩٣. وكان يعني به انماط العلاقات الاجتماعية التي لا تحقق السعادة والرخاء والطمأنينة للانسان ، بسبب وجود مقاييس كثيرة ومتناقضة تؤثر على سلوكية الفرد تأثيراً سلبياً في تكوين علاقات اخلاقية مع الآخرين ، حتى تصبح مصدراً للاحباط والشقاء الفردي ، وتسهل اصابتهم بالامراض النفسية نتيجة عدم قدرتهم على التكيف الاجتماعي وشعورهم بالوحدانية والعزلة الاجتماعية مما يدفعهم ذلك الى الانتحار (١٠) Suicide . وقد اقتبس هذا الاصطلاح البروفسور روبرت ميرتن R. Merton في كتابه الموسوم " النظرية الاجتماعية والبناء الاجتماعي " ويقصد به الحالة التي تتناقض فيها الاهداف الاجتماعية مع المقاييس السلوكية . وقد ميز (ميرتن) بين عنصرين أساسيين في ثقافة المجتمع هما :

أ-   الاهداف التي تحددها ثقافة المجتمع .

ب-   الوسائل التي تقرها النظم الاجتماعية لتحقيق هذه الاهداف .

ان عدم الموازنة بين الاهداف والوسائل يسبب اضطراب التنظيم الاجتماعي نتيجة ضغوط اجتماعية تعمل على انهيار المعايير ، بحيث يجد الافراد صعوبة في

التكيف الاجتماعي مما يعرضهم الى القلق والتوتر وبالتالي اصابتهم بالامراض العصابية والذهانية والانحرافات السلوكية [١١] .

وفي القرن التاسع عشر اكد كارل ماركس K.Marks وجورج زيمل Simmel وداهرندوف Dahrendorf وكوزر Coser على أهمية الصراع الاجتماعي Social Conflict باعتباره أهم خصائص التغير الاجتماعي في المجتمع الحديث [١٢] . يعتقد ماركس بان جوهر الصراع يكمن في التضارب والتناقض بين مصالح الطبقات الاجتماعية التي تقررها طبيعة العلاقات الانتاجية . ويرى جورج زيمل ان النظام الاجتماعي العام هو نتاج لقوى متصارعة في المجتمع بين الانسجام والتناقض . وهذه صراعات تنشأ بين الافراد والجماعات ، فالصراع هو الذي يكشف عن العداوات والصداقات.

ويذهب داهرندورف الى ان الصراع ينشأ بسبب شعور الافراد بالحرمان من الحقوق السياسية والتنظيمية .

بينما أكد كوزر على أهمية الشعور العدائي الذي يساهم في انطلاق الاحزان (المآسي) المكبوتة بسبب الحرمان من العناصر النادرة (الدخل، الثروة، النفوذ) [١٣] .

ان الصراع يعرض الافراد الى الفشل أو الاحباط وما يصحبه من قلق وتوتر يقود الى اصابتهم بالامراض النفسية .ويرى اصحاب النظرية التفاعلية واخص بالذكرمنهم تشارلز كولي Cooley وهربرت ميد Mead ان الافراد اثناء عملية التفاعل الاجتماعي يستخدمون كل ما لديهم من قدرات وخبرات تجاه المجتمع وما فيه من ضغوط ومواقف وظروف متباينة ، مما يعرض بعضهم الى الشعور بالخيبة والفشل والاحباط . وهؤلاء هم الاشخاص غير القادرين على مواجهة الحياة بسبب اضطراب شخصياتهم او تخلفهم في القدرات العقلية او بسبب افراطهم في الحساسية . وغالباً ما يترجم هؤلاء فشلهم في عملية التفاعل الاجتماعي باعراض مرضية انهزامية كالعصاب، الانتحار ، الجنون ، الكحولية [١٤] .

وقد اكد العالم تالكت بارسن T.Parson في دراسته " دور المريض في المجتمع " ان السلامة الجنسية التي يتمتع بها معظم اعضاء أية جماعة انسانية تمثل مطلباً وظيفياً في أي نسق اجتماعي . ويعتبر المرض حادثة طبيعية لا نستطيع ان نلوم المريض بأنه سبب لنفسه المرض الذي يتطلب تخفيف الواجبات الملقاة على عاتق المريض حتى يستطيع الشفاء بسرعة . وهنا يستفيد الفرد والمجتمع من ميكانزم دور المريض Sick Role الذي يحمي سلامة الفرد من جهة ، ويتيح الفرصة للاشخاص الآخرين ان يكونوا حاجات المجتمع مع معنى المرض والعجز في مختلف المواقف من جهة أخرى . وبموجب ذلك يعتبر المرض تفسيراً شائعاً ومقبولاً للاخفاق الاجتماعي الذي يصيب الفرد، ويزيل عنه الاحساس بالعار والدونية [١٥] .

وفي الختام يعتقد بارسن ان دور المريض ينطوي على اربعة مقاييس أساسية هي [١٦]:

١- اعفاء المريض من مسؤولياته الاجتماعية والمهنية اعتماداً على طبيعة وخطورة المرض .

٢- التوقع من المريض بانه لا يبقى مريضاً الى ما لانهاية ، بل انه سيشفى باسرع وقت ممكن ويعود الى المجتمع ثانية .

٣- شعور المريض بأن دوره غير مرغوب فيه من قبل المجتمع ، ولا بد ان يشفى ويمارس دوره الطبيعي .

٤- ضرورة التزام المريض بالعلاج والتعاون مع الطبيب المعالج الى ان يكتمل الشفاء .

وقد تطرق العالم الامريكي ارفنك كوفمان Erving Goffman في كتابه الموسوم " الوصمة Stigma الذي نشره عام ١٩٦٣ الى حقيقة مفادها: ان الاصابة بالامراض النفسية وصمة تدمغ المرء، لان استجابة الناس لهذه الامراض أمر في غاية التعقيد ، فهم ينظرون الى المرضى وكأنهم غرباء يبعثون الرهبة في نفوس الآخرين، وانهم أقل من ان يكونوا بشراً كسائر البشر، وكثيراً ما يستخدمون الفاظاً من قبيل

" مختل " أو " ملتاث "... وغيرها من الصفات التي تزري المرء وتحد من مكانته الاجتماعية ، مما يجعل تعامله مع الآخرين أمراً صعباً . وهذا يساعد في تفاقم الاعراض المرضية وصعوبة علاجها [١٧] .

وفي ضوء هذه التفسيرات العلمية ، نلاحظ أهمية العوامل الاجتماعية في نشأة الامراض النفسية . وتكمن هذه الاهمية في حقيقة مفادها: ان الامراض النفسية ناتجة عن سوء تكيف الفرد لظروف بيئته الاجتماعية التي يعيش فيها . وقد أدرك هذه الحقيقة كثير من العلماء والمختصين في مختلف العلوم الطبية والنفسية والاجتماعية . فقد أكد الدكتور هارلد . جي. وولف الذي يعمل بمركز كورنيل الطبي بمدينة نيويورك ، على ان هناك روابط وثيقة بين صحة الفرد ومطالب التكيف التي تفرضها البيئة المحيطة به . وقد تأثر بهذا الرأي الدكتور لورنس .أ. هينكل عندما حاول صياغة نظريته التي اطلق عليها " الايكولوجيا البشرية" حيث أكد ان المرض لا يحدث بالضرورة نتيجة عامل واحد كجرثومة او فيروس ولكن نتيجة عوامل متعددة من بينها طبيعة البيئة المحيطة بالجسم .

واليوم بدأ الاطباء يدركون أهمية هذه النظرية في التأكيد على العوامل الخارجية (البيئية) .

بينما أكد الدكتور هولمز في مدرسة الطب التابعة لجامعة واشنطن ، على أهمية تأثيرالتغير الاجتماعي في صحة الفرد . ويستطرد الدكتور آرثر قائلاً : " ان هناك ارتباطاً بين قدرة مقاومة الجسم ومطالب التغير التي يفرضها المجتمع من خلال وجود عناصر " هدامة " داخلية وخارجية ، غالباً ما تنفجر باستمرار على شكل اعراض مرضية ، فعلى سبيل المثال تسكن في الجسم أنواع من الفيروسات ولا تسبب مرضاً الا عندما تضعف مقاومة الجسم. لكن الجسم لا يستطيع مقاومة مؤثرات التغير التي تأتي خافقة من خلال الجهاز العصبي والغدد الصماء" . ولقد اثبت الدكتور لينارت ليفي مدير معهد الارهاق في مستشفى كارولنيسكا بستوكهولم ان التغيرات الخفيفة في المناخ العاطفي او العلاقات المتبادلة تحدث تغيرات ملحوظة في كيمياء الجسم. ويقول

البروفسور سفين لوند ستد " ان صدمة الحضارة ناتجة عن سوء التوافق في الشخصية الذي يحدث كرد فعل للفشل المؤقت في محاولة التكيف مع ما يحيط بالمرء من ظروف جديدة واشخاص جدد " .

ويقول الدكتور جيمس . جي. ميللر مدير معهد بجوث الصحة العقلية بجامعة متشيجان " ان اتخام المرء باكثر ما يستطيع معالجته من افكار يؤدي الى اضطرابه"(١٨) . ان الملايين من الناس يعانون من المرض ولكنهم يجهلون جذوره الكامنة في الاخفاق والاحباط ، وما تعكسه الطبيعة البشرية على الانماط السلوكية . وبهذا الصدد يقول العالم الاجتماعي رالف لنتون " ان الطبيعة البشرية تتحكم فيها ثلاث عوامل أساسية هي : " الفرد، المجتمع ، الحضارة" ... ثم يستطرد قائلاً: ان كلمة حضارة مرادفة لكلمة مجتمع ولا فرق بينهما ، لان المجتمع لا يستمر بدون حضارة .والحضارة لايكتب لها النجاح بدون المجتمع ، الذي يضيف اليها انماطاً جديدة تسمى التراكم من خلال التقدم والازدهار "(١٩) . ويقول فروزيد " لقد آن الاوان للنظر في جوهر تلك الحضارة التي تعتبر مصدراً للسعادة موضع تشكيك ، لان طاقاتنا على السعادة محدودة أساساً بتكويننا وجبلتنا وبالمقابل فانه لا يسر- علينا بكثير ان نذوق تجربة التعاسة . فالالم يهددنا من ثلاث جهات : في جسمنا بالذات المكتوب عليه بالانحطاط والانحلال والعجز حتى عن الاستغناء عن تلك الحالات المتمثلة في الالم والهم ، ثم من جهة العالم الخارجي الذي تتوفر فيه قوى عاتية لا تقهر ولا تعرف الرحمة وتسعى الى ابادتنا ، ويأتي التهديد الثالث من علاقاتنا بسائر الكائنات الانسانية ولعل الالم الناجم عن هذا المصدر أشد وقعاً علينا من أي ألم آخر "(٢٠) . ويقول الدكتور دونالدسون " ان الحضارة كما نعرفها اليوم - انما هي نعمة تشوبها النقمة ويبدو ان زيادة التطور وما نحصل عليه من سعادة انما يدفع له الانسان ثمناً ليس من الممكن اغفاله " ويعتقد الدكتور جيمس هاليداي ان التغير الاجتماعي السريع خلال نصف القرن الماضي قد زاد من معدل حدوث الامراض السيكوسوماتية .

وتشير الاحصائيات التي اعتمد عليها (هاليداي) الى انتشار قرحة المعدة وفرط الدرقية وارتفاع ضغط الدم على نطاق واسع بين الغربيين (٢١) . وهذا دفع العالم

جي. دي. بـويس الى القـول " ان الحضـارة الغربيـة قـد انتهـت وخيمـت عليهـا الكآبـة واصبحت في حكم المقضى عليها بالفناء " [٢٢] . ولا يخدعنا بريـق هـذه الحضـارة الزائـف الذي يبهر الابصار، او تجذبنا دوامات الفكر الزائغ التي يموج بها عالم اليوم المتحضر[٢٣] . ويقول الباحثان (رينيه دييوز) و(مليا بينز) في كتابهما الموسوم " الصحة والمرض " عن الحضارة وما ينجم عنها من ازمات تعرض صحة الانسان الى الخطر : " لأن هذه الازمات تجابه صحة الانسان بتحدي واخطار لا تقل أهمية عن التحـدي والاخطـار التـي تثيرهـا البكتريا والفيروسات وسوء التغذية والعوامل الكيميائية والفيزيائية " [٢٤] .

وعـلى الـرغم مـن التقـدم الهائـل في وسـائل الطـب الوقائيـة والعلاجيـة، فقـد انتشرت في الحضارة الحديثة مجموعة من الامراض يطلق عليها الامراض السيكوسوماتية التي يصعب علاجها او التخلص منها . وهذا دفع الدكتور وليم منيجز الى القول " اليـوم اصبحت جميع الامراض السيكوسوماتية " وتشير الاحصائيات في امريكا الى ان ما لا يقل عن (٥٠%) من السكان يعانون من هذه الامراض ويراجعـون الاطبـاء اسـبوعياً سـواء في عياداتهم او بيوتهم [٢٥] . ويعـود السـبب في ذلـك الى التحـولات الاجتماعيـة والحضـارية السريعة وما ينتج عنها من مشكلات خطيرة تهـدد حيـاة الانسـان بـالخوف مـن ضـمان المستقبل مما يعرضه الى القلق والتـوتر ومـا يصـحبه مـن انفعـالات تـؤثر عـلى كيميـاء الجسم وتسهل ظهور اعراض عضـوية لاسـباب نفسـية . لان حضـارتنا كـما يقـول العـالم (توينبي) " ان حضارتنا مقضي عليها وانها الآن تمر بمرحلـة هبـوط عـن طريـق التحلـل والتعفن الذي لا مفر منه " [٢٦] . ويعود السبب في تدهور الحضارة الى الفشل المطـرد في الرد على التحدي الخارجي والتقليد الاوتومـاتيكي وفشـل الانمـاط القديمـة في صـلاحيتها لاغراض جديدة وفقدان القدرة على الابتكار [٢٧] . إضافة الى ضعف الثقـة بمـا نملـك مـن عقيدة وايمان وقيم ومباديء [٢٨] . ان جميع هذه الآراء تؤكـد قـول النبـي محمـد ﷺ في حديثه " من كثر همه سقم بدنه " .

المبحث الرابع : دور العوامل الاجتماعية في الامراض النفسية

مما تقدم نلاحظ أهمية العوامل الاجتماعية في الامراض النفسية ، ومن أهم هذه العوامل ما يأتي :

١- التنشئة الاجتماعية والعوامل الاسرية :

استعمل مصطلح التنشئة الاجتماعية Socialization في الادب الانكليزي عام ١٨٢٨ وكان المقصود به تهيئة الفرد بان يتكيف ويعيش ويتفاعل مع مجتمعه . وبهذا المعنى تعرّف التنشئة بانها " عملية تلقين الفرد قيم ومقاييس ومفاهيم مجتمعه الذي يعيش فيه بحيث يصبح متدرباً على اشغال مجموعة ادوار تحدد نمط سلوكه اليومي " [٢٩]. وبموجب هذه العملية يتم تحويل الطفل من كائن بيولوجي الى كائن اجتماعي وتبصيره بقواعد السلوك والادب السائدة في الجماعة التي يتفاعل معها حتى يستطيع تأدية دوره في المجتمع لان الدور جزء من عملية التنشئة التي تكون اكثر فعالية في مرحلة الطفولة ثم استمرارها خلال حياة الفرد عن طريق التعليم والعقاب والمكافأة[٣٠]. ومن هنا تبرز أهمية المؤسسات الاجتماعية خصوصاً العائلة التي تعلب دوراً أساسياً في استمرار المجتمع من خلال العلاقات الجنسية الموجودة فيها ، وما يترتب عليها من انجاب واستمرار حضارة المجتمع وانتقالها من جيل الى آخر [٣١]. وتذهب فئات من مدرسة التحليل النفسي الى ان زيادة تدليل الطفل والاعتماد على ابويه في تلبية مطاليبه وتوفير حاجاته دون الاعتماد على نفسه تسهل اصابته بمرض الهستيريا او القلق العصابي [٣٢]. لان التكيف العاطفي (التدليل) يولد عقدة في نفسه حيث يؤكد علماء النفس بان مناغاته واطلاق صفات الثناء على جماله وبذل العين والقلب من اجله يؤدي الى تخدير " الانا" فيه فيصاب بالنرجسية والانانية [٣٣]. ولكن إذا اساء الابوان تنشئة طفلهما وغرسا الشك المقيت في نوايا الآخرين فانه يصبح عصابياً خائفاً قلقاً ويظهر ذلك بوضوح اذا كان الاب متسلطاً ويتدخل في حياة ابنائه مما يجعل شخصياتهم تتصف بالتردد والضعف والقلق [٣٤].

كما ان الشعور بالحرمان من العطف الابوي Parental Deprivation نتيجة موت أحد الوالدين او كليهما ، كثرة المشاجرات بينهما، الطلاق ، الهجر، الزواج باكثر من واحدة ، الامراض المزمنة ، الانحرافات السلوكية، كل هذه العوامل تؤدي الى شعور الطفل بالقلق والتوتر وما ينجم عنه من ظهور امراض نفسية .

٢- الحضارة والصراع الاجتماعي :

على الرغم من اختلاف العلماء والمختصين في ايجاد تعريف مناسب لمصطلح الحضارة Culture ، الا ان تعريف العالم البريطاني ادوارد تايلر E. Tylor يعتبر من أشهر هذه التعاريف لانه اكثر شمولية وواقعية فهو يقول بان الحضارة " ذلك الكل المعقد Complex Whole الذي يشمل المعرفة والعقيدة والفن والاخلاق والقانون والعادات والتقاليد والقدرات التي يكتسبها الانسان باعتباره عضوا في المجتمع " . وبهذا المعنى تتكون الحضارة من جانبين أساسيين هما [٣٥] :

أ- الجانب المادي ويطلق عليه الحضارة المادية Material Culture ويشمل جميع مكونات التكنولوجيا وما ينتج عنها من سلع وادوات .

ب- الجانب المعنوي ويسمى بالحضارة اللامادية Culture Non-Material ويتضمن العقائد الدينية والمباديء الفلسفية والفن والقيم وما ينطوي عليه العرف الحضاري . وان وظيفة كلا الجانبين المادي والمعنوي منسقة في اشباع حاجات الانسان البيولوجية والنفسية والاجتماعية من خلال المؤسسات الاجتماعية . تعتبر الانماط الحضارية وما تحتويه من معايير ومقاييس عاملاً هاماً في نشأة الامراض النفسية ، ويظهر تأثيرها واضحاً في تحديد نوعية ونمط سلوك الانسان وقدرته في التكيف مع البيئة الاجتماعية ، حتى يتمكن من اشباع حاجاته وتحقيق اهدافه . وغالباً ما تظهر الامراض النفسية نتيجة وجود معايير ومقاييس كثيرة ومتناقضة مع طبيعة الحياة الواقعية من جهة ، وكثرة الحاجات وتنوع الرغبات المتضاربة والاهداف المختلفة من جهة أخرى . وهذا يؤدي الى اضطراب شخصية الفرد نتيجة الفشل والاحباط الذي يتعرض له

خلال مراحل حياته . إذن الامراض النفسية هي حصيلة وجود مقاييس متناقضة لا تتلائم مع طبيعة الحياة الاجتماعية التي يعيش فيها الانسان . وقد حفزت مشكلات البحث النفسي للامراض عدداً كبيراً من الانثروبولوجيين وعلى رأسهم لنتون (Linton) وبندكت (Bendict) .

وتشير دراسة الاستاذ لنتون الى ان الايطاليين المصابين بالشيزوفرينا (Schizophrenia) يتسمون بالغوغائية والعدوانية . بينما يتصف نظراؤهم الشيزوفرينيون الايرلنديون بالهدوء والانسحاب . وقد توصلت الباحثة روث بندكت الى ان شخصية افراد قبيلة كواكيوتل الهندية في كندا بانها شخصية عصابية . وعلى هذا الأساس يشعر بعض الانثروبولوجيين ذو الميول النفسية العيادية كالاستاذ روهايم (Roheim) واصحاب الميول الانثربولوجية من الاطباء العيادين كالعالم كاردنر (Kardiner) بان مقاطع متعددة من الحضارة يمكن تصورها باعتبارها عناصر عصابية مشتركة ناتجة عن الكبت والحرمان المفروض على الاشخاص خصوصاً في مرحلة الطفولة . ومن هذا المنطلق يمكن القول ان تأثير الحضارة المباشر في تعرض الافراد للامراض النفسية يرجع بصورة أساسية الى الاشكل او النماذج الحضارية والاجتماعية التي تخلق الصراع والقلق النفسي [٣٦] . وقد أيد هذه الحقيقة الطبيب النفساني فرويد Freud عندما أكد على ان الواقع البشري بطبيعته ينطوي على مأساة ناتجة من الانماط الحضارية التي تتوارثها الاجيال البشرية بحكم ضرورتها لادامة المجتمع تنطوي على عناصر يحتم وجودها كبت بعض الدوافع البايولوجية وفي مقدمتها دافع الجنس والعدوان [٣٧] .

ويظهر تأثير الانماط الحضارية على الامراض النفسية بصورة واضحة في الوقت الحاضر نتيجة التقدم الذي تشهده سائر المجتمعات البشرية في التصنيع واقتباس الاساليب التكنولوجية وما ينجم عنها من صراع بين الجانبين المادي والمعنوي . يرى علماء الاجتماع واخص بالذكر منهم اوكبرين (W.F.Ogburn) في كتابه الموسوم التغير الاجتماعي (Social Change) عندما يحدث تغيير في الجانب المادي فانه يسبب تغيراً مماثلاً في الجانب المعنوي من اجل حصول تكيف حضاري (Cultural

(Adaptation) بينهما، لكن هذا التكيف ربما يكون بطيئاً لان الجانب المادي يتغير بسرعة تفوق الجانب المعنوي مما يؤدي الى اختلال الموازنة بينهما وحدوث فجوة حضارية اطلق عليها اوكبرين اصطلاح التخلف الحضاري Cultural-Lag وظهور مشكلات اجتماعية خطيرة في المجتمع (٣٨) ، التي تتطلب قيماً وانماطاً حضارية جديدة تختلف عن القيم والعادات المألوفة .

وهذا يؤدي الى حدوث صراع وتناشز قيمي Value Conflict وفي ظل تناقض القيم الحضارية يجد الفرد نفسه مضطراً بصورة حتمية الى اجراء عملية الموازنة والتوافق بين القيم الجديدة والقديمة ، وكثيراً ما تصحب محاولات التكيف التي يبذلها هزات نفسية متنوعة قد تعرضه لتجارب التحلل والتوتر والقلق وتسهل اصابته بالامراض العصابية والذهانية والانحرافات السلوكية (٣٩) .

كما ان تصادم الادوار والقيم التي يتبناها الفرد في مجرى حياته ، كثيراً ما يخلق عنده تأزم نفسي Sycho Stress بسبب ممارسته اكثر من دور في آن واحد ، وغالباً ما تكون هذه الادوار غير منسجمة . وهذا يساعد في ظهور الاعراض المرضية .

٣-   الطبقة الاجتماعية والحراك الاجتماعي :

الطبقة الاجتماعية (Social Class) ظاهرة اجتماعية سائدة في المجتمعات البشرية على مر التاريخ لكن مفهومها في المجتمعات الصناعية المتقدمة أكثر وضوحاً مما هي عليه في المجتمعات المتخلفة والنامية ، وذلك لاختلاف وتباين دخول الافراد ومستواهم المعاشي والثقافي واساليب حياتهم. وهذا ادى الى اختلاف وجهات نظر العلماء والباحثين في نشوء الطبقات وظهور الصراع الطبقي . فالعالم كارل ماركس (Karl Marx) يرجع حقيقة الصراع الطبقي بين الطبقة العاملة والطبقة المالكة لوسائل الانتاج الى ملكية وسائل الانتاج (العامل المادي) بينما أنتقد ماكس فيبر Max Weber الآراء الماركسية ، واكد أهمية العامل الايديولوجي الذي يتجسد في التحصيل العلمي والثقافي والديني والسياسي في حدوث الصراع الطبقي وظهور الطبقات (٤٠) . والطبقة الاجتماعية هي المجموعة التي تتميز عن غيرها باختلاف في المستوى الاجتماعي ، الذي

يحـدد بعوامـل شـتى منهـا الـدخل والتخصـص المهنـي والمسـتوى العلمـي ، والحسـب والنسب وما الى ذلك من الفوارق التي توجد في المجتمع . وهـي بخـلاف الطائفـة التـي تتميز عن غيرها بالدين واللون والجنس والمولد. ويلاحظ انه قد توجد مرونة اجتماعيـة بين الطبقات الاجتماعية المختلفة بسبب وجود التغيرات السريعة في حياة المجتمـع [٤١]. وهذا يعني ان النظـام الطبقـي فـي المجتمـع مفتـوح يتصـف بالحـراك الاجتماعـي Social Mobility ونقصد به انتقال Movement الناس من مركز اجتماعي الى آخـر ، وما يصحبه في اغلب الاحيان مـن تغيـيرات في المهنـة والنفـوذ والـدخل والـثروة والقـوة والطبقة الاجتماعية . وهناك نوعان من الحراك الاجتماعي هما [٤٢] :

أ- الحراك الاجتماعي الافقي Horizontal Social Mobility ويقصـد بـه انتقـال الفرد من مركز اجتماعي الى آخر في نفس المستوى .

ب- الحراك الاجتماعي العمـودي Vertical Social Mobility ويقصـد بـه انتقـال الفرد من مركز اجتماعي الى آخر في مستوى مختلف .

وخلاصة ما تقدم نلاحظ ان الناس يختلفون من حيث الجنس والعمر والسـلالة والمهنة والتعليم والدخل والمنزلة الاجتماعية ... الخ . وهذا يؤدي الى تباين نشـاطاتهم الاجتماعية والاقتصادية ، وانماطهم السلوكية ومشكلاتهم الاجتماعية من طبقة الى اخرى . وغالباً ما يعاني ابناء الطبقة الفقيرة من مشـكلات نفسـية واجتماعيـة واقتصـادية أكـثر حدة مـن المشـكلات التـي يعـاني منهـا ابنـاء الطبقـة الغنيـة مـما يعرضـهم الى ضـغوط اجتماعية حادة وما ينتج عنها من هزات نفسية مؤلمة تسهل اصابتهم بالامراض النفسية والاجتماعية .

ويعود السبب في ذلك الى ان ابناء الطبقـة الفقـيرة يسـكنون في احيـاء متخلفـة Slums لا تتوفر فيهـا الشرـوط الصـحية والوسـائل الترويحيـة ، ومعانـاتهم مـن الفقـر والحرمان . إضافة الى ذلك ان هناك اختلافاً بين ابناء الطبقة الفقـيرة والغنيـة مـن حـث ردود الفعل تجاه المرض . فابناء الطبقة الغنية عند شعورهم بالمرض يسارعون الـذهاب الى العيادات الطبية للحصول على العلاج ، ويفحصون انفسهم للتأكد مـن صـحتهم بـين

فترة واخرى ولهم ضمان صحي في حالة المرض ، بينما لا يدرك ابناء الطبقة الفقيرة هذه الاهمية لتلك الاجراءات الصحية في الوقاية والعلاج .

٤- الجماعة المرجعية :

الجماعة المرجعية هي مجموعة من الافراد يشتركون بصلات وعلاقات اجتماعية نابعة من طبيعة القيم والعادات السائدة فيها ، والتي لها تأثير كبير في تشكيل سلوكية الفرد واتجاهاته وميوله حتى يتولد عنده شعوراً عاماً يرتبط بمصالحهم المشتركة كالعائلة والمدرسة والجيرة وجماعة اللعب والجماعات العنصرية والدينية والسلالية . وهذه الجماعات بمختلف انواعها تعمل على تنشئة الطفل وتنمية شخصيته وتوجيه سلوكه حسب ما يتلائم مع طبيعة المعايير والاهداف التي تؤمن بها الجماعة ، والتي تختلف من جماعة الى اخرى . وعلى العموم فان عملية التنشئة الاجتماعية هي العامل المباشر في بناء الشخصية المضطربة ، فقد يتعلم الطفل من خلال التنشئة الاجتماعية الخاطئة قيماً ومقاييساً لا تتلائم مع الانماط الحضارية السائدة في المجتمع . وهكذا يبدأ الشعور عند الفرد باختلافه عن الاكثرية الساحقة في مجتمعه . وهذا الشعور تنطبع آثاره على كل مرحلة من مراحل حياته .

وهنا تصبح العائلة باعتبارها ابرز المؤسسات الاجتماعية مصدراً لنشوء الاضطرابات الشخصية من جهة . كما ان انتماء الفرد الى جماعات متباينة الاهداف يؤدي الى تصادم الادوار والمقاييس السلوكية التي تترك آثارها الوخيمة على صحة الفرد ، لانها تشكل ضغوطاً اجتماعية ناتجة من مشكلات سوء التكيف لاهداف ومعايير الجماعات المتناقضة . وهذا يعرضه الى هزات نفسية حادة تساعد في سوء توافق شخصيته ونشوء الامراض العصابية والذهانية من جهة أخرى . وباختصار ان انتماء الفرد الى جماعات مختلفة لا تستطيع اشباع ميوله ورغباته واتجاهاته ، تخلق عنده ردود فعل تؤدي الى اضطرابات نفسية نتيجة الفشل والاحباط .

٥-   الثقافات الفرعية :

نقصد بالثقافات الفرعية وجود انماط حضارية كثيرة ومتناقضة في المجتمع ، الذي يتكون من اقليات دينية وقوميات مختلفة من حيث الطقوس والشعائر والعادات والتقاليد. وهذا يؤدي الى حدوث صراع بين الثقافات الفرعية وحضارة المجتمع الكبير، وما يصحبه من حقد وكراهية مستمرة ناتجة عن تحيز Prejudice ابناء الاقليات الى المقاييس والقيم التي يتمسكون بها لانهم اعتادوا عليها منذ الطفولة . وهذا يؤدي الى حدوث العدوان نتيجة الاحباط Frustration الناتج من الضغوط الاجتماعية المتنافرة وما يترتب عليها من انفعالات مزمنة تسهل الاصابة بالامراض النفسية ، كما هو الحال في التمييز العنصري بين السود والبيض في امريكا. ولعل من المفيد ان نقول هنا بان تناقض الثقافات الفرعية ، يكون عاملاً غير مباشر للاصابة بالامراض النفسية ، فهذا العامل يترك تأثيره في الشخصية بحيث تكون مضطربة . وهذا التأثير يختلف من جيل الى آخر بسبب التحولات الاجتماعية والحضارية .

وفي هذا الصدد لا ننسى تأثير الهجرة Migration وما تحدثه من اختلاف في القيم والمعايير بين ثقافة اقلية مهاجرة وثقافة المجتمع الكبير . وهذا التناقض يؤدي الى عدم التوافق والانسجام ، ونشوء اضطرابات نفسية ، نتيجة ما يعانيه المهاجرون من مشكلات اجتماعية ناجمة عن سوء التكيف للبيئة الاجتماعية الجديدة وسكنهم في احياء شعبية لا تتوفر فيها الشروط الصحية والوسائل الترفيهية . وفي دراسة عن صراع القيم بين ابناء المهاجرين أتضح ان الابناء الصغار أكثر تأثراً بالقيم الحضرية الجديدة من الابناء الكبار الذين هاجروا مع ذويهم ، ويعيشون في ظل القيم التي يؤمن بها آباؤهم ، ونتيجة ذلك يعيش الابناء الصغار في حالة صراع شديد بين القيم التي يؤمن بها آباؤهم وبين القيم الحضرية الجديد [٤٣] ، مما يؤدي الى حدوث التناشز الاجتماعي الذي يعتبر أحد مظاهر سوء التنظيم الاجتماعي . وهذا يهيء الافراد للاصابة بالامراض النفسية .

٦-   التناقض بين الطموح والانجاز :

تحتل المؤسسات التربوية مكاناً بارزاً في التأثير على حياة الفرد منذ مرحلة الطفولة وحتى سن الكبر من خلال تهيئته لكي يمارس مهنة تلائم الخبرة والمهارة التي اكتسبها منها [٤٤] . فاذا زاد مستوى التعليم على مستوى مواهبه الشخصية وقدراته الذهنية اصبح عبئاً ثقيلاً عليه يسهل اصابته بالامراض النفسية . كما ان عدم تحقيق الطموح يدفعه الى الشعور بالنقص لفقدان الموازنة بين التحصيل العلمي والامكانيات العقلية اذا لم تسمح له الظروف بمواصلة الدراسة . وشعوره بنقص ناتج من الغيرة والانانية تجاه زملائه الذين استمروا في مواصلة دراستهم . وهذا ما يولد عنده صراع نفسي نتيجة خيبة الامل والاحباط وما ينجم عنهما من حقد وكراهية تدفعه الى الانطواء والعزلة الاجتماعية وظهور اعراض مرضية .

هذا ينطبق ايضاً على الوظائف التي لا تتلائم مع قابليات الفرد الذهنية والعضلية .

٧-   ضعف الوازع الديني :

الدين نظام اجتماعي له تأثير فعال في تنظيم وضبط سلوك الافراد عن طريق مبدأ العقاب والثواب . إذ انه يسهم في وضع القواعد والقوانين التي تنظم علاقات الافراد ، والتي بدونها لا يمكن تحقيق تماسك المجتمع وحماية افراده هذا من جهة . كما انه يترجم المثل العليا والمقومات الخلقية التي تنمي في المجتمع كيانه الخلقي والروحي من جهة اخرى [٤٥] . وهنا تكمن فائدة الدين في اعطاء الفرد القوة والعزيمة على التغلب وقهر الازمات النفسية والانفعالية اثناء تعرضه للمشكلات الاجتماعية والمواقف المحرجة في حياته . بالاضافة الى غرس الاخلاق الحميدة والسلوك القويم ونشر العدل والمساواة من أجل تحقيق تماسك ووحدة المجتمع .

وفي المدنية الحديثة بدأ تأثير الدين يضعف تدريجياً لسيادة النزعة المادية والانغمار في الترف والملذات من أجل اشباع الاهواء العاطفية . وهذا يؤدي الى ضعف

عزيمة الفرد في مواجهة صعوبات الحياة المعقدة ، وشعوره بالقلق وفقدان الثقة بنفسه مما يعرضه الى الانهيار العصبي ويسهل اصابته بالامراض النفسية .

٨- الكوارث الاجتماعية المفاجئة :

ان العصر الذي نعيش فيه هو عصر القلق الجماعي ، نتيجة التقلبات الاقتصادية والاجتماعية المفاجئة ، كالحرب الذرية والجرثومية التي تهدد الجنس البشري بالانقراض وهدر الموارد الطبيعية وما ينجم عنها من خسائر بالارواح والممتلكات واعاقة المدنية ، والشعور بالحرمان والبؤس ، وتحطيم المعايير ، والمثل والتحلل الخلقي ، وتفشي البطالة، وارتفاع اسعار السلع والبضائع ... وغيرها من المشكلات الاجتماعية التي تعيق التكيف الاجتماعي بين ابناء المجتمع لعدم شعورهم بالضمان الاجتماعي ونظرتهم التشاؤمية والخوف من المستقبل . وهذا يعرض أبناء المجتمع الى الهلع والخوف ويسهل اصابتهم بالامراض النفسية . ويظهر هذا التأثير بصورة واضحة في حالة الكساد الاقتصادي والزلازل والفيضانات والاوبئة والمجاعات .

مما تقدم يمكن القول ان هذه النظريات والآراء لم تصل واحدة منها الى حد التكامل في تفسير الامراض النفسية ، وانما تشترك جميعها في اطار عام تتداخل فيه عوامل متعددة وليس عامل واحد فقط ، لان المريض وبيئته يؤلفان شكلاً ديناميا متكاملاً يربط بين اجزائه كلها برباط وثيق وتفاعل مستمر يصعب معه تعيين الحدود الفاصلة [٤٦].

ويعتقد العالم الفرد مايرفي في نظريته الموسومة " السايكوبيولوجية (Pschobiologiocal Theory) ان تفسير الامراض النفسية يعتمد على تفهم العوامل البايولوجية والنفسية والاجتماعية كالوراثة وحياة الحمل والرضاعة والطفولة والامراض العضوية وتجارب الحياة وظروف وشدائد المحيط ... الخ . وان المرض هو رد فعل Reaction لهذه العوامل الثلاثة التي فشل الانسان في تقبل طبيعته كما هي والعالم الخارجي كما هو ، أي فشل التكيف والانسجام بين الغايات والقابليات ، مما يعرضه الى مشكلات اجتماعية وما يترتب عليها من ضغط واجهاد نفسي

Psycnological-Stress يسـاعد في زيـادة الادرينـالين وهـو هومـون يفـرزه الجسم بصفة طبيعية لكن زيادته تسبب اضطراب الشخصية ولـذلك يشـار اليه بانه عقار الانذار ، لانه يسبب زيادة ضغط الدم ونبض القلب كما انه مرتبط عامـة بحـالات الاستثارة . فالتركيب الكيميائي له يشبه مادة السكالين Mescalire التي هي عقار يؤدي الى ظهور الهلاوس (٤٧) .

مصادر الفصل الثامن

١- الحسن ، إحسان محمد (الدكتور) . المدخل الى علم الاجتماع ، دار وائل للنشر ، عمان ، ٢٠٠٥ ، ص ٥٢.

٢- الدباغ ، فخري (الدكتور). (نفس المصدر السابق)، ص ١٢ـ١٤.

٣- كاشدان ، شيلدون ، (نفس المصدر السابق) ، ص ٤٠.

4- Morrise and et al., Ibid., P. 39.

٥- كاشدان، شيلدون ، (نفس المصدر السابق)، ص ٥١ـ٥٦.

6- Morrise and et al., Ibid.,PP. 44-45.

7- Karen, Horney, Ibid., P. 202.

٨- كاشدان ، شيلدون ، (نفس المصدر السابق) ، ص ٥٦ ـ ٥٩.

٩- الدباغ ، فخري (الدكتور)،(نفس المصدر السابق)، ص ٣٥.

10- D.Durkheim, " Suicide" London, (Routledge and Kegan Paul) 1952,P. 30.

11- Merton, Robert.K, " Social Theory and Social Structure" New York , The Free Press, 1957,PP. 131-148.

12- Don,Martindale."The Nature and Types of Sociological Theory " Houchton Mifflin Company Boston , 1981, PP. 198- 200.

13- Lewis, A. Coser . " Masters of Sociological Thought Harcourt Brace Jovenovich, New York, 1977, PP. 580-581.

14- Tappan, Paul . " Crime , Justice , and Correction" Mc Graw- Hill , New York , 1960, P. 188.

15- David ,H. Ibid., PP. 92-93.

16- R. K. Jones, Ibid., P. 115.

١٧- كاشدان، شيلدون، (نفس المصدر السابق) ، ص ٢٠٠.

١٨- الفين توفلر ، (صدمة المستقبل) ، ترجمة محمد علي ناصف ، مؤسسة فرانكلين للطباعة والنشر ، القاهرة، ١٩٧٤، ص ٣٤٣ـ٣٦٦.

١٩- لنتون، رالف ، (الاصول الحضارية للشخصية)، ترجمة عبد الرحمن اللبان ، دار اليقظة العربية ، بيروت، ١٩٦٤، ص ٢١ـ ٥٠.

٢٠- فرويد سيجموند ،(قلق في الحضارة) ، ترجمة جورج طرابيشيـ ، دار الطليعة للطباعة والنشر ، بيروت، ١٩٧٧، ص ٦ـ٢٤.

٢١- هواردر. ومارثا . أ . لويس ، (النفس والجسم) ترجمة الدكتور محمد عماد فضلي، مؤسسة فرانكلين للطباعة والنشر ، القاهرة، ١٩٧٥، ص ٦٧.

٢٢- جي. دي. بويس ، " مستقبل الحضارة" ، ترجمة لمعي المطبعي ، دار الكرنك ، القاهرة، ١٩٦١، ص ١٧٥.

٢٣- سفر محمود محمد (الدكتور) ، (الحضارة تحدّ) ، دار تهامة للطباعة، جدة، ١٩٨٠، ص ١٨.

٢٤- رينيه ديبوز ـ مابابينز، " الصحة والمرض "، ترجمة الدكتور هاني البطيخ، بلا مطبعة ، ١٩٧٠، ص ٢٦٩.

٢٥- مارجويت كلارك ، " الطب الحديث" ، ترجمة الدكتور محمد نظيف، مؤسسة فرانكلين للطباعة ، القاهرة ، ١٩٦٣، ص ١٨٣.

٢٦- جي. دي. بويس ،(نفس المصدر السابق)، ص ١٠٨.

٢٧- نفس المصدر ، ص ٩٣.

٢٨- سفر ، محمود محمد (الدكتور) ، (نفس المصدر السابق)،ص ١٨.

٢٩- ميشيل ، دينكن (البروفسور) ، (نفس المصدر السابق)، ص ٣٢٨.

30- Mavis, H. Biesanz and John . Ibid., PP.176-335.

31- Zelditch , M. " Family Marriage and Kinship " , in: Foris, R. (ed) . Handbook of Modern Sociology. Mc Graw- Hill ,London, 1966, P. 681.

٣٢- فضلي، عدنان عباس (الدكتور). " الافراط في تدليل الطفل وتأثيره في شخصية الطفل "، مجلة الام والطفل، العدد (٣٧٣) ، ك٢، ١٩٧٨، ص ٢٠.

٣٣- فضلي، عدنان عباس(الدكتور) . (لكي لا ينشأ طفلك عصابياً) مجلة الام والطفل ، العدد (٣٤٧)، ت٢، ١٩٧٥، ص ٤٠.

34- Hadfeld. J. A. " Psychology and Mental Health", George and Unwin, London, 1960, P. 149.

35- Ogburn , W. F. and Nimkoff , M. F. " Sociology " Rinehart and Winston , New York , 1964, PP.71-237.

٣٦- النوري، قيس (الدكتور) . (الحضارة والشخصية) ، مطبعة الموصل ، ١٩٨١، ص ١٧٣ـ ١٨٠.

37- Wallace, Anthony , F. C. " Culture and Personality " Random Huse , New York, 1961, P. 177.

38- R. M. Maciver and Charles , H. P." Society" Macmillan , Lobdon, 1962, PP. 574-575.

39- Wallace , Anthony , Ibid., P. 185.

40- Max, Weber, " The Protestant Ethics and the Spirit of Capitalism" George Allen and Unwin, London, 1930, PP. 64-66.

٤١- الحسن، إحسان محمد (الدكتور). (علم الاجتماع) ، مطبعة الجامعة، بغداد، ١٩٧٦، ص ٢١٧ـ ٢١٨.

42- Luke, Ebersole , " American Society" (F.S. Crofts) New York , 1963, PP. 491- 492.

43- Bantok, H. Education in Industrial Society, Routledge and Kegan Paul, London , 1963, P. 17.

44- Young, P. " Scientific Social Survey Research" Maffet Yart, New York, 1947, PP. 230-235.

٤٥- الخشاب، احمد (الدكتور) ." الاجتماع الديني" ، دار الحمامي للطباعة بمصر، ١٩٦٤، ص ١٧٧.

٤٦- لنتون ، رالف ، (نفس المصدر السابق) ، ص ١٢٤.

٤٧- كاشدان، شيلدون ، (نفس المصدر السابق)، ص ١٦٧.

الفصل التاسع

دور العوامل الاجتماعية المؤثرة في الصحة والحيوية وطول العمر

المقدمـــة:

ان الصحة والحيوية وطول العمر للانسان العصري لا تعتمد فقـط عـلى سـلامة الجسـم مـن الامـراض العضـوية وعـلى قابليتـه في مقاومـة الجـراثيم والفيروسـات عـلى اختلاف انواعها ودرجة شدتها في جلب المرض للانسان ولا تعتمد عـلى الصحة النفسـية والعقلية وسلامة الانسان من الامراض النفسية والعقلية والعصبية التي قد يتعـرض لهـا بسبب العوامل الوراثية والبيئيـة بـل تعتمـد ايضـاً عـلى العوامـل الاجتماعيـة المحيطـة بالانسان وعلى طبيعة مجتمعه وحياتـه الاجتماعيـة والعلاقـات الانسـانية التـي تربطـه بالآخرين [١] . فالعوامل الاجتماعية التي يعيشها الانسان والتي تمـده بالصـحة والحيويـة وطول العمر هي كثيرة ومختلفة لعل أهمها الرفاهية الاقتصـادية والاجتماعيـة والـوعي الاجتماعي والصحي والثقافة والتربية والتعليم والقدرة على التحرر من الاعياء والاجهـاد البدني والنفسي والقناعة والتسامح مع الآخرين . فضلاً عن المواءمة بين الانجاز والطموح والتحرر من الاضطهاد الطائفي والعرقي والسياسي والاجتماعي [٢] .

ان طريقة البحث الاستطلاعي والميداني مع ادبيات الموضوع ومصادره هي التي اوصلتنا الى العوامل الاجتماعية المؤثرة في الصحة والمرض وطول العمر . فقد قابلنـا ٥٠٠ طبيب في بغداد يعملون في العيادات العامة والشعبية والخاصة ومن كلا الجنسين ومـن مختلف الاعمار ، وقد كانت المقابلة في شهر نيسـان عـام ٢٠٠٥ اجـاب ٤٢٠ طبيبـاً مـن مجموع ٥٠٠ (٨٤%) بان العوامـل الاجتماعيـة تعـد اسباباً مهمـة مـن اسباب الصحة والحيوية وطول العمر ، والعوامل نفسها كما اشار هؤلاء الاطباء قد تكون اسـباباً مهمـة للمرض والوفاة إذا كانت سلبية ومضطربة . ان هذه العوامل الاجتماعية لا تقل

اهمية وفاعلية عن الاسباب العضوية والبايولوجية والنفسية المسؤولة عن الصحة والمرض والوفاة .

لقد توصلت دراستنا الميدانية الى ان هناك عشرة عوامل اجتماعية مسؤولة عن الصحة والحيوية وطول العمر التي قد يتسم بها الافراد من مختلف الاعمار والخلفيات الاجتماعية والطبقية . ويمكن درج هذه العوامل بالنقاط الأساسية الآتية :

١- الرفاهية الاقتصادية والاجتماعية .

٢- الوعي الاجتماعي والصحي .

٣- التكيف لمعطيات البيئة الطبيعية والاجتماعية .

٤- الثقافة والتربية والتعليم .

٥- الابتعاد عن المنافسة والصراع والاقتتال مع الآخرين .

٦- القدرة على التحرر من الاجهاد .

٧- القناعة والتسامح مع الآخرين .

٨- التحرر من الاضطهاد الطائفي والعرقي والسياسي والاجتماعي .

٩- التعاون والتضامن مع الآخرين وتجنب العزلة .

١٠- المواءمة بين الانجاز والطموح .

والآن علينا دراسة هذه العوامل الاجتماعية المسؤولة عن الصحة والحيوية وطول العمر بالتفصيل مسلطين عليها الاضواء الكمية التي حصلنا عليها من الميدان الاجتماعي .

١- الرفاهية الاقتصادية والاجتماعية (Socio-Economic Prosperity) :

تعد الرفاهية الاقتصادية والاجتماعية من أهم العوامل المؤدية الى الصحة والحيوية وطول العمر . ذلك ان الشخص المرفه اقتصادياً يستطيع اقتناء جميع متطلبات

ومستلزمات الحياة من سكن مريح وطعام مغذي وتسهيلات نقل ومواصلات وراحة وامن واستقرار . فضلاً عن قدرته على اقتناء الادوية والعقاقير الطبية والرعاية الصحية والمعالجة الطبية التي تمكنه من السيطرة على الامراض المزمنة والانتقالية التي قد يتعرض اليها في حياته اليومية [٣] .

ان الرفاهية الاقتصادية التي يتمتع بها الفرد انما تمنحه الشعور النفسي ـ بالامن والطمأنينة وضمان حياته الآنية والمستقبلية . وهذا ما يجعله قوياً في مواجهة أخطار الحياة ومتطلباتها ، الأمر الذي يمكنه من اكتساب الصحة والحيوية . كما ان الرفاهية الاقتصادية التي يتمتع بها الفرد تضمنه ضد العوز والحاجة والفقر والحرمان الاقتصادي ، وهذا ما يمكنه من التكيف للمجتمع والاستقرار فيه .

أما الرفاهية الاجتماعية الذي يتمتع بها الفرد فهي أساس استقراره وطمأنينته وضمان حياته الاجتماعية الآنية والمستقبلية . وتعني الرفاهية الاجتماعية عدة أشياء منها قدرة الفرد على التمتع بالخدمات الاجتماعية التي قد تمنحها له الدولة او القطاع الخاص أو القطاع المختلط كالخدمات السكنية والصحية والرعاية الاجتماعية ، إضافة الى الخدمات الترويحية والتربوية والتعليمية . كذلك تتضمن الرفاهية الاجتماعية وجود بيئة صحية وسليمة يعيش في وسطها وتمنحه درجة من الدفء والحنان والاعتراف باهميته وقدراته في خدمة المجتمع والتضحية في سبيله . فضلاً عن وجود الاصدقاء والمعارف والاحبة الذين يحترمونه ويقدرونه ويسدون اليه الخدمات التي يحتاجها في حياته اليومية [٤] .

وتتضمن الرفاهية الاجتماعية قدرة الفرد على اشباع حاجاته الدينية والروحية عن طريق ايمانه بالدين او القيم الدينية والروحية التي يؤمن بها ويتمسك بمفرداتها . ان الرفاهية المادية والاجتماعية تمد الفرد بمقومات الصحة والحيوية وتبعد عنه الامراض على اختلاف انواعها [٥] . لقد جاءت الرفاهية الاقتصادية والاجتماعية كعامل من عوامل الصحة والحيوية وطول العمر بالتسلسل المرتبي الاول إذ اشرها ٤١٠ اطباء من مجموع ٤٢٠ وبنسبة ٩٨% .

٢- الوعي الاجتماعي والصحي (Social and Health Consciousness) :

يعد الوعي الاجتماعي والصحي من أهم العوامل المسؤولة عن صحة الفرد وحيويته وطول عمره . فعندما يكون الفرد متسلحاً بالوعي الاجتماعي والصحي أي يدرك ويعرف تمام المعرفة ماهية الشروط والمعطيات الاجتماعية التي تجلب له الصحة والحيوية وحسن التكيف للمحيط الذي يعيش فيه ويتفاعل معه، ويدرك كذلك طبيعة الامراض الموجودة في محيطه وماهية اسبابها واخطارها وآثارها وكيفية التحوط منها ، ويدرك في الوقت نفسه طبيعة الاطعمة التي يتناولها وطبيعة الاطعمة التي يتجنبها وكيفية الموازنة بين العمل والراحة والنوم ودور كل منهما في الصحة والحيوية والتكيف مع البيئة فانه يمكن ان يتمتع بقسط من الصحة والحيوية والنشاط[٦] .

نعني بالوعي الاجتماعي ادراك الفرد وتحسبه ومعرفته بمفردات البيئة الاجتماعية التي يعيش فيها وطبيعة اخطارها ونقاط قوتها وضعفها وكيفية التوجس من سلبياتها وامراضها لكي يتفاداها ويتجنب شرورها . فمن مفردات الوعي الاجتماعي تحقيق التوازن بين انطشة العمل وانشطة الفراغ والترويح، وتحقيق التوازن بين حجم العائلة وبين مواردها المالية ، وعدم اجهاد الذات بالعمل والكسب المادي والركض وراء الربح السريع ، والابتعاد عن المنافسة والصراعات مع الآخرين ، وعدم التدخل في شؤون الآخرين وعدم اعطاء المجال للآخرين بالتدخل في شؤونه ، مع تحقيق الموازنة المثالية بين العبادة أي عبادة الله سبحانه وتعالى والعمل الاقتصادي والانتاجي [٧] ، واخيراً الالتزام بالقيم الاجتماعية الايجابية كالشجاعة والثقة العالية بالنفس والتعاون والايثار والصدق والصراحة والقناعة ... الخ والتخلي عن القيم السلبية كالكذب والغش والاعتداء على الآخرين والنفاق والتملق والطائفية والطبقية والعنصرية ... الخ .

أما الوعي الصحي الذي لا بد ان يمنح الفرد الصحة والحيوية والنشاط وطول العمر فهو معرفة وادراك كل ما هو صحي وكل ما هو غير صحي والميل في السلوك نحو الصحي وتفادي أو تجنب كل ما هو غير صحي . ان الوعي الصحي يجعل الفرد

يتناول الاغذية الغنية بالفيتامينات ويتجنب التدخين وشرب المشربات الكحولية والابتعاد عن مواطن العدوى والمرض وأخذ قسط كافٍ من الراحة والنوم واستشارة الطبيب في حالة المرض وعدم تناول العقاقير الطبية الا بعد وصفها من قبل الاطباء مع ريادة المصحات والمنتجعات الصحية والتزام النظافة ، أي نظافة الجسم والملابس والسكن [٨]. لقد جاء عامل الوعي الاجتماعي والصحي بالتسلسل المرتبي الثاني إذ أشره ٤٠١ طبيب من مجموع ٤٢٠ وبنسبة (٩٥%) .

٣- التكيف لمعطيات البيئة الطبيعية والاجتماعية

Adjustment to Physical and Social Environment

لقد جاء عامل التكيف لمعطيات البيئة الطبيعية والاجتماعية كعامل مهم من العوامل الاجتماعية للصحة والحيوية وطول العمر بالتسلسل المرتبي الثالث حيث أشره ٣٩٥ طبيباً من مجموع ٤٢٠ وبنسبة (٩٤%) . يقسم الافراد في المجتمع الى قسمين أساسيين هما أولاً الاشخاص المتكيفون للبيئة الطبيعة والاجتماعية وثانياً الاشخاص غير المتكيفين للبيئة الطبيعة والاجتماعية . الاشخاص المتكيفون للبيئة الطبيعية كالمناخ والتضاريس الارضية والجغرافية والابنية والساحات والشوارع والمياه والانهر والمسطحات المائية ، والمتكيفون للبيئة الاجتماعية كالعلاقات الاجتماعية السائدة والقيم والاخلاق والممارسات الاجتماعية والمقاييس والضوابط الاجتماعية والعادات والتقاليد والطقوس الاجتماعية هم الاشخاص الذين يتمتعون بالصحة والحيوية والنشاط لأن البيئة الطبيعية تناسبهم وتؤدي الى صحتهم وحيويتهم وان البيئة الاجتماعية التي يعيشونها تنسجم مع اذواقهم وتنشئتهم الاجتماعية وتتجاوب مع ما يقبلونه ويستسيغونه . لذا نراهم يتمتعون بالصحة والعافية وسلامة الجسم والعقل [٩]. بينما من ناحية أخرى نلاحظ بان الاشخاص غير المتكيفين للبيئة الطبيعية او الاجتماعية لسبب أو لآخر لا يتمتعون بالصحة والحيوية والنشاط بل على العكس عرضة للامراض التي تقتل عندهم روح العمل والابداع وتسبب سوء تكييفهم للبيئة التي يعيشون فيها ويتفاعلون معها .

ومن الجدير بالذكر ان الاشخاص المتكيفين للبيئة الطبيعة والاجتماعية يختلفون عـن الاشخاص غير المتكيفين ، والاختلاف يكون في النقاط الآتية :

١- الاشخاص المتكيفون للوسط الطبيعي والاجتماعي تكون انتاجيتهم اعلى وافضل من الاشخاص غير المتكيفين .

٢- الاشخاص المتكيفون للوسط الطبيعي والاجتماعي غالباً ما يتمتعون بشخصيات جذابة وناجحة ومقبولة مقارنة بالاشخاص غير المتكيفين للبيئة الطبيعية والاجتماعية [١٠] .

٣- الاشخاص المتكيفون للبيئة الاجتماعية والطبيعية يكونون بعيدين كل البعد عن الامراض السارية والمزمنة والجرائم والمشكلات ، بينما الاشخاص غير المتكيفين للوسط الطبيعـي والاجتماعـي نـراهم عرضـة للامـراض المهلكـة والجـرائم والمشكلات الاجتماعية .

٤- الاشخاص المتكيفون للبيئة يكونون قادرين على بلوغ اعلى المستويات الثقافية والعلميـة في المجتمـع ، بينما الاشخاص غيـر المتكيفين للبيئة لا يستطيعون تحقيق منجزات ثقافية وعلمية واعتبارية عالية ومتميزة.

٥- الاشخاص المتكيفون للبيئة يتسمون بالاستقرار والهدوء والسكينة وعدم التنقل او الترحـال مـن مكـان الى آخـر ، بينمـا الاشخاص غيـر المتكيفين يكونـون غيـر مستقرين ، إذ ان سلـوكهم يكون مضطرباً وغيـر سـوي ، فضـلاً عـن تـنقلهم الجغرافي من منطقة الى منطقة أخرى [١١] .

٤- الثقافة والتربية والتعليم (Education and Culture) :

يمكن تقسيم الافـراد في المجتمـع الى مجموعتين رئيسيتين هـما المجموعـة الاولى التي تتكون مـن المثقفين والمتعلمين واصحاب المؤهلات العلميـة الرفيعـة ، والمجموعـة الثانية تتكون من الاميين وغير المتعلمين ومن الذين يحملون تحصيل علمي منخفض . علماً بان الثقافة والتربية والتعليم هي التي تحدد مهن الافراد وتحدد بعد ذلك مرتباتهم

الشهرية أو دخولهم . فالمثقفون والمتعلمون وذوو المؤهلات العلمية العالية هـم الـذين يحتلون المهن والاعمال الرفيعة والحساسة التي يقيمها المجتمع ، وهـؤلاء يتقاضون الرواتب العالية . علماً بان المؤهلات الثقافية والعلمية العالية والمهن المحترمة التي يشغلونها والرواتب العالية التي يتقاضونها تلعب الـدور الفاعل في صحتهم ونشاطهم وطول مدة حياتهم وندرة تعرضهم الى الامراض والمشكلات الصحية (١٢) .

في حين نلاحظ بـان الاميين وغير المتعلمين وذوو المستوى الـدراسي المنخفض يشغلون الاعمال الحرة والعمالية والفلاحية والروتينية التي لا تمنح اصحابها الاحترام والتقدير والحظوة ، ولا تمنحهم الرواتب والاجور العالية التي تمكنهم مـن الحفاظ عـلى صحتهم وحيويتهم وتقيهم شرور الامراض السارية والمزمنة . لذا نلاحظ بان هـؤلاء يكونون دائماً عرضة للامراض الفتاكة التي قـد تقعـدهم عـن العمـل كليـة او تـؤدي الى وفاتهم وقصر اعمارهم.

فضلاً عـن ان المثقف والمتعلم يعرف تمام المعرفة الشروط الصحية التي يمكن ان يتبعها للحفاظ على صحته وحيوته ، بينما غير المثقف وغـير المتعلم لا يعـرف شروط الصحة والحيوية والنشاط ولا يلتزم بها ، لذا يكون عرضة للمرض الذي قـد يقعده عـن العمل لأيام وأسابيع إذا لم نقل اشهر وسنوات (١٣) . كما ان المثقف والمتعلم يعرف كيفية تنظيم وترتيب امور حياته وكيفية تجنب المشكلات والاخطار التي قـد يتعرض لهـا في بيئته الاجتماعية ، في حين يفتقر الأمي وغير المثقف الى ابسط المعلومات التي تمكنه من تنظيم شؤون حياته وتجنب المشكلات والاخطار التي قد يتعرض لها في حياته اليومية والتفصيلية ولا يميز بين السلوك الذي يجلب له السعادة والهناء وبين السلوك الـذي يجلب له الشقاء والشر والألم . لهذه الامور نلاحظ بان المثقف والمتعلم يتسم بالصحة والحيوية والنشاط ، بينما غير المتعلم والامي يغلب عليه المرض والكسل والخدر والترهل (١٤) .

لقد جاء عامل الثقافة والتربية والتعليم بالتسلسل المرتبي الرابع حيث أشره ٣٥٢ طبيباً من مجموع ٤٢٠ وبنسبة (٨٤%) .

٥-   الابتعاد عن المنافسة والصراع والاقتتال مع الآخرين

(Avoiding Competition Conflict and Fighting With Others)

لقد جاء هذا العامل كعامل من العوامل الاجتماعية المهمة في الصحة والحيوية
وطول العمر بالتسلسل المرتبي الخامس ، إذ أشره ٣٤٠ مبحوثاً من مجموع ٤٢٠
وبنسبة (٨١%) . ان تجنب المنافسة والصراع مع الآخرين في الحصول على مكاسب
اقتصادية او سياسية او ثقافية وعلمية انما يجعل الفرد بمنأى عن التوتر والقلق والتوتر
النفسي، وهذا ما يساعد على ارتياحه النفسي- واستقراره في المجتمع الذي يعيش فيه
ويتفاعل معه مع برودة مزاجه وهدوء باله . وهذا ما يمكنه من الحصول على درجة
عالية من الصحة والحيوية ، وهذه الصحة تساعد في مضاعفة انتاجيته وحسن استقراره
في الوسط الاجتماعي الذي يعيش فيه ^(١٥) .

أما إذا كان الفرد يفتش عن المنافسة والصراع مع الآخرين لاتفه الاسباب فان
هذا يسبب دائماً توتر اعصابه ومزاجه وسوء تكييفه للمحيط الذي يعيش فيه وشكوكه
بنوايا الآخرين ومقاصدهم بل وتحديهم والاقتتال معهم لاسباب لا شأن له بها . وهذا
غالباً ما يعرض الفرد الى المرض وتلكؤ الصحة وخمود الحيوية بل وحتى الوفاة . علماً
بان الابتعاد عن المنافسة والصراع او التفتيش عنها والركض وراء مسبباتها يمنح الفرد
فرصة الصحة وطول العمر .

ان تجنب المنافسة والصراع غالباً ما يفضي الى تجنب الاقتتال والشجار معهـم .
ومثل هـذا التجنب يمنح الفرد فرصة التمتع بالصحة والحيوية. بينما البحـث عن
المنافسة والصراع مع الآخرين يعني الـدخول في شجار واقتتال معهـم . وهـذا الشجار
والاقتتال غالباً ما يقود الى المرض او الوفاة . ومن الجدير بالاشارة هنا الى ان حصول
الفرد على الطموحات والمكاسب لايكون عن طريق المنافسـة الهدامـة والصراع المـدمر
والاقتتال المهلك بل يكون عن طريق التروي والوفاق والتعاون مع الآخرين وفعل الخير
^(١٦) . وهذه الممارسات الاخيرة تقود بالفرد الى الصحة والهنـاء وتبعده عـن شرور المـرض
والوفاة والندامة .

فضلاً عن ان الابتعاد عن المنافسة والصراع والاقتتال يجلب للمجتمع الهدوء والسكينة والاستقرار ويقود الى توافقه ووحدته وبالتالي صحته وحيويته وسلامته من الامراض المهلكة . والسلامة من الامراض تساعد المجتمع على النمو والتقدم وتحقيق الاهداف المتوخاة مهما تكن درجة صعوبة تحقيق هذه الاهداف . أما الدخول في عالم المنافسة والصراع والاقتتال مع الآخرين فيجلب للمجتمع الشر الوبيل الذي سرعان ما ينعكس على صحة الافراد وحيويتهم واستقرارهم إذ يسبب لهم الامراض وتدهور الصحة وتزايد معدلات الوفيات والتي غالباً ما تكون عوامل للتراجع والخمود والانتكاس(١٧) .

٦- القدرة على التحرر من الاجهاد

(Ability to Avoid Stress)

لعل من أهم العوامل الاجتماعية المسببة للصحة والحيوية وطول العمر قدرة الفرد على التحرر من الاجهاد والتعب والاعياء . وقد جاء هذا العامل بالتسلسل المرتبي السادس حيث أشره ٣٣٥ مبحوثاً من مجموع ٤٢٠ وبنسبة (٨٠%) . ان معظم الافراد سواء كان عملهم فكرياً او عضلياً معرضون للاجهاد والتعب الناجم ليس عن العمل الفكري او العضلي الذي يزاولونه فحسب ، بل والناجم ايضاً عن متطلبات الأسرة والحياة وهموم الدنيا التي يفكر بعواقبها الانسان ليل نهار لاسيما بعد تعقد مطاليب الحياة والمجتمع وتضافر العوامل والقوى الموضوعية والذاتية المؤثرة في حياة الفرد والتي لا يستطيع التحرر منها مهما بلغ من ذكاء ومقدرة على تذليل المشكلات والتحديات(١٨) . جميع هذه العوامل والقوى بجانب متطلبات العمل الذي يزاوله الانسان تسبب له الاجهاد والتعب والذي قد يقود به الى المرض كما تكلمنا عن ذلك في الفصل السابق من الكتاب .

ولكن الانسان الذكي والواعي والمجرب يستطيع تجاوز مشكلة الاجهاد المسببة للمرض النفسي او المرض الجسمي ، او على الأقل تخفيف وطأتها وازالة آثارها النفسية والجسمية المخربة . علماً بان علماء اجتماع الفراغ والترويح يقولون بان الانسان يستطيع مواجهة الاجهاد عن طريق الموازنة بين العمل والفراغ ، أي تخصيص ساعات

للعمل وساعات للفراغ بعد تحويل وقت الفراغ (Leisure Time) الى وقت ترويح (Recreation Time) ، حيث ان الانسان عندما يحول وقت الفراغ الى وقت ترويح فانه يجدد قواه الجسمية والفكرية التي أعياها العمل وأتعبها واستنفد طاقاتها ومقوماتها وعناصرها الجوهرية [19]. وهذا لا يقضي على الاجهاد الذي يعاني منه الانسان فحسب، بل ينمي الشخصية ويطورها ويفجر طاقاتها المبدعة والخلاقة .

ان الانسان يستطيع مواجهة الاجهاد النفسي والجسمي الذي يعاني منه عن طريق اتخاذ الاجراءات الآتية :

١- تقليل ساعات العمل وزيادة ساعات الفراغ والترويح حتىولو كان ذلك يسبب خسائر مادية للفرد .

٢- الابتعاد عن التفكير بهموم ومشكلات الحياة والنظر اليها على انها اشياء هامشية لا تستحق التفكير واعادة التفكير [٢٠] .

٣- النظر الى دنيا العمل والفراغ نظرة تفاؤلية بعيدة عن التشاؤم والنظرة المأساوية الضيقة التي لا تسبب لصاحبها سوى الاعياء والحزن والغم والمرض النفسي والجسمي .

٤- بعد الانتهاء من العمل مباشرة على الفرد الذهاب الى البيت للاستحمام وتناول وجبة الطعام ثم الخلود الى الراحة والنوم بعيداً عن منغصات الحياة كالجدل والشجار ولوم الآخرين ... الخ .

٥- ينبغي على الفرد تقليل او اختزال المسؤوليات والمهام المرهقة نفسياً وجسمياً والتحرر منها وتعويضها بفعاليات تجلب له المتعة والسعادة والسرور [٢١] .

إذا كان للفرد القدرة والقابلية على التحرر من الاجهاد فانه سينال نصيبه من الصحة والحيوية وطول العمر . أما إذا كان الفرد غير قادر على التحرر من الاجهاد والاعياء فانه سرعان ما يكون فريسة المرض وفقدان الصحة التي قد تعرضه الى الوفاة.

٧- القناعة والتسامح مع الآخرين

(Satisfaction and Permissiveness with Others

القناعة والتسامح مع الآخرين هي من العوامل الاجتماعية المفضية الى الصحة والحيوية وطول العمر ، بينما الطمع وعدم القناعة والرغبة العنيفة في غمط حقوق الآخرين وعدم التسامح معهم ومحاسبتهم على الصغيرة والكبيرة تسبب للفرد المرض وتردي الصحة التي قد تقود به الى الوفاة وهو في سن مبكر. لقد جاء عامل القناعة والتسامح مع الآخرين كعامل من العوامل المسببة للصحة والحيوية وطول العمر بالتسلسل المرتبي السابع إذ أشره ٣٢٢ طبيباً من مجموع ٤٢٠ وبنسبة ٧٧% كما تشير الى ذلك نتائج دراستنا الميدانية حول دور العوامل الاجتماعية في الصحة والمرض .

القناعة هي قيمة اجتماعية ايجابية تعني قبول الفرد بما حصل عليه من مستحقات مادية وغير مادية حتى ولو كانت قليلة ومحدودة [٢٢] . فالشخص القنوع هو الذي يقبل ويرضى بما حصل عليه من نصيب في الثروة او الجاه او المنافع غير المادية . والقناعة في الاسلام هي كنز لا يفنى ، فمن منح فضيلة القناعة فكأنما مُنح كنز كبير ، يجعله غني في كل شيء ومقتنع على ما حصل عليه . وعكس القناعة هو الطمع والجشع وعدم قبول ما منحه الله سبحانه وتعالى من خيرات مادية ونِعم معنوية ومثالية . والطمع يعني طلب اكثر ما يستحقه المرء من اشياء مادية وغير مادية ، ومثل هذا الطلب يجعل الفرد مكروهاً ومستهجناً من قبل الآخرين لانه لا يرضى بقسمة الله ويريد التجاوز عليها [٢٣] . وهذا هو شيء مكروه ومذموم . علماً بان الشخص غير القنوع، أي الذي لا يرضى بقسمة الله له وما يستحقه من اشياء هو الشخص غير المستقر وغير المتكيف للمجتمع . ومثل هذا الشخص يكون فريسة الداء والمرض الذي سرعان ما يقضي على حياته .

أما التسامح مع الآخرين فهو من القيم الاجتماعية الايجابية التي يوصي بها الاسلام وهي سبب من اسباب السعادة والراحة والصحة والحيوية والنشاط وطول العمر [٢٤] . والتسامح هو المغفرة على الذنب او الأثم الذي ارتكبه الفرد بقصد او بدون قصد . والتسامح لا يعود بالمردود

الايجابي للفرد فحسب ، بل يعود ايضاً بالمردود الايجابي للجماعة والمجتمع على حدٍ سواء. فالانسان المتسامح هو الانسان ذو الخلق الرفيع ، بينما الانسان غير المتسامح هو الانسان الشديد والحازم والمتصلب والمتعصب، وهذه النعوت التي يوصف بها الانسان غير المتسامح تعد ضرباً من ضروب الأثم والعدوان.

والتسامح يعني فيما يعني الرقة والوداعة والتساهل واحترام الغير والرغبة الصادقة والمخلصة في صنع الخير لبني الانسان . أما عدم التسامح فهو التعنت والتشدد والمحاسبة الغليظة والقاسية للآخرين ، والتي قد تقود الى العداوة والكراهية والبغضاء والصراع والاقتتال مع الآخرين [٢٥] . وهذا بدون شك هو مدعاة للمرض والسقم والاعتلال النفسي والجسمي الذي يقصر حياة الانسان ويقوده الى الموت والهلاك والفناء .

٨- التحرر من الاضطهاد الطائفي والعرقي والسياسي والاجتماعي

Freedom From Sectarian, Racial, Political and Social Persecution

المتحرر من الاضطهاد الطائفي والعرقي والسياسي والاجتماعي هو المتحرر من الخوف والذي يتحرر من الخوف يكون عادة بمنأى عن الامراض النفسية والعصبية وبمنأى ايضاً عن الامراض الجسمية أي يكون سالماً من الامراض ويتمتع بصحة وحيوية عالية [٢٦] . أما الشخص المبتلى بمشكلة الاضطهاد الطائفي والعرقي والسياسي والاجتماعي ، أي ان المجتمع يضطهده ويتحيز ضده طائفياً وعرقياً وسياسياً واجتماعياً فهو يكون عادة عرضة للامراض النفسية والعصبية ، ومثل هذه الامراض قد تجلب له شتى الامراض الجسمية الانتقالية منها والمزمنة [٢٧] .

تشير نتائج دراستنا الميدانية الى عامل التحرر من الاضطهاد الطائفي والعرقي والسياسي والاجتماعي كأحد العوامل الاجتماعية المسببة للصحة والحيوية والنشاط قد جاء بالتسلسل المرتبي الثامن ، إذ أشره ٣١٥ مبحوثاً من مجموع ٤٢٠ وبنسبة ٧٥% . ومن الجدير بالذكر ان الاضطهاد الطائفي هو التحيز الديني الذي يتعرض له الفرد من قبل طائفة دينية مناوئة للطائفة الدينية التي ينتمي اليها . وهذا التحيز المزوج مع

الكراهية والعداوة والحقد قد يجلب له المرض الجسمي والنفسي . بينما تحرر الفرد من الاضطهاد الطائفي قد يقود الى سلامته الجسمية والنفسية ، أي تحرره من الامراض التي قد يصاب بها الشخص الذي يلقى التحيز والاضطهاد من الآخرين [٢٨] .

أما التحيز العرقي أي تحيز ملة او قوم ضد شخص ما بسبب السمات العرقية التي يتميز بها والتي تجعله مختلفاً عن اعضاء الملة التي تتحيز ضده فانه مدعاة لمختلف الامراض النفسية والعقلية التي قد يصاب بها نتيجة تعرضه للاضطهاد والتحيز العرقي. أما إذا كان الفرد غير مضطهد وغير متحيز ضده من الآخرين فانه لا بد ان يكون سالماً من الامراض النفسية والجسمية ، أي يتمتع بالصحة والعافية والنشاط وطول العمر .

وهناك الاضطهاد السياسي الذي قد يتعرض له الفرد كتحيز الدولة أو أحد الاحزاب السياسية ضده لكونه يحمل افكاراً سياسية تختلف عن تلك التي تحملها الدولة او يحملها حزب او عدة أحزاب سياسية . ان هذا الاضطهاد السياسي الذي يتعرض له الفرد قد يسبب له المرض ، والمرض قد يقض مضاجعه ويسبب له الوفاة . بينما إذا كان الفرد متحرراً من الاضطهاد السياسي فانه يتمتع بالصحة الجيدة والحياة السعيدة المليئة بالافراح والمنجزات مما يسبب ذلك طول مدة حياته [٢٩] . وأخيراً هناك الاضطهاد الاجتماعي الذي يتعرض له الفرد نتيجة انتمائه الى طبقة او فئة اجتماعية تختلف عن الطبقة او الفئة المتحيزة ضده، أو نتيجة انتمائه الى اقلية اثنية او حضارية يحمل المجتمع التحيز والاضطهاد ضدها . وهذا التحيز الاجتماعي قد يسبب له المرض . أما إذا كان الفرد بعيداً عن التحيز والاضطهاد الاجتماعي فانه لا بد ان يتمتع بالصحة والحيوية والنشاط وطول العمر .

٩- التعاون والتضامن مع الآخرين وتجنب العزلة

Coopration and Cohesion with Others and Avoiding lsolation

لعل من أهم العوامل المسببة لصحة ونشاط الفرد في المجتمع تعاونه وتضامنه مع الآخرين وتجنبه العزلة الاجتماعية . ان تعاون الفرد وتضامنه مع ابناء جنسه مهما تكن

اعمالهم او مستوياتهم المهنية والثقافية والعلمية ومهما تكن معتقداتهم الدينية والسياسية والفكرية لا بد ان يقود الى توحد الفرد مع الجماعة وتضامنه معها وبالتالي قوته واقتداره في تحقيق الاهداف التي يصبو اليها [٣٠] . وهذا هو أحد أسباب صحته وحسن تكييفه للمجتمع الذي يعيش فيه ويتفاعل معه .

أما إذا كان الفرد غير ميال الى التعاون والتضامن مع الآخرين ويفضل المنافسة والصراع والاقتتال معهم فان هذا يعرض الفرد لشتى أنواع المنغصات والتقاطعات التي قد تعرضه للمرض والوفاة في سن مبكر . لذا إذا اراد الفرد ان يحظى بالصحة والحيوية والنشاط فمن مصلحته التعاون والتآزر مع الآخرين وتكوين اقوى الصلات الاجتماعية معهم . فهذا التعاون يقود الى الخير والنفع العميم .

وتعاون الفرد مع الآخرين يعني فيما يعني تكوين العلاقات الاجتماعية الجيدة معهم والتفاعل الانساني الايجابي الذي يوحد بين الافراد والجماعات ويجنبهم العزلة التي تقود الى قتل المواهب وضياع الامكانات والقابليات وتحول الافراد المنعزلين الى وحدات جامدة لا تقوى على فعل ما ينبغي فعله والقيام به في المجتمع [٣١] .

ان للعزلة الاجتماعية اسباباً كثيرة لعل في مقدمتها ضعف رغبة الفرد في الاختلاط والتفاعل مع الآخرين أو خشيته من اذى الآخرين له وتوجسه من نواياهم ومقاصدهم الشريرة التي قد تجلب له ما لا تحمد عقباه . فضلاً عن رغبة الفرد بالانسحاب الاجتماعي من الآخرين لكي لا يضيع وقته ويبدد امكاناته في مجالات لا ينتفع منها مطلقاً . واخيراً ترجع العزلة الى عامل الغيرة والحسد ، فالفرد المنعزل يخشى على نفسه وحياته من شرور الغيرة والحسد المتأصلة في نفوس العديد من الافراد . أما أضرار العزلة فهي الانقطاع عن المجتمع وعدم الاستفادة من تسهيلاته وما يمكن ان يقدمه للفرد من خدمات وتضحيات . وعندما ينعزل الفرد عن المجتمع ولا يتفاعل معه فيكون عرضه للمرض والوباء الذي قد يؤدي الى الوفاة . لقد جاء عامل التعاون والتضامن مع الآخرين وتجنب العزلة بالتسلسل المرتبي التاسع ، إذ أشره ٣٠٠ طبيباً من مجموع ٤٢٠ وبنسبة ٧١% .

١٠- المواءمة بين الانجاز والطموح

Parity Between Ambition and Achievement

الشخص الذي يستطيع تحقيق المواءمة بين الانجاز والطموح هو الشخص الناجح في حياته الذي يعرف كيف يتصرف وكيف يتفاعل مع الآخرين من اجل بلوغ اهدافه وتحقيق طموحاته باسرع وقت ممكن وباقل قدر من التكاليف المادية وغير المادية . ومثل هذا الشخص القادر على انجاز ما يطمح اليه لا بد ان يتمتع بالصحة والحيوية والنشاط (٣٢) . بينما الشخص غير القادر على انجاز ما يطمح لتحقيقه هو الشخص الذي يكون عرضة للمرض والوباء الذي قد يقضي على حياته كما اشرنا الى ذلك في الفصل السابق .

لقد جاء عامل المواءمة بين الانجاز والطموح بالتسلسل المرتبي العاشر ، إذ أشره ٢٧٧مبحوثاً من مجموع ٤٢٠ وبنسبة ٦٦% .

لعل اهم ما يتميز به من ينجح في تحقيق ما يطمح له وما يخطط لتحقيقه رجاحة العقل وقوة الشخصية وسلامة الجسم من الاوبئة والامراض، وفاعلية القيم والمقاييس التي يؤمن بها، وسرعة البديهة ، والقدرة على التحسب للمستقبل والتخطيط الخاص بالتوازن بين الوسائل المتاحة والاهداف المخطط لها مستقبلاً (٣٣) . فضلاً عن تحقيق الموازنة بين التكاليف والارباح . واخيراً ينبغي ان يتسم الفرد الذي يتوخى النجاح في المواءمة بين الانجاز والطموح بحسن النية وقوة البصيرة والدقة في رصد الامكانات والطاقات والمقومات وتوجيهها او تصويبها نحو تحقيق الاهداف المتوخاة . ان من يتسم بهذه المواصفات انما يكون قادراً على تحقيق الطموحات والاهداف التي يضعها في حساباته . وتحقيق الطموحات والاهداف هذه لا يتم بدون وضع السبل والوسائل العملية التي من شأنها يمكن بلوغ الاهداف المخططة . والسبل هذه قد تكون اقتصادية أو اجتماعية او أدارية اوتربوية او علمية ... الخ او خليط من هذه السبل او الوسائل . ومهما يكن من أمر فان المواءمة بين الانجاز والطموح يجلب للفرد الصحة والاستقرار والنجاح في الحياة .

بعد شرح وتحليل العوامل الاجتماعية المسببة للصحة والحيوية وطول العمر يمكن عرض جدول التسلسل المرتبي الذي يوضح ماهية العوامل الاجتماعية المؤثرة في الصحة والحيوية وطول العمر وكما يأتي :

جدول تسلسل مرتبي يوضح ماهية العوامل الاجتماعية المؤثرة في الصحة والحيوية وطول العمر كما أشرها ٤٢٠ طبيباً

العوامل الاجتماعية المؤثرة في الصحة والحيوية وطول العمر	التسلسل المرتبي	الوزن الرياضي	النسبة المئوية
الرفاهية الاقتصادية والاجتماعية	١	٤١٠	%٩٨
الوعي الاجتماعي والصحي	٢	٤٠١	%٩٥
التكيف لمعطيات البيئة الطبيعية والاجتماعية	٣	٣٩٥	%٩٤
الثقافة والتربية والتعليم	٤	٣٥٢	%٨٤
الابتعاد عن المنافسة والصراع والاقتتال مع الآخرين	٥	٣٤٠	%٨١
القدرة على التحرر من الاجهاد	٦	٣٣٥	%٨٠
القناعة والتسامح مع الآخرين	٧	٣٢٢	%٧٧
التحرر من الاضطهاد الطائفي والعرقي والسياسي والاجتماعي	٨	٣١٥	%٧٥
التعاون والتضامن مع الآخرين وتجنب العزلة	٩	٣٠٠	%٧١
المواءمة بين الانجاز والطموح	١٠	٢٧٧	%٦٦

مصادر الفصل التاسع

(1)   Fitzpatrick , R. M. Social Concepts of Disease and Illness, London , Bailliere Tindall, 2000, P. 27.

(٢)   العوامل الاجتماعية المذكورة تعتمد على المسح الاستطلاعي الذي اجراه المؤلف والـذي قابـل فيه ٥٠٠ طبيب يعملون في عدد من المستشفيات في بغداد، وقد تمت المقابلة في شهر نيسان عام ٢٠٠٥ .

(3)   Sandford , C. Social Economics , London, Heinemaun, 1997, P. 69.

(4)   Marashall, T. H. Social Policy , Hutchinson University Library, 1985, 6th ed., London, PP. 43-44.

(5)   Ginsberg, M. Basic and Social Needs , London, Heinmann, 1977, P. 13.

(6)   Young , T. Health and Social Consciousness, London, The West Point Press, 1990, P. 12.

(7)   Ibid., P. 18.

(8)   Ibid., P. 21.

(9)   Jones, K. Sociology of Medicine, London, English Universities Press, 1985, P. 124.

(10)   Ibid., P. 131.

(11)   Ibid., P. 134.

(12)   Robert, J. A. Economic Evalnation of Health Care, British Journal of Preventive Social Medicine, Vol. 25, 1974.

(13)   Low, E. M. Social Class and Level of Education, 1998, London, the Evans Press, P. 19.

(14)   Ibid., P. 20.

(15)   Flinns, G. M. Peace , Mood and Health , London , Longman, 1997, P. 27.

(16)   Ibid., P. 51.

(17)   Ibid., P. 86.

(18)   Levine, S. and Scotch , N. Social Stress, Chicago, Aldine, 1986, P. 32.

(١٩)   الحسن، إحسان محمد (الدكتور) . علم اجتماع الفراغ ، عمان، دار وائل للنشرـ، ٢٠٠٥، ص
٥٩.

(٢٠)   المصدر السابق، ص ٦٢.

(٢١)   المصدر السابق، ص ٦٤.

(22)   McDougall, W. Character and the Conduct of Life , London, Methnen,
1954, P. 135.

(23)   Ibid., P. 139.

(٢٤)   الحسن، إحسان محمد(الدكتور) . علم الاجتماع الـديني ، بغـداد، دار الرسائل الجامعيـة ،
٢٠٠٥، ص ١٤٠.

(٢٥)   المصدر السابق، ص ١٤٣.

(26)   Mannheim, K. Persecution and Disease , London, Routledge and Kegan
Paul, 1959, P. 19.

(27)   Ibid., P. 24.

(28)   Ibid., P. 30.

(29)   Esyenck , H. S. Bias in Politics, London, The Avenne Press, 1972, P. 118.

(٣٠)   منهايم ،كارل . علم الاجتماع النظري ، ترجمة الدكتور إحسـان محمـد الحسـن ، بغـداد، دار
الكتب للطباعة والنشر ، ١٩٩٣، ص ١١٦.

(٣١)   المصدر السابق، ص ١٣٩.

(32)   Krech , D. and Crutchfield , D. Individual in Society , New York, the Free
Press, 1989, 3 rd ed., P. 112.

(33)   Ibid., P. 116 .

الفصل العاشر

دور العوامل الاجتماعية المؤثرة في المرض والوفاة

المقدمـة :

لا تقل أهمية العوامل الاجتماعية في المرض والوفاة عن العوامل البايولوجية والفيزيولوجية والعوامل النفسية . فالعوامل الاجتماعية المسببة للمرض والوفاة كالاجهاد وفقدان القريب او الصديق وحوادث الحياة المؤسفة والعمل الذي يمارسه الفرد من حيث ظروفه وطبيعته ومشكلاته والانتقال الاجتماعي السريع والتقاطع بين الانجاز والطموح ... الخ كلها عوامل تؤثر في الحالة النفسية للفرد تأثيراً سلبياً إذ تسبب له الخوف والغضب والانفعال والانزعاج والتوتر الحاد والقلق ... الخ [١] ، وهذه الحالات النفسية السلبية التي تنتاب الفرد وتلازمه لفترات زمنية طويلة غالباً ما تسبب له الامراض الجسمية المزمنة او تعرضه الى الامراض الانتقالية كالضغط الدموي العالي والسكري وامراض الفقرات والمفاصل والسرطان والقرحة والامراض الجلدية والملاريا والسل والحصبة والجدري والتيفوئيد وغيرها من الامراض [٢] .

ومن الجدير بالذكر ان معالجة الامراض الجسمية التي يتعرض لها الفرد لا يمكن معالجتها وتخفيف وطأتها الا بعد معالجة الاسباب الاجتماعية والاعراض النفسية والعصبية عن طريق طب المجتمع وطب الأسرة [٣] .

هذا ما يتعلق بالجانب النظري او المرجعي للموضوع ، أما الجانب الميداني فقد أشار الى ان اكثرية المبحوثين من الاطباء قد ذكروا بان العوامل الاجتماعية تعد من الاسباب المهمة في الصحة والمرض والوفاة . فعند مقابلتنا لـ ٥٠٠ طبيب في بغداد يعملون في العيادات العامة والشعبية والخاصة ومن كلا الجنسين ومن مختلف الاعمار ، وقد كانت المقابلة في شهر نيسان عام ٢٠٠٥ اجاب ٤٢٠ طبيباً من مجموع ٥٠٠ (٨٤%) بان العوامل الاجتماعية تعد اسباباً مهمة من اسباب المرض والوفاة ، إذ انها لا تقل أهمية

وفاعلية عن الاسباب العضوية والبايولوجية والنفسية المسؤولة عـن الصـحة والمـرض والوفاة .

لقد توصلت دراستنا الميدانية الى ان هناك عشرة عوامل اجتماعية مسؤولة عـن المرض والوفاة التي يتعرض لها الافراد مـن مختلـف الأعمار والخلفيـات الاجتماعيـة والطبقية . ويمكن درج هذه العوامل بالنقاط الأساسية الآتية :

١- الاجهاد .

٢- فقدان او وفاة القريب او الصديق .

٣- حوادث الحياة المؤسفة .

٤- التغير الاجتماعي السريع او المفاجيء .

٥- الفقر والحرمان الاقتصادي .

٦- طبيعة العمل .

٧- الامية والجهل والتخلف الثقافي .

٨- الاضطهاد الطائفي والعرقي والسياسي والاجتماعي .

٩- التقاطع بين الانجاز والطموح .

١٠- الانتقال او الحراك الاجتماعي السريع .

والآن علينا دراسة هذه العوامل الاجتماعية المسؤولة عن المرض والوفاة مفصلاً ملقين عليها الاضواء الكمية التي حصلنا عليها من الميدان المعاش وكما يأتي :

١- الاجهاد (Stress) :

الاجهاد او التعب هو الاعياء الجسمي والعقلي الذي ينتاب الفرد نتيجـة عملـه الصعب والمضني الذي يتحمل اعباءه ومسؤولياته وتبعاته دون التفكير بما يتركه العمـل المضني والصعب على حياته الخاصة وصحته وتكييفه للبيئة او المحيط الذي يعيش

فيه [٤] . علماً بان الاجهاد المستمر للفرد والناجم عـن عملـه الشـاق والصعب او الناجم عن ظروفه ومعطيات حياته الخاصة والعامة غالباً ما يعرض الفرد الى المـرض النفسي ـ او الجسمي بل ويعرضه حتى الى المرض المزمن مهما يكن عمر ذلك الفرد [٥] . وكلما تقدم الانسان في العمر كلما ازدادت نسبة الاعياء الجسمي او العقلي التي تلازمه . علماً بان أجهاد الفرد يقلل من انتاجيته ورغبته وميله نحو العمل المبدع والخلاق [٦] . لـذا كـان لزاماً على الفرد التصدي لمشكلة الاجهاد التي يتعرض لهـا عـن طريـق تقليص سـاعات عمله وتقليل حجم التزاماتـه مـع الآخرين ، فضـلاً عـن ممارسـة الانشطة الترويحيـة الايجابية التي تجدد قابلية الفرد نحو العمل وتطور شخصيته وتفجر طاقاته المبدعـة والخلاقة .

ان اجهاد الفرد الجسمي والنفسي والعقلي لا يسبب اختـزال طاقاتـه الانتاجيـة والخدمية ويسيء الى درجة تكيفه للبيئة التي يعيش فيها ويتفاعل معها فحسب ، بـل يسبب ايضـاً تعرضـه لشتى انواع الامراض الانتقاليـة والمزمنة وشتى أنواع الامراض النفسية والاجتماعية والتي قد تسبب عجزه كليـاً عـن أداء العمل او قـد تسبب وفاتـه وانهاء حياته [٧] . وتعرض الفرد الى المرض نتيجة للاجهاد يمكن تفسيره بقلة او انعدام طاقاته وقابلياته التي تقـاوم المرض وتتصدى له وبسرعة انتقال العدوى له نتيجة قلة او انعدام المقاومة عنده للامراض السارية والمتوطنة والمزمنة . لـذا ينبغي اتخـاذ مـا يلزم لمواجهة مشكلة الاجهاد التي تـلازم الفرد والناجمـة عـن المهـام والمسؤوليات الصعبة والكبيرة التي يتحملها .

لقد جاء عامـل الاجهاد كعامـل مهـم مـن العوامـل المـؤثرة في المرض والوفاة بالتسلسل المرتبي الاول إذ أشره ٤٠٨ مبحوثون من مجموع ٤٢٠ وبنسبة ٩٧% . ومن الجدير بالذكر ان الفرد يقع في معضلة الاجهاد عند توافر الظروف والمعطيات الآتية :

١-   تنوع الاعمال والمسؤوليات والمهام التي تناط بالفرد مما يسبب ذلك انهاكه
        جسمياً ونفسياً وعجزه عن أداء هذه الاعمال والمسؤوليات [٨] .

٢- اختلال التوازن بين قابليات ومواهب الفرد الجسمية والعقلية وبين المهام والمسؤوليات المتعددة الملقاة على عاتقه من قبل المجتمع .

٣- تقدم الفرد بالعمر مع استمراره في تحمل المسؤوليات والاعباء نفسها عندما كان في مقتبل العمر او منتصف العمر . وقد تزداد الاعباء والمسؤوليات الملقاة على عاتق الفرد كلما تقدم بالعمر ، مما يسبب اجهاده وعدم قدرته على تحمل الاعباء الثقيلة المفروضة عليه(٩) .

٤- انفراد الفرد في تحمل اعباء العمل دون معاونته او مساعدته من قبل الآخرين في تحمل المسؤوليات والمهام الجسام التي يقوم بها .

ولغرض التحرر من الاجهاد ينبغي على الفرد المعني مواجهة مسببات الاجهاد المذكورة اعلاه .

٢- فقدان او وفاة القريب او الصديق (Bereavement)

ان فقدان او وفاة القريب او الصديق يسبب الاجهاد للفرد الذي فقد قريبه او صديقه ، وهذا الاجهاد الجسمي والعقلي يكون عادة سبباً من اسباب المرض الذي يعاني منه الفرد في حياته اليومية والتفصيلية (١٠) .وهذا السبب يعد من أهم الاسباب الاجتماعية في المرض والوفاة إذ تشير دراستنا الميدانية الى ان عامل فقدان او وفاة القريب او الصديق قد جاء بالتسلسل المرتبي الثاني إذ أشره ٣٩٧ طبيباً من مجموع ٤٢٠ (٩٥%) .

فالشخص الذي تعرض الى وفاة قريبه او صديقه بصورة فجائية غالباً ما يصاب بمرض الكآبة الذي قد يعرضه الى المرض الجسمي كالغضط الدموي العالي او القلب او القرحة او حتى مرض السرطان . وهذا المرض إذا ما استمر وازدادت حدته وتفاقمت ظواهره فانه قد يعرض صاحبه الى الوفاة (١١) .

ولكن كيف يتعرض الفرد الذي فقد قريبه او صديقه الى المرض او الوفاة بصورة فجائية ؟ ان وفاة القريب او الصديق غالباً ما يعرض الفرد الى المرض النفسي

الذي قد يجسد نفسه في شكل مرض نفسي- عصابي كالخوف والقلق والتوتر النفسي- والحزن وفقدان الأمل . ومثل هذه الامراض النفسية تنهك الجسم وتفتت قواه العضوية الظاهرة والكامنة ، مما يكون الجسم فريسة للمكروبات والجراثيم المتطايرة في البيئة الايكولوجية . وعندما ينهك الجسم عن طريق المرض او الامراض النفسية فانه يكون عرضة لشتى الامراض الجسمية كالسل والحصبة والتيفوئيد والسكري والضغط الدموي العالي او الواطيء والسرطان والامراض الجلدية وامراض المفاصل والفقرات وامراض القلب [١٢] ... الخ . وهذه الامراض قد تفتك بالجسم وتسبب له الوفاة .

وهنا يستطيع الفرد تجاوز معضلة وفاة القريب او الصديق بالتمسك بالايمان وقوة الارادة والتغلب على حالة الفراغ التي يتركها المتوفي للشخص الذي يتعرض للمرض ، مع الاختلاط مع الآخرين وتكوين العلاقات الاجتماعية المستمرة معهم وغشيان المجتمعات المحلية لكي لا يفكر بالميت ولا ينهك حالته النفسية ويعرض عناصر شخصيته الى التناقض والتشضي والتصادم والتقاطع [١٣] . ويتطلب من الفرد طرد معالم الحزن والجزع والتشاؤم وتأنيب الضمير لكي يتمكن من بناء شخصيته القويمة التي لا تهتز بالوفاة وفقدان القريب .

٣- حوادث الحياة المؤسفة (Bad Life Accidents) :

يتعرض المرء في حياته اليومية الى مختلف الحوادث المؤسفة التي قد تكون حوادث طبيعية غير مقصودة أو حوادث بيئية وانسانية مقصودة . ومثل هذه الحوادث تخل في مجرى حياته وتعكر صفوها إذ قد تسبب له المرض وتكسر همته في العمل والانتاج ، وقد تسبب وفاته وانهاء حياته كلية [١٤] . وقد تقع له هذه الحوادث المؤسفة في داره عندما يتعرض الى الصعقة الكهربائية مثلاً او يسقط من الدرج او يقع عليه سقف او جدران المنزل او يتعرض أحد افراد عائلته الى المرض والوفاة . وقد تقع هذه الحوادث المؤسفة له في عمله لاسيما إذا كان عمله يدوياً او آلياً كمرضه في العمل او شجاره مع العاملين معه او بتر يده او احد اطرافه في الماكنة التي يعمل عليها .

وقد يتعرض للحوادث المؤسفة خارج منزله ومحل عمله كدهسه في السيارة او سقوط العمود الكهربائي عليه او شجاره مع المارة الذي يسبب له عوقه البدني او اختلال توازنه النفسي والعقلي والمزاجي .

ان الحوادث المؤسفة التي يتعرض لها الفرد في حياته اليومية والتفصيلية قد ترجع الى عدة أسباب أهمها كثرة انشطته واحتكاكه مع الناس الذين يتعامل معهم او تنافسه وتصادمه معهم لسبب او لآخر ، او حدة مزاجه وعصبيته غير المحدودة [١٥] . فضلاً عن قيام بعض الافراد في محيط عمله او مجتمعه المحلي بغمط حقوقه والاعتداء على حريته مما يدفعه الى الدفاع عن حرياته وحرماته . وهذا الدفاع عن الحقوق قد يسبب له أنواع المنغصات والحوادث المؤسفة التي قد تقعده عن العمل وتشل حركته وتجمد انشطته بصورة كلية .

ومهما يكن من أمر فان تعرض الفرد الى الحوادث المؤسفة في حياته ينتج في توقف نشاطه وأعاقة عمله وتدني انتاجيته الى مستويات هابطة . فضلاً عن أثر هذه الحوادث المؤسفة التي يتعرض لها الفرد في تشظي علاقاته مع الآخرين او انقطاعها كلية مما يسيء ذلك الى تكييفه للبيئة التي يعيش فيها ويتفاعل معها [١٦] . والحوادث المؤسفة التي يتعرض لها قد تسبب توقف عمله وانقطاع مصادر رزقه ووقوعه مع اسرته في مشكلة الفقر ، المشكلة التي تعد أساس كل المشاكل كالمرض والامية والجهل والجريمة وتفكك الأسرة ... الخ .

واخيراً علينا الاشارة هنا بان هذه المشكلة قد جاءت بالتسلسل المرتبي الثالث حيث أشرها ٣٨٥ مبحوثاً من مجموع ٤٢٠ وبنسبة ٩٢%.

٤- التغير الاجتماعي السريع او المفاجيء

(Sudden Social Change)

يعد التغير الاجتماعي السريع او المفاجيء من أهم العوامل الاجتماعية المسببة للمرض او الوفاة إذ جاء هذا العامل بالتسلسل المرتبي الرابع حيث أشره ٣٧١ مبحوثاً من مجموع ٤٢٠ (٨٨%) . يتعرض الفرد في المجتمع الى تغييرات اجتماعية سريعة وفجائية

ناجمة عن الاوضاع والمعطيات المحيطة بالمجتمع من كل جانب كدخول مظاهر التحضر ـ
والتصنيع والتنمية والتحديث الى المجتمع بصورة فجائية وغير متوقعة . ومثل هذه
المظاهر تسبب تسريع عملية الحراك الاجتماعي وتغيير الاوضاع الاقتصادية والاجتماعية
للافراد وتحسن مستوياتهم المعاشية واكتسابهم درجة من الثقافة والتربية والتعليم
وتعمدهم في تحقيق الموازنة بين انشطة العمل والفراغ والترويح ، مع نقلتهم الجغرافية
الى اماكن عمل تتسم بالرفاهية والازدهار الاقتصادي (١٧) . وجميع هذه التغييرات
الاقتصادية والاجتماعية قد تعرضهم الى ظروف ومعطيات غير معتادين عليها مما قد
يسبب لهم الامراض التي قد تقود الى وفاتهم او اعاقتهم كلية عن العمل .

ومن الأسباب الاخرى للتغير الاجتماعي السريع او المفاجيء تعرض البلد او
المجتمع الى الحروب والازمات العسكرية والسياسية والاقتصادية والاجتماعية . ومثل
هذه الحروب والازمات تؤدي دورها الفاعل في تغيير بنية المجتمع ومؤسساته
الرئيسية (١٨) فالحروب والازمات تنتج في شحة الاغذية والادوية والمواد التموينية الاخرى
مما يعرض الاهالي الى الامراض والمجاعات والصراعات الداخلية . فضلاً عن ان الحروب
توقع الاصابات والوفيات بعدد كبير من ابناء المجتمع وتحول بعضهم الى معوقين ليس
من السهولة بمكان معالجتهم أو تأهيلهم للاعمال والمهن التي تتناسب مع طبيعة
أعاقتهم .

ان الازمات العسكرية والسياسية والاقتصادية تسبب البطالة بين الناس وتوقف
عدد كبير منهم عن العمل . كذلك تنتج هذه الازمات في تهديم الدور السكنية والمباني
وتشرد عدد كبير من الأفراد ، مع تفاقم المشكلات الاجتماعية والاقتصادية كالجريمة
والجنوح والتسول والبغاء وتفكك الأسرة والغلاء والتشرد وجنوح الاحداث وصعوبة حلها
ووضع نهاية سريعة لها مما يدفع بالعديد من الافراد والجماعات والأسر الى الهجرة
السكانية الى اماكن نائية قد تكون خارج حدود البلد. وهذا يسبب التناقص السكاني
وهبوط المستويات الحضارية لابناء البلد (١٩) .

٥- الفقر والحرمان الاقتصادي

(Poverty and Economic Deprivation

الفقر هو من أهم العوامل المسببة للمرض والوفاة ، فالشخص الفقير هو الذي لا يستطيع اقتناء الطعام وشراء الملابس والادوية وبناء او ايجار السكن المريح الذي يقيه من شرور البرد والحر . فضلاً عن عدم قدرة الفقير على اقتناء تسهيلات الحياة التي تسهل أمور حياته وتمكنه من العيش الرغيد الذي يساعد على أطالة مدة حياته[٢٠].

لقد جاء عامل الفقر والحرمان الاقتصادي بالتسلسل المرتبي الخامس حيث أشره ٣٦٠ مبحوثاً من مجموع ٤٢٠ وبنسبة ٨٦% .ان الفقر يعد أساس المرض والجريمة والجنوح والامية والجهل وتفكك الأسرة [٢١] . كما ان الحرمان الاقتصادي يجعل الفرد غير قادر على شراء او اقتناء ما يحتاجه من مستلزمات تجعل حياته أفضل واحسن واكثر ضماناً مما لو كان فقيراً ومحتاجاً . علماً بان الفقر يمنع الفرد من شراء المواد الغذائية الغنية بالفيتامينات التي تقي الفرد شر المرض والموت والهلاك .

ان الفقير والمعدم يكون اكثر عرضة للمرض والموت من غير الفقير[٢٢] . فالفقر يحرم الفرد من العيش الرغيد ويوقعه في مشكلات قد تنغض مسيرة حياته إذ تعرضه للمرض الذي قد يفضي به الى الموت. والفقر يرجع الى عدة اسباب في مقدمتها البطالة عن العمل ، إذ ان البطالة تسبب انقطاع مصادر الرزق وتعرض الفرد للحاجة المستمرة والدائمية . والعامل الآخر للفقر هو المرض الذي يتعرض له الفرد والذي قد يقعده عن العمل ويجعله بدون دخل يعتمد عليه في حياته اليومية . والعامل الآخر المسؤول عن الفقر هو كثرة عدد الاولاد مع محدودية الدخل وارتفاع تكاليف الحياة ، وهذا ما يعرض الفرد الى الفقر والحرمان الاقتصادي [٢٣] .

وهناك عوامل أخرى للفقر اهمها كثرة الحروب والنزاعات المحلية والاقليمية والدولية ، مع شحة الموارد والخيرات الطبيعية والتخلف الحضاري الذي يجعل المجتمع غير قادر على استثمار الموارد الطبيعية وتحويلها من مادة غير نافعة الى مادة نافعة تشبع

حاجات المواطنين [٢٤]. وهنا يكون الافراد فقراء وغير قادرين على اعالة انفسهم وافراد اسرهم . وهكذا يسهم الفقر في حدوث المرض ، المرض الذي لا يمكن معالجته نتيجة تدني الامكانات المادية وعدم القدرة على مجابهة المرض ومضاعفاته . وهنا يتعرض الفرد للموت المحقق والهلاك .

٦- العمل (Ladour) :

لقد جاء العمل بالتسلسل المرتبي السادس كعامل اجتماعي من العوامل المسببة للمرض والوفاة للعديد من الاشخاص ، إذ أشره ٣٦٠ طبيباً من مجموع ٤٢٠ وبنسبة ٨٦%. ان العمل يعد من العوامل الأساسية الذي يعرض العاملين مهما تكن طبيعة العمل او الاعمال التي يزاولونها الى الاجهاد .

فالعمل المنهك والمضني كعمل عمال المناجم واعمال الفلاحة والزراعة واعمال ادارة الماكنة الصناعية وصيانتها وتشغيلها والاعمال الحربية بل وحتى الاعمال العلمية والفكرية كلها تعرض الفرد الى الاجهاد والانهاك البدني والعقلي ، وإذا لم يعالج هذا الاجهاد من قبل الفرد فانه أي الفرد لا بد ان يتعرض الى المرض الذي قد يكون مرضاً مزمناً يكون السبب الرئيسي في وفاته والقضاء على حياته كليةً [٢٥].

والعمل يكون مضراً للفرد إذا كان فوق طاقة الفرد الذي يمارسه او إذا كان يستغرق ساعات طويلة لاسيما إذا كان العمل لا يرافقه ساعات فراغ وترويح يستطيع الفرد من خلالها الحصول على قسط من الراحة والاستجمام وتجديد طاقاته البدنية والعقلية المنهكة والضعيفة . ولكن الذي يعرض الفرد الى المرض والاستياء والصدمة فيما يتعلق بالعمل هو تسريح الفرد عن العمل وانهاء عمله وجعله بدون عمل لسبب أو لآخر . علماً بان البطالة عن العمل تقود الى قطع مصادر الرزق عن الفرد وتؤدي ايضاً الى اضطراب حالته النفسية واعيائه الاجتماعي وسوء تكييفه الى المحيط الذي يعيش فيه ويتفاعل معه . ومثل هذه الاعراض التي يمر بها الفرد نتيجة بطالته عن العمل لا بد ان تسبب له شتى أنواع الامراض الانتقالية والمزمنة بسبب ضعف مقاومته للمرض نتيجة انهيار طاقاته الجسمية والنفسية والعقلية [٢٦].

يضاف الى ذلك ان في محيط العمل الذي يعمل فيه الفرد ضروب كثيرة من المنافسة والتحدي التي تأخذ مكانها بين الافراد العاملبين في محيط العمل لاسيما عندما يكون هؤلاء كثيرين وعندما تكون ظروف العمل صعبة وشائكة ومضطربة . الكثير من العاملين في ظروف العمل هذه يكونون ضحايا معطيات العمل وظروفه .

ومما يؤدي الى تفاقم بيئة العمل واضطرابها تميز العمل بالخطورة الناجمة عن فقدان معطيات السلامة الصناعية والامن الصناعي كتلوث بيئة العمل بالكاربون والغازات السامة المنبعثة من المكائن الصناعية وعدم تسييج المكائن وتطاير القدحات والكتل النارية منها وربما احتراقها وانفجارها مما يؤدي ذلك الى اصابة العمال باصابات جسيمة وخطيرة تؤدي الى مرضهم وتوقفهم كلية عن العمل [٢٧] .هذه هي أهم اخطار العمل وما يمكن ان تسببه من امراض لا حصر لها للعمال الذين يمارسونها .

٧- الأمية والجهل والتخلف الثقافي

(Illiteracy and Ignorance)

تؤدي الامية والجهل والتخلف الثقافي دورها الفاعل والمهم في تعرض الافراد الى شتى أنواع الامراض والاوبئة التي قد تفتك بعدد غير قليل من الافراد والجماعات . فالامية التي هي عدم القدرة على القراءة والكتابة تجعل الفرد بعيداً عن معرفة واستيعاب ما يدور في محيطه من اشياء وحوادث، وتجعله ايضاً غير قادر على التقدم والتطور في محيط عمله وأسرته ومجتمعه المحلي . فضلاً عن أثرها السيء في اضطراب تفكيره وسلوكه وعلاقاته الاجتماعية مع الآخرين مما يؤثر سلباً في تكييفه للمحيط الذي يعيش فيه ويتفاعل معه . وهذا لا بد ان يقود الى مرضه واعتلال صحته [٢٨] .

أما الجهل فلا يقل خطورة عن الامية في التأثير على قدرات الفرد في استيعاب محيطه وادراك ماهية ما يقع فيه من قضايا واحداث قد تكون مؤسفة ومحطمة للفرد الذي يشهدها ويتعامل معها . فالجهل يعني فيما يعني ضعف قدرة الفرد على فهم وادراك ما يحدث في المجتمع وصعوبة التعامل معها والتعايش مع معطياتها ومفرداتها مما يجعل الفرد في وادٍ والمجتمع في وادِ آخر [٢٩] . وهذا يوقع الفرد في مشكلات

سلوكية وتفاعلية وتكييفية ليس من السهولة بمكان تجاوزها وتخطي صعوباتها . وهنا يكون ذلك الفرد اسير المرض ، إذ لا يستطيع الافلات من قبضته قبل ان يقضي على حياته كليةً .

اما التخلف الثقافي الذي قد يتعرض له الفرد في المجتمع فيعني عدم قدرة الفرد على مجاراة تيار التغيير الذي يشهده المجتمع ، وبالتالي عدم قدرته على التكيف مع المحيط الذي يجد نفسه فيه . ان التخلف الثقافي الذي يعاني منه الفرد ينتج في عدم قدرته على فهم المجتمع والتكيف مع ظروفه ، وعدم قدرة المجتمع على فهم الفرد والتعرف على مشكلاته ومعاناته اليومية والتفصيلية [٣٠] . علماً بان مشكلة التخلف الثقافي التي يعاني منها الفرد ترجع الى أميته وجهله .وان كلاً من الامية والجهل والتخلف الثقافي تقود الى تدني قدرات الفرد في فهم المجتمع واستيعاب مشكلاته والتعامل معها [٣١] . وهذا قد يجر الفرد الى المرض النفسي- والعقلي او الجسمي . لذا فالفرد يكون فريسة المرض إذا كان يعاني من مشكلات الأمية والجهل والتخلف الثقافي . لذا تنفق المجتمعات الاموال الباهضة في سبيل التحرر من هذه الآفات الاجتماعية التي تعد أساساً في تفشي المرض في ربوع المجتمع .

تشير نتائج دراستنا الميدانية عن دور العوامل الاجتماعية في المرض الى ان الامية والجهل والتخلف الثقافي قد جاءت بالتسلسل المرتبي السابع إذ أشرها ٣٤٥ مبحوثاً او طبيباً من مجموع ٤٢٠ (٨٢%) .

٨- الاضطهاد الطائفي والعرقي والسياسي والاجتماعي

(Sectarian, raical, Political and Social Persecution)

غالباً ما يتعرض الافراد الذين يتعرضون الى الاضطهاد الطائفي والعرقي والسياسي والاجتماعي الى المرض النفسي والعقلي الذي قد يكون سبباً للمرض الجسمي او المرض النفسي- الجسمي [٣٢] .ومثل هذا الاضطهاد (Persecution) يحدث عادة عندما تكون هناك أكثرية واقلية، اكثرية معتدية واقلية مضطهدة حيث ان الاقلية لا تستطيع الدفاع عن نفسها وعن مصالحها في المجتمع لان مصالحها واهدافها

وطموحاتها تتقاطع مع ما تريده الاكثرية . وغالباً ما تنتصر ـ الاكثرية ـ على الاقلية الى درجة ان الاقلية تكون خاضعة ومستسلمة لمشيئة الاكثرية وهذا الخضوع والاستسلام يجعل الاقلية مضطهدة ومُتحيز ضدها . علماً بان بعض افراد الاقلية الـذين يتعرضون الى الاضطهاد بشتى انواعه يكونون عادة عرضة للمرض النفسي والجسمي ، هـذا المرض الذي يقتل عندهم الطاقات والامكانـات المبدعة والخلاقـة ويجعلهـم يقبعون في زوايا ضيقة لا يستطيعون فيها خدمة المجتمع والمشاركة في بنائه واعادة بنائه.

الاضطهاد الطائفي (Sectarian Persecution) يعني تعرض الاقلية الدينية الى التحيز الديني ، هذا التحيز الذي قد ينكل بـأفراد الاقليـة ويغمـط حقوقهم ويتعسف ضدهم بل وحتى يستعمل الاجـراءات الانتقاميـة ازاء الاقليـة مـما قـد ينتج في تعرض بعض افـراد الاقليـة الى القتـل والحـرق والتصفيـة الجسـدية كـما في حالة اضطهاد البروتستانت للكاثوليك في ايرلندا الشمالية او اضطهاد السيخ او الهندوس للمسلمين في الهند (٣٣) .

أما الاضطهاد العرقي (Racial Persecution) فهـو تعـرض الاقليـة العرقيـة في مجتمع ما الى الاضطهاد والتنكيل من قبل الاكثرية العرقية كما في حالة تعرض الزنوج في امريكا الى الاضطهاد العرقي من قبل البيض من سكان امريكا (٣٤) .

أمـا الاضطهاد السياسي فيحـدث بـين القـوى والتيارات والاحـزاب السياسيـة المتواجدة في الساحة ، فالحزب القوي او الحكومة القوية التي تمثل حزب مـن الاحـزاب السياسية قد تضطهد القوى والاحزاب السياسية الضـعيفة التي لا تقـوى عـلى مواجهـة الحزب القوي او الحكومة القوية . وهذا الاضطهاد السياسي قد يقود الى فرقـة المجتمع وانقسامه وبالتالي ضعفه وتراجعـه وتداعيـه (٣٥) .

أما الاضطهاد الاجتماعي (Social Persecution) فهو اضطهاد وتنكيل طبقـة او فئة او جماعة اجتماعية قوية لطبقة او فئة او جماعـة صغيرة وضعيفة . علمـاً بان الاضطهاد الاجتماعي يسبب ضعف المجتمع وانقسامه وفرقته بسبب وجود عناصر الفرقة والانقسام بين فئات المجتمع وعناصره السكانية . لقد جاء عامل الاضطهاد

الطائفي والعرقي والسياسي والاجتماعي كعامل من العوامل المسببة للمرض بالتسلسل المرتبي الثامن حيث أشره ٣٢٢ طبيباً من مجموع ٤٢٠ وبنسبة (٧٧%) .

٩- التقاطع بين الانجاز والطموح

(Contradiction Between Ambition and Achievement)

لقد جاء هذا العامل الاجتماعي المسبب للمرض والوفاة بالتسلسل المرتبي التاسع أذ أشره ٣١٠ مبحوثون (اطباء) من مجموع ٤٢٠ وبنسبة (٧٤%) . عندما تكون طموحات الفرد الاقتصادية والسياسية والتربوية والعلمية والاجتماعية والاسرية صعبة المنال وعندما تكون درجة انجازه لهذه الاهداف والطموحات متواضعة أو واطئة فان الفرد يصاب بخيبة الأمل او الفشل بما يريد تحقيقه ويتمنى انجازه . وهذا الفشل او الاحباط (Frustration) قد يوقع الفرد بامراض نفسية وعقلية وجسمية خطيرة ليس من السهولة بمكان مواجهتها او التصدي لها [٣٦] . وقد يقود هذا الاحباط الذي كان نتيجة للتقاطع بين الانجاز والطموح الى العدوان ، أي عدوان الشخص الذي تعرض للفشل او الاحباط على الآخرين الذين يعدهم بانهم كانوا السبب في فشله او احباطه .

ان الفرد قد يضع اهدافاً عالية وطموحة كطموحه في الحصول على شهادة الدكتوراه او طموحه في الزواج من امرأة جميلة ومثقفة وغنية، او طموحه في تبؤ وظيفة سياسية مرموقة ، او طموحه في شراء او بناء دار مريحة للسكن في منطقة سكنية ذات سمعة ومكانة محترمة ، او طموحه بانجاب عدد من الأطفال من زوجته الجميلة التي يروم الزواج منها . ان الفرد يسعى جاهداً لتحقيق هذه الطموحات والاهداف التي يصبو الى تحقيقها ، الا ان محاولاته وجهوده ومساعيه في تحقيق هذه الطموحات المرغوبة لا ترقى الى المستوى الذي يؤهله على تحقيق هذه الطموحات والمنجزات ، او ان الظروف التي يعيشها لا تسعفه في تحقيق وانجاز ما خطط له واراد تحقيقه على ارض الواقع . هنا يصاب الفرد بالفشل او الاحباط لأن انجازه لا يصل الى مستوى طموحاته العالية والصعبة المنال [٣٧] . وفشل الفرد واحباطه في تحقيق انجازاته التي خطط لها وبذل كل ما من شأنه في سبيلها قد يوقعه في المرض النفسي او النفسي- الجسمي او المرض الجسمي . هذا المرض الذي جاء نتيجة فشل الفرد في

تحقيق اهدافه وطموحاته . والمرض الذي قد يصاب به الفرد قد يتضاعف ويتبلور عنده حتى انه لا يستطيع التحرر منه او التخلص من نتائجه او تبعاته المهلكة التي قد تقود الى وفاته وانهاء حياته كليةً. وهنا نستطيع اعتبار هذا العامل الاجتماعي سبباً مهماً من اسباب المرض والوفاة .

١٠- الانتقال الاجتماعي السريع (Quick Social Mobility)

الانتقال او الحراك الاجتماعي (Social Mobility)هو حركة اونقلة الفرد من طبقة اجتماعية الى طبقة أخرى أعلى او اوطأ من الطبقة الاصلية التي كان ينتمي اليها لاسباب ذاتية او ظروف ومعطيات اجتماعية سببت له تلك النقلة الاجتماعية [٣٨]. وهذه الاسباب الذاتية والمعطيات الاجتماعية تتجسد في النجاح في الامتحانات او في الحياة السياسية او زيادة وتراكم الثروة نتيجة الجهود التجارية والاقتصادية الناجحة التي حققها على ارض الواقع . ناهيك عن نجاحه في حياته الزوجية والاسرية ، ونجاحه في مجتمعه المحلي وتميزه المهني في العمل او الاعمال التي يزاولها داخل وخارج عمله الوظيفي او المهني . فضلاً عن توفر الظروف المساعدة على نجاحه او فشله في العمل او البيئة التي يعيش فيها ويتفاعل معها كوجود الازمات السياسية والاقتصادية والاجتماعية ، ووجود الحروب الطاحنة وظهور الاحزاب السياسية والحكومات التي قد تشجعه على العمل والتميز او تكون سبباً في عزله عن العمل المهني الذي يزاوله وتجميد أنشطته او حبسه في السجون التي تقتل عنده روح العمل والتميز والابداع وتقطع عنه وعن اسرته مصادر الرزق والاموال التي كان يحصل عليها [٣٩].

يقول عالم الاجتماع الفرنسي أميل دوركهايم في كتابه " الانتحار" بان الانتقال الاجتماعي السريع سواء كان نحو الاعلى او نحو الاسفل قد يقود الى مرض الفرد الذي تعرض الى الانتقال الاجتماعي ، والمرض غالباً ما يكون مرضاً نفسياً ، وهذا المرض قد يقود به الى الانتحار الذي قد يكون انتحاراً أنوياً أو ايثارياً او انتحار النفسخ الاجتماعي، اعتماداً على طبيعة الظروف الموضوعية والذاتية التي يعيشها الفرد في بيئته ومجتمعه .

ان الانتقال الاجتماعي السريع الذي يتعرض له الفرد والذي غالباً ما يسبب مرضه النفسي او الجسمي قد يرجع الى عاملين اساسيين هما: اولاً زيادة الطلب على الاعمال والمهن التي يحتاجها المجتمع والتي تدفع بابنائه الى التدريب والدراسة لتبوؤ هذه الاعمال والمهن ، وهذا ما يسبب نقلتهم الاجتماعية ، وثانياً زيادة العرض للاعمال والوظائف ، وهذه الزيادة في العرض تنتج في سرعة عملية الانتقال الاجتماعي ^(٤٠) .

لقد جاء عامل الانتقال الاجتماعي السريع بالتسلسل المرتبي العاشر حيث أشره ٣٠٢ طبيب من مجموع ٤٢٠ طبيباً وبنسبة (٧٢%) كما اظهرت نتائج دراستنا الميدانية في بغداد . وجدول التسلسل المرتبي رقم (١) يوضح العوامل الاجتماعية المسببة للمرض والوفاة كما أشرها ٤٢٠ طبيباً .

جدول تسلسل مرتبي رقم (١) يوضح ماهية العوامل الاجتماعية المؤثرة في المرض والوفاة كما أشرها ٤٢٠ طبيباً

العوامل الاجتماعية المؤثرة في المرض والوفاة	التسلسل المرتبي	الوزن الرياضي	النسبة المئوية
الاجهاد	١	٤٠٨	%٩٧
فقدان او وفاة القريب او الصديق	٢	٣٩٧	%٩٥
حوادث الحياة	٣	٣٨٥	%٩٢
التغير الاجتماعي السريع او المفاجيء	٤	٣٧١	%٨٨
الفقر والحرمان الاقتصادي	٥	٣٦٠	%٨٦
العمـــل	٦	٣٦٠	%٨٦
الأمية والجهل والتخلف الثقافي	٧	٣٤٥	%٨٢
الاضطهاد الطائفي والعرقي والسياسي والاجتماعي	٨	٣٢٢	%٧٧
التقاطع بين الانجاز والطموح	٩	٣١٠	%٧٤
الانتقال الاجتماعي السريع	١٠	٣٠٢	%٧٢

مصادر الفصل العاشر

(1)   Patrick, D. Sociology As Applied to Medicine, London, Bailliere, Tindall , 1992, P. 30.

(2)   Ibid., P. 34.

(3)   Achenback , T. Developmental Psycholopathology, New York, John Wiley and Sons, 1992, P. 78.

(4)   Patrick , D. Sociology As Applied to Medicine, P. 31.

(5)   Ibid., PP. 31-32.

(6)   Ibid., P. 32.

(7)   Stafford – Clark , D. Psychiatry For Students, Vol. 1, London, Unwin University Books, 1994, P. 54.

(8)   Ibid., P. 77.

(9)   Ibid., P. 91.

(10)   Mechanic, David . Medical Sociology , New York, The Free Press, 7th ed., 1971, P. 208.

(11)   Ibid., P. 209.

(12)   Ibid., P. 210.

(13)   Ibid., P. 212.

(14)   Holmes, T. Stressful Life Events, 1991, New York, John Wiley, P. 61.

(15)   Ibid., P. 70.

(16)   Ibid., P. 73.

(17)   Sandford, C. Social Economics, London, Heinemann, 1997, P. 70.

(١٨)   الحسن، إحسان محمد(الدكتور). الانعكاسات الاجتماعية للحـرب العراقيـة ـ الامريكيـة عـلى المجتمع العراقي ، مجلة العلوم الاجتماعية، عدد ٤٢، ٢٠٠٥، ص ١٢.

(١٩)   المصدر السابق، ص ١٥.

(20)   Roberts, W. Impact of Poverty On Disease , London, the Thames Press, 1988, P. 7.

(21)   Ibid., P. 10.

(22)   Ibid., P. 12.

(23)   Rowntree, M. Causes of Poverty, London, The Strand Press, 1992, P. 54.

(24)   Ibid., P. 55.

(٢٥)   الحسن، إحسان محمد (الدكتور). علم الاجتماع الصـناعي ، عـمان، دار وائـل للنشرـ، ٢٠٠٥، ص ١٦٣.

(٢٦)   المصدر السابق، ص ١٦٥.

(٢٧)   المصدر السابق، ص ١٦٦.

(28)   Crossman, R. Influence of Illiteracy On Health, London, the Half Crescent Moon Press, 2000,P. 11.

(29)   Ibid., P. 13.

(30)   Ibid., P. 24.

(31)   Ibid., P. 46.

(32)   Mannheim, Karl . Persecution and Disease, London, Routledge and Kegan Paul, 1959, P. 78.

(33)   Patak, H. Religious Dogma and Disease, The Star Press, New Delhi, 1979,P. 66.

(34)   James , L. Race , Politics , and Class, New York, William's Press, 2001,P. 13.

(35)   Ibid., P. 29.

(36)   Asch, S. Ontline of Social Psychology, New York, The Free Press, 1973, P. 109.

(37)   Ibid., P. 112.

(38)   Bendix, R. and S. Lipset. Social Mobility in Industrial Society, London, Heinemann, 3 rd ed., 1988, P. 146.

(39)   Ibid., P. 151.

(40)   Bendix, R. and S. Lipset . Social Mobility in Industrial Society, PP. 26-27.

الفصل الحادي عشر

الاصابة بالمرض كعملية اجتماعية

من أهم أعراض المرض في جسم الانسان الاعراض الفيزيولوجية التي تظهر عليه . وهذه الاعراض هي ظواهر بايولوجية محسوسة كالاورام والجلطات الدموية وتفجر الشرايين وحصى الكلى والتهاب الرئة . ومن الطبيعي افتراض ان هذه الامراض ترجع الى وجود مادة عضوية او ان تكوينها يحفز بواسطة عمليات بايولوجية في الجسم(١) . في هذا الفصل سوف نفحص الادلة التي تقول ان جذور الامراض العضوية تمتد الى الحياة الاجتماعية نفسها وترجع الى طبيعة الشخصية والسلوك والعلاقات الاجتماعية. ان المظاهر الطبيعية للاضطرابات العضوية ما هي الا نتاج الخبرة الاجتماعية والنفسية التي تعترض حياتنا اليومية (٢) . لذا فالمرض هو حالة العقل المؤثرة في المادة .

١- حوادث الحياة والمرض :

هي القلق الشخصي الناجم عن التجارب غير السعيدة خلال حياة الانسان يمكن ان يكون السبب في المرض العضوي . ان هذا الخط التنظيري بالرغم من حداثته في الحلقات ، الا ان له تأريخه القديم . فالاعتقاد الذي ينص على ان القلق يسبب المرض بل وحتى الموت هو اعتقاد قديم له تقاليده الخاصة في مجتمعنا ، هناك ثقافات أخرى تعتقد ان اسباب المرض ترجع الى علاقات اجتماعية مضطربة (٣) . هناك أشخاص يعتقدون بأن المرض العضوي يرجع الى السحر الذي يمارسه شخص ضد الضحية .وهذا الشخص يريد الضحية ان تكون مريضة . وفي قبيلة النوير التي هي من قبائل السودان التي درسها ايفانز بريجارد أيضاً هناك اعتقاد بان المرض يرجع الى الخيانة الزوجية او الجنسية (٤) . وهذه الأنواع من المعتقدات يرفضها العلم الغربي لانها

غير عقلانية وغامضة . ولكن هناك ادلة في حضارتنا الصناعية المتقدمة على ان الازمات الشخصية التي تسببها العلاقات الاجتماعية المضطربة قد يقود الى المرض .

هناك دراسة بعنوان قلب محطم أظهر فيها كل من لويس ولونكتز بان الرجال الذين تموت زوجاتهم يتعرضون الى خطر الموت خلال السنة التي تلي موتهن . كما لوحظ أن الرجال الذين فقدوا زوجاتهم هم أكثر عرضة للاصابة بالامراض القلبية من غيرهم وبنسبة ٤٠% . كما ان الزوجات اللواتي فقدن ازواجهن يتعرضن الى الاصابة بالامراض القلبية بالنسبة نفسها التي تصيب الرجال . وقد خلص المؤلفان الى ان الضغط الناجم عن فقدان الزوج يشكل خطراً حقيقياً على شريكته ، الأمر الذي يحمل على الاعتقاد وبصحة الرأي القديم القائل بأن الناس يموتون بسبب انكسار القلب (٥) . وهناك دراسة أخرى تقول ان فقدان شريك الحياة قد يعرض الازواج الى الاصابة بامراض القلب بل يعرضهم الى الاصابة بمرض السرطان . كما ان حوادث الطلاق وفقدان الازواج او الزوجات بسبب الطلاق يعرض ضحايا الطلاق (الزوج او الزوجة) الى الاصابة بالامراض القلبية . وقد لاحظ دوركهايم هذه الحقيقة قبل ثمانين عاماً عندما نشر كتابه الانتحار الذي قال فيه ان الانتحار يتأثر بعوامل اجتماعية كالدين والحالة الزوجية (٦) .وقد أكد في دراسته للانتحار ان سببه يرجع الى ضعف التكامل الاجتماعي في الأسرة او المجتمع حيث ان المتزوجين أكثر تمسكاً بقيم اجتماعية تعمل على تقوية ارادتهم في الحياة . أما غير المتزوجين او من فقدوا ازواجهم فهم يعانون من حالة فوضى تضعف هذه الارادة . من شأن الزواج ان يقلل من نسبة الانتحار . حيث انه يشكل حماية للفرد ضد الكثير مما يتسبب في المرض والموت . لذا فالزواج يعزز العلاقات الاجتماعية بين الافراد من خلال الحقوق والواجبات التي يمنحها للزوجين . وهذا يمنحهما الارادة والتصميم على الحياة . فضلاً عن انه يحمي المساواة الطبيعية للجسم وهناك بحوث أخرى تقول بان فقدان الانماط المهمة للعلاقات الاجتماعية التى كوّنها الفرد في المجتمع مع فقدانه المنزلة الاجتماعية التي احرزها يعرضان الفرد الى أنواع الامراض (٧) . في كتاب الاسباب الاجتماعية للمرض يربط المؤلف توتمان بين الاحداث المعكرة كالترمل والانفصال والخيانة الزوجية والطلاق وتغير العمل والبطالة

والهجرة والاحالة على التقاعد والطرد من العمل بحدوث الامراض كسرطان الدم والسل والنوبة القلبية والربو وسرطان الثدي بل وحتى الاصابة بالبرد والانفلونزا [٨]. ان نظرية الفقدان والمرض هي نظرية مؤثرة لكنها معرضة الى الانتقاد والرفض من قبل العديد من المتخصصين ، ولتجاوز نقاط الضعف المنهجية بادر هولمز بابتداع مقياس لهذا الغرض سماه بمقياس تقدير معدلات التكيف الاجتماعي .وقد حددت سلسلة من التجارب المتعلقة بفقدان او رفض علاقة اجتماعية مع ٤٢ حادثة مؤسفة تحتاج الى درجة من التكيف الاجتماعي عندما تقع للشخص . وقد رتبت هذه الاحداث حسب خطورتها وقيمها من قبل ٤٠٠ مواطن اعتيادي مع انه طلب منه تحديد التغيرات التي يجريها الفرد في محاولة منه للتكيف للحادثة . من اخطر الحوادث المؤدية للمرض وفاة الزوج والزوجة تليها بالدرجة الثانية من حيث الخطورة الطلاق ثم الطرد من العمل او الاحالة على التقاعد . ويبدو ان الخبرات التي تحمل التهديد خطرة على صحة الفرد عندما يفسرها بوصفها تحمل تهديداً .

٢- العلاقة الفيزيولوجية في العملية الاجتماعية للمرض :

ان ابسط صورة بايولوجية للتتابع السببي هي من حالة الصحة الى حالة المرض والتي تتمثل في حالة هجوم الفايروس ورد فعل مناعة الجسم وظهور الاعراض الفيزيولوجية على الجسم التي تنذر بالمرض [٩]. والحالة التشخيصية هذه تأخذ بعين الاعتبار السمات والخواص الوراثية للصحة ونظام المناعة المكتسبة . ولكن الفرد الذي يعاني من الالم هو بمثابة الصندوق الاسود البايولوجي بحسب رأي توتمان ، يؤثر في الانتقال من حالة الصحة الى حالة المرض .

ان البحث المشار اليه يمثل تحدياً للآراء الطبية المتشددة حول كيفية حدوث المرض . إذ ان هذا لا يتفق مع السلسلة السببية الاعتيادية وذلك لعدم وجود الآليات لربط التهديدات الاجتماعية والنفسية في انتاج الضرر العضوي والاخلال الجسمي . على ان المرض النفسي الجسمي يشذ عن هذه القاعدة . ان فكرة المرض النفسي- الجسمي تعتمد على مبدأ الاجهاد وكلمة الاجهاد قد اصبحت مضللة تغطي الكثير من الظواهر

المهددة للصحة . والاجهاد كما يحدد معناه سلبي يعني رد الفعل التكيفي في جسم الانسان ازاء الشيء الباعث على الجهد والاعياء . أي المنبه المهدد والمنبه يسبب شكل الافراز التلقائي لمادة الادرنالين وهو الهرمون الذي تفرزه الغدة النخامية [١٠] . ومن السهولة فهم أداء سلبي لاننا واعون لحقيقة كون الحالات المهددة تنتج في ردود افعال جسيمة غير ارادية . في الحقيقة ان كلمة ادرنالين قد دخلت في اللغة اليومية لتعني الاحساس بالاجهاد الذي يتطلب من الجسم بذل طاقة اضافية لمواجهته . لذا فالاجهاد حالة مرضية . ذلك ان المنبهات قد تكون ايجابية إذ تتطلب الكثير من الموارد والطاقات لتحسين انجاز الفرد في أداء انشطة مختلفة . ولكن عندما يكون الاجهاد طويلاً ومتعباً فانه يكون خطيراً على سلامة الجسم وصحة الانسان [١١] . والخط يصفه سيلي في عملية تتكون من ثلاث خطوات. الخطوة الاولى هي افراز الهرمونات التي تؤثر سلباً في نظام المناعة الجسمية وبالتالي تسبب تلف انسجة الجسم . والتلف العضوي يعبر عن نفسه في النزيف الذي يحصل في المعدة وبالتالي حدوث قرحة المعدة . لذا فالقرحة المعوية هي نتيجة حتمية للاجهاد . وهناك ادلة أخرى على ان الاجهاد يسبب أضراراً عضوية أخرى . كما انه يسبب اثارة الانفعالات عند الفرد . واخيراً يسبب الاجهاد المتزايد اضطراب تفكير الفرد واختلال توازن عملياته الادراكية والعقلية .ان اكتشاف أهمية الادراك الذاتي في توضيح التجارب المجهدة يفتح الباب أمام عدد كبير من الاسباب الكامنة .

ومن بين هذه الاسباب الازمات والكوارث الشخصية التي يطلق عليها علماء الاجتماع حوادث الحياة [١٢] . من هذا الفهم الواسع من الممكن البدء بفهم دور التجارب البايوغرافية في حدوث المرض . ان عوامل الانتقال الاجتماعي وتغير الحالة الزوجية والبطالة وحتى الترقية قد تكون عوامل مسببة للمرض ومن المحتمل ان يكون السبب الحقيقي للمرض هو الاجهاد والاعياء . وهنا نستطيع ايجاد الصلة المفقودة بين حوادث الحياة والاعراض الجسمية للمرض . ان العملية تبدأ عبر تعرض الفرد الى عامل الاجهاد الذي قد يعبّر عن نفسه في اشكال مختلفة قد تكون جسيمة او نفسية او اجتماعية . ولكي تكون اسباب الاجهاد مهددة للفرد يجب تحديدها من قبل الفرد الذي تثار

انفعالاته ومن ثم يكون ضحية الاجهاد. ذلك ان الاجهاد يغير توازن الهورمونات في الجسم ويؤثر في قدرة نظام المناعة لحماية الفرد من الامراض . وهنا يكون الفرد فريسة المرض . ان السلسلة السببية المليئة بالعوامل المجهدة الكامنة التي تعبّر عن نفسها في عدة اشكال .

ان العلاقة بين الاجهاد والمرض يمكن تتبعها كما يأتي :

فالعامل المجهد قد تكون البطالة عن العمل تقوده الى الشعور بأنه قد فقد دخله ويجب ان يدفع قوائم مشترياته ورهنياته ويتصل بزملاء عمله ويقوم بما تتطلبه الحياة الروتينية . وحالة كهذه تسبب الاجهاد للفرد الذي ينتج عنه زيادة افرازات مادة الادرنالين . وهذا يؤدي الى ظهور حالة عضوية عند الفرد تنتهي بالحاق الضرر بجهازه اللمفاوي . وهنا قد يتعرض الفرد الى البيئة التي تحمل فيروس الانفلونزا . أما رد فعل الجسم لهذه الحالة فتكون ضعيفة إذ ان نقص المناعة عند الفرد يحول دون حمايته من الفيروس .

وهنا يصاب الفرد بالانفلونزا . ان نموذج الاجهاد هذا يلقى التأييد الكبير في ابحاث هنكل التي تقول ان تعرض الفرد الى انواع الامراض له اسباب تتعلق بطور معين من اطوار حياته ويحدث عندما تقع تبدلات معينة في حياة الفرد . تجعله عرضة للمرض[١٣] .

ان تتابع الفعل ورد الفعل بين الخبرة الاجتماعية النفسية والنسيج المادي للجسم انما يتناقض مع فكرة انفصال الجسم عن العقل واستقلاليته . ان هناك آراء تقول بأن المرض يرجع الى العامل العضوي للجسم وخواصه البايولوجية . ولكن الناس يستطيعون تجنب الامراض إذا بدلوا تفكيرهم حول الاحداث والمواقف التي تهدد مجرى حياتهم . ان عوامل الاجهاد يمكن ايجادها في طبيعة البيئة الاجتماعية والاقتصادية كحدوث البطالة مثلاً .

ولكن ماذا يمكن ان يفعل الناس لحماية انفسهم من الاجهاد الذي يتعرضون له في حياتهم اليومية ؟ يمكن الاجابة عن هذا السؤال بطريقتين الطريقة الاولى هي

قدرة الافراد على تجنب عامل الاجهاد او تخفيف اثره من خلال تغيير طريقة التفكير بالعامل المجهد . والطريقة الثانية هي السبل المفتوحة امام الناس لاتخاذ الاجراءات التي من شأنها ان تحررهم من الاجهاد كاتخاذ فعل معين ضد البطالة عن العمل وتخفيف وطأتها . ان كلتا هاتين الطريقتين طريقة عدم التفكير بالعامل المجهد وطريقة مواجهته باتخاذ فعل محدد قد تم تشخيصها بوصفها وسيلة للتخلص من الاجهاد (١٤) .

٣-   المواجهة : رد فعل الفرد تجاه الاجهاد :

ان مفهوم المواجهة قد ابتدعه لاول مرة ريجارد لازاروس لوصف الجهود النفسية التي يقوم بها الفرد للتكيف للتجارب المجهدة . والمصطلح يبدو جذاباً للآخرين الذين يعملون على حقل الاجهاد اذ طبق في مجالات وطرق مختلفة . ومع هذا فان المفهوم لا يمكن تعريفه تعريفاً واضحاً . انه يعني الدور الذي يلعبه الفرد في توليف العلاقة بين الاجهاد من حيث مصدره والاثار التي يتركها على الاجسام . ان المواجهة تعني نشاطاً عقلياً وانفعالياً وتعني عملاً موجهاً ومقصوداً . وهذان الاستعمالان للمفهوم يشيران الى المواجهة النفسية والمواجهة الاجتماعية . وهذا التمييز يوضح ايضاً الاختلافات المهمة في درجة الوعي الذاتي لمحاولات الفرد في مواجهة الاجهاد ، لكن ستراتيجيات المواجهة الاكثر وعياً يمكن ان تبدأ في مرحلة مبكرة من عملية المرض الكامن اذ انها تزيد فرصة تجنب المظاهر الفيزيولوجية للاجهاد (١٥) . أما المواجهة الاقل وعياً فمن المحتمل أن تكون دفاعية في طبيعتها وموجهة نحو اخماد الاحاسيس المجهدة في الجسم أو تقليل الضرر العضوي الذي يلحق بالجسم . لكن التمييز بين المواجهة النفسية والاجتماعية يكون مرتبطاً بالفوارق الاخرى في المعنى . فعندما ينظر الى المواجهة كعملية عقلية فأنها تميل الى حمل مضمون الكفاءة الشخصية او حتى الصحة الاخلاقية . ان الناس الذين يواجهون الاجهاد لا يقعون فريسة المرض . بينما الاشخاص الذين يستسلمون للاجهاد يقعون ضحية المرض ويسمون بالاشخاص غير المواجهين . لذا فمحاولة المرض تظهر فشل الفرد في مواجهة المشكلات بمفهومها الانفعالي وتوحي الى النقص في السيطرة على الشخصية (١٦) . في حين ان المواجهة الاجتماعية ليس لديها هذا الميل نحو التقييم الاخلاقي لأنها تطبق على جميع الجهود التي تواجه الاجهاد مهما يكن نوعها .

لهذا السبب يمكن ان تبدأ المواجهةفي أي نقطة من عملية المرض الكامن وقد تنجح او تفشل . ان المواجهة النفسية قد تجنب الفرد المرض تماماً . بينما المواجهة الاجتماعية من ناحية أخرى تشير الى الجهود الشخصية التي تواجه الاجهاد في أي من المراحل السبع . فضلاً عن أي فعل يتخذ قبل الشفاء او بعده والتكيف الى ظرف مزمن . انها تصف جميع الطرق التي يحاول الناس قهر مشكلاتهم فيها قبل ظهور اعراض المرض . واثناء حالة المرض او بعدها قد يقود المرض الى حالة العوق الدائم للفرد .

٤- مواجهة الاجهاد : الشخصية

لقد جذب لازاروس الانتباه الى أهمية الادراك الذاتي في تحديد مستوى الاجهاد الذي قد يلحق بأية حادثة من حوادث الحياة في تجربة شهيرة وضح لازاروس الأثر الفيزيولوجي لزيادة دقات القلب التي يسببها تتابع مزعج من الصور البصرية التي تصاحبها اصوات لها تدرج صوتي يصاحب فلماً عن طقوس الختان . كما ان الموسيقى الهادئة غالبا ماً تؤدي الى قدر ضئيل من الاجهاد الفيزيولوجي الذي يتعرض له الجمهور والعكس بالعكس . وهذه الحقيقة هي التي قادته الى التأكيد على دور الذاتية في الاحكام حول الخبرة المجهدة ، انه يصف المواجهة بأنها وسيلة نفسية ثانوية يتم تبنيها عند حدوث الحادثة المجهدة ، والمصممة لتقليل الاجهاد في جسم الانسان . وهو بالتالي يحد من حدوث المرض . في هذا التفسير تعد المواجهة خلاصة للخواص النفسية للافراد الذين لا يظهر عليهم المرض بعد تعرضهم الى احداث مهددة ومفزعة . ومن هذه الخواص الشعور بالثقة واحترام الذات . يقول انتونفسكي الذي درس الافراد الناجين من معسكر للاعتقال ان المواجهة هي قدرة الفرد على عزل نفسه من البيئة المجهدة لان انتونفسكي يعتقد ان المواجهة هي عملية نفسية يحاول الافراد من خلالها سحب مصادر المقاومة لتجنب الاحداث المجهدة . ان مصادر المقاومة تتكون من مرونة رد الفعل في المواقف الصعبة والجماعة المتساندة ازاء تكوين العلاقة الحميمة من العناصر المركزية للمواجهة النفسية ما يظهر في القدرة على التكيف للتغيير . فالناس الملتزمون بتأييد الوضع الراهن يواجهون الاجهاد باعتماد اسلوب الالتصاق التام به وهو عادة في خطر . أما الذين يرخون علاقتهم بأي واحد من الابعاد المتعارف على تقييمها فأنهم

يكونـون أكـثر مرونـة في التعامـل مـع الاوضـاع والظـروف ولا يتعرضـون للاخطـار والتهديدات . فإذا فقد هؤلاء اعمالهـم لسـبب أو لآخـر فـأنهم يتغلبـون عـلى الفقـدان باحتمالية حصولهم على اعمال أخرى تتلائم مع مؤهلاتهم ومواهبهم .

المواجهة النفسية تظهر كعملية تعامل مع مصادر القلق والاجهاد التـي تواجـه الفرد في حياته اليومية معتمدة على قابليته الشخصية على هذه المواجهة .

لكـن قـدرة المواجهـة عـن طريـق التصرـف الخـلاق باعـادة تعريـف الظـروف الشخصية بطريقة تقلل حجم التهديد انمـا تعتمـد عـلى صـفات الشخصـية التـي تمكـن الفرد من بلورتها في الماضي وليس على تلك الصفات التي تكونت على نحـو مرتجـل مـن أي مصدر من مصادر الحاضر . ان الدور الذي يلعبه الافراد عند التعامـل مـع الظـروف والاوضاع قد بحثت في الولايات المتحدة واوربا . واشهر تقنيات البحث المسـتعملة تلـك التي يطبق عليها نوعية الشخصية وهؤلاء الاشخاص عرضة للامـراض القلبيـة الفجائيـة . وسلوك نموذج أ قد وصفه كل من فريدمان وروزنمان عام ١٩٥٩ .ان السمات التي تتسم بها شخصية أ هي الاهـتمام بالعمـل مـع انجـاز العمـل بطريقـة كاملـة والمنافسـة مـع الآخرين وعدم الصبر والعدائية والكفاح من اجل بلوغ الانجاز . ان سمات هؤلاء الافـراد غالباً ما تسبب لهم الامراض القلبية المميتة (١٧) .

ان الصفات المشتركة لمثل هذه الشخصية تتشابه مع الشخصية التي تنزع نحـو العمل مع البروتستانتية التي توالي الابطال الشعبيين للحضارة الرأسمالية . وهـذا يعنـي ان المقاييس السلوكية لرجل العمل الناجح هي في الحقيقة مقاييس مرضـية . ان هنـاك اعتقـاداً شـائعاً مفـاده ان رجـال الاعـمال غالبـاً مـا يكونـون عرضـة للامـراض الجسـمية والنفسية بسبب تنافسهم في ميدان العمل. ان المنهمكـين في الاعـمال الادارية يكونـون عرضة لامراض القلب والقرحة ، فهم يفرطون بحصتهم مـن أجـل الحصـول عـلى المـال والثروة . ومع هذا فأن هذه الفرضية لم تثبت صحتها بعد (١٨) .

تظهـر دراسـة مـاروت حـول امـراض القلـب في الخدمـة المدنيـة البريطانيـة ان الاشخاص الذين يتعرضون لهذه الامراض اكثر من غيرهم هم العمال اليدويون من

الدرجات الواطئة الذين لا تمنحهم حياتهم الحرفية الا فرصة ضعيفة للتقدم والترقية . بينما في امريكا يتعرض لامراض القلب الاشخاص الذين يحملون صنف أ من الشخصية والذين ذكرناهم أعلاه. أي انهم اشخاص ينحدرون من الطبقة الوسطى .

هناك عدة دراسات ظهرت في امريكا توضح بعض سمات الشخصية التي تعرض صاحبها للمرض . هناك دراسات تشير الى ان صنف أ من الشخصية يكون عرضة للمرض ودراسات أخرى تؤكد على عوامل لا علاقة لها بالشخصية . ان الاشخاص الذين يكونون عرضة لامراض القلب هم الذن يتسمون بشخصيات تتميز بالصلابة والصرامة والتمسك المفرط بالروتين والميل نحو التضحية بالذات . كما ان هذه الصفات قد تجعل الفرد يتعرض لامراض سرطان الرئة والتهاب القصبات الفصى- والاضطرابات الهضمية . أما النسوة المهنيات اللواتي يكتمن انفعالاتهن فيتعرضن الى مرض سرطان الثدي [١٩] .

ان هذه المحاولات المتعددة التي تحدد مزايا الشخصية التي تعرض صاحبها الى الامراض المهلكة قد تدفع الشخص وقد لا تدفعه الى المواجهة وان هذه المواجهة او عدمها هي رد فعل اعتيادي مستثار يوماً بعد يوم في كل مناحي الحياة وليس اوقات الازمات وحسب . لكن المرونة في مواجهة احداث الحياة هي التي تقلل اخطار الاصابة بالامراض .وهنا يثار السؤال حول مدى ثبات ردود الفعل في المواجهة وحول الاسلوب الذي يمكن بواسطته تدريب الافراد على تغيير النمط الذي يواجهون به مشاكلهم .

٥- مواجهة الاجهاد : الفعل الاجتماعي

من اشهر الدراسات البريطانية التي تهتم بمواجهة المرض وتقليل آثاره دراسة براون هارس التي تربط بين حوادث الحياة التي تتعرض لها النسوة واحتمالية الاصابة بالمرض . لقد خلص براون هارس الى ان هناك بعض العوامل المتداخلة بين حوادث الحياة وخطر الاصابة بالمرض . وهذه العوامل قد تزيد احتمالية تعرض الفرد للمرض او تقللها . هناك اربعة مصادر او عوامل متداخلة قد تعرض النساء الى الامراض . وهذه هي موت الام قبل بلوغ ١٤ سنة من العمر ، غياب العلاقة الحميمة وعدم وجود العمل الذي يدر

المال واخيراً وجود الاطفال القصر في البيت . ثلاثة من هذه العوامل مربوطة بالمرحلة الحياتية بينما العامل الآخر وهو فقدان الأم في عهد طفولة البنت هو عامل يؤثر في شخصية الفتاة . ان هذه العوامل المتداخلة تعرض النساء الى الامراض إذا رافقتها احداث حياتية مؤلمة ومقلقة . ان عملية السببية يمكن توضيحها في الشكل الآتي الذي يوضح العلاقة بين حوادث الحياة (الاعياء الصحي) الذي يتعرض له الفرد .

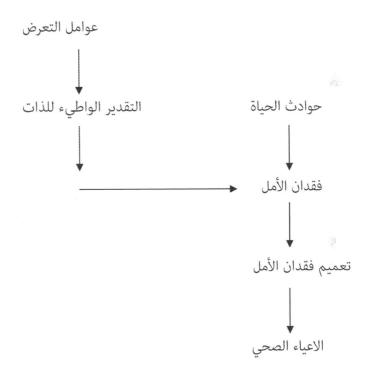

يعتقد براون هاوس ان العوامل التي تقلل من قابلية الفرد على المواجهة الناجمة لا تكمن في حالته النفسية بقدر ما تكمن في الظروف الاجتماعية الصعبة التي يتعرض لها الفرد [٢٠] . ان العوامل الاربعة المذكورة اعلاه تقود الى التقييم الواطيء لذات الفرد وهذا يسبب الشعور بفقدان الأمل . وعندما يواجه الفرد حادثة صعبة من حوادث الحياة فان رد فعله ازاء الحادثة تحطم حالته المعنوية وعدم قدرته على المواجهة . التقييم

الواطي للذات لا يعد صفة ثابتة من صفات شخصية المرأة . انها نتاج وضعها الاجتماعي الراهن . بمعنى آخر انه ظاهرة بيئية أكثر مما هو سمة شخصية . وهذه الحالة تواجهها نساء الطبقتين العاملة والوسطى وبخاصة نساء الطبقة العاملة . ان المرأة الهابطة نفسياً كما تظهر دراسة براون هارس قد تواجه حالتها الصعبة او توفر لها ما يعزز معنويتها وثقتها بنفسها كالعمل الذي تمارسه او الزوج الذي يرعاها وعندئذٍ تكون مفعمة بالثقة بالنفس وهو ما يمكنها من مجابهة المشاكل التي قد تؤدي الى حالة الهبوط النفسي والكآبة(٢١) .

يعتقد معد الدراسة ان اسباب المرض ترجع الى ظروف اقتصادية واجتماعية معينة ولهذه الظروف حدان هما الاحداث الحياتية المضطربة واحتمالية تعرض الفرد الى عوامل محبطة وشائكة . ان نساء الطبقة العاملة يتعرضن الى الامراض أكثر من غيرهن بسبب الحرمان الاقتصادي والاجتماعي الذي يعرضهن الى احتمالية الاصابة بالامراض . ان التركيز على تقييم النفس بوصفه الألية الاهم في مواجهة الوسائل النفسية المحدة للمرض . لكنها تحتوي على نقاط التقاء عديدة مع الوسائل الاجتماعية . كيف يستطيع الافراد تجنب او تقليل تعرضهم للاجهاد ؟ ان هذا السؤال يقودنا الى السؤال عما إذا كان الفرد يستطيع تغيير عناصر البيئة اكثر مما يستطيع تغيير الافكار حولها ؟ ان تغير عناصر البيئة من قبل الفرد يسمى الفعل الاجتماعي. وغنيٌ عن القول ان قيام الناس بمحاولة التغلب على مشاكل الحياة اليومية يعتمد على تعريفهم لما هو مشكلة بالدرجة الاولى وهذا فهم ذاتي يعين ما إذا كان الفرد ملهماً وقادراً على التحرك أم لا . وهذه هي الطريقة التي عرف فيها فيبر العمل الاجتماعي بكونه تصر فاً يقوده المعنى الذي يعطيه اياه الافراد .

علينا مقارنة منظور الفعل الاجتماعي مع المنظور النفسي البحت الذي يحدد عملية التكيف لحالة الاجهاد بواسطة اعادة التفكير بالاحداث . ان المواجهة بوصفها فعلاً اجتماعياً تحاول دمج ردود الافعال العقلية والعاطفية والسلوكية في عملية واحدة . فالشخص الذي يواجه مشكلة التعرض للبطالة لا يمكن التخلص من هذه المشكلة من خلال عمل يصل بالارادة الفعلية . ان مشكلته يمكن مواجهتها وحلها فقط عن

طريق عمل شخصي هو البحث عن عمل آخر . والبحث عن عمل آخر يتطلب مرونة من الفرد تمكنه من التعامل مع وضعه وظروفه الجديدة . وهذا يتضمن قدرة الفرد على السيطرة على الظروف الراهنة . فالفرد هذا يمكنه مواجهة مشكلاته عن طريق ثقته بنفسه بقدر يكفي لجعله يعتقد انه لم يخسر كل شيء وان هناك اسوقاً أخرى للعمل . وحالة كهذه تنطبق على تقييم الذات عند براون هاوس ، إذ ان تقييم الذات يعني ان العامل العاطل سيقنع نفسه بأنه عامل ثمين وان هناك مستخدماً آخر يريده [٢٢].

أما إذا اخفق الفرد في الحصول على العمل بسبب عدم توفره فلا يستطيع الفعل الاجتماعي ان يحل المشكلة . فالعاطل عن العمل لا يمكنه حماية نفسه من الاجهاد الا بالحصول على العمل والا كان عرضة للاحباط او المرض .

علماً بان محاولات العامل في الحصول على العمل واخفاقه في ذلك لا بد ان تعرضه الى اعياء واجهاد قد يسببان له المرض فيما بعد . واذا استمر العامل في الفشل في الحصول على العمل فانه سيقبل حالته ويحاول التعايش معها . وحالته هي كونه في حالة بطالة مستمرة . وهذه الحالة لا يستطيع السيطرة عليها لانها متأثرة بعوامل خارجية تقع خارج قدرات الفرد وامكاناته [٢٣].

٦- الطبقة ومواجهة حوادث الحياة المجهدة :

اوضحنا آنفاً بعداً جديداً في عملية المواجهة . ان البناء الاجتماعي هو الذي يقرر طبيعة المواجهة او عدم المواجهة عند التعامل مع الاشياء والحوادث المقلقة كالبطالة عن العمل مثلاً . ان هذا البناء يتكون من توزيع غير متساوٍ للدخل والمؤهلات العلمية والفرص الثقافية والحقوق الحرفية . والامتيازات التي تفضل فئة من المجتمع على حساب فئة اخرى . ان عدم المساواة هذه تحمي اصحاب الامتيازات من آثار الاعياء والاجهاد والتعب وتعرض آخرين من الذين لا حماية لهم الى الاعياء والمرض والبطالة . ان مواجهة الاعياء تعتمد على القوى الاجتماعية والبناء الاجتماعي . انها تعتمد على امتلاك الموارد التي يمكن استخدامها في تقليل صدمة الاحداث المضطربة للحياة مع تمكين الافراد من التفكير باوضاعهم واعادة تنظيم حياتهم . ان خطر التعرض

للبطالة غير متوزع بالتساوي على السكان فهو يمس العمال غير الماهرين وشبه الماهرين. وهؤلاء يفتقدون المؤهلات والموارد المادية والتي تجعلهم اكثر عرضة للاعياء والمرض [٢٤]. وهذه النتيجة تتفق مع ما خلص اليه كل من دورند وند ودورندوند في دراستهما الموسومة الطبقة والعرق كمصادر للاعياء. يعتقد هذان الباحثان ان من أهم العوامل المؤثرة في قدرة الفرد على مواجهة ازمات الحياة هي المجال الذي تعبّر المجابهة فيه عن نفسها. وهذا المجال تأثر بعدة عوامل تقع خارج محيط الفرد وبخاصة عدم المساواة في المجالات الاقتصادية والاجتماعية.

ان المواجهة كفعل اجتماعي تقدم تصورات مهمة في نموذج عدم المساواة في الصحة الذي تطرقنا اليه في الفصل الرابع. ان الفصل هذا يوضح بان الاسباب المؤدية للاجهاد مع الاستراتيجيات والموارد الخاصة بمواجهتها انما تعتمد على ظروف الفقر والحرمان المادي.

لكن المشكلات التي تواجه الافراد تبدو مزمنة فلا تمكن الافراد التصدي لها فتصبح بالنسبة للطبقة العاملة متاعب طويلة الأمد. يقول جيرهارد بانه من الضروري التمييز بين حوادث الفقدان التي هي حوادث شخصية إذ تتضمن التكيف الانفعالي وبين مشكلات البعيد التي يمكن حلها فقط عن طريق الفعل البشري المتعمد.

ان هذا يعني بان حوادث الحياة ليست مشابهة في طبيعتها وان الاختلافات بينها تتطلب انواعاً مختلفة من المواجهة. من خلال ما نعرفه عن توزيع الرفاهية الاجتماعية والاقتصادية يمكن القول بان الصعوبات بعيدة الأمد يمكن ان تكون مصادر سيطرة للاجهاد يتعرض لها ابناء الطبقة العمالية. بينما حوادث الفقدان هي الغالبة على ابناء الطبقة الوسطى. ومع هذا فأن حوادث الفقدان تبدو بوضوح في تجارب ابناء الطبقة العمالية.

أن مفهوم المشكلات بعيدة الامد يبدو أكثر اقناعاً كوسيلة لتوضيح تطور الامراض المهلكة كأمراض القلب والسرطان. لشرح نموذج اللامساواة الطبقية في مجال الوفاة في عمر معين بهذه الاسباب ينبغي عدم طرح السؤال: لماذا اصيب فلان بهذا

المرض ؟ بل لماذا اصيب بالمرض في هذا العمر المبكر ؟ بعبارة اخرى: لماذا يموت ابن هذه الطبقة قبل ابن الطبقة الاخرى بعقود ؟ وهل يستهلك جسم ابن الطبقة العمالية قبل جسم ابن الطبقة المرفهة ؟ إذا كان هو أداة الوصل الفيزيولوجية بين المرض واللامساواة فان هذا يعني انه سيكون ظاهرة دائمة في خبرات ابناء الطبقة العاملة . وعامل الاجهاد يعمل على تهديم الجسم أكثر من عامل حوادث الحياة المؤسفة التي تقع للفرد . وقد توصل الباحثون الى ان هناك علاقة بين البطالة والوفاة . تشير الاحصاءات الحكومية الى ان البطالة من اسباب الوفاة بين الرجال العاطلين وزوجاتهم . ويشير الباحث بلمر الى ان العلاقة بين البطالة والموت أمر مسلّم به منذ بداية هذا القرن . والباحث ستيرن يخلص الى القول بأن هناك علاقة بين البطالة والوفاة من خلال الفقر (٢٥) .

ان الاشخاص الذين يتعرضون الى خطر البطالة هم أفقر ابناء المجتمع الذين تزداد معدلات الوفيات بينهم بغض النظر عن اعمارهم . وهذه الفئة تتعرض الى اوقات طويلة من البطالة لهذا تكون في حالة مستديمة من التعرض للخطر اقتصادياً . إذاً هناك علاقة مترابطة بين الفقر المادي والبطالة وارتفاع معدلات الوفيات بين الافراد .

ومع هذا فأننا يجب ان نعي حقيقة كون حادث الفقدان يتضمن وقوع ازمات للافراد في مختلف الطبقات وهو ما يستلزم اجراء تكييفات . من الامثلة النموذجية للفقدان موت صديق او قريب تربطنا به علاقات حميمة . ان الوفيات المبكرة للطبقة الفقيرة انما تعتمد على الظروف الصعبة لهذه الطبقة . وقد أيد هذا الاستنتاج ب راون هارس والشكل ادناه يوضح الطبقة الاجتماعية وحوادث الحياة واسلوب المواجهة .

عوامل التعرض الجارية

(حالة العمل)   البيئة الاجتماعية والاقتصادية

عناصر الآثارة (حوادث الفقدان

ومشكلات المدى البعيد)

٧- **الهبوط الصحي :**

ان المواجهة كفعل اجتماعي تنفذ في اطار المجتمع المصنف الى طبقات بموجب عدم المساواة الطبقية . فالاشخاص الذين يمتلكون مصادر الثروة والمال لا يواجهون الا حوادث حياتية قليلة ولديهم الامكانات الكبيرة لمواجهتها . أما الاشخاص الفقراء فيكونون عرضة لحوادث الحياة المؤسفة ولا تكون لديهم الامكانات المطلوبة لمواجهتها (٢٦) .

مواجهة الاجهاد: ملاحظات استنتاجية

الكلمة مواجهة تتضمن تأثير الناس بصورة شعورية او لا شعورية على حالتهم الصحية وايقاف حالة المرض والاعياء التي يعانون منها . هناك نوعان من المواجهة هما المواجهة النفسية التي هي نشاط عقلي بينما المواجهة الاجتاعية تمزج التفكير والحدث كنشاط واحد . في كلتا الحالتين نلاحظ ان الناس الاعتياديين ليسوا هم ضحايا غير فاعلة لعملية المرض إذ يبدو انهم يجلبون المرض لانفسهم من خلال ردود الافعال غير الصحيحة في الظروف المجهدة والصعبة . ان هذا الفصل يخلص الى الحقيقة التي مفادها ان المواجهة لا يمكن تحليلها في مجال اجتماعي واقتصادي . فالقدرة على المواجهة في أي مستوى كان هي نتاج للموارد التي يمتلكها الناس والتي تجعلهم قادرين على السيطرة على ظروفهم ومشكلات حياتهم . في هذا المجال الواسع نلاحظ ان عملية مواجهة الاجهاد تهدد صحة الانسان وتوضح في الوقت ذاته نموذج الفوارق الطبقية الخاصة بالصحة .

لكن دافعية الفرد هي عنصر مهم في وقوع الامراض وقد تنبعث من مصدر مختلف تماماً في علم الاجتماع . ان اشهر المنظرين الاميركان يدلي على الطريقة التي بواسطتها يستطيع الطب ان يصون الروح والجوانب الفيزيولوجية للصحة وهذا هو موضوع الفصل القادم .

مصادر الفصل الحادي عشر

(1) Illich, I. Medical Sciences , Rantam Books, New York, 1990, P. 17.

(2) Ibid., P. 20.

(3) Lazarus, R. Psychological Stress and the Caping Process, Mc Graw- Hill , New York , 1976, P. 21.

(4) Ibid., P. 31.

(5) Lewis, M. Longtz, F. Broken Health, 1996, London, Longman, P. 33.

(6) Ibid., P. 40.

(7) Ibid., P. 41.

(8) Totman , R. The Social Viwes of illness, London, Souvenir Press , 1979, P. 13.

(9) Ibid., P. 51.

(10) Ibid., P. 54.

(11) Hinkle, I.P. The Concept of Stress in the Biological and Social Sciences, in Science , Medicine, and Man Vol. 1, 1979,PP. 31-33.

(12) Ibid., P. 40.

(13) Ibid., P. 43.

(14) Lazarus, R. Psychological Stress and the Caping Process, PP. 50-52.

(15) Ibid., P. 53.

(16) Ibid.,P. 55.

(17) Ibid., PP. 80-82.

(18) Ibid., P. 88.

(١٩)   هارا لامبوس ، ميشيل ، اتجاهات جديدة في علم الاجتماع ، ترجمة الدكتور إحسان محمد الحسن وآخرون ، بغداد، بيت الحكمة ، ٢٠٠١، ص ٧٣٥.

(٢٠)   المصدر السابق، ص ٧٣٥ـ ٧٣٦.

(٢١)   المصدر السابق، ص ٣٣٦.

(22)   Patrick , D. L. Sociology As Applied to Medicine, London, Bailliere Tindall, 1982, P. 32.

(23)   Ibid., P. 34.

(٢٤)   هارا لامبوس ، ميشيل ، اتجاهات جديدة في علم الاجتماع، ترجمة الدكتور إحسان محمد الحسن وآخرون ، ص ٧٣٨.

(٢٥)   المصدر السابق ، ص ٧٣٩.

(٢٦)   المصدر السابق، ص ٧٤٠.

الفصل الثاني عشر

الطب كمؤسسة ضبط اجتماعي

١- الطب والبناء الاجتماعي للمرض :

ما هو المرض ؟ في الفصل العاشر ذكرنا تفصيلات اجتماعية عن عملية المرض مركزين على الشخصية والسلوك وحوادث الحياة والموقع الطبقي ، والتفصيلات هذه عن كيفية حدوث المرض هي صورة واحدة للحقيقة المستقاة من الرأي الاجتماعي عن التجربة الانسانية . ان التفسير الطبي للعملية نفسها قد يؤكد ابعاداً مختلفة . نستطيع ان نتوقع ماهية هذه الابعاد من النمط البايوميكانيكي للمرض والشروح في الفصل التاسع انه يلقي الاضواء على السمات العضوية والمؤشرات الطبيعية التي تدفع الى مراجعة الطبيب . ان العوامل الاجتماعية التي تتمتع بالاولوية في التفسير الاجتماعي تضمحل عندما يوجه الاهتمام والجهود نحو معالجة الضرر العضوي الواضح .

ان هذه التفسيرات المستنبطة من مختلف القواعد النظامية لعلم الاجتماع والطب هي اسلوبان يعبران عن الحقيقة نفسها . ولكن كل من الاسلوبين يدعي فهم عملية المرض كلها او ادراك تجربتها الذاتية . ولكن الطب يمكن ان يعطي انطباعاً أهم مما يبدو حقيقياً للوهلة الاولى بالنسبة لمن يقاس المرض . ذلك ان الناس يراجعون الاطباء لمعالجة الاعراض المرضية ولا يراجعون علماء الاجتماع . من تجربة مراجعة الطبيب نلاحظ ان الناس يتعلمون ان المرض هو اختلال او اضطراب عضوي لان هذه القضية او الحالة تجلب انتباه الاطباء . في هذا المجال نلاحظ ان حقيقة المرض يشعر بها المريض أكثر من أي شخص آخر . لاحظنا في الفصل السابق ان فاعلية العلاج الطبي قد اصبحت امراً مبالغاً فيه . ومع هذا فعندما تتعرض اجسامنا الى الخلل والاضطراب فاننا نراجع الاطباء لطلب المساعدة إذ ان المهنة الطبية تحتل مركزاً مهماً في المجتمع . وان سلطانها على المرض معترف به وتمتلك احتكاراً حقيقياً لمهنة العلاج [1] . وهذا الحق

المطلق اكدته اللائحة الطبية لعام ١٨٥٨ . وهذا يعني ان الاطباء المجازين فقط يستطيعون ممارسة المهنة الطبية والعمل في الدولة . وفي القرن العشرين وبتوسع الخدمات الطبية منح احتكار المهنة هذا الاطباء سيطرة تامة على كل مظاهر العناية بالصحة .

في الخدمة الصحية الوطنية نلاحظ ان المهنة قد أسست شبكة من العيادات والمستشفيات التي يمكن ان يصلها السكان . ومثل هذه العيادات والمستشفيات كمثل الكنائس التي أسسها واخذت تديرها السلطة الدينية المسؤولة عنها . ان ارتفاع شأن الطب رافقه هبوط لرجال الدين . وبعد ارتفاع مكانة المهنة الطبية في المجتمع الحديث أصبح لهذه المهنة الحق المطلق بتعريف ماهية الصحة والمرض . ان معرفتنا حول الصحة والمرض نحصل عليها من الطب لا بسبب العلمية التي يتمتع بها الطب ولكن بسبب انه حصل على مركز ونفوذ اجتماعي مؤثر يجعلان رأيه حول الصحة هو النافذ. وهذا يعني ان الحقيقة الاجتماعية للمرض قد بناها الطب . فالطب هو ايديولوجية اجتماعية جاءت نتيجة حياد العلم الذي يحدد فهمنا لافكارنا الاجتماعية حول الصحة والمرض . ان مهنة الطبيب إذاً ليست هي مجرد عمل او واسطة للحصول على الدخل ولكنها منزلة اجتماعية مهمة تفرض قوتها على الناس وسلوكهم . في هذا المعنى نتكلم عن الطب كمؤسسة للضبط الاجتماعي [٢] .

دور المريض : مراجعة الطبيب تجربة عامة . انها واسطة لنشر الاطار البايوميكانيكي للمرض في الحياة اليومية . ومن خلال الاتصال الروتيني بين الاطباء والمرضى في المستشفى والعيادات نلاحظ ان الايديولوجية الطبية تنفذ خلال التجربة الذاتية للمرض وهنا يقع مجال السيطرة الاجتماعية .

ان الدور الاجتماعي الرسمي للمريض الذي يظهر من خلال المهنة الطبية قد اعترف به تالكت بارسنز في كتابه " النظام الاجتماعي". كمنظر للانظمة نلاحظ ان الاهتمام الاولي لبارسنز كان تفسير استقرار المجتمع كنظام من الادوار المتداخلة . ان توازن النظام الاجتماعي يعتمد على ان يؤدي كل فرد دوره بما يمكن النظام من العمل

والفاعلية والاستمرار . لذا فأن اناس يجب ان يكونوا مدفوعين بشعور الواجب والالتزام بالعلاقات الاجتماعية. لقد حدد بارسنز المرض بأنه تهديد للمسؤولية الشخصية المشتركة لأنه يزود الناس باسباب مشروعة للتوقف عن العمل . لهذا السبب يحتاج الى قواعد تنظيمية لتجنب استعمال المرض عذراً للتحرر من الواجبات الاعتيادية[٣] .

ان هذا الترتيب يمكن تحقيقه عن طريق تعيين الاطباء كوسطاء للضبط الاجتماعي في عملية تولد ما يسمى دور المريض المعاقب . باحتضان دور المريض بمراجعة الطبيب نلاحظ ان المرض يستطيع الحصول على الاعتراف الاجتماعي باعراض المرض التي يشعر بها وفي الوقت نفسه يستطيع المجتمع عزل حالة مرضية تكون سبباً لانتشار المرض عن طريق انتقال العدوى . لذا فدور المريض يمنحه الحق بأن يعفى عن واجباته والتزاماته مدة محددة مع الاذعان للعلاج الرسمي . بهذه الطريقة يشخص العالم بارسنز دور الطبيب يكون من الادوار التي تحمي المسؤولية الاجتماعية بين المرضى . ان المريض يوجه بهدوء نحو بلوغ الشفاء بسرعة لأن استقرار المجتمع يعتمد على الدور الوظيفي الذي يلعبه الفرد الذي وقع فريسة المرض. لو ترك انتشار المرض معلقاً على نزوات الافراد دون تدخل المجتمع في ذلك فأن ذلك سوف يؤثر سلباً على مهام العمل والحياة الأسرية ويؤثر كذلك على مسيرة المجتمع المحلي . ولكن عندما نضع المرض تحت اشراف المجتمع وتحت نظام الضبط الاجتماعي فأن اخطار المرض ستكون أقل تأثيراً الى أقصى حد ممكن[٤] .

٢- احتمالية التعرض للمرض والانحراف بعدان لدور المريض :

دور المريض كما يعيه العالم بارسنز هو ضرب من ضروب النفاذ الى العمليات الاجتماعية في جميع مجالات الخبرة الانسانية ، فمعظم الناس يرون الامراض كحوادث بايولوجية لا علاقة لها بالمؤثر المجتمعي . لكن اصالة بارسنز في افتراض ان الامراض ما هي الا ظواهر اجتماعية تشبه اصالة دوركهايم عندما يقول ان الانتحار ليس قضية نفسية فردية ولكن حقيقة اجتماعية . ومع هذا فأن دور المريض ما هو الا

مفهوم قابل للنقاش والجدل في مجال علم اجتماع الطب وذلك بسبب الطبيعة الوظيفية للمفهوم .يعتقد بارسنز ان قوة مهن كالطب في صياغة الافكار والمعلومات وتحديد السلوك هي قوة ضرورية وصالحة للحفاظ على الاستقرار الاجتماعي (٥) . انه أي بارسنز يميل الى قبول الدعاية التي يطلقها اعضاء المهنة والتي تشير الى ان الاطباء يمكن الوثوق بهم ومنحهم امتياز احتكار المهنة لانهم يؤدونها بعيداً عن المنفعة الخاصة . في نظره فان ضرورة الضبط الاجتماعي للمرض تتأتى من حاجات النظام الاجتماعي والمهنة الطبية هي خير من يتمكن من النهوض بهذه المهمة . ان مؤدي دور المريض هو المريض نفسه وكما توضح الكلمة فأن توقعات الدور هي الاستسلام ، الثقة ورغبة في انتظار المساعدة الطبية . بكلمات أخرى ان المريض الذي يعاني من الالم لا يكون مسؤولاً عن المرض بل ان على الآخرين العناية به حتى شفائه من المرض ، هذه التوقعات تنبع من عدم قدرة المريض على مجابهة المرض ومن التصور الطبي البايولوجي الذي يشير الى ان المرض هو شيء يحدث للناس ولا يستطيعون السيطرة عليه. تحسن الصحة لا يمكن اجرائه من قبل المرضى انفسهم . ولهذا فأن عليهم التحسن فهو يحتاج الى ارشاد طبي والى ان يخضع المرضى اجسامهم للفحص الطبي والتدخل الطبي يعني ان العمل الطبي يحتاج الى التنظيم الاجتماعي (٦) . وفضلاً عن ذلك تظهر حاجة المريض الى ان يظهر عارياً امام شخص غريب هو الطبيب . كما ان المعالجة قد تقود الى الضرر او الى الموت ، وعندما يضاف الى ذلك ان المريض في حالة قلق حول صحته فأن هذا يجعل الاصابة بالمرض للمنزلة الاجتماعية للمريض الى الضرر والخطر. في هذه الظروف كيف يمكن للناس التوصل الى قرارات عقلانية حول من يمكن استشارته وفي مقابل ماذا. كيف يمكن للمجتمع ان يحمي المريض من خط الاستغلال بواسطة استغلال الاطباء المشكوك بأمانتهم ونزاهتهم والذين قد يستغلون مراكزهم في ابتزاز المريض . هذه هي أحدى اساليب البناء الاجتماعي للمرض . انه اسلوب يؤكد براءة المريض واستسلامه للمرض والعلاج وتعرضه للاحتكار بوصفه مستهلكاً في سوق العلاج الطبي .

هذه الصورة التي توضح استغلال الاطباء للمريض يمكن مقارنتها بصورة أخرى تبين استغلال المريض للآخرين . إذ ان المرض يسمح للمرضى بالتحرر من التزاماتهم الوظيفية والاجتماعية . فضلاً عن تحرر المريض من المسؤوليات الاجتماعية . فهذا المريض قد يتحرر من مسؤوليات العمل أسابيع أوأشهر او يلجأ الى تعاطي الادوية والمخدرات التي تسبب ادماناً عنده . ان هذه الانماط الصورية لسوء استعمال المرض هي اشكال مقنعة من الانحراف . وهذا هو الاسلوب الثاني للبناء الاجتماعي للمرض . انه يؤكد صعوبة تشخيص المرض الحقيقي الذي يعاني منه المريض وتؤكد ضرورة عدم ترك المرضى لحالهم وضرورة التدخل في شؤونهم . ان حالة كهذه تستدعي التدخل الخارجي في شؤون المريض ومراقبته . والتدخل والمراقبة هذه تثير البناء الاجتماعي .

ان احتمالية التعرض للمرض والانحراف هما يعدان توأمان لدور المريض إذ يتطلبان التنظيم الاجتماعي في اتجاهين مختلفين . من جهة معينة نلاحظ ان المريض هو الذي يتطلب درجة من الحماية الاجتماعة بسبب ضعفه وتعرضه للضغوط المختلفة . ومن جهة ثانية نلاحظ ان الخطر الذي يجب ان نحمي انفسنا منه هو المرض الذي قد يكون ذريعة لتهرب المريض من واجباته ومسؤولياته الاجتماعية . وهذا ما يضعف البناء الدافعي للنظام الاجتماعي (٧) .

يشخص بارسنز اربعة توقعات معيارية لها علاقة بدور المريض . اثنتان منها " يتعلقان بالحقوق واثنتان أخريتان تتعلقان بالواجبات " . ان هذه التوقعات المعيارية هي :

الحقوق :

١- اعتماداً على شدة المرض فأن المريض قد يعفى من بعض واجباته والتزاماته أومنها جميعاً .

٢- عدم مسؤولية المريض الشخصية عن مرضه وعن شفائه ، ان سوء الحظ الذي أدى بالشخص الى الوقوع فريسة للمرض لم يكن بارادة هذا المريض كما ان شفاءه لا يعتمد على ارادته وخلال هذا الوقت يجب ان يمنح المريض العناية اللازمة (٨) .

الالتزامات :

١- كون المرء مريضاً ينبغي ان ينظر اليه على انه أمر غير مرغوب فيه وهذا يعني ان على المريض ان يناضل من أجل احراز الشفاء بأقرب وقت ممكن .

٢- ضرورة طلب المريض المساعدة الفنية الكفوءة والتعاون مع الآخرين اثناء عملية العلاج .

لكن الحقوق والالتزامات هي شرطية بالنسبة لبعضها بعض . فالمريض لا يمكن ان يتوقع منحه الوقت للاستراحة والعطف والاسناد دون ان يبدي رغبة في الشفاء من خلال اتباع المعالجة المناسبة . يمكن ان نلاحظ كيف ان الاستسلام والبراءة اللتين تبدوان على المريض يؤكد عليهما كوسيلة للسيطرة على الانحراف . عن طريق ازاحة المبادرة الفردية من القرارات حول حقيقة اعراض المرض وشدتها . نلاحظ ان خطر استعمال هذه الاشياء لتحقيق الاغراض التخريبية يمكن اختزاله الى أدنى حد (٩).

ان تفسير الطب هذا كوسيلة من وسائل الضبط الاجتماعي يعمل على صيانة استقرار المجتمع قد ظهر في بعض التفسيرات الماركسية الحديثة . ان هذه التفسيرات بالطبع تأخذ مواقف أكثر سلبية للاستقرار الاجتماعي . أي قدرة الرأسمالية الصناعية على الاستمرار دون الثورة التي توقعها كارل ماركس . لتفسير غياب الدافع الثوري عند الطبقة العاملة نلاحظ ان الماركسيين المعاصرين قد اقتفوا طريق بارسنز في البحث عن آليات الضبط الاجتماعي التي لاحظوا ضرورتها لاختزال التناقضات الايديولوجية للنظام الرأسمالي . لقد صور الطب وسيلة لاخفاء الوجه غير المقبول للرأسمالية التقليدية . فعن طريق تنظيم الرعاية الصحية حول تلبية حاجات الافراد وعن طريق تركيز الانتباه على الابعاد العضوية للمرض ترى ان الطبيعة الاجتماعية الحقيقية للمرض قد غطيت . لقد عرض الطب على انه أساس الوهم الذي ينص على ان للرأسمالية حلولاً تكنولوجية متقدمة لجميع الامراض، لذا فالصحة المعتلة في ظل الرأسمالية لا تصبح قضية سياسية في المجتمع كما انها ليست نتاج المصالح المتصارعة في خصوصية الحياة الأسرية .

هناك أساليب فكرية مشابهة تقع في قلب النقد الذي بينه الشيش عن دور الطب في المجتمع المعاصر . كما انه ركز على قدرة الطب في حرمان الناس من مسؤولية الحفاظ على صحتهم وفي تسفيه المبادرة الشخصية للرعاية الذاتية . يعتقد الشيش بأن التطور الصناعي وليس الرأسمالية هو السبب الرئيسي في ذلك [١٠] .

٣- مرحلة المرض في الممارسة :

من الشائع في التفسيرات الوظيفية لدور الطب في المجتمع انه صورة الشخص المريض في المجتمع كشخص شديد التكيف وعامل اجتماعي مستسلم تعلم اطاعة للوصفات الطبية للمرض . ان المريض يبدو كما يخبرنا كارفنكل شيئاً قادراً على التكييف وهذا الشيء يفتقر الى ارادة المقاومة او التصور لابتداع العلاقات الاجتماعية . ولكن كيف يقيس هذا التصور الطريقة التي فيها يتصرف فيها الناس عندما يمرضون ؟ ان دور المريض قد برهن على انه منبه خصب للبحث في حقل علم اجتماع الطب الذي تتبين كشوفاته ان العلاقة بين المريض والطبيب ليست هي العلاقة التي تصورها بارسنز [١١] .

ان دور المريض يمثل العلاقة العلاجية في محيط التناغم والتعاون الذي يكون فيه المريض المثالي متجاوباً مستسلماً ومتعاوناً . لكن غرفة الاستشارة تبين قصة أخرى للصراع والقلق والتوتر . وهذا غير مستغرب في ضوء الفجوة الموجودة في توقع كل طرف للطرف الآخر (الطبيب والمريض) كما يشير فريد سون الى ان الاستشارة الطبية النموذجية تجلب المشاركة الكلية لانفصال المرض . ان سبب الاستشارة للمريض يبدو مهماً جداً . بينما يلوح للطبيب على انه ليس أكثر من تبادل للكلام بين شخصين.وهذا التبادل هو قطرة في محيط مقارنة بحجم العمل الطبي الذي يضطلع به الطبيب . ان خيبة امل المريض تزداد عندما يبدو على الطبيب نفاذ الصبر وقلة العطف في ميزان المريض الذي هو في حالة خوف وطلب للمساعدة . ولذا فأن هناك صراعاً واسعاً بين الاطباء والمرضى . تشير ان كارترايت في احدى دراستها عن العناية الطبية الى ان الاطباء أكثر من المرضى هم الاشخاص الذين يبدون عدم القناعة والرضا . كما انها

وجدت في بحثها ان ٢٥٪ من الاطباء يشكون مرضاهم بسبب طبيعة مراجعتهم لأسباب تافهة لا تدعو الى المراجعة والاستشارة ، وان ٥٦٪ من الاطباء يشكون مرضاهم بسبب عدم تواضعهم . يبدو بان المرضى لا يحترمون الاحكام الطبية كما ينبغي . وانهم يطلبون العلاج كحق من حقوقهم بدلاً من ان يطلبونه باسلوب مؤدب . وهـذا يظهـر تناقضاً مفهومياً في دور المريض . ينبغي على المريض ان يحترم الخبرة الفنية عند الطبيب وان يكون ذا شخصية مستسلمة في التشخيص والعلاج (١٢) . لكننا نلاحظ الكثير مـن المـرضى هم الذين يقررون ان مرضهم خطير وانهم بحاجة الى تلقي خبرات طبية عالية المستوى . ان المريض المثالي هو الذي يعرف اعراض مرضه خارج العيادة غير انه يجب ان يخضع للسلطة الطبية داخل العيادة او غرفة الاستشارة الطبية .

والمشكلة المفهومية الاخرى لـدور المريض هـي صعوبة تحديـد الانتقال مـن الصحة الى المرض . يبدو ان لهذا الانتقال حدوداً واضحة . لكن كثيراً من البحوث الطبيـة تشير الى عدم وجود مثل هذه الحدود بين الصحة والمرض . ان الانسـان يصبح مريضاً بصورة فجائية غير متوقعة بحيث لا يمكن الفصل بين الصحة والمرض . وهذا يعني انه لا توجد منزلة محددة لدور المريض . وهذا انتقاد واضح يمكن ان يوجه لنظرية الـدور الوظيفية البنيوية (١٣) . فهذه النظرية لا تستطيع تحديد مشكلات الدخول والخروج من الادوار الاجتماعية الجديدة . في هذه الحالة نلاحظ ان قضية انتقال الـدور هـي قضية معقدة . لذا يصبح من المستحيل معرفة دور المريض . هناك بعض علماء الاجتماع الـذين يبحثون دور المريض النمـوذج البايوميكـانيكي الـذي يفترض وجود عـدد مـن الامراض العضوية التي لها اعراض محددة . بينما هنـاك علماء آخرون يرفضون ذلك، انهم يؤكدون ان المرض هو قضية معرفة اجتماعية إذ انها تتأثر بالاحكام القيمية حول ما هو طبيعي وما هو غير طبيعي . مـن منظار الاطبـاء للحكم دخول الفرد الى دور المريض او عدم دخوله فأن احكامهم هذه تكون اخلاقية أكثر من كونها طبية .

ان الجدل حول دور المريض بتسهيل طبيعة الانتقال من الصحة الى المرض يمكن توضيحه في بحث المرض المزمن . ان المرض المزمن هو مرض مستمر يتطلب من الفرد التعايش معه والتكيف لمتطلباته أكثر من البحث عن شفاء منه (١٤) .

ولعل من المفيد ان نشير هنا الى ان المرض المزمن يثير مشكلات معينة للانجاز الجيد لكلا الطرفين (المريض والطبيب) لدور المريض . في المستوى الاول نلاحظ انه يتضمن تدخلاً أكثر خطورة مع دور الانجاز الشائع او المعتاد علي ولذا فهو يعرض بدقة نوع الانحراف الكامن الذي رأي بارسنز انه يهدد النظام الاجتماعي . لكنه في الوقت نفسه يقود الى صعوبات في العلاقة العلاجية التي لا يستطيع الاطباء التعامل معها . وبسبب استمرار المرض المزمن ان هذا المرض قد برهن على مقاومته للعلاج . لذا فأنه يتحدى ويقلل من أهمية التقدم التكنيكي للطبيب المعالج وبالتشكيك بدوره العلاجي الفعال (١٥) . وهنا تتحول العلاقة العلاجية بين الطبيب والمريض الى علاقة تقلل من أهمية الخلفية المعرفية للطبيب بالمرض . فالمريض قد يعرف علاجه وسمات مرضه أكثر من الطبيب لأن المريض يصبح متخصصاً بمرضه. في حين يعالج الطبيب مئات الحالات المرضية يومياً ، وثانياً ان دور الطبيب المعالج في المرض المزمن يتحول الى دور هامشي- يتحدد بوصف الدواء المشخص لكي يحصل عليه المريض من الصيدلية . وهنا يكون الضغط الاجتماعي للطبيب ضعيفاً لأن الطبيب لا يستطيع معالجة المريض ولا يستطيع اشفاءه من المرض المزمن الذي المّ به .

والمشكلة الاخرى في الافتراض بأن المرض عدا المرض التناسلي هو صنف محاد اخلاقياً . لذا فهو ليس مسؤولية المريض الذي يعاني منه. وهذا هو رأي آخر للنموذج البايوميكانيكي الذي يرى ان المرض تسبب فيه المكروب الذي يهاجم الجسم ويدخل فيه . ان هذه الفكرة في تأريخ المرض والصحة هي فكرة بسيطة . ولكن الفكرة الاكثر شيوعاً هي ان ضحايا المرض هم المسؤولون عن الامراض التي تصيبهم وهم الملومون (١٦) . ولكن قبل ظهور النظرية الجرثومية كان ينظر للمرض والعدوى على انها عقوبة الهية يفرضها الله سبحانه وتعالى على المذنب . ولكن المعرفة بطرق العدوى قد قللت من أهمية التفسير الديني للعدوى والمرض في نهاية القرن التاسع

عشر . وفي الوقت الحاضر عادت فكرة لوم المريض على مرضه بسبب تدخينه للسكائر واهماله لغذائه وعدم نيله الساعات الكافية للنوم . وهذه الآراء تتناقض مع افكار بارسنز التي تؤكد ان المريض لا يمكن ان يوجه له اللوم على اصابته بالمرض .

ان فقدان المواءمة بين المقاييس المثالية لدور المريض ونتائج الابحاث عن التفاعل بين الطبيب والمريض قد أدت الى ظهور منظومات تصنيفية لهذه العلاقات ، مقترح كل من ساس وهولندر ان العلاقة بين الاطباء والمرضى تختلف تبعاً للمكان الذي يقع وطبيعة المشكلة الطبية . ان العاملين يشخصان ثلاثة انواع من العلاقة العلاجية هي :

١- الفاعلية والاستسلام التي فيها يسيطر الطبيب على العلاقة غير المتوازنة بينه وبين المريض . قد يكون المريض في هذه العلاقة في حالة غيبوبة او عدم وعي (١٧)

٢- الارشاد والتعاون : في هذه العلاقة تعاون كل من المريض والطبيب الواحد مع الآخر اثناء تلقي المريض العلاج والرعاية من الطبيب . وهذا أقرب من ان يكون الى توقع الدور المثالي للمريض .

٣- المشاركة المتبادلة التي تتميز بالمساواة بين الطبيب والمريض في اعطاء العلاج وتلقيه . كما توجد في حالة المرضى الذين يعانون من الظروف المزمنة التي تتطلب رعاية ذاتية كبيرة .

ان هذه الانواع الثلاثة تشكل مقياساً يحتل فيه نموذج الارشاد والتعاون الموقع الاوسط . عندما يأخذ تفاعل المريض مع الطبيب شكل المشاركة المتبادلة . فأن اختلال التوازن في العلاقة شيء ضروري لوظيفة الضبط الاجتماعي الذي رآه بارسنز ذروة الضبط الاجتماعي للطب .

أما التصنيف الآخر للعلاقات الاجتماعية فقد ابتدعه كل من بايرن ولونك، وهو يرتب اتصال الطبيب بالمريض على مقياس يجعل الطبيب هو الاساس في العلاج .

من أهم الدراسات وبضمنها دراسة بايرن ولونك نجد ان التفاعل المتمركز حول الطبيب هو التفاعل السائد . فكما يقول احد الاطباء ان مهمة الطبيب هي السيطرة على الوقت المتاح له . فلو سمح الطبيب للمرضى بالتحدث عن ظروفهم الخاصة لاستغرق وقتاً طويلاً من الطبيب وملكث الطبيب في عيادته طول النهار . ان الطبيب النظيف يتصف بالعمل السريع النظيف وبالعمل النظيف يعني الاطباء صرف بين ٤ الى ٥ دقائق مع المرضى المنحدرين من طبقات عمالية ووسطى على التوالي [١٨] .

ان علاقة مرضى الطبقة الوسطى مع الطبيب تكون متمركزة حول المريض . في حين علاقة الطبقة العمالية مع الطبيب تكون متمركزة حول الطبيب .

والمشكلة الاخرى التي تعتري العلاقة بين الطبيب والمريض هي ان بعض الاطباء يضعون مرضاهم في الظلام ويجعلون عملهم أسهل . انهم يقومون بهذا العمل بالسيطرة على المعلومات أي منع المرضى من معرفة المعلومات الخاصة بتشخيص المرض ومعالجته . وحجب مثل هذه المعلومات عن المرضى يسبب لهم القلق واليأس والضعف . ان حجب المعلومات عن المرضى يجنب الاطباء احتمالية الوقوع في الخطأ . فكلما كان المريض يجهل تشخيص مرضه وعلاجه كان غير قادر على تشخيص الاخطاء التي يقع فيها الطبيب عند التشخيص والعلاج [١٩] .

في دراسات الرضا او عدم الرضا بين المرضى حول علاج الاطباء اتضح ان اخفاء المعلومات عن المرضى من قبل الاطباء يعكر صفو العلاقة الاجتماعية بين الطبيب والمريض . واخفاء المعلومات الخاصة بتشخيص المرض والعلاج عن المريض يسبب حالة من الاغتراب بن المريض والطبيب . أي ان المريض يشعر بالاغتراب عن طبيبه. لكن العلاقة المتمركزة حول الطبيب في المؤسسة الطبية قد تجعل المريض يرفض أخذ العلاج او الدواء في البيت . ان المكان الذي توجد فيه الرعاية الطبية يؤثر في العلاقة بين المريض والطبيب . ان المريض الراقد في المستشفى لا يستطيع الاعتراض على العلاج او التشخيص المحدد له . فهو هناك يكون تحت تأثير الطبيب .

٤-   المستشفى وكبح شهوات الذات :

ان حرية المريض في مناقشة العلاقة المسموح بها مع الطبيب في اقتناء النصيحة الطبية تكون مربوطة بالقوة والموارد التي يمكن ان يحشدها كل طرف لنفسه . في المجتمع المحلي يكون للفرد الحرية في اتخاذ ما يلزم ازاء الوقت والطاقة المخصصة لدور المريض . ولكن داخل المستشفى نلاحظ ان دور المريض يسيطر على هوية الشخص وافكاره وسلوكه وقدرته على الاتصال بالآخرين . كما ان هذا الدور يصبح موجهاً نحو مطاليب المعالجة الطبية .

في موقع المستشفى يلاحظ ان الاطباء يمتلكون قوة كبيرة على مرضاهم . قوة تجعل المرضى يتكيفون لمطاليبهم المثالية إذ يكون المرضى تحت تأثير الاطباء ونفوذهم . يقول كوخمن ان المؤسسات توجه نزلاءها بالطريقة التي تراها مناسبة إذ تجعل النزلاء يكبحون شهواتهم الذاتية . أي يفقدون ذاتيتهم . ولكن كيف يتحقق هذا ؟

المتغيرات في المنزلة الاجتماعية غالباً ما ترافقها طقوس مصممة لتؤكد طبيعة الانتقال الذي يحدث . ومن التحولات التي تجلب انتباه الجمهور الزواج الذي يشير الى تغير ظروف الاشخاص المتزوجين . أما الطقوس الاخرى فهي تجارب خاصة صممت لتؤكد على تغير ظروف اشخاص محددين . وهذه التغيرات الاجتماعية في ظروف الناس قد لا تكون واضحة لانها ترافق اشياء يعدها الناس اموراً مفروغاً منها . ان عملية الدخول الى المستشفى هي احد هذه الاشياء . انها تتصف بعدد من الاجراءات المصممة لصياغة حياة انسان في مكان ما او ضمن جماعة معينة . وهذا يتضمن تسليمه من قبل اهله واقاربه الى ايدي الناس يرتدون زياً رسمياً ويتضمن ايضاً اوراقاً رسمية لايجاد سجل المريض الذي يحوي كل التفاصيل الشخصية عنه . وان يكون السجل في متناول الفريق الطبي لا المريض . وان تبدل ملابس المريض وتؤخذ ممتلكاته الشخصية بعيداً عنه ويكون طول الوقت تحت نظر الاطباء الممرضين [٢٠] .

يؤكد كوخمن ان الخاصية الأساسية للمؤسسة هي الحاجز بين الذات والعالم الخارجي . وعندما يكون الفرد في بيته فأنه يكون تحت سيطرة روتينية

محددة لسلوكه وحركاته وسكناته . ولكن عندما يكون الفرد في المستشفى فأن قوته في السيطرة على نفسه تزول لانه يكون تحت تأثير النزوات غير المتوقعة للكوادر التمرضية والطبية العاملة في المستشفى . فالمريض قد يترك معلقاً إذ ينتظر ساعات وساعات للتحدث مع الطبيب المعالج الذي يعرف جميع اسرار المرض وبالتالي يحدد مصير ومستقبل المريض في الردهة . ان المريض قد يبقى في الردهة ساعات ينتظر الطبيب. وان الطبيب يقابله في الاوقات التي تلائمه وتلائم وقته . ان المريض يترك في المستشفى وحدياً دون الاهتمام بأموره الشخصية ومشكلاته إذ ان الاهتمام ينصب على حالته الصحية واعراض المرض الذي يشكو منه .

الدخول الى المستشفى عن طريق منع الفرد من الحصول على الدعم الاجتماعي وعدم الاهتمام بمطاليبه الذاتية قد يجعله عارياً اجتماعياً . وحالة كهذه تجعل الفرد يشعر بتدني الشعور بأحترام الذات في المؤسسة العلاجية او الصحية التي يعالج فيها . ولكن موضع المستشفى يتلائم مع العلاج البايوميكانيكي الذي يمنح للمريض . ان طبيعة العلاج المقدم في المستشفى انما تتلائم مع طبيعة المريض . ان حالة تعامل المريض مع المستشفى هي اما كبح شهوات الذات من أجل الحصول على العلاج ، واما ترك العلاج والتكيف لعاهة يعاني منها المريض طيلة حياته [٢١] .

ومن منظور غير المنظور الطبي نلاحظ ان كبح شهوات الذات تجعل المريض اسوأ مما كان سابقاً لانه يعظم شعوراً بالقلق عنده. وفضلاً عن ذلك فعن طريق افكار علاقة الهوية الاجتماعية للمريض بالعالم الخارجي نلاحظ ان العلاج في المستشفى قد يؤدي الى صعوبة التشخيص . ذلك ان عناصر الذات تمحى بواسطة تكييف الناس للحياة في الردهة . وفي هذه الظروف فأن خبرة المريض في المستشفى قد تزيد من مقدار عجزه الجسماني بخلق عجز دائمي في الروح [٢٢] .

٥- ملاحظات استنتاجية حول دور المريض :

لقد شاهد بارسنز ان دور المريض هو وسيلة لضمان استقرار المجتمع. بواسطة التمسك بالاحساس بالواجب الذي يشعر به الافراد واحدهم نحو الآخر . وهذا يمكن

انجازه عن طريق تثبيت المرض كدور اجتماعي رسمي يمكن السيطرة عليه من قبل الاطباء . ان هذا يعني ان العلاج الطبي يهدف الى ازالة اعراض المرض ليس في المعنى الطبيعي الجسمي فقط ، ولكن ايضاً في المعنى الدافعي . ان وظيفة الضبط الاجتماعي للطبيب هي ارشاد المريض الى ان يرجع الى المجتمع ويؤدي ادواره المعتادة بالسرعة المكنة . وهنا يمكن اختزال الغياب عن الادوار الاجتماعية المعتادة . لوكان بارسنز على حق لكنا قد توقعنا العلاج الطبي النموذجي أي العلاج الذي يستخدم النموذج البايوميكانيكي . أي العلاج الملائم لوظيفة الضبط الاجتماعي. وهذا يتطلب رغبة الاطباء بالاعتراف بأهمية الابعاد العقلية والجسمية للمرض وبتوسع اسلوبهم العلاجي ليشمل ارشاد المرضى وتشجيعهم على قهر العلل الطبيعية . هناك ادلة قليلة عن بناء النموذج البايوميكانيكي نفسه او عن التقارير الخاصة بعلاقة الاطباء بالمرضى كعلاج طبي . ان ستراتيجية الطبيب هي التأكيد على الابعاد العضوية للمرض. ان المرضى يشجعون على مقابلة الاطباء لمعالجتهم أكثر مما يستعملون مبادرتهم الشخصية في علاج انفسهم . جميع الارشادات المستخدمة في مؤسسات الصحة الوطنية المؤممة ينفذها الباحثون الاجتماعيون الذين يعملون في المراكز الصحية . في قطاع المستشفيات الذي يستهلك ثلاثة ارباع خزينة الخدمة الطبية الوطنية . آثار المعالجة تبدو مصممة لتدمير الاحترام الذاتي للفرد اكثر من تعزيزه في تقييم انجاز المهنة الطبية في الدور الذي تصوره بارسنز . نستنتج من احصاءات غياب المرض ان هذه المؤسسات قد فشلت في أداء مهامها وانجاز اهدافها. منذ تأسيس الخدمة الطبية الوطنية عام ١٩٤٨ نلاحظ بأن الآلام المفقودة في المرض قد ازدادت كل عام وتجاوزت الايام المفقودة في النزاعات الصناعية .

مصادر الفصل الثاني عشر

(1)   Illich, I. Medical Sciences , Rontam Books, New York, 1990 , P. 7.

(2)   Salter, H. The Profession of Medicine , The Clyde Press, Glasgow, 1993, P. 10.

(3)   Parsons, T. The Sick Role and the Role of the Doctor Reconsidered , in Millbank Memorial Fund Qarterly, No. 53, 1975, P. 257.

(4)   Ibid., P. 264.

(5)   Ibid., P. 271.

(6)   Ibid., P. 275.

(7)   Parsons, T. The Social System, The Free Press of Glencoe, 1964, P. 32.

(8)   Ibid., P. 35.

(9)   Ibid., P. 40.

(10) Lllich, I. Medical Sciences ,P. 44.

(11) CarFengel, M. The Nature of Social Relatonship between Doctor and Patient , New York , Hohn Wiley and Sons, 2000, P. 11.

(12) Ibid., P. 20.

(13) Byrne , P. S. and Long ,O.E. Doctors Relations with Patients , London (H.M.S.O) 1976, P. 71.

(14) Ibid., P. 75.

(15) Parsons, T. The Sick Role and the Rde of the Doctor,PP. 111-112.

(16) Ibid., P. 115.

(17) Szasz,I. And Hollander, M. A Contribution to the Philsosphy of Medicine, the Basic Model of the Doctor Patient

Relationship in Archives of Internet Medicine,Vol.95,P. 1976,P. 585.

(18)   Byrne, P.S. amd Long,O.E. Doctors Talking with Patients,P. 101.

(19)   Ibid., P. 105.

(20)   Coser, L. Life on the Ward, University of lllinois, lllinois, 1982, P. 56.

(21)   Ibid., O. 61.

(22)   Ibid., P. 64.

الفصل الثالث عشر

واقع العلاقة الانسانية بين الطبيب والمريض وسبل تطويرها

(دراسة ميدانية في مدينة بغداد)

المقدمــة :

العلاقة الانسانية بين الطبيب والمريض تعد من أهم موضوعات علم الاجتماع الطبي ، فهي كالعلاقة الانسانية بين الممرضة والمريض او بين الاستاذ والطالب او بين الضابط والجندي او بين القاضي والمتهم او بين المهندس والعامل او بين الاب والابن تنطوي على فعل ورد فعل بين الاثنين وعلى مجموعة رموز سلوكية وكلامية يفهمها الاثنان ، فضلاً عن وجود أدوار اجتماعية متباينة يشغلها الطرفان ، هذه الادوار التي توضح ماهية المراكز التي يشغلها الشخصان المتفاعلان كالطبيب والمريض [١] .

ان الغرض من دراسة هذا الموضوع هو معرفة طبيعة العلاقة التي تربط المريض بالطبيب ، فإذا كانت العلاقة سلبية او هامشية بين الطرفين فان عالم الاجتماع الطبي يمكن تحويل هذه العلاقة الى علاقة ايجابية تسهم في تضامن المؤسسة الطبية ووحدتها [٢] . فالتضامن يفضي الى قوة واقتدار هذه المؤسسة ثم بعد ذلك قدرتها على تحقيق اهدافها وطموحاتها القريبة والبعيدة [٣] .

لذا فوحدة المؤسسة الطبية كالمستشفى هي أساس عملها الفاعل والهادف والناجز حيث ان الوحدة تساعد على التعاون والتنسيق بين اقسام المستشفى المختلفة وتزيل الخلافات بين الافراد والجماعات وتدفع المستشفى ككيان اجتماعي واحد الى العمل والفاعلية من أجل انجاز ما تريد المستشفى انجازه باقل قدر من التكاليف وباسرع وقت ممكن .

ان العلاقة الانسانية بين الطبيب والمريض يمكن ان تكون قوية وفاعلة إذا كانت انطباعات وتصورات وقيم كل طرف من اطرافها ايجابية تجاه الطرف

الآخر[٤]، أي يحترمه ويقدره ويقيم ممارساته وتفاعلاته اليومية والتفصيلية . أما إذا كانت انطباعات وتصورات وقيم كل طرف من اطرافها سلبية أو هامشية فان العلاقة في هذه الحالة لا يمكن ان تكون قوية وفاعلة بل تكون ضعيفة ومفككة ومبعثرة ولا يمكن ان تلم اطراف العلاقة وتوحد كلمتهم نحو الاهداف والغايات التي يصبون اليها [٥]

فضلاً عن ان العلاقة بين الطبيب والمريض يمكن ان تكون متماسكة وتكافلية إذا فكر كل طرف من اطرافها بمصالح الطرف الآخر وكان تواقاً الى خدمة اغراضه وما يصبو اليه [٦]. وهنا يقترب كل طرف من الطرف الآخر ويتضامن معه ويعمل جاهداً من اجل خدمته والتفاني من أجل أسعاده وتمكينه من بلوغ غاياته القريبة والبعيدة .

ان هذا الفصل يهتم بدراسة عدة موضوعات هي طريقة البحث التي يعتمدها في جمع المعلومات وتصنيفها وتحليلها وتنظيرها ، واطاره النظري او المرجعي ، أي النظرية الاجتماعية التي يستخدمها في تفسير وتحليل عناصره الأساسية وأطره المركزية . كذلك دراسة واقع وطبيعة العلاقة الانسانية التي تربط الطبيب بالمريض ، فهل هي علاقة ايجابية أم علاقة سلبية أم علاقة هامشية متأرجحة بين عناصر القوة والفاعلية وعناصر الضعف والتفكك والتداعي .

إضافة الى اهتمام البحث بمشكلات العلاقة بين الطبيب والمريض والتي ترجع اسبابها الى الاطباء انفسهم ومشكلات العلاقة بين الطبيب والمريض والتي ترجع اسبابها الى المرضى أنفسهم . وأخيراً يهتم البحث بسبل او اساليب تقوية العلاقة الانسانية بين الطبيب والمريض .

أولاً:   طريقة البحث

ان بحث واقع العلاقة الانسانية بين الطبيب والمريض يعتمد طريقة المسح الميداني (Field Survey Method) في جمع البيانات ، هذه الطريقة التي تعتمد على

تصميم العينة الاحصائية وتصميم الاستمارة الاستبيانية والمقابلات الميدانية وتبويب البيانات الحقلية واخيراً عملية التحليل الاحصائي (٧) .

لقد اختار الباحث عينتين عشوائيتين طبقيتين هما عينة المرضى التي تتكون من ٢٠٠ مريض ، وعينة الاطباء التي تتكون من ١٥٠ طبيباً . وقد قابل الباحث هاتين العينتين في خمسة مستشفيات تقع في مدينة بغداد، وهذه المستشفيات هي مستشفى طب وجراحة القلب والاوعية الدموية ، ومستشفى الكرامة ، ومستشفى مدينة الطب، ومستشفى مدينة الصدر ، واخيراً مستشفى النور الجمهوري . وكانت المقابلات في شهر آذار عام ٢٠٠٥ .

وبعد تصميم العينة قام الباحث بتصميم استمارة استبيانية تتكون من (٢٠) سؤالاً مغلقاً تتحرى المواقف التي يحملها الاطباء والمرضى ازاء بعضهم البعض ، وطبيعة العلاقة الانسانية التي تربطهم والمشكلات التي تعتري العلاقات الانسانية بين الطرفين والتي ترجع اسبابها الى الاطباء والمرضى على حدٍ سواء ، فضلاً عن الاساليب التي يمكن اعتمادها في تقوية وتعزيز العلاقات الانسانية بين الاطباء والمرضى .

وعند الانتهاء من تصميم الاستمارة الاستبيانية بدأت مرحلة المقابلات الميدانية مع المرضى والاطباء . وفي المقابلات الميدانية استعان الباحث باستمارة استبيانية مصممة لهذا الغرض ، إذ خصص استمارة استبيانية واحدة لكل مبحوث ، والمبحوث نفسه هو الذي ملأ الاستمارة الاستبيانية بنفسه . وبعد رجوع الاستمارات الاستبيانية الى الباحث قام الأخير بتبويبها من خلال تدقيقها (Editing) وترميزها (Coding) وتكوين الجداول الاحصائية الخاصة بها (Tabulation of Data) (٨) .

وبعد الانتهاء من عملية تبويب البيانات الحقلية وتكوين الجداول الاحصائية بدأ الباحث بتحليل الجداول الاحصائية تحليلاً احصائياً علمياً من خلال استعمال مقاييس الاحصاء الاجتماعي كمقاييس الوسط الحسابي والانحراف المعياري والاوزان الرياضية للعوامل والمتغيرات واخيراً اختبارات مربع كاي ١×٢، ٢×٢، ١×٣، ٢×٣ .

ومن الجدير بالذكر ان هذه الطريقة زودت الباحث بالمعلومات الاحصائية الضرورية التي يحتاجها البحث .

ثانياً: الاطار النظري للبحث

يستعمل بحث واقع العلاقة الانسانية بين الطبيب والمريض نظرية حديثة من نظريات علم الاجتماع تلك هي نظرية التبادل الاجتماعي التي لها اهميتها الشاخصة في فهم وتحليل عناصر العلاقة التي تربط الاطباء بالمرضى، واستيعاب اسباب المشكلات التي تعتريها وتوضيح المعالجات التي من شأنها ان تقويها وتعزز اركانها .

ان نظرية التبادل الاجتماعي تحاول تفسير وتحليل السلوك والعلاقات الاجتماعية بين الافراد والجماعات والمؤسسات وفهم اسباب قوتها أو ضعفها، واستمراريتها او عدم استمراريتها وفوائدها ومضارها [٩] . ذلك ان النظرية تعتقد بان لكل سلوك او علاقة اجتماعية تكاليفها ومردوداتها للاشخاص الذين يدخلون فيها او يكونونها [١٠] . فتكاليف السلوك الاجتماعي انما هي الواجبات والمسؤوليات التي يتحمل وزرها الفاعل الاجتماعي ، بينا مردود السلوك هو المكافأة أو الامتياز الذي يتمتع به الفاعل الاجتماعي بعد أدائه للواجبات الملقاة على عاتقه [١١] .

وتضيف نظرية التبادل الاجتماعي قائلة بان الفاعل الاجتماعي يستمر بسلوكه وعلاقاته الاجتماعية اذا تعادلت كفة التكاليف التي يتحملها نتيجة سلوكه وعلاقاته مع كفة المردودات التي يجنيها من سلوكه وعلاقاته بالغير [١٢] . ويتعرض سلوكه وعلاقاته الى الانقطاع إذا كانت كمية التكاليف التي ينفقها على السلوك والعلاقات أكثر من المردودات التي يحصلها[١٣] .

علينا تطبيق مفاهيم التبادل الاجتماعي هذه على العلاقة بن الاطباء والمرضى بغية فهمها وادراك جوانبها وابعادها المختلفة . ان العلاقة بين الطرفين تعتمد على طبيعة الواجبات التي يقدمها الاطباء للمرضى ، وتعتمد على الدعم الذي يمنحه المرضى للاطباء . فالواجبات والخدمات المختلفة التي يقدمها الاطباء للمرضى انما هي تكاليف العلاقة التي يتحمل اوزارها الاطباء ، بينما الاحترام والتقدير والتعاون الذي

يظهره المرضى تجاه الاطباء هو المردود الذي يحصله الاطباء من المرضى . فإذا كانت كمية التكاليف مساوية لكمية المردودات فان العلاقة بين الجانبين لا بد ان تتوطد . بينما إذا اختل التوازن بين كمية التكاليف التي يتحملها الاطباء نتيجة أدائهم لواجباتهم وكمية المردودات التي يحصلها المرضى بعد خدمتهم فان العلاقة الاجتماعية لا بد ان تسوء وتتوتر بينهما .

لو كانت المهام والواجبات التي يقدمها الاطباء للمرضى أكثر من التزامات ومسؤوليات المرضى تجاه الاطباء ، أي ان الاطباء يقدمون للمرضى أكثر مما يأخذون منهم فان العلاقة بين الجانبين لا بد ان تضعف او تنقطع . ومن جهة ثانية إذا كان الاطباء يأخذون من المرضى أكثر مما يقدمون لهم فان العلاقة بينهما لا بد ان تضعف او تنقطع كلية . لذا والحالة هذه ينبغي ان تكون الخدمات والمساعي التي يقدمها الاطباء للمرضى في الحفاظ على صحتهم وحيويتهم ونشاطهم متساوية مع تعاون وتكاتف المرضى مع الاجهزة الطبية لكي تكون العلاقة بينهما قوية ومتماسكة .

وإذا كانت العلاقة على هذا النمط فان الصحة والنشاط والحيوية بين الافراد سوف تستتب وتنتشر في ربوع المجتمع . بيد ان الواقع يشير في الكثير من الحالات الى اختلال توازن تكاليف ومردودات العلاقة الاجتماعية التي تربط الاطباء مع المرضى لا في العراق فحسب ، بل في جميع الاقطار النامية والمتقدمة على حدٍ سواء . فالاطباء في بعض   الحالات لا يقومون بواجباتهم كما ينبغي ، وبعض المرضى لا يتعاونون مع الاطباء ولا يقيمون جهودهم وخدماتهم وحرصهم على انتشار الصحة وبلورتها في ربوع المجتمع (١٤) . وهذا ما يؤدي الى ضعف العلاقة الانسانية بين الاطباء والمرضى .

ثالثاً:   طبيعة العلاقة بين الاطباء والمرضى

العلاقة بين الاطباء والمرضى قد تكون ايجابية أو تكون سلبية او تكون هامشية ، أي غير قوية ولا ضعيفة . بيد ان ايجابية أو سلبية العلاقة بين الاطباء والمرضى انما تعتمد على المواقف التي يحملها كل من الاطباء والمرضى أزاء بعضهما البعض . فإذا كانت المواقف التي يحملها الاطباء ازاء المرضى ايجابية فان العلاقة

الاجتماعية بين الطرفين لا بد ان تكون ايجابية ووطيدة . بينما إذا كانت المواقف التي يحملها الاطباء نحو المرضى سلبية فان العلاقة بين الطرفين تكون سلبية حتماً . أما إذا كانت المواقف التي يحملها كل طرف ازاء الطرف الآخر هامشية او مذبذبة فان العلاقة بن الطرفين تكون هامشية أي لا تكون قوية ولا تكون ضعيفة . إذاً المواقف هي التي ترسم نمط او اتجاه العلاقات الاجتماعية بين المرضى والاطباء (١٥) .

تشير نتائج المسح الميداني الى ان ٥٢ مبحوثاً من مجموع ٢٠٠(٢٦%) من الاطباء يحملون المواقف الايجابية نحو بعضهم البعض ، وان ٨٥ مبحوثاً من مجموع ٢٠٠ (٤٣%) من الاطباء يحملون المواقف المحايدة نحو بعضهم البعض ، واخيراً ان هناك ٦٣ طبيباً من مجموع ٢٠٠ (٣١%) يحملون المواقف السلبية ازاء بعضهم البعض . علماً بان المواقف الايجابية التي يحملها الاطباء نحو المرضى تجعلهم يعتقدون بان المرضى يحترمون الاطباء ويقدرون جهودهم وينفذون ما يطلبون به . أما المواقف السلبية التي يحملها الاطباء نحو المرضى فتجعلهم يعتقدون بان المرضى لا يتعاونون مع الاطباء ، ولا ينفذون اوامرهم ويعتدون على مصالحهم . في حين ان المواقف المحايدة التي يحملها الاطباء نحو المرضى تجعلهم يعتقدون بان المرضى يتعاونون معهم في بعض الاوقات ولا يتعاونون معهم في اوقات أخرى ، وان بعض المرضى يحترمونهم وينفذون أوامرهم . ولكن بعضهم الآخر لا يحترمونهم ويتقاعسون عن تنفيذ الأوامر . وجدول رقم (١) يوضح طبيعة المواقف التي يحملها الاطباء ازاء الى المرضى .

المواقف	العدد	%
مواقف ايجابية	٥٢	٢٦
مواقف محايدة	٨٥	٤٣
مواقف سلبية	٦٣	٣١
المجموع	٢٠٠	١٠٠

أما العلاقات التي تربط الاطباء بالمرضى فهي تتفاوت بين العلاقات الايجابيـة والهامشـية والسلبية . علماً بان علاقة المرضى بالاطباء او الاطباء بالمرضى تعتمد عـلى المواقـف التـي يحملها كل طرف ازاء الطرف الآخر. تشير نتائج دراسـتنا الميدانيـة الى ان ٥٥ طبيبـاً مـن مجموع ٢٠٠ (٢٨%) اشاروا الى ان العلاقات التي تربطهم هي علاقـات ايجابيـة ، بيـنما علاقات ٩٥ من الاطباء من مجموع ٢٠٠ (٤٧%) هي علاقـات هامشـية . أمـا ٥٠ طبيبـاً من مجموع ٢٠٠ (٢٥%) فتربطهم علاقات سلبية لا يثق فيها الاطباء بالمرضى .

وجدول رقم (٢) يوضح طبيعة العلاقة الاجتماعية التي تـربط الاطبـاء بـالمرضى كما حددها ٢٠٠ طبيب .

العلاقة	العدد	%
علاقة ايجابية	٥٥	٢٨
علاقة هامشية	٩٥	٤٧
علاقة سلبية	٥٠	٢٥
المجموع	٢٠٠	١٠٠

رابعاً: اسباب مشكلات العلاقة التي ترجع اسبابها الى الاطباء كما اشرها ٥٠ مرضاً

في الجدول رقم (٢) لاحظنا بان ٥٠ مريضاً تربطهم علاقات سلبية مـع الاطبـاء . وترجع هذه العلاقات السلبية الى عدة اسباب هي ما يأتي :

١- سوء المعاملة وخشونة الاسلوب :

يأتي هذا السبب بالتسلسل المرتبي الأول حيـث أشره ٤٥ طبيبـاً مـن مجمـوع ٥٠ (٩٠%) .وسوء المعاملة التي يتلقاها المرضى من الاطباء هو انتظارهم الطويل قبل مقابلة

الطبيب وعدم احترامهم من قبل الطبيب ونرفزة الطبيب منهم لكثرة عـددهم ، مع عدم التزامهم بوصايا وارشادات الطبيب . أما خشونة اسلوب الاطباء مـع المرضى كما اشره المرضى فيتجسد في استعمال الكلمات النابية معهم وطرد بعضهم مـن غرفة الطبيب وتكذيبهم والتفاعل معهم بشدة وقسوة عاليتين لا تليق بسلوك طبيب يريد ان ينقذ المريض من مرضه . واخيراً فرض اجور عالية عليهم ترهق كاهلهم وتخل بميزانيتهم .

٢- ضعف اهتمام الاطباء بالمرضى :

من الاسباب التي تكدر علاقة المرضى بالاطباء سبب ضعف اهتمام الاطباء بالمرضى وعدم الاكتراث بهم . وقد أشر هذا السبب ٤١ مريضاً من مجموع ٥٠ (٨٢%) . ان معظم الاطباء لا يهتمون بالمرضى عند فحصهم وتشخيص امراضهم ووصف العـلاج لهم . فالاطباء لا يوجهون المرضى ولا يأخذون بيدهم الى الصحة والشفاء ولا يرشدوهم حول الغذاء الذي يتناولوه والعقاقير التي ينبغي أخذها باوقاتها المحددة وممارسة التمارين الرياضية المهمة للصحة . فكل ما يفعله الطبيب هـو فحص المريض بسرعة خاطفة وتوجيه الاسئلة اليه نحومرضه التي ينبغي الجواب عليها حالاً . وهنا يشعر المريض بانه عبئاً ثقيلاً علـى الطبيـب . وهنا يحاول المريض تقصير وقت المراجعـة والفحص [١٦] .

٣- اهتمام الاطباء بالمادة والربح السريع أكثر من اهتمامهم بـالمرض الـذي يعـاني منه المريض :

لقد جاء هذا السبب بالتسلسل المرتبي الثالث إذ أشره ٣٨ مبحوثاً من مجمـوع ٥٠ (٧٦%) . ان الاطباء بصورة عامة لا يهتمون بالمريض ولا بالمرض الذي يعاني منه ولا بصحته العامة والخاصة . انهم يهتمون كثيراً بالنقود التي يحصلون عليها مـن المرضى وربما يريدون منه هدايا ومكافآت كبيرة لا تتحملها طاقة المريض . أما إذا كان المريض لا يمتلك النقود وليس لديه القدرة على الدفع فان الاطباء يلزمونه على الـدفع والا امتنعـوا عن معالجته [١٧] .

٤- **وصف الدواء دون تشخيص المرض :**

لقد جاء هذا السبب بالتسلسل المرتبي الرابع حيث أشره ٣٨ مبحوثاً من مجموع ٢٠٠ (٧٦%) . عند مقابلة الطبيب للمريض فان الأول يسأل الثاني عن المرض الذي يعاني منه ، والطبيب بعد ذلك يصف الدواء دون اجراء الفحوصات الدقيقة والاختبارات المناسبة . وهنا لا يشخص الطبيب الداء الذي يعاني منه المريض ، وعندما لا يشخص الداء ولا يمنح العلاج الشافي فان المريض يستمر يعاني من الآم مرضه ولا يشفى منه لمدة طويلة[١٨] .

٥- **عدم صرف وقت كافٍ مع المريض :**

لعل من أهم اسباب ضعف وسلبية العلاقات بين الاطباء والمرضى عدم صرف الطبيب الوقت الكافي مع المريض . فالمريض عند مقابلته للطبيب لا يلقى العناية والاهتمام وصرف الوقت المناسب معه حيث ان مقابلة الطبيب للمريض لا تتجاوز ثلاث دقائق يقوم الطبيب خلالها بالتعرف على المرض من المريض نفسه وليس عن طريق الاشعة والتحاليل المختبرية . فضلاً عن عدم اكتراث الطبيب بالشؤون الخاصة للمريض لاسيما الشؤون الاجتماعية كحالته الزوجية وحجم أسرته وظروفه الاقتصادية والاجتماعية ... الخ . لقد جاءا هذا العامل بالتسلسل المرتبي الخامس إذ أشره ٣٥ مريضاً من مجموع ٥٠ (٧٠%) .

٦- **عجز الطبيب عن تشخيص المرض ومعالجة المريض :**

لقد جاء هذا السبب بالتسلسل المرتبي السادس حيث أشره ٣١مريضاً من مجموع ٥٠ (٣١%) . ان الوقت القصير الذي يكرسه الطبيب للمريض لا يمكّن الأول من تشخيص المرض الذي يعاني منه المريض لاسيما وان عدد المراجعين على الطبيب هو عدد كبير ، وان الطبيب يكون عادة مرهقاً بسبب العمل الذي يمارسه كل يوم . فضلاً عن ضعف التخصص العلمي والطبي عند الطبيب . لذا يفشل الطبيب في تحديد ماهية المرض الذي يعاني منه المريض . ناهيك عن ضعف الاجهزة الطبية التي يستعملها

الطبيب في تشخيص المرض لكي يصار الى معالجته [١٩] . جدول تسلسل مرتبي رقم (٣) يوضح اسباب مشكلات العلاقة مع المرضى كما أشرها ٥٠ مريضاً .

اسباب مشكلات العلاقة بين الطبيب والمريض	التسلسل المرتبي	العدد	%
سوء المعاملة وخشونة الاسلوب	١	٤٥	٩٠
ضعف اهتمام الاطباء بالمرضى	٢	٤١	٨٢
اهتمام الاطباء بالمادة والكسب اكثر من اهتمامهم بتشخيص المرض ومعالجته	٣	٣٨	٧٦
وصف الدواء دون تشخيص المرض	٤	٣٨	٧٦
عدم صرف وقت كافي مع المريض	٥	٣٥	٧٠
عدم قدرة الطبيب على تشخيص المرض ومعالجة المريض	٦	٣١	٦٢

خامساً: مواقف وعلاقات المرضى بالاطباء

يحمل المرضى مواقفهم ازاء الاطباء الذين يعالجونهم مثلما يحمل الاطباء المواقف نحو المرضى . والموقف لا يتكون عند المريض دون اختلاط وتفاعل المريض مع الطبيب . والمواقف التي يحملها المرضى ازاء الاطباء هي مواقف ايجابية ومواقف محايدة ومواقف سلبية . المواقف الايجابية التي يحملها المرضى ازاء اطبائهم هي انهم يحترمون الاطباء ويثمنون مهامهم الانسانية ويتجاوبون مع ميولهم واتجاهاتهم وممارساتهم وينفذون كل ما يأمر به الاطباء [٢٠] . أما المواقف المحايدة التي يحملها المرضى ازاء اطبائهم فهي مواقف متأرجحة تميل أحياناً الى التعاون والمحبة وتميل أحياناً أخرى الى العداوة والشقاق والكراهية . في حين ان المواقف السلبية التي يحملها المرضى ازاء الاطباء تجعلهم يعتقدون بان الاطباء متعالين ولا يثقون بهم ، وان هناك مسافة اجتماعية بين الاطباء والمرضى ، وان الاطباء ماديين ونفعيين وانتهازيين [٢١] .

لقد اشار ٣٨ مريضاً من مجموع ١٥٠ (٢٥%) انهم يحملون المواقف الايحابية نحو الاطباء . في حين اجاب ٥٧ مبحوثاً (٣٨%) بانهم يحملون المواقف المحايدة. واخيراً أجاب ٥٥ مبحوثاً (٣٧%) بانهم يحملون المواقف السلبية . وجدول رقم (٤) يوضح المواقف التي يحملها المرضى ازاء الاطباء.

المواقف	العدد	%
مواقف ايجابية	٣٨	٢٥
مواقف محايدة	٥٧	٣٨
مواقف سلبية	٥٥	٣٧
المجموع	١٥٠	%١٠٠

ومواقف المرضى نحو الاطباء تؤثر في علاقاتهم بعضهم مع بعض، فالمواقف الايجابية تقود دائماً الى علاقات ايجابية بين الاطراف المتفاعلة ، والعكس بالعكس إذا كانت المواقف سلبية [٢٢] . تشير نتائج دراستنا الميدانية الى ان ٣٠ من مجموع ١٥٠ (٢٠%) يرون بان علاقتهم مع الاطباء ايجابية. في حين يرى ٦٦ مريضاً (٤٤%) بان علاقتهم مع الاطباء هامشية . واخيراً يرى ٥٤ مريضاً من مجموع ١٥٠ (٣٦%) بان علاقتهم سلبية مع الاطباء . وجدول رقم (٥) يوضح العلاقات التي تربط المرضى بالاطباء كما أشرها ١٥٠ مريضاً .

العلاقة	العدد	%
علاقة ايجابية	٣٠	٢٠
علاقة هامشية	٦٦	٤٤
علاقة سلبية	٥٤	٣٦
المجموع	١٥٠	%١٠٠

سادساً: اسباب مشكلات العلاقة بين الاطباء والمرضى والتي ترجع اسبابها الى المرضى كما أشرها ٥٤ طبيباً

أشار ٥٤ طبيباً من مجموع ١٥٠ (٣٦%) بان علاقتهم بالمرضى هي علاقات سلبية متنافرة لاسباب كثيرة منها ضعف احترام المرضى للاطباء ، وعدم تقيد المرضى بنصائح وارشادات الاطباء ، وشكاوي المرضى ضد الاطباء ، وتدني المستوى الثقافي للمرضى ، وضعف اهتمام المرضى بنظافتهم ومظهرهم الخارجي، وأخيراً سوء التصرف عند معظم المرضى . ويمكن دراسة وتحليل اسباب مشكلات العلاقة بين الاطباء والمرضى مفصلاً وكما يأتي :

١- ضعف احترام المرضى للاطباء :

لقد جاء هذا السبب بالتسلسل المرتبي الأول حيث أشره ٥٢ طبيباً من مجموع ٥٤ (٩٦%) . وضعف احترام المرضى للاطباء يأخذ عدة مظاهر لعل أهمها خشونة المرضى في تعاملهم مع الاطباء وكذب بعض المرضى على الاطباء وعدم تقييم جهود الاطباء ، واخيراً اعتبار الاطباء اعداءً لهم[٢٣] . ومثل هذه الممارسات   التي يتصرف بها المرضى أمام الاطباء تجعل الأخيرين ينفرون من المرضى كلما استطاعوا الى ذلك سبيلا .

٢- عدم تقيد المرضى بنصائح وارشادات الاطباء :

جاء هذا العامل السببي في الاساءة الى العلاقة الاجتماعية التي تربط الاطباء بالمرضى بالتسلسل المرتبي الثاني إذ أشره ٤٧ طبيباً من مجموع ٥٤ (٨٧%) . ان المريض في الأعم الاغلب لا يتقيد بنصائح الطبيب بل ويتصرف تصرفاً يتناقض مع ما يريده الطبيب . فضلاً عن تعمد بعض المرضى على تجاوز ما يوصي به الطبيب وضربه عرض الحائط ، مما يجعل العلاقة بين الطرفين علاقة سلبية لا يمكن اصلاحها او تضميدها.

٣- شكاوي المرضى ضد الاطباء :

يعمد العديد من المرضى الى تقديم الشكاوي ضد الاطباء ، والشكاوي تثار أمام مدير المستشفى أو مدير عام الصحة او المفتش العام للأجهزة والقطاعات الصحية ، بل وحتى تثار أمام وزير الصحة . وقد جاء هذا السبب بالتسلسل المرتبي الثالث حيث أشره ٤٥ طبيباً من مجموع ٥٤ (٨٣%) . والشكاوي التي يقدمها المرضى ضد الاطباء تتعلق بتعالي الاطباء على المرضى وغرورهم وتكبرهم وخيانتهم للأمانة المعهودة بهم . فضلاً عن قبول الاطباء للرشاوي والهدايا من المرضى الفقراء كما يصرح بذلك دائماً المرضى ضد من يعالجهم ويحميهم من المرض وينقذ حياتهم من الموت [٢٤] .

٤- تدني المستوى الثقافي للمرضى :

يؤكد العديد من الاطباء بان المرضى يعانون من حالة تدني ونكوص مستواهم الثقافي والعلمي . وتدني المستوى الثقافي عند المرضى كما يقول العديد من الاطباء يجعلهم يتصرفون تصرفاً يتعاكس مع تعاليم واخلاق مهنة التمريض ومهنة الطب . فضلاً عن ضيق تفكيرهم وكثرة الاخطاء والهفوات التي يرتكبونها في المؤسسة الصحية . وقد جاء هذا السبب بالتسلسل المرتبي الرابع إذ أشره ٤٣ طبيباً من مجموع ١٥٠ (٨٠%) .

٥- ضعف اهتمام المرضى بنظافتهم ومظهرهم الخارجي :

يشكو الاطباء دائماً من عدم نظافة المرضى وعدم اهتمامهم بلياقتهم ومظهرهم الخارجي ، فهم لا يستحمون الا قليلاً ، ولا ينظفون هندامهم الا في مناسبات محددة ولا يعتنون بحلاقة ذقونهم وتنظيف ملابسهم واحذيتهم . فضلاً عن تعمدهم في رمي النفايات والاوسخة في الردهات والممرات وحدائق المستشفى التي يقيمون بها [٢٥] . كذلك لا يهتمون بمأكولاتهم ولا يحسنون حفظ الاطعمة والحلويات والشرابت التي تقدم لهم كهدايا . جاء هذا السبب بالتسلسل المرتبي الخامس إذ أشره ٤٢ مبحوثاً أو طبيباً من مجموع ١٥٠ (٧٨%) .

٦- سوء تصرف المرضى :

جاء هذا السبب في الاساءة الى العلاقة الاجتماعية التي تربط الاطباء بالمرضى بالتسلسل المرتبي السادس والاخير حيث أشره ٣٩ طبيباً من مجموع ٥٤ (٧٢%). وسوء تصرف المرضى داخل المؤسسات الصحية وخارجها يأخذ عدة اساليب وصيغ لعل من أهمها عدم الالتزام بقوانين وتعليمات المؤسسة الصحية التي يرقد فيها المريض او يراجعها ، ومشاكسة بعض المرضى مع الاطباء والممرضات وتلفظ بعض الكلمات النابية التي تثير اشمئزاز وسخط الاطباء على المرضى . فضلاً عن تحرش بعض المرضى بالممرضات والطبيبات وبقية النساء العاملات في المؤسسة الصحية كالمستشفى مثلاً . ناهيك عن تعمد بعض المرضى الى الاضرار بالمستشفى وعدم احترام المال العام ^(٣٦) ٠٠٠ الخ .

وجدول رقم (٦) يوضح اسباب مشكلات العلاقة التي تربط الاطباء بالمرضى والتي ترجع اسبابها الى المرضى انفسهم كما أشرها ٥٤ طبيباً .

%	العدد	التسلسل المرتبي	الاسباب
٦٦%	٥٢	١	ضعف احترام المرضى للاطباء
٨٧%	٤٧	٢	عدم تقيد والتزام المرضى بنصائح وارشادات الاطباء
٨٣%	٤٥	٣	شكاوي المرضى ضد الاطباء
٨٠%	٤٣	٤	تدني المستوى الثقافي للمرضى
٧٨%	٤٢	٥	ضعف اهتمام المرضى بنظافتهم ومظهرهم الخارجي
٧٢%	٣٩	٦	سوء تصرف وسلوك المرضى

سابعاً: اساليب تقوية العلاقة بين الاطباء والمرضى

لا يمكن ترك العلاقة الانسانية التي تربط الاطباء بالمرضى دون اهتمام ودراسة وتوجيه لكي تتحول هذه العلاقة من سلبية أو هامشية الى علاقة ايجابية . بيد ان نمط هذه العلاقة في المؤسسة الصحية انما يعتمد على النظرة التي يحملها كل طرف أزاء الطرف الآخر ، ومدى استعداد الطرفين على تقبل ومعايشة بعضهم البعض . تشير نتائج دراستنا الميدانية ان كلا الطرفين الاطباء والمرضى مستعدون على تقوية العلاقة التي تربطهما وازالة ما تعتريها من رواسب وسلبيات ومعوقات . عندما سألنا ٢٠٠ مريض حول استعدادهم او عدم استعدادهم على تقوية العلاقات مع الاطباء اجاب ١٧٥ مريضاً من مجموع ٢٠٠ (٨٨%) على استعدادهم بتقوية هذه العلاقة ، في حين اجاب ٢٥ مريضاً بعدم استعدادهم على تقوية هذه العلاقة الانسانية . وجدول رقم (٧) يوضح درجة استعداد المرضى على تقوية علاقاتهم الاجتماعية مع الاطباء .

الاستعداد او عدم الاستعداد	العدد	%
الاستعداد	١٧٥	%٨٨
عدم الاستعداد	٢٥	%١٢
المجموع	٢٠٠	%١٠٠

وعندما توجهنا بنفس السؤال الى الاطباء كانت اجاباتهم بان ١٢٢ من مجموع ١٥٠(٨١%) عبّروا عن استعدادهم على تقوية علاقتهم بالمرضى ، في حين ان هناك ٢٨ طبيباً من مجموع ١٥٠ (١٩%) لم يكونوا غير مستعدين على تقوية علاقتهم بالمرضى . وجدول رقم (٨) يوضح درجة استعداد الاطباء على تقوية علاقتهم بالمرضى.

الاستعداد او عدم الاستعداد	العدد	%
الاستعداد	١٢٢	%٨١
عدم الاستعداد	٢٨	%١٩
المجموع	١٥٠	%١٠٠

وعند اجراء اختبار مربع كاي لاختبار أهمية الفرق المعنوي بين استعداد الاطباء والمرضى على تقوية علاقة بعضهم مع بعض كانت القيمة المحسوبة ٢ وهـي أصغر مـن القيمة الجدولية ٨ر٣ على درجة حرية ١ ومستوى ثقة ٩٥% ، أي لا يوجد فرق معنـوي بين الطرفين ، أي ان الطرفين مستعدان على تقوية العلاقات الاجتماعية فيمابينهم . والاختبار هو على النحو الآتي :

جدول اختبار مربع كاي لاستعداد كل من الاطباء والمرضعلى تقوية علاقة بعضهم مع بعض

الاستعداد وعدم الاستعداد / العينات	الاستعداد	عدم الاستعداد	المجموع
المرضى	١٧٥	٢٥	٢٠٠
الاطباء	١٢٢	٢٨	١٥٠
المجموع	٢٩٧	٥٣	٣٥٠

√ = ١

القيمة المحسوبة = ٢

القيمة الجدولية = ٨ر٣

مستوى الثقة الاحصائية ٩٥%

لا يوجد فرق معنوي بين عينتي المرضى والاطباء مـن حيـث الاسـتعداد او عـدم الاستعداد على تقوية علاقاتهم بعضهم مع بعـض لان القيمـة الجدوليـة ٨ر٣ أكـبر مـن القيمة المحسوبة . وهذا يعني ان كلا الفئتين مستعدتان على تقوية علاقاتهم بعض مع البعض الآخر .

التوصيات لتقوية العلاقات الاجتماعية بين الاطباء والمرضى

لا يمكن لبحث العلاقة بين الاطباء والمرضى ان يكون مكتملاً وفاعلاً دون احتوائه على توصيات من شأنها ان تزيل بؤر التوتر التي تنتاب هذه العلاقة الانسانية . علماً بان التوصيات يمكن ان تكون موجهة للاطباء والمرضى على حدٍ سواء طالما انهما الطرفان المسؤولان عن توتر وتأزم العلاقة التي تربطهما . ان التوصيات تقع في شقين هما :

أولاً: التوصيات الموجهة للاطباء لتخطي مشكلة تأزم العلاقات بين الاطباء والمرضى

١- ينبغي على الاطباء تغيير اسلوب المعاملة الذي يعتمدوه في تعاملهم مع المرضى حيث ان المعاملة ينبغي ان تكون انسانية وتتسم بالشفافية والاحترام وسعة الأفق وان لا تتسم بالتعالي والعنهجية والسلطوية لأن هذا يقود الى ضعف العلاقة الانسانية وتفتيتها وانهيارها ، وبالتالي توسيع المسافة بين الطرفين المتفاعلين .

٢- على الاطباء الاهتمام بالمرضى اهتماماً كبيراً لا يعتمد فقط على المعالجة الطبية فحسب ، بل الاهتمام بالشؤون الاجتماعية للمرضى والتعرف على طبيعة مشكلاتهم الانسانية والمشاركة في حلها وتطويقها . وهذا الامر يعمل على جذب المرضى للاطباء الذين يعالجونهم .

٣- ينبغي ان لا يكون الاطباء ماديين في تعاملهم مع المرضى، أي ان لا يهتموا بجني الاموال من المرضى وابتزازهم اكثر مما يهتمون بمعالجتهم وشفائهم وتحريرهم من المرض وآلامه . فالمادة يجب ان لا تطغي على العلاقة بين الاطباء والمرضى لانها إذا طغت فانها لا بد ان تفسدها وتحولها الى علاقات تجارية جافة لا يمكن ان تسهم في الشفاء والتحرر من المرض .

٤- على الاطباء عند وصفهم الدواء للمريض ينبغي ان يكون هذا الوصف الدوائي معتمداً على التشخيص الدقيق للمرض . علماً بان التشخيص يجب ان يعتمد

على الاشعة والتحاليل المختبرية ، وبعد تشخيص المرض بالاشعة والتحاليل المختبرية والفحص الدقيق والهادف يمكن للطبيب ان يوصف العلاج للمريض .

٥- على الاطباء صرف وقت كافٍ مع المرضى لفحصهم والاهتمام بشؤونهم العامة والخاصة وجلب الأمل الى نفوسهم وطرد معالم الخوف والقلق عندهم لكي يجابهوا المرض بروح مفعمة بالتفاؤل والامل بالشفاء من المرض .

٦- ينبغي على الطبيب بذل الجهود والمساعي مع المريض لتشخيص مرضه والتعرف على اسبابه الموضوعية والذاتية واعلام المريض بها لكي يعمل على تفاديها وتجنبها .

ثانياً: التوصيات الموجهة للمرضى لتخطي مشكلة تأزم العلاقات بينهم وبين الاطباء

١- على المرضى مهما تكن اعمارهم وخلفياتهم احترام الاطباء وتقديرهم والتعامل معهم بكل أدب ووقار وشفافية ، وعدم التصرف امامهم بخشونة وبسلوك ينم عن اللااخلاقية والخروج عن القواعد الاخلاقية والاعتبارية المتعارف عليها .

٢- ينبغي على المرضى التقيد والالتزام الدقيق بالنصائح والارشادات التي يسديها الاطباء لهم ، مع أخذ الادوية التي يوصفها الاطباء باوقاتها المحددة دون تقاعس او تردد او اهمال لان الالتزام هذا لا بد ان يسرع عملية الشفاء وينقذ المريض من شرور المرض وويلاته .

٣- على المرضى عدم تقديم الشكاوي ضد الاطباء الى القادة والمسؤولين لان مثل هذه الشكاوي تسيء الى مجرى العلاقة الانسانية التي تربطهم مع الاطباء . فإذا كان للمريض شكاوي ضد الطبيب وعيادته ، عليه طرح هذه الشكاوي أمام الطبيب نفسه لكي يعالجها او يتخطاها ، وإذا لم يقم الطبيب بمعالجتها والتحرر منها، بعد ذلك يحق للمريض تقديم الشكوى ضد الطبيب الى القادة والمسؤولين وأولي الأمر .

٤- ضرورة مبادرة المرضى برفع مستواهم الثقافي والسلوكي لاسيما عند تعاملهم مع الاطباء لان هذا الأمر سيلقى الاحترام والاعتراف من الاطباء ، وبالتالي يلعب الدور الكبير في تقوية العلاقات الانسانية بين الطرفين .

٥- على المرضى الاهتمام بنظافتهم ومظهرهم الخارجي من خلال النظافة والاستحمام وارتداء الملابس النظيفة وقص الشعر وحلاقة الذقن وتنظيف الاسنان ، إذ ان هذه المستلزمات تجذب الاطباء الى المرضى وتحفزهم على معالجتهم لكي يتحرروا من امراضهم وآلامهم .

٦- على المرضى عند تعاملهم مع الاطباء الالتزام بالسلوك الحسن والآداب الرفيعة والقيم والآراء السديدة التي يقيمها المجتمع ، والابتعاد عن السلوك القبيح الذي يثير السخط والاستياء عند الاطباء ويجعلهم لا يتوددون للمرضى ويبتعدون عنهم كلما استطاعوا الى ذلك سبيلا .

مصادر الفصل الثالث عشر

(1) Ginsberg, Morris. Sociology, London, Oxford University Press, 3rd ed., 1970, P. 7.

(2) Carfengel . M. The Nature of Social Relationship Between Doctor and Patient , New York, John Wiley and Sons , 2000, P. 23.

(3) Ibid., P. 25.

(4) Bloom , Samuel . The Doctor and His Patient, New York , the Free Press, 1983, P.11.

(5) Ibid., P. 14.

(6) Ibid., P. 18.

(7) Moser, C. A. Survey Methods in Social Investigation , London, Heinemann, 1981, P. 56.

(8) Ibid., P. 38.

(9) Thibaut, T. and H. Kelley. The Social Psychology of Groups , New York, Wiley and Sons , 1979, P. 15.

(10) Ibid., P. 16.

(11) Ibid., P. 17.

(12) Ibid., P. 20.

(13) Blau ,P. Exchange and Power in Social Life, New York, Wiley and Sons, 1984, P. 25.

(14) Buck, R.L. Socio-Cultural Stress and the Physician-Patient Relationship, American Journal of Sociology, Vol. 170, Aug. 1959, P. 49.

(15) Ibid., P. 57.

(16) Walker ,M. F. Impressions of Patients On Doctors, the Strand Press, Glasgow, 2001, P.3.

(17) Ibid., P. 26.

(18)   Ibid., PP. 30-31.

(19)   Byrne, P. S. and Long, O.E. Doctors Talking with Patients, London,
         (HMSO) , 1976, PP. 29-30.

(20)   Ibid., P. 63.

(21)   Ibid., P. 66.

(٢٢)   الحسن، إحسان محمد (الدكتور) . علم الاجتماع التربوي ، عـمان، دار وائـل للنشر ، ٢٠٠٥، ص
         .١٨٦

(23)   Morgan , M. The Doctor –Patient Relationship, in Sociology As
         Applied to Medicine , edited by Donald Patrick, London , Bailliere
         Tindall, 1982, P. 56.

(24)   Ibid., P. 59.

(25)   Ibid., P. 60.

(26)   Ibid., P. 64.

الفصل الرابع عشر

طبيعة العلاقة الانسانية بين الممرضة والمريض

" دراسة ميدانية "

لا يمكن لمهنة التمريض ان ترقى الى مستوى المهن الحديثة والفاعلة ولا يمكن للممرضة ان تؤدي ادوارها الوظيفية وتتحمل اعباءها الفنية والمهنية والانسانية دون تكوينها انماطاً من العلاقات الانسانية الايجابية مع المرضى والمراجعين من جهة ومع اعضاء الفريق الصحي والجهاز الاداري الذي تتعامل معه من جهة أخرى . ذلك ان العلاقات الانسانية الايجابية التي تتوافر في المؤسسات الصحية والمجتمعية انما هي تعبير لوحدة وتماسك هذه المؤسسات ومؤشر ايجابي الى كفاءتها وقدرتها على تحقيق اهدافها وطموحاتها القريبة والبعيدة [1] . لهذا تصبح مهمة خلق العلاقات الانسانية الصميمية بين المريض والممرضة من جهة وبين المريض والطبيب من جهة أخرى من أخطر المهمات التي تضطلع بها القيادات الصحية في المجتمع . فإذا كانت العلاقات بين المرضى والممرضات والاطباء جيدة فان المؤسسة الصحية ستكون مؤهلة على أداء واجباتها والايفاء بالتزاماتها تجاه المجتمع ، أي تكون قادرة على مواجهة المرض والتصدي لاسبابه ومظاهره وتحرير المواطنين من شروره . والعكس هو الصحيح إذا كانت العلاقات الانسانية بين اطراف المؤسسة الصحية (المرضى والممرضات والاطباء) مفككة وهامشية وتتسم بالسلبية والفتور .

لتجسيد أهمية العلاقات الانسانية في المؤسسات الصحية وضرورة تحويلها من علاقات هامشية سطحية الى علاقات عميقة ومتطورة لكي تستطيع اداء ادوارها الفاعلة رأى الباحث ضرورة مسح واقع العلاقات الانسانية بين شريحتين مهمتين من الشرائح الموجودة في المؤسسات الصحية الا وهما شريحة المرضى وشريحة الممرضات .

ومثل هذا المسح الميداني لا بد ان يلقي الاضواء المنيرة على طبيعة العلاقات الاجتماعية بين المرضى والممرضات ويشخص ايجابيات العلاقات هذه وسلبياتها . ان هناك بعض المؤشرات العلمية الدالة على ان اية علاقة انسانية بين شخصين أو جماعتين أو شريحتين لا يمكن ان تكون ايجابية وصميمية بدرجة عالية مهما تكن ظروف وملابسات اطرافها [٢].

فالعلاقات لا بد ان تمر بمسارات صعبة وشائكة وتشهد مناسبات وملابسات على درجة كبيرة من الصعوبة والتعقد . لهذا نشاهدها تتميز بالسلبية والنفور في اوقات معينة وتتميز بالايجابية والتلاحم في اوقات أخرى.

ان العلاقة الانسانية بين الممرضات والمرضى شبيهة بالعلاقة الانسانية التي تربط العمال بالمهندسين وتربط الجنود بالضباط والطلبة بالاساتذة من حيث قوتها أو ضعفها ومن حيث الاطراف المسؤولة عن ذلك ومن حيث كيفية تطويرها نحو الاحسن والافضل . لكن قوة العلاقة الانسانية بين شخصين أو جماعتين تتحدد بتعادل كفتي الموازنة بين ما تمنحه كل جماعة للجماعة الاخرى من واجبات وخدمات [٣] . فالواجبات التي تقدمها الممرضات للمرضى يجب ان تقابل بالاحترام والتقدير والامتنان من لدن المرضى خصوصاً إذا كانت الواجبات جيدة وفاعلة ومرضية . كما ان تعاون المرضى مع الممرضات وأطاعة أوامرهن والالتزام بتوجيهاتهن ينبغي ان يقابل باحترام وتقدير الممرضات للمرضى ومضاعفة الجهود الفنية والانسانية لخدمتهم وتحريرهم من الآلام والمعاناة والمضي قدماً نحو رعايتهم التمريضية وتلبية كافة احتياجاتهم ومطاليبهم وقت مرضهم وشدتهم . إذن الاحترام والتقدير والتعاون المشترك بين طرفي العلاقة الانسانية لا بد ان يعمقها ويطور جوانبها ومضامينها التربوية والاجتماعية . والعكس هو الصحيح إذا كانت العلاقة الانسانية غير مستندة على الاحترام والتقدير والتعاون .

في هذه الدراسة سنتناول ستة محاور أساسية تتعلق بمنهجيتها العلمية وطبيعة ظروف الممرضات والمرضى الذين وقعت عليهم الدراسة وواقع العلاقة الانسانية بينهما ومشكلاتها وعلاجها .

المبحث الأول : منهجية البحث العلمي

تستعمل دراسة طبيعة العلاقة الانسانية بين الممرضة والمريض ثلاثة طرق منهجية هي طريقة المسح الميداني (Field Survey Method) وطريقة المشاهدة بالمشاركة (Participant Observation) والطريقة المكتبية (Library Method) . ان طريقة المسح الميداني استلزمت من الباحث اختيار عينة عمدية [٤] (Quota Sample) تتكون من ٩٠ مريضاً و٦٠ ممرضة في عدد من مستشفيات بغداد [*] . علماً بان المرضى الذين اختيروا في العينة يتكونون من عنصري الذكور والاناث . أما ممرضات العينة فهن من الاناث فقط . واختيار حجم العينة هذا اعتمد على عدد من المتغيرات الاجرائية اهمها حجم مجتمع البحث وتجانس وحدات مجتمع البحث والوقت المتيسر عند الباحث واخيراً الموارد المتيسرة عندهما [٥] . وبعد تصميم العينة دأب الباحث على تصميم الاستمارة الاستبيانية التي بواسطتها يمكن جمع البيانات الميدانية عن الدراسة . وقد صمم الباحث استمارتين استبيانيتن استمارة خاصة بالمرضى واستمارة خاصة بالممرضات . وقد طرحت هاتين الاستمارتين عدد من الاسئلة الأساسية والاسئلة الاخصائية التي تتوخى معرفة طبيعة ومشكلات وملابسات العلاقة الانسانية بين الطرفين المرضى والممرضات .

وبعد الانتهاء من تصميم العينة والاستمارة الاستبيانية (Questionnaire Format) قام الباحث باجراء المقابلات الميدانية للمرضى والممرضات كل على انفراد مخصصين استمارة استبيانية واحدة لكل مريض وممرضة . وقد استغرقت عملية المقابلات حوالي ثلاثة أسابيع وعند اتمام عملية المقابلات باشر الباحث بتبويب المعلومات الاحصائية وتكوين الجداول وتحليلها تحليلا احصائياً علمياً وتوزيع النتائج

(*) ان المستشفيات التي اختيرت منها عينتي الدراسة (عينة المرضى وعينة الممرضات) هي مستشفى مدينة الطب ومستشفى مدينة الصدر ومستشفى الولادة في الكرخ ومستشفى الراهبات. كما ان عينتي المرضى والممرضات مسحوبتان من اقسام الولادة والنسائية والكسور والباطنية والجراحية في هذه المستشفيات .

على مباحث ومحاور الدراسة . بعدها بدأنا بكتابة الدراسة والتعليق على نتائج البحث الميداني . علماً بان المقابلات الميدانية مع الممرضات والمرضى كانت في شهر آب عام ٢٠٠٠.

أما الطريقة الثانية التي اعتمدتها الدراسة فهي طريقة المشاهدة بالمشاركة [٦] . وطريقة المشاهدة بالمشاركة هي طريقة علمية يستعملها الباحثون في الدراسات المتعلقة بالآراء والمواقف والممارسات ، وتتطلب ملازمة المبحوثين والتعايش معهم ومشاهدة احوالهم وتفاعلاتهم وممارساتهم وطرح الاسئلة عليهم واستنباط اجاباتهم والسماع لآرائهم والاحساس بشعورهم واخيراً تحديد طبيعة تصرفاتهم وعلاقاتهم . وغالباً ما يقوم الباحث بهذه الدراسة دون كشف هويته للمبحوثين . ان طريقة المشاهدة بالمشاركة حتمت على الباحث الذهاب الى المستشفيات والتعايش مع المرضى والممرضات والتفاعل معهم ومشاهدة سير عملية العلاقات الانسانية بينهم . كما ان استعمال هذه الطريقة البحثية اقتضت مقابلة عدد من المرضى والممرضات مقابلة غير رسمية لا تستعمل استمارات الاستبيان ومثل هذا النمط من المقابلات ساعد في التعرف على أهم المشكلات والملابسات التي تعاني منها العلاقة الانسانية بين المرضى والممرضات .

واخيراً استعمل الباحث الطريقة المكتبية أي طريقة استعمال المصادر والدراسات العلمية التي لها صلة مباشرة أو غير مباشرة بموضوع الدراسة [٧] . وبموجب هذه الطريقة استعملت المصادر العلمية وانتقيت منها بعض المعلومات التي تعزز المسارات المنهجية والنظرية للدراسة وتساعد على بلورة أهم المحاور الاجرائية والاكاديمية التي تدور حولها .

المبحث الثاني: الظروف الاجتماعية والاقتصادية والثقافية لعينتي الممرضات والمرضى

لا يمكـن فهـم واقـع العلاقـة الانسـانية بيـن المرضى والممرضـات دون دراسـة ظروفهما الاجتماعية والاقتصادية والثقافية . ذلك ان هـذه الظروف هـي التي تحـدد طبيعة واتجاهات العلاقة الانسانية بين الجماعتين وتفسر جوانب قوتها وضعفها وتحدد الاجـراءات التـي يمكـن مـن خلالهـا تقويتهـا وتمتيـن مضامينهـا التربويـة والاجتماعيـة . وبالظروف الاجتماعية نعني الاوضاع الانسانية والمحيطية والحضارية التي يعيشها الفرد أو الجماعة والتي تتجسد بطبيعة الأسرة وحجمها والحالة الزوجية والخلفية الاجتماعيـة والمنطقة السكنية[٨] . أما بالظروف الاقتصادية فنعني الاوضاع المعاشـية كمـا تتجسـد فـي المهنة ومستوى الدخل وحيازة الملكية المنقولـة وغيـر المنقولـة واسـاليب الحيـاة وطـراز المعيشة[٩] . واخيراً نعني بالظروف الثقافيـة المسـتوى العلمـي للفئـة المبحوثـة وبيئتهـا التربوية والمنبهات العلمية الموضوعية والذاتية المؤثرة فيهـا[١٠] . والآن نود شرح وتحليل الظروف الاجتماعيـة والاقتصاديـة للممرضـات والمرضـى الـذين وقعـت عليهـم الدراسـة الميدانية كل على انفراد .

أ‌- **ظروف عينة الممرضات :**

اختار الباحث كما ذكرنا في بداية الدراسة عينة عمدية تتكـون مـن ٦٠ ممرضة يعملن في عدد من مستشفيات بغداد . والممرضات في العينة لا يشـغلن مهنـاً متساوية في المرتبة والوظيفة ، فهنـاك ٨ منهن يشغلن رئيسة ممرضات و٤٩ يشغلن مهنة ممرضة فنية و٣ فقط يشغلن ممرضة مأذونة . أما المستوى العلمي لممرضات العينة فهنـاك ٤١ ممرضة (٦٨%) يحملن شهادة الدراسة الابتدائية ، ١٤ ممرضة (٢٣%) يحملـن شهادة الدراسة المتوسطة وممرضة واحدة تحمل شهادة الدراسة الثانويـة ، واخيراً ٤ ممرضـات يتمتعن بمستويات ثقافية مختلفـة . وهـذه المعلومـات تشـير الى ان اغلب الممرضـات يتمتعن بمرحلة الدراسة الابتدائية .

أما أسر الممرضات في العينة فتكون على نوعين هي الأسر الزواجية التي تتكون من الزوج والزوجة والاطفال والأسر الممتدة التي تتكون من الزوج والزوجة والاطفال والاقارب الذين يشتركون في مسكن واحد [11] . وقد وضحت نتائج البحث بان ٤٢ ممرضة من مجموع ٦٠ (٧٠%) ينتمين الى أسر زواجية ، في حين تنتمي ١٨ ممرضة فقط (٣٠%) الى أسر ممتدة . وبالنسبة للحالة الزوجية للممرضات كشفت نتائج الدراسة الميدانية بان ٢٥ ممرضة من مجموع ٦٠ (٤٢%) غير متزوجات ، ٣٢ ممرضة (٥٣%) متزوجات ، ٣ ممرضات (٥%) مطلقات . أما حجم أسر الممرضات في العينة فيوضحها الجدول المذكور أدناه :

جدول يوضح حجم أسرة ٦٠ ممرضة يعملن في مستشفيات بغداد

حجم الأسرة	العدد	النسبة المئوية
٢ـ ٤	٢٧	٤٥%
٥ ـ ٧	١٨	٣٠%
٨ فأكثر	١٥	٢٥%
المجموع	٦٠	١٠٠%

يشير الجدول اعلاه بان اكثرية الممرضات يتراوح حجم أسرهن ٢ـ٤ أفراد وعدد قليل منهم يزيد حجم أسر هن على ٨ أفراد . أما الوسط الحسابي لحجم أسر الممرضات فيبلغ ٤ر٥ والانحراف المعياري ٤ر٢ شخص .

واعمار الممرضات اللواتي تمت مقابلتهن يمثلها الجدول الآتي :

الاعمار بالسنة	عدد الممرضات	النسبة المئوية
١٠ـ١٩	٧	١١%
٢٠ـ٢٩	٣١	٥٢%
٣٠ـ٣٩	١٠	١٦%
٤٠ـ٤٩	٨	١٣%
٥٠ـ٥٩	٣	٥%
٦٠ـ٦٩	١	٣%
المجموع	٦٠	١٠٠%

من الجدول المذكور سابقاً نلاحظ بأن اغلبية الممرضات ٣١ من مجموع ٦٠ (٥٢%) يقعن في الفئة العمرية ٢٠ـ٢٩ سنة . أما الوسط الحسابي لاعمار الممرضات فهو ٣٠ سنة والانحراف المعياري للاعمار ٤ر١٠ سنة .

والممرضات في العينة ينحدرن من خلفيات اجتماعية مختلفة . فهناك ٢٤ ممرضة من مجموع ٦٠ (٤٠%) ينحدرن من خلفيات عمالية . و٣٠ ممرضة (٥٠%) ينحدرن من خلفيات وظيفية ، ٦ ممرضات فقط (١٠%) ينحدرن من خلفيات اجتماعية فلاحية ومرفهة . وهذه البيانات الاحصائية عن خلفية الممرضات تشير الى ان اغلبية الممرضات في العينة ينحدرن من خلفيات وظيفية .

أما الدخل الشهري للممرضات فيوضحه الجدول المذكور أدناه :

النسبة المئوية	العدد	الدخل الشهري للممرضة
١٧%	١٠	اقل من ١٠٠ دينار
٦٥%	٣٩	١٠٠ـ١٤٩
١٢%	٧	١٥٠ـ١٩٩
٦%	٤	٢٠٠ دينار فأكثر
١٠٠%	٦٠	المجموع

من الجدول المذكور أعلاه نلاحظ بان اغلبية الممرضات في العينة يتقاضين دخلاً شهرياً يتراوح بين ١٠٠ الى ١٤٩ دينار . أما الوسط الحسابي لدخول الممرضات فيتراوح ٩ر١٢٤ دينار شهرياً ، بينما الانحراف المعياري للدخل فهو ٣٥ دينار .

ب-   ظروف عينة المرضى :

كما ذكرنا سابقاً بان الباحث قابل عينة من المرضى تتكون من ٩٠ مريض ومريضة راقدين في مستشفيات بغداد . وعينة المرضى تتكون من ٤٧ مريض (٥٢%) ومن ٤٣ مريضة (٤٨%) .

أما مهن المرضى فيوضحها الجدول المذكور أدناه :

المهنة	العدد	النسبة المئوية
وظيفي	١٥	%١٧
عمالي وفلاحي	١٧	%١٩
ربات بيوت	٢١	%٢٣
مهن اخرى (كالتاجر الصغير والعسكري والطالب والكادح والكاسب ... الخ	٦٠	%١٠٠
المجموع	٩٠	%١٠٠

من الجدول أعلاه نلاحظ بان اكثرية المرضى يشغلون مهن تاجر صغير وعسكري وطالب وكادح ، وعدد لا بأس به من المريضات هن من ربات البيوت والحالة الزوجية للممرضى تشير الى ان ٢١ مريض من مجموع ٩٠ (٢٣%) غير متزوجين ٦٧ (٧٥%) متزوجون ، ٢ فقط مطلقون. ومرضى العينة ينتمون الى أسر زواجية ممتدة . فهناك ٦٦ مريض (٧٣%) ينتمون الى أسر زواجية ، ٢٤ مريض (٢٧%) ينتمون الى أسر ممتدة . أما حجم أسر المرضى فيوضحه الجدول المذكور أدناه :

حجم الأسرة	العدد	النسبة المئوية
٢ـ ٤	٣١	%٣٤
٥ ـ ٧	٢٦	%٢٩
٨ فأكثر	٣٣	%٣٧
المجموع	٩٠	%١٠٠

يشير الجدول أعلاه الى ان اغلبية أسر المرضى تتكون من ٨ أفر اد أو أكثر لكن الوسط الحسابي لحجم عينة المرضى يبلغ ٦ أفراد والانحراف المعياري ٤ر٢ فرد .

أما المستوى الثقافي لعينة المرضى فتوضحه البيانات الاحصائية الآتية : ١٨ مريض من مجموع ٩٠ (٢٠%) أميون ، ٢٦ مريض (٢٩%) أبتدائية ، ١١ مريض (١٢%) متوسطة ، ١٤ مريض (١٦%) ثانوية ، ٢١ مريض (٢٣%) مستويات ثقافية أخرى كخريجي الكليات والمعاهد الفنية وخريجي الدورات الثقافية الخاصة . واعمار المرضى في العينة يوضحها الجدول المذكور أدناه :

النسبة المئوية	العدد	العمر بالسنة
٢٢%	٢٠	اقل من ٢٠ سنة
٢٢%	٢١	٢٠ـ٢٩
٢٨%	٢٥	٣٠ ـ ٣٩
١٤%	١٣	٤٠ ـ ٤٩
٧%	٦	٥٠ ـ ٥٩
٧%	٦	٦٠ فأكثر
١٠٠%	٩٠	المجموع

تشير نتائج الجدول المذكور سابقاً الى ان اكثرية المرضى يقعون ضمن الفئة العمرية ٣٠ـ٣٩ سنة . أما الوسط الحسابي لاعمار المرضى فهو ٣٢ر٥ سنة والانحراف المعياري ١٤ سنة .

واخيراً يجب ان نوضح الدخول الشهرية للممرضى . وجدول الدخول المذكور أدناه يوضح الدخول الشهرية لـ ٩٠ مريض .

النسبة المئوية	العدد	الدخل الشهري بالدينار
%٤٩	٤٤	أقل من ١٠٠ دينار
%٢٥	٢٢	١٠٠_١٤٩
%١٣	١٢	١٥٠_١٩٩
%١٣	١٢	٢٠٠ فأكثر
%١٠٠	٩٠	المجموع

يشير الجدول أعلاه الى ان اغلبية المرضى يتقاضون رواتباً تقل عـن ١٠٠ دينـار
شهرياً. لكـن الوسـط الحسـابي لرواتـب المـرضى يبلـغ ١٢٠ر١ دينار شهرياً والانحـراف
المعياري ٥٢ دينار .

المبحث الثالث : واقع العلاقة الانسانية بين الممرضة والمريض

استطعنا التعرف على واقع العلاقة الانسانية بين الممرضة والمريض مـن خـلال توجيه الاسئلة الى عينة الممرضات والتي تهدف الى كشف وتعرية آرائهن وانطباعاتهن أزاء المرضى الذين يقمن برعايتهم ومعالجتهم ومن جهة ثانية طرحنا الاسئلة على المرضى لمعرفة افكارهم ومواقفهم تجاه الممرضات اللواتي يهتمن برعايتهم وعلاجهم . وعند فحص آراء ومواقف الممرضات أزاء المرضى وفحص آراء ومواقف المرضى أزاء الممرضات تبين لنا بان العلاقة بين الطرفين ليست قوية ومتماسكة كـما ينبغـي وليست مفككة وسلبية ومتنافرة كمايعتقد البعض . فهي في الأعم الأغلب علاقة رسمية وعابرة تحتاج الى تعميق اواصرها وتوطيد صلات جوانبها وتتطلب معرفة العوامـل الموضوعية والذاتية التي تعكر صفوها وسلامتها .لكن سطحية وهامشية العلاقة بين الممرضة والمريض لا ترجع الى طبيعة الافكار والمواقف والممارسات التي يتحلى بها كل طرف أزاء الطرف الآخر فحسب ، بل ترجع ايضاً الى ظروف ومشكلات المجتمـع وطبيعة المرحلـة الحضارية التأريخية التي يمر بها .

ان هنـاك الكثير مـن الادلـة والبراهين التـي تشـير الى ان الممرضات والمـرضى مسؤولون بالتساوي عن سطحية وهامشية العلاقة الانسانية التي تربط بعضهم ببعض . فبعض الممرضات لا يتعـاون مـع المرضى ولا يقدمن الاحـترام والتقدير الكـافيين لهـم وبعضهن لا يتصفن بشروط ومواصفات المهنة كما يعتقد بعض المرضى . كمـا ان بعض المرضى يحملون الافكار التي تشكك باستقامة سلوك الممرضة ونزاهتها في أداء المهنـة . وبعضهم يقللون من قيمتها واهمية عملها ولا يعتقدون بان ثقافتها العامة ومعلوماتهـا الطبية كافية وعالية . زد على ذلك ان بعضهم يفضلون الطبيب عليها ويمنحونها درجة معينة من الاحترام والتقدير الذي تستحقه ولا يتعاونون معها أزاء واجباتها التمريضية والصحية [١٢] . ناهيك عن قيام بعضهم بكسرـ وتحدي قوانين المستشفيات التـي تريد الممرضات وضعها موضع التنفيذ .

ولعل من المفيد ان نذكر بان عدم قوة وتماسك العلاقات الانسانية بين الممرضة والمريض لا ترجع الى قيم وممارسات بعضهما أزاء بعض بل ترجع الى طبيعة وظروف العمل والمعالجة التي يعيشها الطرفان وترجع الى حالة التسهيلات الادارية والطبية والتمريضية والفنية التي يتمتع بها المرضى والامتيازات المادية والمعنوية التي تتمتع بها الممرضات . كما ان المرحلة الحضارية التأريخية التي يمر بها المجتمع وطبيعة المواقف والقيم والمقاييس التي يحملها المجتمع أزاء الممرضة ومهنتها لها أثر كبير في طبيعة العلاقات الانسانية التي تربط المريض بالممرضة . إذن القيم والمماسات التي يحملها المرضى والممرضات أزاء بعضهما البعض مع ظروف وواقع العمل في المستشفيات مع المرحلة الحضارية التي يمر بها المجتمع هي التي تؤدي الى سطحية وهامشية ورسمية العلاقة الانسانية بين الممرضات والمرضى .

الا اننا في هذا الجزء من البحث يجب ان نشير الى ان بعض الممرضات تربطهن علاقات صميمية مع المرضى ، وهناك بعض المرضى يقدرون ويقيمون الممرضات ويعتبروهن رسل الرحمة والشفقة والانسانية خلال أوقات الشدة والازمة والآلام والمعاناة . فالممرضات في هذه الحالة يتفانين في خدمة المريض وتخفيف الآلام عنه وبعث بوادر الامل والشفاء عنده وتقوية معنوياته وتعميق ثقته بنفسه في مجابهة المرض ومقاومته والتحرر من قبضته [١٣] . والمرضى من جهة أخرى يحترمون الممرضة وينظرون اليها نظرة مليئة بالتقدير والاعجاب والاعتزاز ويتعاونون معها كلما استطاعوا اليه سبيلا ويشجعونها على العمل المثمر والبذل والعطاء والدقة في أداء الواجب . ومثل هذه الظروف المهنية والاجتماعية الايجابية التي يعيشها الطرفان داخل المؤسسة الصحية لا بد ان تقوي العلاقات الانسانية بينهما وتوطد أسها الثابتة والمستقرة .

ان نتائج بحثنا الميداني تشير الى بعض مظاهر طبيعة العلاقة الاجتماعية التي تربط المرضى بالممرضات . فعندما سألنا ٦٠ ممرضة عن مدى احترام المرضى لهن اجابت ٣٨ منهم بان المرضى يحترموهن واجابت ٢١ منهن ٣٥% بان المرضى لا يحترموهن واخيراً أجابت واحدة فقط (٢%) بعدم معرفتها عن احترامها أو عدم احترامها من قبل المرضى . وعندما وجهنا نفس السؤال الى المرضى لمعرفة احترامهم من قبل الممرضات

اجاب ٦١ مريضاً من مجموع ٩٠ (٦٨%) بان الممرضات يحترموهم واجاب ٢٥ مريضاً (٢٧%) بان الممرضات لا يحترموهم . واخيراً أجاب ٤ (٤%) بعدم معرفتهم بمدى احترام أو عدم احترام الممر ضات لهم . ومن هذه الاجابات نستنتج بان نسبة غير قليلة من الممرضات ذكرن بان المرضى لا يحترموهن وان نسبة غير قليلة من المرضى أجاب بان الممرضات لا يحترموهم .

وعندما سألنا ٦٠ ممرضة عن طبيعة العلاقات الانسانية التي تربطهن بالمرضى أجابت ٢١ منهن ٣٥% بان علاقتهن ايجابية واجابت ١٥ (٢٥%) بان علاقتهن محايدة ، واجابت ٢٤(٤٠%) بان علاقتهن سلبية . وعند توجيه نفس السؤال الى المرضى اجاب ٤٠ مريضاً من مجموع ٩٠ (٤٤%) بان علاقتهم ايجابية مع الممرضات ، واجاب ١٦(١٨%) بان علاقتهم محايدة مع الممرضات واجاب ٣٤ (٣٨%) بان علاقتهم سلبية . وبعد اجراء اختبار (كا٢) لاهمية الفرق المعنوي بين المرضى والممرضات من حيث طبيعة العلاقة الاجتماعية التي تربط بعضهم ببعض لم نجد هناك فرقاً معنوياً بين الجماعتين حيث كانت نتيجة الاختبار ٥ر٢ بدرجة حرية قدرها ٢ [١٤] . وهذا معناه بان عدداً كبيراً من الممرضات ٣٩ من مجموع ٦٠ (٦٥%) تربطهن علاقات بالمرضى تتميز أما بالحياد أو بالسلبية . كما ان ٥٠ مريضاً من مجموع ٩٠ (٥٦%) تربطهم بالممرضات علاقات محايدة أو سلبية . وهذا يشير الى ان العلاقات الانسانية التي تربط الممرضات بالمرضى ليست على ما يرام . لذا يجب البحث عن الاسباب الموضوعية لمثل هذه العلاقات بغية معالجتها والتصدي لآثارها السلبية . والجدول المذكور أدناه يوضح واقع العلاقة الانسانية بين الممرضات والمرضى :

طبيعة العلاقة الانسانية / العينة	ايجابية	محايدة	سلبية	المجموع
الممرضات	٢١	١٥	٢٤	٦٠
المرضى	٤٠	١٦	٣٤	٩٠
المجموع	٦١	٣١	٥٨	١٥٠

√ = (د ـ١) (و ـ ١)

√ = (٣ـ١) (٢ـ١) = ٢×١= ٢

كا٢ = ٥ر٢

المبحث الرابع : مشكلات العلاقات الانسانية التي ترجع اسبابها الى المرضى

يهدف هذا المبحث تحديد دور المرضى في ظهور المشكلات التي تعتري واقع العلاقة الانسانية بين المرضى والممرضات . فالمرضى كما تشير نتائج البحث الميداني مسؤولون عن هامشية العلاقات التي تربطهم بالممرضات . ومسؤوليتهم هذه تتحدد بالمواقف والممارسات السلبية التي يتميز بها بعضهم والتي تسيء بطريقة أو أخرى الى العلاقات الاجتماعية في المؤسسات الصحية . ان مشكلات العلاقات الانسانية بين المرضى والممرضات والتي يسببها المرضى تتجسد في عدة عوامل هي عدم التزام المرضى بالقوانين المرعية وانخفاض المستوى الثقافي لبعض المرضى واتباعهم الاسلوب الخشن عند تعاملهم مع الممرضات . ويمكننا شرح هذه العوامل كالآتي :

١- **عدم التزام المرضى بالقوانين المرعية :**

من خلال هذا البحث تعرفنا على بعض المعوقات التي تصاحب الخدمات التمريضية التي تقدمها الممرضات للمرضى . فعند الاجابة على اسئلة الاستمارة الاستبيانية المعدة من قبل الباحث من خلال ردود الافعال التي بينتها ٦٠ ممرضة تعمل في مستشفيات مدنية بغداد حول طبيعة العلاقة الانسانية التي تربطهن بالمرضى الراقدين في المستشفيات أتضح لنا بان ٥٣ ممرضة من مجموع ٩٠ ممرضة (٨٨%) يعتقدون بان بعض المرضى لا يلتزمون بالقوانين والانظمة المرعية داخل المستشفى ، في حين عبرت ٧ ممرضات ١٢% من ان المرضى يلتزمون بالقوانين المرعية . والجدول الاحصائي يبين هذه الحقيقة .

جدول يمثل شعور ٦٠ ممرضة يعملن في مستشفيات مدينة بغداد بان بعض المرضى لا يلتزمون بالقوانين والانظمة

شعور الممرضة بان بعض المرضى لا يلتزمون بالقوانين والانظمة	العدد	النسبة المئوية
نعـــم	٥٣	%٨٨
لا	٧	%١٢
المجموع	٩٠	%١٠٠

أما القانون فيعرّف بانـه مجموعـة القواعـد التـي تـنظم العلاقـات الاجتماعيـة الظاهرة بين الناس والتي يقهر الناس على اتباعها ولو بالقوة عنـد الاقتضـاء ويهـدف الى تحقيق الاسقرار بينهم (١٥).

يعتبر الالتزام بتطبيـق القـوانين والانظمـة ظـاهرة حضـارية في المجتمـع. وعنـد تطبيقه بصورة صحيحة يسعد كافة افراده وينظم حياتهم اليومية عـلى الوجـه الاكمـل، أما إذا تخلف طرف في تطبيق هذه القوانين والانظمة فان الطـرف الآخـر وخصوصاً إذا كان حريصاً على تطبيقهـا ينتابـه الفتـور والجمـود. وهنـا تسـوء العلاقـة بـين الطـرفين . وعندما أشـارت ٥٣ ممرضـة مـن مجمـوع ٦٠ (٨٨%) الى ان بعـض المـرضى الراقـدين في الردهات لا يلتزمون بالقوانين والانظمة المرعية داخـل المستشـفيات فاننـا نسـتنتج بـان اغلب المرضى لا يلتزمون بالقوانين والانظمة المرعية . ولـو فحصـنا بعـض هـذه القـوانين والانظمة المعمول بها داخل ردهات المستشفى لشاهدنا بانها وضـعت مـن أجـل راحـة المرضى وسلامتهم . ولكن مـع الاسـف الشـديد لا يلتـزم معظـم المـرضى بهـا . إضـافة الى قيامهم ببعض الافعال المنافية للقوانين كتناولهم الاغذية التي يأتي بها ذويهم من خـارج المستشفى والتي إذا ما أخذت اصبحت مضرة بصحتهم ، أو رفض بعـض المـرضى قيـام الممرضة ببعض الاجراءات التمريضية لهـم كسـحب الـدم لغـرض التحليـل المختـبري، أو رفض العلاج الموصف من قبـل الطبيـب المعـالج ، أو رغبـة بعـض المـرضى تنـاول بعـض العقاقير من غير استشارة الطبيب أو رفض بعض المرضى نظافة اجسادهم عندما تطلـب الممرضـة مـنهم ذلـك أو رفضـهم قيـام الممرضـة بتنظـيفهم ، او رغبـة بعـض المـرضى في

الخروج من المستشفى من غير علم الطبيب المعالج علماً بان حالتهم العامة تتطلب البقاء في المستشفى ، أو عدم ارتداء بعض الملابس الخاصة بالمريض (الدشداشة البيضاء) أو قيام بعض المرضى برمي الاقذار داخل الردهة في الاماكن غير المخصصة لها ، او زيارة عوائل بعض المرضى لمرضاهم في الساعات الممنوعة لزيارة المرضى ، أو استعمال بعض الحاجات العائدة للردهة دون الحصول على سماح بذلك من الممرضة أو التدخل في شؤون بعضهم البعض .

ومن المعروف ان الممرضة هي الشخص المسؤول عن ادارة التمريض والمسؤول ايضاً عن تطبيق القوانين المرعية في الردهة وهي الحارس الامين على تنفيذها . لما كان هناك بعض المرضى لا يلتزمون بالقوانين والانظمة وينتهجون اساليباً مخالفة لتعاليم ومطاليب ادارات المستشفيات ، فان الممرضات لا يكونن راضيات عنهم . وهذا ما يولد هشاشة وضعف العلاقات بينهم .

هناك بعض العوامل التي تؤثر في سلوك بعض المرضى وعلاجهم وتجعلهم لا يلتزمون بالانظمة والقوانين منها عمر المريض ،" فإذا كان المريض صغير السن أو إذا كان شيخاً " فان سلوكه مع الممرضة يختلف عن سلوك الآخرين معها . وهناك الحالة الاجتماعية وخلفية العائلة ومستواها الثقافي ، ووظيفته ونظافته داخل الردهة ولغته " ان كان يتكلم بغير لغة المجتمع الكبير " وغير ذلك من العوامل الاجتماعية المؤثرة في رسم معالم العلاقة بين المرضى والمرضات . كما ان هناك عوامل أخرى سريرية تؤثر في سلوك وتصرفات المريض داخل الردهة منها صحة المريض العامة وتدهور حالته الصحية خلال مرضه ، أو ظهور اعراض وعلامات مرضية مزمنة ومزعجة (كسلس البول) تسبب عدم راحته ، أو الدخول في المستشفى لمدة طويلة أو وجود مرض مزمن يفرض عليه ملازمة الفراش لفترة طويلة . إضافة الى الارباك والقلق النفسي- والعقلي والخوف والامراض النفسية وما شابه ذلك ، كلها تؤثر علىَ نفسية المريض وتؤدي الى تغيير سلوكه الى سلوك شاذ داخل الردهة . ولما كانت الممرضة هي الشخص الملازم للمريض في المستشفى وهي المسؤولة عن تطبيق القوانين والانظمة ، لذا فان المشكلات في العلاقات لابد ان تظهر بينهما [١٦] .

ومن اهم اسباب عدم التزام المرضى بالقوانين هي :

أ- **انخفاض المستوى الثقافي لبعض المرضى :**

ان انخفاض المستوى الثقافي لبعض المرضى له الأثر السلبي في العلاقة بين المريض والممرضة . ولهذا فان هؤلاء المرضى لا يدركون المهام الوظيفية التي تقوم بها الممرضات تجاههم ولا يدركون المسؤولية الكبرى التي تقع على عاتق الممرضة في تأدية واجباتها ، وقد أكدت ٤٩ ممرضة من مجموع ٥٣ (٩٢%) بان عدم ثقافة بعض المرضى هي التي تجعلهم لا يلتزمون بالانظمة والقوانين . والجدول المبين أدناه يوضح ذلك :

جدول يمثل آراء ٥٣ ممرضة يعملن في مستشفيات مدينة بغداد حول عدم التزام المرضى بالقوانين والانظمة

اسباب عدم التزام المرضى بالقوانين والانظمة	التسلسل المرتبي	العدد	النسبة المئوية
انخفاض ثقافة المرضى	١	٤٩	٩٢%
تشدد القوانين	٢	١٩	٣٦%
عدم وجود المراقبة	٣	٥	٩%
أي سبب آخر	٤	٤	٦%

فاكثرية المرضى الذين وقع عليهم البحث أما أميون أو خريجو الدراسة الابتدائية ، وهذه الحقيقة توضح عدم التزام المرضى بالقوانين المطبقة في المستشفيات .

ب- **تشدد وتصلب القوانين المطبقة :**

حيث عبر عن هذا العامل ١٩ مريضاً من مجموع ٥٣ (٣٦%) . ومما يشير الى تصلب القوانين منح عوائل المرضى الفرصة بزيارة مرضاهم خلال أيام محددة في

الأسبوع . وهذا لا تتفق معه عوائل المرضى مما يسبب سوء التفاهم بين الممرضة والمريض حول هذا الموضوع .

جـ - عدم وجود المراقبة :

من خلال البحث اوضحت ٥ ممرضات (٩%) من مجموع ٥٣ عن آرائهن بان عدم وجود المراقبة هو أحد اسباب عدم التزام المرضى بالقوانين والانظمة ، وبرأي هؤلاء الممرضات بان لا بد ان يكون هناك شخص آخر عدا الممرضة يتولى القيام بتطبيق القوانين داخل الردهة لكي تتفرغ للقيام بالعناية التمريضية والتي هي من صميم واجبها الاساسي .

٢- شعور الممرضات بان بعض المرضى يتميزون بالاسلوب الفض والخشن :

أدلت ٥٥ ممرضة من مجموع ٦٠ (٩٢%) ممرضة بان بعض المرضى يتميزون بالاسلوب الفض والخشن في حين ذكرت ٣ ممرضات بان اكثرية الممرضات يشعرن بان المرضى لا يتحلون بالاسلوب الرقيق والجيد عند التعامل معهن . لذا فان اكثرية الممرضات يعتقدن بان اساليب التخاطب تحتاج الى اعادة نظر في انماطها وصيغها . وهذا دليل واضح على عدم احترام وتقدير المرضى للممرضات عند تخاطبهم معهن ، فهم لا يدركون المهام الصعبة الملقاة على عاتق الممرضة . ان سوء التخاطب والاسلوب الفض والخشن عند بعض المرضى يترك الأثر الكبير في نفوس الممرضات وقد يؤثر على مهام وظيفتهن بحيث تنعكس على العناية التمريضية للمريض الذي يكون بأمس الحاجة لخدماتهن في حالته المرضية هذه ، علماً بان اسلوب التعامل هذا لا بد ان يؤدي الى سوء العلاقة الانسانية بين الطرفين ويؤدي الى اغتراب الممرضة عن المريض واغتراب الاخير عن الممرضة . لكن الاسلوب الفض والخشن الذي يتميز به بعض المرضى ما هو الا دليل للمواقف والقيم والمعتقدات السلبية التي يحملها المرضى عن الممرضة وعن مهنتها وامكاناتها المهنية والانسانية . وانه مؤشر كذلك على انخفاض المستويات الثقافية والاجتماعية لهؤلاء المرضى .

المبحث الخامس : مشكلات العلاقة الانسانية التي سببها الممرضات

عند وجود ضعف بين طرفي العلاقة لا بد ان يكون أحد الاطراف أو الطرفان معاً مسؤولين عن هذا . فالمرضى وحدهم لا يمكن ان يكونوا سبباً في ضعف العلاقة كما ان الممرضات لا يمكن ان يكونن السبب في العلاقة ايضاً . لذا فالطرفان إضافة الى المجتمع وما فيه من عوامل موضوعية وذاتية مسؤولة جميعها عن سطحية ورسمية العلاقة الانسانية [١٧] .

كما وضحنا في المبحث السابق بان بعض المرضى مسؤولون عن هامشية العلاقات بينهم وبين الممرضات حسب اعتراف الممرضات بذلك. وفي هذا المبحث نود ان نشير الى ان الممرضات مسؤولات ايضاً عن هامشية العلاقات بينهن وبين المرضى كما اكد ذلك ٣٤ مريضاً من مجموع ٩٠ تمت مقابلتهم . أما الاسباب المسؤولة عن ضعف العلاقات بين الممرضات والمرضى كما يراها المرضى فانها يمكن ان تلخص بالنقاط الآتية:

١- عدم مقدرة بعض الممرضات على تحقيق التوازن الامثل بن اعباء الأسرة واعباء العمل الوظيفي :

تشغل معظم الممرضات العراقيات أكثر من دور وظيفي واحد في آن واحد . فهي زوجة وأم وربة بيت وممرضة وقد تكون عضوة في منظمة جماهيرية أو جمعية أو نادي في آن واحد . لذا والحالة هذه لا تستطيع بعض الممرضات التنسيق بين الاعباء المطلوبة منها خصوصاً ما يتعلق باعمال البيت والعمل . وهذا ينعكس سلبياً على الاداء الوظيفي للممرضة في المؤسسة الصحية التي تعمل فيها . فالممرضة نتيجة للمهام الثقيلة المكلفة بها من قبل الاسرة والمجتمع المحلي والعمل لا تستطيع القيام بواجباتها على احسن وجه. مما يدفع بالمرضى الى الاعتقاد بان الممرضة لا تستطيع ان تلبي مهام وظائفها الصحية في المكان الذي تعمل فيه . وهذا ما يعكس ضعف العلاقات بينها وبينهم .

وقد اكد حقيقة هذا العامل اغلب المرضى الذين أشاروا الى وجود علاقة سلبية بينهم وبين الممرضات . ذلك ان ٢٨ مريضاً من مجموع ٣٤(٨٢%) أكدوا على عامل عدم مقدرة بعض الممرضات على تحقيق التوازن الامثل بين اعباء الاسرة واعباء العمل كعامل مسؤول عن ضعف العلاقات بين الطرفين .

٢- عدم قيام بعض الممرضات بأداء واجباتهن على الوجه الاكمل :

تشير نتائج البحث الميداني الى ان ٢٢ مريضاً من مجموع ٣٤ (٦٥%) اعترفوا بان عدم قيام بعض الممرضات بأداء واجباتهن على الوجه الاكمل يمكن ان يكون سبباً رئيسياً في ضعف العلاقات بينهم وبين الممرضات. لكننا يجب ان نقول بان قلة عدد الممرضات في الردهة لا يتناسب مع عدد المرضى الراقدين فيها يجعل بعض المرضى غير مقتنعين بالخدمات التي تقدمها الممرضات للمرضى . ففي معظم الحالات يزيد عدد المرضى في الردهة عن ٤٠ مريضاً وهنا لا تستطيع الممرضة ان تتحمل جميع المسؤوليات الملقاة على عاتقها ولا تتمكن من تقديم كافة احتياجات المرضى الآنية . ومن الجدير بالذكر ان في الدول المتقدمة تكون نسبة الممرضات الى المرضى ١ الى ٥ بينما عندنا يقل عدد الممرضات بالنسبة للمرضى الراقدين في المستشفيات . لذا تكون اعباء الممرضة ثقيلة جداً ولا تتناسب مع امكاناتها وقابلياتها في أداء العمل المطلوب منها . ان تعدد الخفارات الليلية والنهارية والساعات الطويلة التي تقضيها الممرضة ترهقها نفسياً وجسمياً وهنا يعتقد المرضى بان الممرضة مقصرة في أداء واجباتها. ويجب ان نشير الى ان الممرضة الواحدة ليست مسؤولة عن أداء واجباتها التمريضية فحسب ، بل هناك واجبات أخرى غير تمريضية تصاحبها في اعمالها ، فادارة شؤون الردهة ، ومسؤولية حفظ الادوات والاجهزة المستعملة في الردهة (كمأمورة مخزن) وهي المسؤولة عن طلبيات الادوية وطلبيات الادوات والحاجات المستعملة في الردهة وهي المسؤولة عن الرد على المكالمات الهاتفية كاعمال سكرتارية وشؤون الاحصاء وتهيئة جداول خفارات الممرضات معها . وهي المسؤولة عن نظافة الردهة .

وغير ذلك من الامور التي بالامكان ان يقوم بها شخص آخر غير الممرضة كالسكرتيرة مثلاً لكي تتفرغ الممرضة لاعمال التمريض فقط وتتمكن من تقديم أفضل الخدمات التمريضية الى المريض الراقد في الردهة.

ومن الجدير بالذكر بان الممرضة ليست مسؤولة عن أداء واجباتها الوظيفية في المستشفى بل مسؤولة ايضاً عن واجبات الاعمال المنزلية ورعاية الاطفال والزوج والاسرة . إضافة الى المشكلات التي تجابهها من مرض أو مشكلات النقل ومشكلات تربية الاطفال ومقابلة حاجات الاسرة وغيرها .

٣- عدم احترام بعض المرضات للمرضى :

اعترف ٢٠ مريضاً من مجموع ٣٤ بنسبة ٥٩% بان عدم احترام بعض المرضى للممرضات وعزوفهم عن التعاون معهن هو أحد أسباب العلاقة السلبية بين المرضى والممرضات . ان الممرضة هي الشمعة التي تحترق لتسعد الآخرين وهي التي تخفف الآلام للمرضى خلال مرضهم وانها الممرضة والقابلة والمعلمة التي تقدم العناية التمريضية والارشادات الصحية للمجتمع وهي العطاء الدائم للجميع . ان عدم احترام بعض المرضى للممرضات يسبب اجحافاً بحقهن ويقلل من عزيمتهن في العطاء المتواصل وهذا الامر يذكرنا بالنظرة السابقة التي كان يحملها المجتمع عن الممرضة عندما كانت العنصر النسوي الوحيد الذي يعمل ليل نهار في المجتمع ،ومع هذا كان المجتمع يظلمها ويقصر في منحها الحقوق التي تستحقها . أما الآن وقد انطلقت المرأة للعمل في كافة المجالات جنباً الى جنب مع أخيها الرجل ، فان المجتمع لا بد ان يغير نظرته السلبية عنها ويحترمها . وفعلاً بدأت الحكومة بتقويم الممرضة ووضعها في المكان المناسب لتسهم في بناء الصرح الحضاري للمجتمع الجديد .

٤- ميل بعض المرضات لعكس مشكلاتهن الذاتية في العمل :

أدلى ١٨ مريضاً من مجموع ٣٤ بنسبة ٥٣% بان هناك بعض الممرضات يعكسن مشكلاتهن في العمل مما يؤثر ذلك تأثيراً سلبياً في أدائهن للعمل المناط بهن . فبعض الممرضات يجابهن مشكلات أسرية أو مجتمعية ناجمة عن تعقد الحياة وصعوبة أسباب

المعيشة ومثل هذه المشكلات في بعض الحالات تنعكس بصورة غير جيدة على طبيعة العمل الذي تؤديه الممرضة في المؤسسة الصحية بحيث تخلق لنفسها وللمؤسسة التي تعمل فيها مشكلات تسيء الى طبيعة العمل المطلوب منها . ويجب ان نشير الى ان ميل بعض الممرضات نحو عكس مشكلاتهن الخاصة في عملهن يتأتى من عدم تحلي بعض الممرضات بمقياس ومواصفات مهنة التمريض . ذلك ان مهنة التمريض تطلب من عضواتها واعضائها الفصل بين المشكلات الذاتية ومتطلبات العمل الوظيفي . لذا والحالة هذه ينبغي عدم عكس المشكلات الشخصية التي تعاني منها الممرضة في العمل الذي تؤديه داخل المؤسسة الصحية .

ولكن من جهة ثانية يجب ان نقدر الظروف الذاتية والموضوعية التي عاشتها وتعيشها الممرضة والتي تجعلها غير قادرة على الاقتداء بالمواصفات الايجابية لمهنة التمريض والتي تطرقنا اليها اعلاه . فهناك بعض الممرضات صغيرات السن وهناك أخريات ممن يعملن كمساعدات التمريض غير مدركات لقدسية المهنة . لهذا يفتقرن الى الخبرة والدراية بالامور الصحية والادارية والاجتماعية التي تتطلبها مهنة التمريض ويريد المرضى تواجدها عند كافة الممرضات .

٥- افتقار بعض الممرضات لمواصفات المهنة :

يأتي هذا السبب في التسلسل المرتبي الخامس من حيث الأهمية والفاعلية حيث اكده ١٧ مريضاً من مجموع ٣٤ (٥٠%) . فبعض الممرضات كما أشار هؤلاء المرضى يفتقرن الى بعض مواصفات المهنة التي ينبغي ان تقتدي بها معظم الممرضات وهذه المواصفات تتجسد في المستوى الثقافي الجيد وقدرة الفصل بين المشكلات الشخصية ومهام المسؤولية الوظيفية والحفاظ على أسرار المريض ومصالحه الصحية منها والاجتماعية والمعلومات الكافية عن الاختصاص الوظيفي واعتبار المريض كغاية بحد ذاته وليس واسطة لتحقيق اغراض الممرضة ... الخ . من الصفات المهنية الايجابية التي يجب ان تتوفر عند المهنيين كافة بغض النظر عن اختصاصاتهم العلمية والوظيفية . ان عدم امتلاك بعض الممرضات لمواصفات المهنة هذه تجعل بعض المرضى لا يقيّمون

المرضة ولا ينظرون اليها نظرة مليئة بالاحترام والتقدير . لهذا يتطلب من كافة الممرضات العمل على خلق الاجواء المهنية والثقافية والاجتماعية الملائمة التي تمكنهن من الالتزام بمواصفات المهنة .

٦- انخفاض المستوى الثقافي لبعض الممرضات :

من الاسباب الاخرى للعلاقة السلبية بين المرضى والممرضات انخفاض المستوى الثقافي والعلمي لبعض الممرضات . فقد اكد ١٥ مريضاً من مجموع ٣٤ (٤٤%) بان انخفاض المستوى الثقافي لبعض الممرضات هو من بين الاسباب التي تؤدي الى ضعف العلاقة بين الممرضة والمريض ، ذلك ان المسؤولية الملقاة على عاتق الممرضة انما هي مسؤولية كبرى تتطلب من الممرضة الاعتناء بالمرضى عناية مستنبطة من الروح المهنية والعلمية لوظيفة التمريض . وبما ان المجتمع العراقي بصورة عامة قد قطع شوطاً كبيراً في جميع النواحي العلمية والعملية وان تقدم التكنولوجيا الحديثة واستعمال الاجهزة الطبية في التشخيص والعلاج وتقدم الطب في جميع نواحيه واستعمال الكومبيوتر والاشعة لها الأثر الكبير في رفع المستوى الصحي في القطر . لذا والحالة هذه لا بد للممرضة ان تواكب هذه التطورات الحديثة لكي تتمكن من أداء واجباتها على احسن وجه وتتعاون مع الفريق الصحي في أداء مهامه الوظيفية . إذن لا بد للممرضة ان تطور نفسها لتواكب التطور العلمي والاجتماعي والصحي الذي يشهده القطر وان تكون ذا مستوى ثقافي عالٍ لتكن أهلاً للمسؤولية الملقاة على عاتقها . فتخرج الممرضة من المدارس الابتدائية دون تقدمها في المراحل الدراسية اللاحقة يعني تأخرها عن بقية زملائها في المهن الاخرى في الفريق الطبي . لذا نرى ان تبدأ دراسة التمريض من مرحلة الدراسة المتوسطة كحد أدنى .وفعلاً بادرت وزارة الصحة مشكورة على فتح اعداديات التمريض في مختلف محافظات القطر ، إضافة الى وجود معهد الصحة العالي وكلية التمريض . لذا في ضوء هذه المستجدات نطلب من مدارس التمريض التي تقبل خريجات الابتدائية حصر طالباتها بخريجات الدراسة المتوسطة فما فوق ، لتكن آنذاك مؤهلة على أداء ادوارها الوظيفية كما ينبغي ومدركة لمركزها المهم في المجتمع الجديد .

والجدول المذكور أدناه يوضح اسباب العلاقات السلبية بين المرضى والممرضات والتي سببها الممرضات كما يراها ٣٤ مريضاً .

اسباب العلاقات السلبية بن المرضى والممرضات والتي سببها الممرضات كما يراها ٣٤ مريضاً

النسبة المئوية	العدد	التسلسل المرتبي	اسباب العلاقة السلبية
٨٢%	٢٨	١	عدم مقدرة بعض الممرضات على تحقيق التوازن الامثل بين اعباء الأسرة واعباء العمل
٦٥%	٢٢	٢	عدم قيام بعض الممرضات باداء واجباتهن على الوجه الاكمل
٥٩%	٢٠	٣	عدم احترام بعض المرضى للممرضات
٥٣%	١٨	٤	ميل بعض الممرضات لعكس مشكلاتهن في العمل
٥٠%	١٧	٥	افتقار بعض الممرضات لمواصفات المهنة
٤٤%	١٥	٦	انخفاض المستوى الثقافي لبعض الممرضات

المبحث السادس : المقترحات والتوصيات لتطوير واقع العلاقة الانسانية بين الممرضة والمريض

بعد تحليل مشكلات العلاقة الانسانية التي ترجع اسبابها الى المرضى والممرضات نستطيع اقتراح بعض التوصيات التي من شأنها ان تتصدى لهذه الاسباب والمعوقات .وهذه التوصيات يمكن ان تقدم الى الممرضات والمرضى للأخذ بها اثناء التفاعل والتعامل اليومي بعضهما مع بعض . ولكن قبل دراسة التوصيات والمقترحات ينبغي علينا الاشارة الى ان ٢٤ ممرضة من مجموع ٦٠ (٤٠%) ، ٣٤ مريضاً من مجموع ٩٠ (٣٨%) تربطهم علاقات سلبية مع المرضى والممرضات على التوالي . وعندما سألنا ٢٤ ممرضة تربطهن علاقات سلبية بالمرضى عن محاولتهم بمعالجة اسباب سوء العلاقة اجابت ١٤ منهن (٥٨%) بالايجاب ، ١٠ منهن (٤٢%) بالنفي . وعندما سألنا ٣٤ مريضاً تربطهم علاقات سلبية بالممرضات عن محتولتهم بمعالجة اسباب سوء العلاقة أجاب ١٨ منهم (٥٣%) بالايجاب ، ١٦ (٤٧%) بالنفي .

أما الاجراءات التي اتخذتها ١٤ ممرضة لتطوير علاقتهن بالمرضى فيوضحها الجدول الآتي :

الاجراءات المتخذة لتطوير العلاقة بالمريض	التسلسل المرتبي	العدد	النسبة
احترام وتقدير المريض	١ أ	١٢	٨٦%
التعاون مع المريض	١ ب	١٢	٨٦%
تزويده بالمعلومات عن حالته الصحية	٢	١٠	٧١%
صرف وقت أطول معه	٣	٥	٣٦%
أي اجراء آخر	٤	٤	٢٨%

أما الاجراءات التي اتخذها ١٨ مريضاً راقداً في مستشفيات مدينة بغداد حول تحسين علاقتهم بالممرضات فيوضحها الجدول المرتبي المذكور أدناه :

الاجراءات المتخذة من قبل المرضى	التسلسل المرتبي	العدد	النسبة
احترام وتقدير الممرضة	١	١٨	%١٠٠
التعاون مع الممرضة في أداء واجباتها	٢	١٦	%٨٩
الالتزام بالانظمة والقوانين التي تريد الممرضة تطبيقها	٣	١٥	%٨٣
الدفاع عن حقوق الممرضة في المجتمع	٤	١٢	%٦٧
حث الابناء والاقارب على الانخراط في سلك التمريض	٥	١١	%٦١
تقديم الشكر والتقدير للممرضة بعد الشفاء ومغادرة المستشفى	٦	٨	%٤٤

بعد توضيح نتائج البحث الميداني عن الاجراءات التي اتخذتها كل من الممرضات والمرضى والتي بواسطتها يمكن تطوير العلاقة الانسانية بينهما نستطيع تحديد ماهية التوصيات والمقترحات التي تقدم الى الممرضات والمرضى بغية الالتزام بها والتقيد ببنودها من أجل توطيد العلاقة وتعميقها.

(أ) التوصيات الموجهة للمرضى لتقوية علاقتهم بالممرضات :

١- ضرورة توعية المواطنين من خلال المنظمات الجماهيرية والشعبية ووسائل الاعلام والمؤسسات التربوية والتعليمية واماكن العمل والعبادة باحترام القوانين والالتزام بنصوصها والتصرف بموجب بنودها وتوصياتها . وهذا يمكّن المرضى من أطاعة قوانين المستشفيات التي تريد الممرضات وضعها موضع التنفيذ . وإذا

ما التزم المرضى بالقوانين والاحكام الموجودة في المؤسسة الصحية التي يرقد فيها فان علاقتهم بالممرضات لا بد أن تتحسن وتقوى .

٢- ضرورة رفع المستويات الثقافية والتربوية للمواطنين من خلال حثهم على مواصلة الدراسة والاطلاع على الامور والمجالات الحضارية التي توسع مداركهم وتنمي عقولهم وتزيل عنهم معالم الجهل وضيق الافق . كما يتطلب نشر التوعية الجماهيرية الهادفة الى خلق روح التعاون وتعميق العلاقات الانسانية بين ابناء المجتمع والممرضات .

٣- على المرضى الابتعاد عن اعتماد الاسلوب الفض والخشن عند التعامل مع الممرضات . ذلك ان هذا الاسلوب يؤدي الى نفور الممرضات عنهم وعدم تقديم الخدمات التمريضية اللازمة لهم . وعلى المرضى في نفس الوقت استعمال الاسلوب الوديع والرقيق ، الذي يتميز بروح الاخاء والانسانية ، مع الممرضات حيث ان هذا الاسلوب سيوطد العلاقات بين الطرفين وينمي جوانبها المهنية والانسانية .

٤- على المؤسسات الصحية عدم وضع القوانين القاسية والمتشددة التي تقيد حريات المريض وتجعله يشعر بأنه داخل سجن لا تتوفر فيه أبسط الشروط والمقومات الانسانية وليس في داخل مستشفى تريد له الصحة والشفاء من المرض .علماً بان القوانين القاسية والمتشددة التي تفرضها المستشفيات على المرضى تولد عندهم ردود الافعال السلبية ضد الاشخاص الذين يريدون تنفيذ هذه القوانين (الممرضات). وهنا تسوء العلاقة الانسانية بين المرضى والممرضات وتصبح الحاجة ماسة الى تبديل صيغ هذه القوانين بقوانين تتميز بالمرونة والديمقراطية والتساهل النسبي .

(ب) التوصيات الموجهة للممرضات لتقوية علاقتهن بالمرضى :

١- على كافة الممرضات العمل من أجل تحقيق التوازن الامثل بين اعباء الأسرة واعباء العمل الوظيفي . وإذا ما وازنت الممرضة بين واجباتها الأسرية وواجباتها

المهنية فانها ستعطي عملها حقه وتعتني عناية مرضية بـالمرضى ، الأمـر الـذي يوطد علاقتها بهم ويزيل معظم المشكلات التي تعتري هذه العلاقة .

٢- ضرورة مبادرة الممرضات باداء واجباتهن على الوجه الاكمل وذلك مـن خـلال رعاية المريض الصحية وتلبية كافة احتياجاته اثنـاء مرضه والاهتمام بمعاناتـه ومشكلاته طيلة فترة رقوده في المستشفى . لكن أداء الممرضة لمهماتها الوظيفية يتطلب اسعافها مـن الواجبـات المرهقـة التي تقـوم بهـا بسبب قلة عـدد الممرضات في المجتمع وعدم توازن نسبة الممرضات العاملات مع نسبة المرضى الراقدين في المستشفيات. كما يتطلب احترامها وتثمين جهودها الانسانية الخيرة من قبل ابناء المجتمع والدفاع عن حقوقها وتحسين ظروف عملها ومساعدتها في تدبير شؤون منزلها كفتح الحضانات ورياض الاطفال لابنائها وتـوفير كافـة السلع التي تحتاجها اسرتها وارشاد زوجها على مساعدتها في تدبير أمور البيت .

٣- على الممرضات العمل من أجل الفصل بين مشكلاتهن ومعانـاتهن الذاتيـة وبـين متطلبات عملهن حيث ان المطلوب منهن عـدم عكـس مشكلاتهن الخاصة فـي مهام عملهن الوظيفي لان هـذا لا بـد ان يسيء الى عملهن ويصدع العلاقـات بينهن وبين اعضاء الفريق الصحي من جهة وبينهن وبين المرضى الذين ترعاهن وتعالجهن من جهة أخرى.

٤- ضرورة قيام الممرضة بالتحلي بمواصفات المهنة كأستيعاب وهضم المعلومات الصحية والفنية التي تحتاجها في مهنتها وعدم افشاء اسرار المـريض والتزامها باخلاق المهنة وعدم عكس مشكلاتها الخاصة في عملها ومواظبتها علـى العمـل باستمرار واعتبار المريض كغاية بحد ذاته وليس وسيلة لغاياتها ومصالحها . الا ان تحـلي الممرضة بهذه المواصفات يتطلب قيـام مـدارس ومعاهـد وكليـات التمريض بزرع وتنمية هذه المواصفات في ذاتية الممرضة بحيث تكون جزءاً لا يتجزأ من شخصيتها .

٥- على مدارس ومعاهد وكليات التمريض رفع المستويات التعليمية والثقافية للممرضات وذلك من خلال رفع متطلبات القبول ومستويات الدراسة وتشجيع الطالبات على الدراسة الجدية والقيام بالبحوث النظرية والتطبيقية التي تطور مهنة التمريض وترفع مستوياتها . كما يتطلب من الممرضات انفسهن مواصلة دراستهن العليا ومتابعة ما يدخل الى مهنة التمريض من فنون وتقنيات حديثة واساليب متطورة وكفوءة في أداء المهنة والايفاء بالتزاماتها .

مصادر الفصل الرابع عشر

(1)   Davis , K. Human Behaviour at Work , Tata Mc Graw – Hill, Co.,
      New Delhi , 1975, P. 382.

(2)   Ibid., P. 380.

(3)   Thibaut, J. and H. Kelley . The Social Psychology of Groups, New
      York, Wiley and Sons , 1959, P. 15.

(4)   Moser, C. A. Survey Methods in Social Investigation, London,
      Heinemann , 1967 ,P. 100.

(5)   Handbook of Household Survey, United Nations, New York,
      1964, P. 131.

(6)   Moser, C. A. Survey Methods in Social Investigation, P. 168.

(7)   Ibid., P. 40.

(8)   Ginsberg, M. Sociology, London, Oxford Univertsity Press , 1950,
      PP. 161- 162.

(9)   Cole, G. Studies in Glass Structure, Routldge and Kegan Paul,
      London, 1955, P. 148.

(10) Johnson, H. Sociology: A Systematic Introduction , Routledge and
      Kegan Paul, London, 1961, P. 504.

(١١)   الحسن ، إحسان محمد (الدكتور). العائلة والقرابة والزواج، بيروت، دار الطليعة للطباعة
      والنشر ، ١٩٨١، ص ٨٣ـ ٨٤.

(١٢)   الحسن، إحسان محمد (الدكتور). ومنى مجيد شابو ، مشكلات الممرضة في العراق (
      دراسة ميدانية) ، بغداد، مطبعة المعارف ، ١٩٨٤، ص ١١.

(13) Rudd, T. N. The Nursing of the Elderly sick ,London, Faber Ltd.,
      1970, P. 114.

(14)   Spiegel , M. Theory and Problems of Statistics, New York, Schaum Publishing Co., 1961, P. 201.

(١٥)   الوتري، منير محمود (الدكتور). القانون ، بغداد، مطبعة جامعة بغداد، ١٩٧٤، ص ١٢.

(16)   Michael, P. and et al. Good and Bad Patient, Review of Advanced Nursing, Vol. 7, No. 2, March , 1982.

الفصل الخامس عشر
المرأة والصحــــة

المقدمـــة :

تعد الصحة والحيوية التي تمتع بها المرأة مـن أهـم العوامـل التـي تمكنهـا مـن التكيف للمحيط الاجتماعي الـذي تعيـش فيه وتتفاعـل معـه ، ومـن الاولويـات التـي تساعدها في أداء المهام المنزلية ومهام العمل الانتاجي أو الخدمي خـارج البيـت ، فضلاً عن دورها الفاعل في تمكين المرأة مـن الدراسة والتحصيل العلمي ومن ثم احتلال مواقـع العمل في المجتمع . أما اعتلال صحة المرأة وتعرضها للمرض فانه يحول دون قدرتهـا علـى التكيف للمحيط وعجزها عن أداء المسؤوليات والاعمال داخل البيت وخارجـه وفشلـها في الدراسة وطلب العلم والمعرفة وبالتالي عدم قدرتها علـى احتـلال الوظائـف والاعمال المرموقة والحساسة التي يثمنها المجتمع .

لهذا كان لزاماً على المرأة اتخاذ كل ما مـن شـأنه مـن اجـراءات وتدابيـر تـؤمن تمتعها بالصحة والنشاط والفاعلية . غير ان المرأة وحدها لا تستطيع بلـوغ هـذا الهـدف دون مساعدتها من قبل أجهزة الدولة والمجتمع المـدني عـن طريـق تقديـم الخدمـات الصحية والاجتماعية والتربوية لها ، هذه الخدمات التي تجعلها نشطة ومنتجـة وفاعلـة في المجتمع الذي تعيش فيه [1] . ذلك ان صحة المرأة وسلامتها مـن الامـراض الانتقاليـة والمزمنة هو العامل الأساس الذي يمكنها مـن احتـلال دورهـا الطبيعـي في المجتمع كـأم وزوجة وأخت وبنت لها أهميتها في الكل الاجتماعي .

ان ما تحتاجه المرأة لكي تكون ذا صحة وحيوية ونشاط مميـز هـو الخدمـات الاجتماعية والصحية والتربوية التي يمكن ان تُقدم لها طيلة فصول وأشهر السـنة ، مـع البرامج الوقائية والعلاجية التي تساعدها على تجنب المرض والتمتع بالصحة الدائمة . فـالبرامج الوقائية هـذه تـؤدي دورهـا الفاعـل في تجنب الامـراض النفسـية والعقليـة والجنسية التي قد تتعرض لها المرأة نتيجة تفاعلها مع الآخرين واتصالاتها الجنسية مـع

الرجال . ذلك ان البرامج الوقائية هذه تؤمن الصحة الجنسية والانجابية للمرأة وتقلل اخطار الاصابات بالامراض الانتقالية والمزمنة وتمكن المرأة من أداء دورها التربوي والاجتماعي والتشيئي في المجتمع [٢] . ناهيك عن دور البحوث والدراسات والمطبوعات في تعميق الثقافة الصحية بين النساء ودرء اخطار الاصابة بالامراض عن طريق الاساليب الوقائية والعلاجية التي يمكن ان تنتشر بين النساء عبر وسائل الاعلام الجماهيرية [٣] .

بيد ان هذه الخدمات التي يمكن تقديمها للنساء المتزوجات وغير المتزوجات لا يمكن القيام بها دون توظيف الاموال وتخصيص الطاقات البشرية من قبل أجهزة الدولة والمجتمع المدني لان شحة الاموال والتخصيصات المالية وندرة الموارد البشرية العاملة في مشاريع تنمية المرأة لا بد ان تُعرقل الجهد المبذول صوب صحة المرأة وسلامتها من الامراض الجسمية والنفسية والاجتماعية [٤] .

ان هذا البحث يتكون من خمسة مباحث رئيسية هي ما يأتي :

المبحث الأول : الخدمات الصحية والاجتماعية والتربوية التي تحتاجها المرأة لتتمكن من بناء شخصيتها وتفجير طاقاتها المبدعة والخلاقة .

المبحث الثاني: ضرورة رسم البرامج الوقائية التي تحتاجها المرأة .

المبحث الثالث : ضرورة العمل من أجل الصحة الجنسية والانجابية للمرأة والتصدي للامراض التي قد تصيبها عن طريق الاتصال الجنسي .

المبحث الرابع : نشر الثقافة الصحية بين النساء وتعميق الوعي الصحي والطبي عندهن.

المبحث الخامس : رصد الاموال والطاقات البشرية التي تضمن صحة المرأة وفاعليتها في المجتمع .

والآن علينا دراسة هذه المباحث مفصلاً .

المبحث الأول: الخدمات الصحية والاجتماعية والتربوية التي تحتاجها المرأة لتتمكن من بناء شخصيتها وتفجير طاقاتها المبدعة والخلاّقة

لكي تتمتع المرأة بالحيوية والنشاط والصحة والفاعلية على الدولة والمسؤولين ومنظمات المجتمع المدني تقديم الخدمات الصحية والاجتماعية والتربوية التي تحتاجها المرأة لكي تتمكن من بناء شخصيتها وتفجير طاقاتها المبدعة والخلاقة (٥) . فالمرأة تحتاج الى العديد من الخدمات التي في مقدمتها الخدمات الصحية ، وهذه الخدمات يمكن اجمالها بالنقاط الآتية :

١- الخدمات الطبية في مختلف الاختصاصات الصدرية والباطنية والحمل والولادة والكسور والامراض البولية والانف والاذن والحنجرة والعيون والامراض الجنسية وامراض الدورة الدموية ... الخ . مع تيسير هذه الخدمات للنساء كافة بغية الاستفادة منها شريطة ان تكون هذه الخدمات بنوعية عالية وتلبي اذواق جموع النساء .

٢- خدمات الطب النفسي والامراض العقلية والعصبية التي يمكن ان تستفيد منها النساء في التحرر من الامراض النفسية والعقلية والعصبية التي يعانين منها .

٣- خدمات الطب الاجتماعي التي تعالج الامراض الاجتماعية التي تعاني منها النساء كامراض الكذب والحسد والنفاق وانفصام الشخصية والخوف والقلق والتوتر والهيستيريا ... الخ (٦) .

٤- الخدمات الصيدلانية والدوائية التي يمكن ان تقدم للنساء والتي تزودهن بالعقاقير والادوية المطلوبة تخلصاً من الامراض التي تعاني منها النساء . علماً بان انواع هذه الخدمات المفتوحة للنساء لا بد ان تعالجهن وتحررهن من الامراض المختلفة التي تعانين منها .

٥- الخدمات الاجتماعية التي تحتاجها النساء ، وهذه الخدمات تتعلق بخدمات رعاية الأسرة وخدمات رعاية المعوقين وخدمات رعاية المسنين والمسنات ،

وخدمات التقاعد والضمان الاجتماعي وخدمات كيفية قضاء وقت الفراغ والخدمات الترويحية [٧] . إضافة الى الخدمات السكنية وخدمات النقل والمواصلات وخدمات الامومة والطفولة وخدمات رعاية الاحداث والخدمات الامنية ... الخ .

٦- الخدمات التربوية والتعليمية التي تحتاجها النساء ، وهذه الخدمات تتعلق بفتح المدارس الابتدائية ورياض الاطفال للصغار وفتح المدارس المتوسطة والاعدادية للبنات ، مع اتاحة المجال للطالبات بالدراسة في المعاهد والكليات والجامعات . فضلاً عن تأسيس المتاحف والمختبرات والمكتبات والنوادي الثقافية والاجتماعية مع تيسير استعمالها من قبل النساء والرجال على حدٍ سواء دون تمييز جنسي في القبول والدراسة.

علماً بان الخدمات الصحية والاجتماعية والتربوية والتعليمية التي تفتحها الدولة للنساء يجب ان تتميز باربعة شروط أساسية هي ما يأتي :

١- ان تكون الخدمات المقدمة للنساء متنوعة ومتاحة للنساء كافة دون تمييز أو تحيز .

٢- ان تكون الخدمات براغماتيكية ، أي قادرة على تلبية الحاجات الطبية والاجتماعية والنفسية للنساء كافة [٨] .

٣- ان تكون الخدمات شمولية، أي تشمل جميع ابناء وبنات المجتمع وبدون استثناء .

٤- ان تكون الخدمات عمومية، أي ان تتعلق بعامة الشعب دون تمييز بين فرد وفرد أو بين طائفة وطائفة [٩] .

ان هذه الخدمات التي تقدمها الدولة للنساء لا بد ان تصقل وتنمي شخصية المرأة وتجعلها شخصية فاعلة ومؤثرة وقادرة على تغيير الوسط الذي تعيش فيه المرأة . وهنا تكون المرأة حقاً مساوية للرجل في الحقوق والواجبات وتحظى باحترام وتقدير

وتقييم الرجل . علماً بان الشخصية الفاعلة والمؤثرة التي تميز المرأة تجعلها قادرة على اشغال ادوارها الاجتماعية التي تحدد منزلتها ومكانتها الاجتماعية .

بيد ان الدولة تكون قادرة على عرض هذه الخدمات لجموع النساء إذا توفرت لديها الاموال التي يمكن ان تصرفها على المؤسسات الخدمية النسوية وإذا توفرت لديها الملاكات البشرية المؤهلة والمدربة على التعامل مع النساء وخدمتهن على الصعيد الصحي ، وهنا تكون الدولة قد أدت التزاماتها تجاه صحة النساء وحيويتهن .

المبحث الثاني: ضرورة رسم البرامج الوقائية التي تحتاجها المرأة

تتعرض المرأة أكثر من غيرها من افراد المجتمع الى عدد غير محدود من الامراض الانتقالية والمعدية نتيجة تكوينها البايولوجي ووظيفتها الانجابية التي تعد العامل الاساس في حفاظ المجتمع على سكانه من التناقض والانقراض [١٠]. ومثل هذه الامراض الانتقالية التي تتعرض لها المرأة كمرض نقص المناعة أو ما يسمى بمرض الايدز الذي ينتقل اليها عن طريق الاتصال الجنسي أو الاحتكاك المباشر بالمصابين بهذا المرض ، ومرض التدرن الرئوي والكوليرا والانفلونزا والطاعون والحصبة وانواع الحميات وبخاصة حمة مالطة ، إضافة الى الامراض الجلدية والتناسلية وامراض الدم المختلفة التي لا شك انها تعيق نشاط المرأة وتعطلها كلية عن العمل وتمنعها من أداء واجباتها الزوجية والمنزلية والتربوية والتنشيئية وتخل بالتزاماتها أزاء المجتمع [١١].

لهذا والحالة هذه ينبغي على القادة والمسؤولين الصحيين والمربين ورجال الاجتماع وضع برامج وقائية تحمي المرأة وتحصنها من الامراض السارية التي قد تتعرض اليها والتي من شأنها ان تعطل نشاطها وجهودها أزاء افراد أسرتها وعملها خارج البيت . والبرامج الوقائية التي يمكن وضعها وجعلها بمتناول المرأة تكون على أشكال متعددة وفقاً لطبيعة الامراض التي تتعرض لها المرأة في المجتمع . ان البرامج الوقائية التي يمكن وضعها للمرأة هي ما يأتي :

١- البرامج الوقائية التي تصون المرأة من امراض السرطان .

٢- البرامج الوقائية التي تبعد مرض نقص المناعة (الايدز) عن المرأة وتحميها من شروره [١٢].

٣- البرامج الوقائية التي تحمي المرأة من العديد من الامراض المزمنة كامراض القلب والضغط الدموي العالي ومرض السكري ومرض الفقرات والمفاصل ومرض البدانة أي زيادة الوزن [١٣].

٤- البرامج الوقائية التي تحمي المرأة من الامراض المتوطنة كالانفلونزا والربو وانفلونزا الطيور والسعال الديكي والتهاب القصبات والسعال المستمر وامراض الانفق والاذن والحنجرة .

٥- البرامج الوقائية التي تحافظ على اسنان المرأة وعيونها من الامراض التي غالباً ما تتعرض اليها .

والجهة أو الجهات التي ترسم البرامج الوقائية للمرأة وتجعل هذه البرامج متيسرة لها هي الاطباء المتخصصين والباحثون الاجتماعيون والاعلاميون ومنظمات المجتمع المدني التي تعنى بصحة المرأة وحيويتها في المجتمع . إضافة الى السياسيين لاسيما هؤلاء المتخصصين بالسياسة الاجتماعية والخدمات الاجتماعية وطب المجتمع وطب الأسرة [١٤] . والبرامج تعد بمثابة الوسيلة أو الواسطة المعتمدة في ابعاد الامراض الانتقالية عن المرأة لكي تكون الاخيرة بمنأى عنها .

أما الشروط التي ينبغي توفرها في البرنامج الوقائي لحماية المرأة من الامراض الانتقالية والمزمنة المشار اليها اعلاه فهي كما يأتي :

١- تحديد أهداف البرنامج القريبة والبعيدة والوسائل والسبل التي يعتمدها والتي تؤمن تحقيق الأهداف .

٢- ان يتسم البرنامج الوقائي بالواقعية والموضوعية والعلمية ، أي ان يكون البرنامج متأتياً من واقع المرأة والظروف والمعطيات المحيطة بها وان يكون علمياً في اطاره ومحتواه وفلسفته .

٣- ان يكون البرنامج براغماتيكياً أي عملياً وتطبيقياً عند معالجته للمشكلة الصحية التي تعاني منها المرأة .

٤- ان يكون البرنامج شمولياً ، أي يشمل جميع النساء بغض النظر عن الخلفية الاجتماعية والطبقية والاثنية والثقافية والعنصرية الخاصة بالنساء [١٥] .

٥- ان يتسم البرنامج بالخصوصية ، أي يعالج مرض أو مجموعة امراض تعاني منها النساء في المجتمع .

٦- ان يكون البرنامج عمومياً ، أي يعالج جميع النساء بدون استثناء ولا يتحيز لجماعة أو زمرة من النساء دون معالجة الجماعات أو الزمر الأخرى .

٧- ان يعتمد البرنامج على ثالوث خدمة الفرد وهو المرأة المستهدفة بالمعالجة والطبيب المعالج والموقف ، أي المرض أو الحالة المرضية المشخصة التي تتطلب المعالجة (١٦) .

ويمكن هنا التحدث عن عدد من البرامج الوقائية التي يمكن اعتمادها في الوقاية من بعض الامراض التي غالباً ما تتعرض لها النساء في المجتمع العراقي . ولعل من أهم هذه البرامج ما يأتي :

أولاً: البرامج الوقائية التي تصون المرأة من امراض السرطان

١- ضرورة تأسيس مراكز صحية في المناطق المزدحمة بالسكان تتولى مهمة التشخيص المبكر لحالات السرطان عند المرأة وبخاصة سرطان الثدي وسرطان الرحم .

٢- حث المرأة عن طريق وسائل الاعلام على ضرورة اجراء الفحوص المختبرية المبكرة لحالات السرطان التي تتعرض لها المرأة في أي جزء من اجزاء جسمها، إذ ان التشخيص المبكر للحالة السرطانية من شأنه ان يعالج الحالة ويقضي عليها ، بينما التأخر في تشخيص المرض يؤدي الى انتشار السرطان في المنطقة أو المناطق المصابة بالمرض الى سائر انحاء جسم المرأة (١٧) .

٣- تحذير المرأة عن طريق وسائل الاعلام والزيارات الاجتماعية والصحية التي يمكن ان تقوم بها الزائرات والباحثات الصحيات الى المساكن من اخطار التدخين والمشروبات الكحولية وبقية العقاقير والمخدرات على صحة المرأة

واحتمالية اصابتها بالامراض السرطانية ، نتيجة الافراط في التدخين أو الافراط في تناول المشروبات الكحولية والادمان على العقاقير والمخدرات .

٤- حث المرأة على الامتناع عن تناول بعض الاغذية التي تقود الى السمنة عند المرأة كتناول الدهون والشحوم والحلويات والفطائر والخبز والرز بكميات كبيرة حيث ان الطب الحديث قد اثبت بان سمنة المرأة نتيجة تناولها السكريات والشحوم والدهون والخبز والفطائر بكميات كبيرة قد تكون سبباً مهماً من اسباب الاصابة بأنواع السرطانات [١٨] .

٥- ضرورة نشر الثقافة الصحية بين النساء ، هذه الثقافة التي تمكن المرأة من تفادي اسباب الاصابة بالسرطان .

٦- ضرورة المام المرأة بالعوامل والمعطيات التي تجنبها اخطار الاصابة بالسرطان كالابتعاد عن الهموم وحالات الخوف والقلق التي تنتابها، وممارسة الانشطة الرياضية والترويحية التي تجلب حالات السرور عند المرأة ، وتناول الاغذية التي تبعد اخطار الاصابة بالسرطان عند المرأة وتجنب الاغذية والعادات الغذائية التي تسبب ظهور حالات السرطان عند المرأة وهكذا .

ثانياً: البرامج الوقائية التي تحمي المرأة من العديد من الامراض المتوطنة كالانفلونزا وانفلونزا الطيور والربو والسعال والتهاب القصبات وامراض الانف والاذن والحنجرة وامراض العيون

يمكن وضع البرامج الوقائية لحماية المرأة من الامراض المتوطنة المعروفة. وهذه البرامج الوقائية تتخذ الاجراءات الآتية:

١- بناء معاهد ومؤسسات صحية للوقاية من الامراض المتوطنة وتجهيزها باللوازم والمعدات والاجهزة الضرورية مع تزويدها بالكوادر والملاكات البشرية المتدربة.

٢- حث النساء عن طريق وسائل الاعلام الجماهيرية او الزيارات الصحية أو عن طريق منظمات المجتمع المدني لاسيما المنظمات النسوية والمدارس والمؤسسات التربوية والعلمية على ضرورة تجنب الاماكن المزدحمة بالسكان وتجنب الاختلاط والتفاعل مع المريض الذي يحمل فايروس المرض حيث ان المناطق المكتظة بالسكان مع التماس مع المرضى الذين يحملون فيروسات المرض تكون اسباباً للاصابة بهذه الامراض السارية والمتوطنة [١٩] .

٣- حث المرأة على مراجعة الاطباء المتخصصين حين الاصابة بالمرض لكي لا يستحكم المرض في جسم المرأة وبالتالي لا تستطيع معالجته والتحرر من قبضته .

٤- تقديم النصائح والارشادات للمرأة بتناول الاغذية الغنية بالفيتامينات التي تبني جهاز المناعة ضد الامراض المتوطنة عند المرأة لكي لا تكون المرأة ضحية هذه الامراض التي تنهك جسم المرأة وتعطل المرأة عن العمل وتشل قدراتها الجسمية والتفكيرية.

٥- اتباع العادات الصحية في الغذاء والسكن والعمل والترويح والراحة والنوم حيث ان مثل هذه العادات الصحية تجنب تعرض المرأة للمرض . ومثل هذه العادات الصحية هي الاعتدال في تناول الطعام والاعتدال في العمل والموازنة بين اوقات العمل واوقات الفراغ والترويح وممارسة التمارين الرياضية اليومية وتجنب السهر والاعياء وقلة ساعات النوم ... الخ [٢٠] .

٦- تزويد المرأة بالثقافة الصحية التي تمكنها من معرفة أسباب الامراض المتوطنة وآثارها وكيفية وقايتها والتحرر من سلبياتها . وهذه الثقافة الصحية يمكن رفد المرأة عن طريق وسائل الاعلام الجماهيرية كالفضائيات والتلفزيون والصحف والمجلات والكتب والافلام الوثائقية. فضلاً عن الزيارات والبحث الاجتماعي والصحي .

المبحث الثالث : تأمين الصحة الجنسية والانجابية للمرأة والتصدي للامراض التي قد تصيبها عن طريق الاتصال الجنسي

من أهم واخطر الامراض التي غالباً ما تصيب المرأة وتعكر صفو حياتها في الأسرة والمجتمع الامراض الجنسية التي قد تصاب بها نتيجة اتصالها الجنسي بالشخص المصاب بالمرض الزهري والجنسي ومرض نقص المناعة المكتسب (مرض الايدز) [٢١]. ويمكن تفادي الاصابة بهذا الامراض من قبل المرأة عن طريق اتخاذ الاجراءات الآتية فيما يتعلق بصحتها الجنسية:

١- اتخاذ الحيطة والحذر فيما يتعلق بالاتصالات الجنسية مع الاشخاص الذين يحملون فيروسات الامراض الجنسية والزهرية والايدز . فالمرأة حين معرفتها باصابة شخص ما بهذه الامراض المعدية ينبغي تجنب الاتصال الجنسي معه حتى ولو كان زوجها ، كما ينبغي الابتعاد عنه كلما استطاعت الى ذلك سبيلا تفادياً للاصابة بالمرض .

٢- ضرورة تعمد المرأة بتقليل عدد المرات التي تتصل فيها جنسياً مع الرجل، إذ كلما كانت الاتصالات الجنسية مع المرأة كثيرة كلما كانت هدفاً للاصابة بالمرض الجنسي الذي قد ينتقل الى جنينها ، وكلما كانت الاتصالات الجنسية قليلة كلما حفظت المرأة نفسها من الاصابة بالمرض الجنسي [٢٢].

٣- ضرورة تأكد المرأة من نظافة شريكها الذي تتصل به جنسياً ، وإذا لم تتأكد من ذلك فانها ينبغي ان تمانع الممارسة الجنسية معه او تلزمه على استعمال العازل الذكري الذي يحول دون انتقال السبيرمات المعدية اليها من الرجل وبالتالي يحافظ على سلامتها من الامراض الجنسية والزهرية المعدية [٢٣].

٤- اصرار المرأة عند اتصالها الجنسي- مع الرجل على نظافته ونظافة اعضائه التناسلية مع الالتزام بنظافتها ونظافة اعضائها التناسلية لكي تتفادى الاصابة بالامراض الجنسية وبخاصة مرض الايدز .

٥- ضرورة قيام المرأة بالفحصوات الدورية لحياتها الجنسية لكي تتأكد من سلامتها من الامراض الجنسية وبالتالي قدرتها على انجاب الذرية [٢٤] .

٦- على المرأة اكتساب المعلومات والثقافة الجنسية الضرورية من الكتب والمجلات والصحف ووسائل الاعلام الجماهيرية الاخرى وبخاصة الفضائيات والتلفزيون والفديو والافلام التلفزيونية الاخرى حيث ان مثل هذه المعلومات والثقافة الجنسية من شأنها ان تجعلها ذي دراية كاملة باسباب الصحة الجنسية والمرض الجنسي لكي تأخذ باسباب الصحة وتتفادى اسباب المرض .

٧- في حالة اصابة المرأة بالمرض الجنسي عليها مراجعة الطبيب المختص بهذا المرض حالاً للتعرف على اسباب الاصابة وآثارها وكيفية تفاديها . والطبيب المختص يمكن ان يعالج المرأة المصابة ويحررها من المرض او الامراض الجنسية المعدية التي تعاني منها.

٨- ضرورة فتح او تأسيس عيادات طبية جنسية يمكن ان تراجعها النساء البالغات سواء كن متزوجات أو غير متزوجات . ومثل هذه العيادة تستطيع تزويد النساء بالمعلومات والدرايات والخبر عن طبيعة الاتصالات الجنسية السليمة والمشروعة والاتصالات الجنسية المحظورة وغير المشروعة لكي يمكن بعد ذلك تجاوزها وفرض الحظر عليها .

ومن الجدير بالملاحظة بان الصحة الجنسية عند المرأة يمكن بلوغها عند مراجعة العيادة الطبية الجنسية باستمرار لكي تشخص الامراض بصورة مبكرة وتتم عملية علاجها والوقاية منها .

أما الصحة الانجابية عند المرأة فيمكن بلوغها عند التقيد بالتوصيات والمعالجات الآتية :

١- ضرورة ان يكون الانجاب في ظل السلامة الجنسية لكل من المرأة والرجل ، أي عدم اصابتها بالامراض الجنسية والزهرية التي غالباً ما تنتقل الى الاجنة قبل ولادتها .

٢- عند الحمل على المرأة مراجعة العيادة الانجابية عدة مرات للتأكد من سلامة الحمل ومن سلامة صحة المرأة وجنينها، فضلاً عن تشخيص ومعالجة الامراض الجنسية وغير الجنسية التي قد تصيب المرأة اثناء الحمل والولادة [٢٥] .

٣- ان تكون هناك فترة زمنية بين انجاب وانجاب آخر ، وهذه الفترة يمكن ان تكون بحدود ٢ـ٣ سنة لكي تعطي درجة من الراحة للمرأة الوالدة تمكنها من تربية ابنها والحفاظ على صحته قبل الحمل والولادة ثانية [٢٦] .

٤- على العيادة الانجابية أو المستشفى منح معلومات كافية للمرأة الحامل تمكنها من الحفاظ على الحمل والممارسات التي يمكن ان تقوم بها لغاية ولادة الجنين ، وبعد الولادة على العيادة الانجابية تزويد المرأة بمعلومات قيّمة عن كيفية التعامل مع الطفل حيث الولادة والعناية به ورعايته وتنشئته والحفاظ عليه من الاخطار والتحديات الخارجية المحيطة به .

٥- ضرورة منح العيادة الانجابية للأم والحامل الادوية والعقاقير بل وحتى الحليب والمواد الغذائية الاخرى والملابس التي تحافظ على الطفل الوليد من الاخطار والتحديات وتمده بمقومات الصحة وتبعده عن شرور المرض وويلاته .

٦- يتطلب الحمل والانجاب وجود بيئة سكنية هادئة وآمنة يمكن ان تحافظ على مقومامات الحمل وتحافظ على نجاح عملية الانجاب لكي ينشيء الطفل في كنف الرعاية والصحة والحنان والشفقة التي تمكنه من العيش السليم وسط اجواء ايجابية وفاعلة [٢٧] . علماً بأن هذه البيئة الملائمة للحمل والانجاب لا يمكن ان تتوفر للأسرة الانجابية الا إذا توفرت تسهيلات السكن للعائلة الزواجية . وهذه التسهيلات لا يمكن ان تتواجد بدون بناء مشاريع سكنية كبيرة تضمن توزيع المساكن الصحية المريحة للأسر الزواجية حديثة

التكوين كافة بغض النظر عن ظروفها ومعطياتها البيئية والاجتماعية والصحية .

مما ذكر أعلاه من معلومات نخلص الى القول بأن الصحة الانجابية تعتمد على الصحة والسلامة الجنسية من الامراض الجنسية المعروفة . لذا يؤكد البحث على ضرورة وقاية المرأة من الامراض الجنسية السائدة وبخاصة مرض الايدز لكي تتمكن بعد ذلك من انجاب الابناء الاصحاء الذين هم عماد مستقبل الامة ورفاهيتها وازدهارها.

المبحث الرابع : نشر الثقافة الصحية بن النساء وتعميق الوعي الصحي والطبي عندهن

الثقافة الصحية هي وسيلة من وسائل الوقاية ضد الامراض الانتقالية والمزمنة التي غالباً ما تتعرض لها المرأة مهما تكن فئتها العمرية (٢٨) . والثقافة الصحية بمفهومها العلمي الدقيق هي منظومة المعرفة الصحية التي يمكن ان يكتسبها الافراد عبر وسائل وطرق مختلفة ، وعند اكتسابها تكون لديهم ثروة من المعلومات الصحية العامة التي تمكنهم من فهم قواعد الصحة والمرض والتعامل معها وفقاً لهدف صحتهم وحيويتهم في المجتمع الذي يعيشون فيه ويتفاعلون معه (٢٩) . علماً بأن الثقافة الصحية تخدم الاهداف الصحية القريبة والبعيدة للرجال والنساء على حدٍ سواء .

ولما كانت المرأة بحكم سماتها البايولوجية ومحدودية قدرتها على مواجهة المرض عرضة لمختلف الاوبئة والامراض ، فان الثقافة الصحية تعد من الوسائل الوقائية المهمة التي يمكن ان تتسلح بها لدرء اخطار وتحديات الاوبئة والامراض عنها توخياً لصحتها وسلامتها الجسمية والعقلية التي تساعدها في أداء مهامها وتحمل مسؤولياتها الجسيمة في المجتمع ، إذ أنها تشغل دورين اجتماعيين متلازمين هما دور ربة البيت في الأسرة ودور الموظفة أو العاملة أو الخبيرة خارج البيت (٣٠) . واشغال مثل هذين الدورين لا يمكن ان يكون فاعلاً ودقيقاً دون تمتع المرأة بالصحة الجسمية والعقلية التي تساعدها على النهوض باعمالها ومسؤلياتها في التربية والتقويم والعمل وادارة شؤون المنزل وتنظيم الحياة الزوجية بما يضمن رفاهية الأسرة والمجتمع وتقدمهما في الميادين كافة .

والثقافة الصحية المطلوبة من المرأة اكتسابها ينبغي ان تمرر اليها وتستدخلها في ذاتيتها منذ بداية حياتها وليس في سن متأخرة من عمرها (٣١) . فالاسرة كاول جماعة اجتماعية تنتمي اليها البنت يجب ان تضطلع بمهمة تمرير الثقافة الصحية الى بناتها وابنائها عن طريق عملية التنشئة الاسرية والتربية الاجتماعية . بعد ذلك تتعهد المدرسة بغرس مبادىء الثقافة الصحية عند البنات عن طريق الدراسة والتدريب والمران . فضلاً

عن دور وسائل الاعلام الجماهيرية التي تتجسد في الفضائيات والتلفزيون والراديو والصحافة والمجلات والكتب في نشر الثقافة الصحية بين البنات والنساء . ناهيك عن الدور الفاعل الذي يمكن ان تقوم به المنظمات النسوية والمنظمات المهنية والجماهيرية والشعبية ومنظمات المجتمع المدني في نشر وبلورة المعارف الصحية الأساسية بين النساء لا سيما المعارف الصحية المتعلقة بالوقاية من الامراض الوبائية والانتقالية وطرق معالجتها والتصدي لها [٣٢] . ولا يمكن ان ننسى الدور الفاعل الذي يمكن ان تلعبه الاجهزة الصحية بأنواعها ومستوياتها المختلفة في تمرير الثقافة الصحية الى جموع النساء والتي تعمق عندهن الوعي الصحي والاجتماعي وتزيد من كمية معارفهن في امور الوقاية من الامراض ومعالجتها وكيفية التعامل والتعايش معها توخياً لهدف نشر الصحة والحيوية بين النساء والتصدي للمرض ومواجهته وحسره في مناطق ضيقة .

أما تفاصيل ومفردات الثقافة الصحية التي يمكن تزويد النساء بها عبر الوسائل والقنوات المحدودة أعلاه فهي ما يأتي :

١- معلومات تفصيلية عن طبيعة جسم الانسان من حيث مركباته واجهزته وخلاياه . فالتركيب العضوي لجسم الانسان يمكن تحليله الى الاجهزة والاعضاء العضوية كالجهاز العظمي والجهاز العضلي وجهاز الدوران والجهاز الهضمي والجهاز التنفسي والجهاز العصبي والحسي والجهاز الجنسي ... الخ. أما الاعضاء العضوية في الجسم فهي القلب والرئتين والمعدة والعين واللسان والاذن والكبد والكليتين والاطراف العليا والاطراف السفلى ... الخ . وان الاجهزة والاعضاء يمكن تحليلها الى الخلايا العضوية التي لكل منها واجباتها وحقوقها [٣٣] . فضلاً عن دراسة وظائف الاجهزة والاعضاء والتكامل العضوي بينها ، إذ ان كل جهاز أو عضو مكمل للجهاز أو العضو الآخر وان الجهاز أو العضو الواحد لا يمكن ان يعمل بعيداً عن الاجهزة والاعضاء الاخرى .

٢- الامراض التي يمكن ان تصيب الاجهزة والاعضاء العضوية في جسم الانسان من حيث انواعها وخطورتها وكيفية مواجهتها وتطويق مسبباتها . فالامراض قد تظهر نتيجة عوامل عضوية داخلية تتعلق بطبيعة ومركبات الجسم ووظائفه وقد تظهر نتيجة مؤثرات وقوى خارجية وعوامل بيئية لا علاقة لها بالتكوين العضوي او البايولوجي كالعوامل المناخية والاجتماعية والاقتصادية والنفسية والتربوية والايكولوجية أو البيئية [٣٤] .

٣- الاغذية وانواعها وتصنيفاتها وما هو مفيد منها للجسم وما هو مضر وكيفية تناولها وكميات استهلاكها مع تحديد اوقات تناول الوجبات . فضلاً عن طرق تحضير الاطعمة وحفظها وحمايتها من الفساد والتفسخ .

٤- طرق الوقاية من الامراض المزمنة كالضغط الدموي العالي والضغط الدموي الواطيء وامراض القلب والسكري والسرطان مع طرق الوقاية من الامراض الانتقالية كالملاريا والحصبة والتيفوئيد والتدرن الرئوي والانفلونزا وانفلونزا الطيور ... الخ . علماً بأن طرق الوقاية لبعض هذه الامراض قد تطرقنا اليها في المباحث السابقة .

٥- طرق العلاج لبعض الامراض المتوطنة والانتقالية والمزمنة كالتدرن الرئوي والانفلونزا والضغط الدموي العالي ... الخ . من الطرق العامة لمعالجة الانفلونزا والتي تشكل جزءاً من الثقافة الصحية للنساء وهي ما يأتي :

١. الراحة والنوم لمدة تتراوح ٣-٥ أيام .

٢. تناول السوائل والخضر والفواكه والابتعاد عن تناول الوجبات الثقيلة من الطعام .

٣. تناول الحبوب التي تخفف من وطأة المرض كالاسبرين والفلو آوت والبارستول والابتعاد عن اخذ البنسلين ومضادات الجراثيم الاخرى دون استشارة الطبيب .

٠٤ عند الاصابة بالانفلونزا ينصح المريض بعدم زيارة الاصدقاء والاقارب في بيوتهم خوفاً من انتقال فايروس المرض اليهم[٣٥].

٠٥ الابتعاد عن القيام بالاعمال والواجبات الثقيلة مع الابتعاد عن الانفعالات النفسية والتشنجات والنرفزة ٠٠٠ الخ .

أما الطرق العامة لمعالجة الضغط الدموي العالي التي تشكل جزءاً مهماً من الثقافة الصحية للنساء فهي ما يأتي :

١- الابتعاد عن القيام بالاعمال العضلية والفكرية المرهقة وتجنب الانفعالات والتشنجات والنرفزة التي عادة ما ترفع مستويات الضغط الدموي.

٢- الابتعاد عن تناول الاغذية الغنية بالدهون والاملاح والتوابل لانها هي السبب في تضييق الشرايين وبالتالي حدوث الضغط الدموي العالي. فضلاً عن كونها سبباً من أسباب ترسب مادة الكوسترول على جدران الاوردة والشرايين .

٣- ضرورة أخذ قسط كافٍ من الراحة والنوم مع تجنب السهر لساعات متأخرة من الليل[٣٦].

٤- كثرة استهلاك الالبان والفواكه والخضر لانها تسبب تدني معدلات الضغط الدموي العالي شريطة عدم اضافة الاملاح اليها .

٥- تجنب استهلاك اللحوم الحمراء وتعويضها باللحوم البيضاء كلحوم الدجاج والاسماك .

٦- تجنب التدخين والمشروبات الكحولية لانها تسبب ارتفاع الضغط الدموي .

٧- ممارسة التمارين الرياضية الخفيفة والمشي السريع لمسافات طويلة كل يوم .

٨- ضرورة تعاطي العقاقير الطبية كالحبوب المخففة لضغط الدموي العالي والمدررات الطاردة-للاملاح المتراكمة في الجسم .واخذ هذه العقاقير يكون بعد استشارة الطبيب المختص .

٩- الموازنة بين انشطة العمل والفراغ والترويح لان هـذا يقلـل مـن درجـة الاجهـاد التي يصاب بها الفرد (٣٧) .

١٠- ممارسة الانشطة الترويحية التي تخفف من وطأة وضغوط الحيـاة عـلى الفـرد كالانشطة الرياضية والفنية والثقافية والابداعية .

المبحث الخامس : رصد الاموال والطاقات البشرية التي تضمن صحة المرأة وفاعليتها في المجتمع

لا يمكن تأسيس وادارة الخدمات الصحية والاجتماعية والتربوية التي تحتاجها المرأة في الحفاظ على صحتها وحيويتها في المجتمع ، ولا يمكن تصميم البرامج الوقائية لحماية المرأة من الامراض الانتقالية والمزمنة ولا يمكن نشر الثقافة وتعميق الوعي الصحي عند المرأة دون رصد المبالغ المالية وتوظيف الكوادر والملاكات الطبية للدوائر والمؤسسات التي تعنى بالشؤون الصحية للمرأة [٣٨] والتي سبق وان اشرنا اليها في المباحث السابقة . ذلك ان مشاريع الخدمات الوقائية والعلاجية الخاصة بصحة المرأة تتطلب تكريس الاموال الطائلة والملاكات البشرية المؤهلة والمدربة لاداء المهمة المطلوبة.

أما المؤسسات والمراكز التي تضطلع بالحفاظ على صحة المرأة ووقايتها من الامراض الانتقالية والمزمنة وحماية حياتها الجنسية من الامراض والاخطار التي قد تلحق بها وتعدد كيانها وكيان أسرتها فهي ما يأتي :

١- مؤسسات دوائر وقاية المرأة من الامراض الانتقالية والمتوطنة والسارية كمؤسسات الوقاية من امراض ضعف المناعة المكتسب (امراض الايدز) والوقاية من امراض التدرن الرئوي والانفلونزا وانفلونزا الطيور والتيفوئيد والملاريا والحصبة والخناق والربو ... الخ [٣٩].

٢- مؤسسات ودوائر علاج الامراض المزمنة التي قد تصاب بها المرأة كمؤسسات امراض السرطان ، وامراض الضغط الدموي العالي وامراض السكري، وامراض المفاصل والفقرات والامراض البولية والتناسلية وامراض الجلد ... الخ .

٣- مؤسسات الثقافة الصحية التي تضطلع بمهمة نشر وبلورة الثقافة الصحية بين النساء على اختلاف اعمارهن ومستوياتهن الثقافية والعلمية وانحداراتهن الفئوية والطبقية والمهنية .

٤- مؤسسات الرعاية الاجتماعية التي تضطلع باسعاف المحتاجات مادياً والترفيه عنهن اقتصادياً واجتماعياً عن طريق عرض بعض الخدمات الاجتماعية لهن كالخدمات السكنية والطبية والتربوية والتعليمية والامنية ، فضلاً عن الخدمات الترويحية والابداعية (٤٠) .

٥- مؤسسات الصحة الجنسية والانجابية للنساء التي تسدي النساء نصائح تتعلق بالممارسات الجنسية الصحية والسليمة ونظافة الاعضاء التناسلية عند الجنسين وسلامتها من فيروسات الايدز . فضلاً عن اتباع الممارسات السليمة الخاصة بالحمل والانجاب وتربية الاطفال حديثي الولادة والفترة المثالية بين انجاب وانجاب آخر . واخيراً تأسيس دوائر اجتماعية صحية تتعلق باختيار الشريك وتنظيم العلاقات الجنسية بين الزوجين ومنع مثل هذه العلاقات في حالة اصابة أي طرف من اطراف الزواج بالامراض الجنسية والتناسلية وبخاصة مرض الايدز.

هذه هي أهم الدوائر الصحية التي تحتاجها المرأة لضمان صحتها الجسمية والانجابية والجنسية ، علماً بان كل مؤسسة صحية من المؤسسات المذكورة أعلاه تحتاج الى المستلزمات المادية والبشرية التي تؤمن فاعليتها واستمراريتها وتحقيق اهدافها القريبة والبعيدة . وهذه المستلزمات هي على النحو الآتي :

١- عدد من الاختصاصيين في ميادين الطب وطب المجتمع وطب الاسرة وعلم الاجتماع وعلم النفس وعلم الاجتماع الطبي وعلم النفس الطبي . وهؤلاء يوزعون حسب تخصصاتهم على الدوائر والمؤسسات الصحية التي تعنى بالشؤون الوقائية والعلاجية والجنسية والاجتماعية للمرأة (٤١) .

٢- ابنية خاصة بالمؤسسات الوقائية والعلاجية والصحية والجنسية للمرأة تتكون من عدد من الغرف والقاعات التي تستوعب الملاكات الطبية والادارية والتنسيقية لهذه الدوائر الصحية والاجتماعية .

٣- شعب متخصصة في الدراسات والبحوث التطبيقية التي تهتم بالصحة الجسمية والنفسية والاجتماعية والجنسية للمرأة .

٤- تخصيص وسائط نقل لكل مؤسسة أو منظمة صحية لنقل كوادرها وموظفيها من بيوتهم الى اماكن العمل والعكس بالعكس مع الذهاب الى مواطن المرض والاصابة بغية التعرف عليها أولاً ثم معالجتها ثانياً(٤٢).

٥- استحداث دائرة حسابات في كل مؤسسة من هذه المؤسسات تهتم بوظيفة الانفاق على تكاليف وصيغ العمل المتبعة في الدائرة أو المؤسسة ، شريطة ان تنفق الاموال على المشاريع التي تهتم بالجوانب الصحية والنفسية والاجتماعية والجنسية والانجابية للمرأة سواء كانت متزوجة أو غير متزوجة .

هذه هي أهم المستلزمات التي تحتاجها دوائر الرعاية الاجتماعية والصحية والنفسية والجنسية والانجابية للمرأة . اما الجهات المسؤولة عن تمويل هذه المؤسسات بالموارد المالية والبشرية فهي كما يأتي :

١- الدولة عن طريق وزارة المالية ووزارة الدولة لشؤون المرأة والجمعية الوطنية ومجلس رئاسة الوزراء التي يمكن ان تخصص الاموال الكافية للكوادر والملاكات البشرية التي تحتاجها هذه الدوائر والمؤسسات .

٢- الجمعيات النسوية والمنظمات غير الحكومية (منظمات المجتمع المدني) التي تعنى برعاية شؤون المرأة الصحية والاجتماعية والنفسية والجنسية والانجابية(٤٣).

٣- القطاع الخاص والمختلط وما يمكن ان يتبرع به من امـوال تساعد عـلى تطويـر صيغ العمل التي تقوم بها الدوائر والمؤسسات التي تضطلع بتنمية شؤون المرأة الصحية والاجتماعية والجنسية والانجابية.

٤- المنظمات الدولية لاسيما اليونسكو واليونسيف والاكـوا التابعـة للامـم المتحـدة وما يمكن ان تجود به من امـوال وتبرعات وخبرات من شأنها ان تضاعف كفاءة المؤسسات التي تعنى بشؤون المرأة الصحية والاجتماعية والجنسية والانجابية .

٥- المصارف والمؤسسات المالية الوطنية والعربية والدولية التي قد تتبرع بالامـوال التي تسهل وتطور اعمال الدوائر والمؤسسات التي تهتم بشؤون المرأة الصحية والاجتماعية والنفسية والجنسية والانجابية.

٦- الجوامع والكنائس المحلية والوطنية والعربية والدولية وما يمكن ان تقدمه من مسـاعدات وتبرعـات تـدعم قضيـة المـرأة وازالـة المشـكلات التـي تتعـرض لهـا وتحسين ظروفها الاجتماعية والصحية والانجابية لتكون بمنأى عـن الاخطار والتحديات التي تهدد كيانها ومركزها في الدولة والأسرة والمجتمع .

المبحث السادس: التوصيات والمعالجات لدعم وتعزيز الاوضاع الصحية والاجتماعية والانجابية للمرأة في المجتمع العراقي

١- لكي تتمتع المرأة بالحيوية والنشاط والصحة والفاعلية على الدولة والمسؤولين ومنظمات المجتمع المدني تقديم الخدمات الصحية والاجتماعية والتربوية التي تحتاجها المرأة لكي تتمكن من بناء شخصيتها وتفجير طاقاتها المبدعة والخلاقة . فالمرأة تحتاج الى الخدمات الصحية والاجتماعية والتربوية والترويحية . فمن الخدمات التي تحتاجها المرأة الخدمات الطبية وخدمات الطب النفسي والطب الاجتماعي والخدمات الصيدلانية والدوائية .

٢- على القادة والمسؤولين الصحيين والمربين ورجال الاجتماع وضع برامج وقائية تحمي المرأة وتحصنها من الامراض السارية التي قد تتعرض اليها مع وضع برامج علاجية تمكن المرأة من معالجة امراضها المزمنة والتعايش معها .

٣- ضرورة العمل من أجل الصحة الجنسية والانجابية للمرأة والتصدي للامراض التي قد تصيبها عن طريق الاتصال الجنسي . وهذه التوصية يمكن تنفيذها من قبل المرأة نفسها وشريكها والمؤسسة الصحية التي تعنى بالصحة الجنسية والانجابية للمرأة .

٤- ضرورة نشر الثقافة الصحية وبلورتها عند النساء مع تعميق الوعي الصحي والطبي عندهن . والتوصية هذه تتحملها عدة مؤسسات منها الأسرة والمدرسة والمنظمات النسوية ومنظمات المجتمع المدني واجهزة الدولة وبخاصة وزارة الدولة لشؤون المرأة .

٥- رصد الاموال والطاقات البشرية التي تضمن صحة المرأة وفاعليتها في المجتمع . علماً بان الجهات المسؤولة عن هذه التوصية هي الدولة عن طريق وزارة المالية ووزارة الدولة لشؤون المرأة والجمعية الوطنية ومجلس رئاسة الوزراء والجمعيات النسوية والمنظمات غير الحكومية وبخاصة منظمات المجتمع المدني التي تعنى

برعاية شؤون المرأة الصحية والاجتماعية والنفسية والجنسية والانجابية والقطاع الخاص والمختلط ، والمنظمات الدولية ، والمصارف والمؤسسات المالية الوطنية والعربية والدولية ، وأخيراً الجوامع والمساجد المحلية والوطنية والعربية والدولية .

٦- ضرورة احترام المرأة وتقديرها ووضعها في المكان الصحيح الذي تستحقه مع مساواتها بالرجل في الحقوق والواجبات . وحالة كهذه انما تدعم مكانة المرأة في المجتمع وتعززها ، وهذا الدعم لا بد وان يؤثر بصورة ايجابية على صحة المرأة وهويتها ونشاطها بحيث تكون الوسيلة الفاعلة في بناء واعادة بناء المجتمع على قواعد سليمة من شأنها ان تضمن تقدمه وتطوره ونموه المتصاعد نحو المستويات التي يصبو اليها . وهذه التوصية يمكن ان ينفذها الرجال والقادة والمسؤولون السياسيون والمربون والمصلحون الاجتماعيون .

خلاصة البحث

لكي تتمتع المرأة بالصحة والحيوية والنشاط ينبغي توفير الخدمات الاجتماعية والصحية والتربوية والترويحية لها طيلة فصول وأشهر السنة ، مع وضع البرامج الوقائية والعلاجية التي تساعدها على تجنب الامراض والتمتع بالصحة الدائمة . فالبرامج الوقائية هذه تؤدي دورها الفاعل في تفادي الامراض النفسية والعقلية والجنسية التي قد تتعرض لها المرأة نتيجة تفاعلها مع الآخرين واتصالاتها الجنسية مع الذكور . ذلك ان البرامج الوقائية هذه تؤمن الصحة الجنسية والانجابية للمرأة وتقلل اخطار الاصابات بالامراض الانتقالية والمزمنة وتمكن المرأة من أداء دورها التربوي والاجتماعي والتنشيئي في المجتمع . ناهيك عن دور البحوث والدراسات والنشريات في تعميق الثقافة الصحية بين النساء ودرء اخطار الاصابة بالامراض عن طريق الاساليب الوقائية والعلاجية التي يمكن ان تنتشر بين النساء عبر وسائل الاعلام الجماهيرية .

بيد ان هذه الخدمات التي يمكن تقديمها للنساء المتزوجات وغير المتزوجات لا يمكن القيام بها دون تخصيص الاموال وتوظيف الطاقات البشرية من قبل اجهزة الدولة والمجتمع المدني لان شحة الاموال والتخصيصات المالية وندرة الموارد البشرية العاملة في مشاريع تنمية المرأة لا بد ان تعرقل الجهد المبذول صوب صحة المرأة وسلامتها من الامراض الجسمية والنفسية والاجتماعية .

يهدف البحث الى تحقيق أربعة اغراض رئيسية هي ما يأتي :

١- توضيح ماهية المستلزمات والخدمات التي تحتاجها المرأة لضمان تحسين احوالها الصحية لكي تكون قادرة على المشاركة في عملية بناء واعادة بناء المجتمع .

٢- تحديد ماهية البرامج الوقائية والعلاجية التي تتطلبها المرأة لكي تتمتع بالصحة التي تمكنها من أداء ادوارها الأسرية والانتاجية والخدمية والمجتمعية.

٣- توفير الصحة الجنسية والانجابية للمرأة والتصدي للامراض التي قد تصيبها عـن طريق الاتصال الجنسي .

٤- توفير الاموال والطاقـات البشريـة التـي تعـين المسؤولين عـلى مـا تحتاجـه مـن خدمات وحماية ضد الامراض الجنسية التي قد تصيبها لاسيما وانها العنصرـ الحيوي في عملية الانجاب والتكاثر السكاني .

يتكون البحث من ستة محاور رئيسية هي :

المبحث الاول: الخدمات الصحية والاجتماعية والتربوية التي تحتاجها المرأة لتتمكن مـن بناء شخصيتها وتفجير طاقاتها المبدعة والخلاقة .

المبحث الثاني: ضرورة رسم البرامج الوقائية التي تحتاجها المرأة .

المبحث الثالث : ضرورة العمل من اجل الصحة الجنسية والانجابيـة للمرأة والتصدي للامراض التي قد تصيبها عن طريق الاتصال الجنسي .

المبحـث الرابـع : نشرـ الثقافـة الصـحية بـين النسـاء وتعميـق الـوعي الصـحي والطبـي عندهن.

المبحث الخامس : رصد الاموال والطاقات البشرية التي تضمن صحة المرأة وفاعليتها في المجتمع .

المبحث السادس: التوصيات والمعالجات لتعزيز الاوضاع الصـحية والانجابيـة للمرأة في المجتمع .

مصادر الفصل الخامس عشر

(١)   علي، صباح الدين، الخدمة الاجتماعية ، القاهرة ، مؤسسة المطبوعات الحديثة ، ١٩٨١، ص
       ٣٣١.

(2)   Jones , K. A. Medicine , Woman and Society, London, The Western Press,
       1992, P. 14.

(3)   Cedrics, F. W. Influence of Health Education on The Activities of Woman
       in Modern Society, London, The view Press, 2002 , P. 39.

(4)   Riddle F. M, Investment of Finance in Social Development Schemes.
       Glasgow . The Old Press, 2000, P. 21.

(5)   Kegan, F. Woman and Modern Social Services, London, Macdonald Pree,
       1964, P. 291.

(٦)   الحسن، إحسان محمد (الدكتور). مهام العيادة الاجتماعية ، مجلة الصيدلي ، العدد العاشر ،
       السنة الثالثة ، حزيران ٢٠٠١، ص ٥٦.

(٧)   الحسن، إحسان محمد(الدكتور). تنظيم المجتمع ، دار الحكمة للطباعة والنشر ، بغداد،
       ١٩٩٢، ص ١٨٨.

(8)   Marshall ,T. H. Social Policy, Hutchinson University Library, London, 1985,
       P. 7.

(9)   Ibid., P. 9.

(10)   Joseph, A. W. Woman and Sustained Development , London, the Modern
       Press, 1996, PP. 38039.

(11)   Allywan, M. Female Diseases and Woman's Activities, Budapest, Allami
       Press, 2000, P. 24.

(12)   Sultan, Vas Peter. Preventive Medicine Concerning Female Population in
       Hungary. Budapest, Academy Press, P. 292.

(13)   Ibid., P. 294.

(14)   Ibid., P. 301.

(15)   Marshall , T. H. Social Policy ,P.11.

(١٦)   علي ، صباح الدين، الخدمة الاجتماعية ، ص ٨٣.

(17)   Walter, J. How to Combat Caner, London, The University Press, 1999, P. 23.

(18)   Ibid., P. 25.

(١٩)   كوبلاند، اف، الف باء المرض والشفاء ، تعريب منير البعلبكي ، دار العلم للملايين ، بيروت، ١٩٨٩، ص ١٠٩.

(٢٠)   المصدر السابق، ص ١٠٣.

(21)   Potter, W. M. Woman Sexual and Maternal Diseases , London, The Sunny Press, 1993, P. 88.

(22)   Ibid., P. 90.

(23)   Ibid., P. 92.

(24)   Ibid., P. 95.

(25)   Court, F. M. Maternal Health, Principles and perspectives, Edinburgh, The River Press, 2001, P.44.

(26)   Ibid., P. 45.

(27)   Ibid., P. 51.

(28)   Chadwick, E. Health and Public Education, London, the City Press, Eighth Edition , 1972, P. 105.

(29)   Ibid., P. 110.

(30)   AL-Hassan, Ihsan M. The Impact of Industrializaton on Woman's Status. Baghdad .Iraqi Woman's Federation, 1991, P. 13-14.

(31)   Ibid., P. 18.

(32)   AL-Hassan, Ihsan M. The Impact of Industrializaton on Woman's Status,P. 16.

(33)   Andry ,R. G. The concise of Medical Guide. New York, Modern Promotions, 1988, P. 100.

(34)   Ibid., P. 106.

(35)   Hill, F.W. How to Combat Cold and Influenza, London, Shudders Press, 1999, P. 54.

(36)   Ibid., P. 57.

(37)   Ibid., P. 61.

(38)   Healey, M. N. Economic Costs of Health and Medication, Glasgow, the Clyde Pree, 1988, P.23.

(39)   Ibid., P. 27.

(٤٠)   الحسن ، إحسان محمد (الدكتور) .تنظيم المجتمع، ص ٢٧٧،٢٧٨.

(٤١)   المصدر السابق، ص ٢١٨.

(٤٢)   المصدر السابق، ص ٢٨٢.

(٤٣)   حنا، أحلام عزيز ، دور منظمات المجتمع المدني في الحفاظ على صحة المرأة في مصر، القاهرة، المطبعة الحديثة ، ٢٠٠١، ص٣٢_٣٣.

الفصل السادس عشر

الخدمات الاجتماعية الطبية ودور الاختصاصي الاجتماعي فيها

Medical Social Services and the Role of Social Worker in them

مقدمة تمهيدية :

لا يستطيع الاطباء والممرضات وبقية أفراد الفريق الصحي أنقاذ المرضى من الامراض والازمات الصحية التي يعانون منها دون وجود الاختصاصيين الاجتماعيين معهم . ذلك أن المرضى لا يحتاجون الى الرعاية الطبية التي تعالج امراضهم البدنية والفيزيولوجية فحسب ، بل يحتاجون الى الرعاية الاجتماعية والنفسية أيضاً [١] . من هنا يمكن القول بأن المؤسسات الصحية لا يمكن أن تؤدي واجباتها الوقائية والعلاجية أزاء الافراد والجماعات في المجتمع دون اعتمادها على كلا النوعين من الرعاية ، الرعاية الطبية والرعاية الاجتماعية [٢] . فالرعاية الطبية وحدها لا يمكن أن تحقق الشفاء الكامل للمريض مهما يكن مرضه حيث أن المريض بجانب الرعاية الطبية والتمريضية التي تقدم له أثناء مرضه يحتاج الى الرعاية الاجتماعية ، هذه الرعاية التي لا يمكن أن يقدمها الاطباء والممرضون والصيادلة وبقية أفراد الفريق الطبي الى المرضى المراجعين أو الراقدين في المستشفيات والمصحات ، بل يقدمها الاختصاصيون الاجتماعيون الطبيون الذين ينبغي استخدامهم في المؤسسات الصحية لكي يتعاونوا مع أفراد الفريق الصحي في أنقاذ المرضى من الامراض والعاهات الجسمية والعقلية والنفسية التي يعانون منها [٣] .

لقد كان الاطباء والممرضات قديماً مسؤولين عن الرعاية الطبية والتمريضية والاجتماعية التي يحتاجها المرضى .فلم يكن في ذلك الوقت اختصاصيون أجتماعيون مؤهلون ، لهذا أنفرد الاطباء والممرضات في تقديم الرعاية الطبيبة والاجتماعية . ولكن ضيق وقت الاطباء والممرضات وعدم تدريبهم على الرعاية الاجتماعية واهتمامهم المتزايد في تشخيص الامراض ومعالجتها جعلهم يهتمون فقط في الرعاية الطبية ولا

يكترثون بالرعاية الاجتماعية مما عرّض المرضى الى الكثير من المشكلات والمعاناة والمضايقات التي أثرت تأثيراً سلبياً في شفائهم وتحررهم من الامراض والازمات الجسمية التي كانوا يعانون منها (٤).

من هنا ظهرت الحاجة الى الرعاية الاجتماعية في المؤسسات الطبية التي يمكن أن تعمل جنباً الى جنب مع الرعاية الطبية والنفسية . علماً بأن المسؤول عن الرعاية الاجتماعية في المؤسسات الصحية كالمستشفيات انما هو الاختصاصي الاجتماعي الطبي الذي يضطلع بالعديد من المهام والمسؤوليات التي يحتاجها المرضى الراقدون في المستشفيات حاجة ماسة . أن الرعاية الاجتماعية الطبية هي التي تكيف المريض الى دوره الجديد وهي التي تقنعه بالتخلي عن بعض الادوار القديمة التي كان يؤديها المريض قبل المرض (٥)، وهي التي تزيل المخاوف عن المريض وتطرد عنه حالات التوتر والقلق وعدم الاستقرار الناجمة عن الأزمة الصحية التي يواجهها (٦)، وهي التي تؤمن الاتصال والعلاقة الانسانية بين المريض واسرته من جهة وبين المريض وأعضاء الفريق الصحي من جهة أخرى ، هذه العلاقة التي تمنح المريض قسطاً من الاطمئنان على عائلته وتمنح العائلة الرضا والقناعة الذاتية بجدوى الرعاية الطبية والانسانية التي يحصل عليها المريض في المؤسسة الصحية (٧) . كما أنها تعمق أواصر العلاقة الانسانية بين المريض وبقية أفراد الفريق الصحي وأخيراً تهتم الرعاية الاجتماعية بتكييف المريض الى المجتمع بعد شفائه وتأهيله وتشغيله لكي يلعب دوره في المجتمع (٨).

يهتم هذا الفصل بدراسة ستة محاور رئيسية هي :

أ- الخدمة الاجتماعية الطبية .

ب- المشكلات الاجتماعية والنفسية للمريض .

جـ - العلاج الاجتماعي للحالات المرضية .

د- دور الاختصاصي الاجتماعي في المستشفى (خدمة الفرد) .

هـ - دور الاختصاصي الاجتماعي في المستشفى (خدمة الجماعة).

و- مكتب الخدمة الاجتماعية الطبية .

والآن نود دراسة هذه المحاور أو المباحث مفصلاً .

أ- **الخدمة الاجتماعية الطبية (Medical Social Service) :**

يعد فن الخدمة الاجتماعية الطبية من الفنون الحديثة في الخدمة الاجتماعية ، فهو يتضمن تدريب الاختصاصي الاجتماعي المتخصص في فن خدمة الفرد أو المتخصص في خدمة الجماعة على كيفية تحفيز المرضى في المستشفيات والعيادات والمنشآت الصحية على الاستفادة من الخدمات الطبية المتوفرة واستثمارها الى ابعد الحدود كيما يتمكن هؤلاء من الشفاء والتحرر من المرض وقيوده وآلامه [٩] . كذلك تتوخى الخدمة الاجتماعية الطبية تقوية معنوية المرضى وتعزيز حالتهم النفسية لكي يتمكنوا من مواجهة المرض وتذليل صعوباته وقهر تحدياته الجسمية والعقلية والاجتماعية . كما تساعد الخدمة الاجتماعية الطبية المرضى على اشغال أدوارهم الجديدة كمرضى والتخلي عن الأدوار السابقة التي كانوا يلعبونها قبل المرض ، إضافة الى أهمية هذه الخدمة في حل المشكلات الاجتماعية للمرضى وحل مشكلات أسرهم من خلال جلب الطمأنينة لهم وسد حاجاتهم مع تهدئة المريض وتوفير الاخبار المسرة له عن أسرته لكي يطمئن حولها ومن ثم يتفرغ لمجابهة المرض وقهر صعوباته الجسمية والنفسية . ناهيك عن دور الخدمة الاجتماعية الطبية في اعادة التأهيل والتشغيل وتكييف المريض للوسط الاجتماعي الذي يعيش فيه ويتفاعل معه .

أن العقل والجسم عبارة عن وحدة متكاملة لا يمكن عزل عناصرها الواحد عن الآخر . واستناداً الى هذه الحقيقة يحتاج المريض الى رعاية طبية تكفل معالجة المرض وتحرير الجسم من الآلام وايقاف حالة التدهور الفيزيولوجي التي يتعرض لها المريض . ويحتاج المريض كذلك الى رعاية نفسية تطرد عنه المخاوف وحالات القلق والتوتر وعدم الاستقرار التي تعرض اليها نتيجة مرضه وتدهور حالته الصحية . وأخيراً يحتاج المريض الى الرعاية الاجتماعية التي تمكنه من أشغال دوره الجديد كمريض في المجتمع وتقوي علاقاته بأسرته وقت مرضه وبأعضاء الفريق الصحي في المستشفى وتحل

مشكلاته الاجتماعية وتعيد تأهيله واستقراره في المجتمع . إذن الخدمة الاجتماعية الطبية أنما تتضمن الرعاية الطبية(Medical Care)، والرعاية النفسية (Psychological Care) ، والرعاية الاجتماعية (Social Care) [١٠] . ومن الجدير بالذكر ان الطبيب هو الذي يتولى الرعاية الطبية في المستشفى أو العيادة ، بينما الاختصاصي الاجتماعي الطبي هو الذي يتولى الرعاية النفسية والاجتماعية في مكتب الخدمة الاجتماعية الطبية الكائن في المستشفى او العيادة الطبية .

لقد بدأت الخدمة الاجتماعية الطبية في انكلترا عام ١٨٨٠ ،وقد أعتمدت على الجهود الفردية التي قدمتها بعض النسوة اللواتي كان يغلب عليهن الشعور الانساني تجاه المرضى وتجاه الافراد الذين كانوا يعانون من أزمات الحياة وتقلبات الدهر [١١] . لقد قامت هؤلاء النسوة بأجراء الزيارات المتتابعة الى بيوت المرضى بصفة زائرات اجتماعيات وصحيات . أن الغرض من هذه الزيارات هو تقديم النصائح والارشادات الى هؤلاء المرضى، هذه النصائح والارشادات التي تهدف الى وقاية المرضى من المرض وحثهم على التمسك بالعلاج الذي يصفه الاطباء لهم وتزويدهم بالثقافة الصحية التي تجنبهم الامراض وشرورها . وفي عام ١٨٩٠ تشكلت لجنة في انكلترا تتكون من عدد من السيدات غرضها العناية بالمرضى أجتماعياً ونفسياً داخل المستشفيات . علماً بان عمل اللجنة كان طوعياً وخيرياً وانسانياً . وفي مطلع القرن العشرين تشكلت العديد من اللجان في دول أوربا الغربية والولايات المتحدة الامريكية التي كانت تهدف الى تقديم الرعاية الاجتماعية للمرضى في المؤسسات الصحية . وكان تشكيل هذه اللجان يعتمد على الجهود الشخصية التي قام بها بعض المصلحين والانسانيين في هذه الدول ، وقد ألقت هذه اللجان الدعم والتأييد من الكنائس ورجال الدين .

غير ان الحكومات الاوربية والامريكية لم تتدخل في تنظيم برامج الخدمة الاجتماعية الطبية الا بعد الحرب العالمية الثانية حيث دأبت العديد من الحكومات بتأسيس وحدات الخدمة الاجتماعية الطبية في المستشفيات العامة والخاصة لاسيما في المدن الكبيرة [١٢] . وقد تأسست وحدات الخدمة الاجتماعية الطبية كجزء من

اهتمامات الدول بموضوع السياسة الاجتماعية والرعاية الاجتماعية الذي كان يهدف الى مساعدة الافراد وعوائلهم في تجاوز الكثير من المشكلات والتهديدات التي كانت تواجههم أثناء فترة الحرب العالمية الثانية وبعدها . وقد زودت وحدات الخدمة الاجتماعية الطبية بكوادر علمية متخصصة ومدربة في حقول علم الاجتماع وعلم النفس وخدمة الفرد وخدمة الجماعة والبحث الاجتماعي . أما الواجبات التي أنيطت بوحدات الخدمة الاجتماعية الطبية في المستشفيات فهي على النحو الآتي :

١- حل المشكلات النفسية والاجتماعية والاقتصادية التي يجابهها المرضى.

٢- توطيد العلاقة الانسانية بين المرضى واعضاء الفريق الصحي في المستشفى [١٣].

٣- مد الجسور بين الاختصاصي الاجتماعي الطبي والمريض وبين الاختصاصي الاجتماعي الطبي واسرة المريض .

٤- حل المشكلات النفسية والاجتماعية التي تجابه أسرة المريض لاسيما بعد تعرض معيلها أو ربها الى المرض .

٥- تكييف المريض الى دوره الاجتماعي الجديد (دور المريض) مع نصحه وتوجيهه على التخلي عن أدواره الوظيفية القديمة لاسيما بعد اصابته بالمرض وتعرضه الى نقص الكفاءة ومحدودية الاداء .

٦- اعادة التأهيل والتشغيل مع العمل على تكييف المريض الذي حصل على الشفاء لمجتمعه وعمله الجديد .

أما الخدمة الاجتماعية الطبية في مصر- فقد بدأت في نهاية الاربعينات من القرن الماضي عندما أفتتحت مكاتب الخدمة الاجتماعية الطبية في مستشفى القصر- العيني ، ثم انتشرت في المستشفيات الاخرى لاسيما بعد اعتراف وزارة الصحة بالخدمات الاجتماعية الطبية عام ١٩٤٨ ، إذ أخذت الوزارة تعين الاختصاصيين الاجتماعيين في المستشفيات . كما أسست الوزارة مصلحة خاصة للصحة الاجتماعية التي تعهدت بنشر- فن الخدمة الاجتماعية الطبية وفي جميع مستشفيات الجمهورية [١٤].

أما في العراق فقد أدخلت الخدمة الاجتماعية الطبية في مستشفيات الامراض العقلية حيث عينت الحكومة عدداً من الباحثات الاجتماعيات الطبيات في مستشفى الامراض العقلية عام ١٩٦٥ ، وفي عام ١٩٧٧ عينت وزارة الصحة عدداً من الباحثات الاجتماعيات في قسم الامراض النفسية الكائن في مدينة الطب . وقد أوصى قانون الرعاية الاجتماعية رقم ١٢٦ لسنة ١٩٨٠ بضرورة الاستفادة من الباحثات الاجتماعيات الطبيات في مجال رعاية المعوقين ، وأكد على ضرورة استخدامهن في مراكز العوق البدني والعقلي [١٥] .

ب- المشكلات الاجتماعية والنفسية للمرضى :

(Social –Psychological Ptoblems of Patients)

لا يعاني المريض من الآلام والصعاب الجسمية والفيزيولوجية نتيجة المرض الذي ألم به ، بل يعاني أيضاً من المشكلات والتحديات الاجتماعية والنفسية التي راح يتعرض لها بعد مرضه الذي سبب قصور قابلياته ومحدودية قدراته في مواجهة المهام والمسؤوليات المطلوبة منه بحكم مركزه الاجتماعي وادواره الاجتماعية التي أعتاد على القيام بها والايفاء بالتزاماتها . أن المريض يعاني من أربع مشكلات اجتماعية ونفسية ناجمة عن وقوعه في المرض وتعرضه لاخطاره وتهديداته التي لا يمكن التكهن بنتائجها مسبقاً . والمشكلات الاجتماعية والنفسية التي يعاني منها المريض هي على النحو الآتي :

١- عدم قدرة المريض على اشغال الادوار الاجتماعية الوظيفية التي تعود على القيام بها والايفاء بالتزاماتها طيلة فترة حياته . لو فرضنا بأن المريض قبل وقوعه في المرض كان يشغل عدداً من الأدوار الوظيفية ككونه اباً لأسرة معينة وموظفاً في دائرة حكومية وعضواً في نادي رياضي وطالباً في كلية مسائية وعضواً في حزب سياسي ... الخ . غير ان مرضه لا يساعده على القيام بمثل هذه الادوار ، الامر الذي يجعله غير قادر على القيام بمهامه الأسرية كأب ، وغير قادر على الدوام في وظيفته كموظف ، وغير قادر على الذهاب الى الكلية المسائية للدراسة وتلقي المعلومات ،وغير قادر على القيام بمهامه الحزبية والسياسية . علماً بأن عدم قدرة المريض على

القيام بمهامه الوظيفية والاجتماعية تجعله يشعر باليأس والقنوط والهبوط النفسي-والمعنوي. ومثل هذه الحالة النفسية والمزاجية العصبية التي أصبحت تسيطر على كيانه واحاسيسه لا تمكنه من مقاومة المرض الذي تعرض له ، بل أن المرض سيترك مضاعفات عنده ويشل قدراته وقابلياته الى ما لا نهاية . لذا تكون الحاجة ماسة الى اقناع المريض بالتخلي مؤقتاً عن أدواره الاجتماعية الوظيفية لغاية شفائه من المرض . إضافة الى تقوية معنوياته وتحسين حالته النفسية ليكون قادراً على مواجهة المرض والتحرر من سلبياته وضغوطه ومعوقاته .

٢- **المستقبل المجهول للمريض :**

نتيجة للمرض الذي يعاني منه المريض يشعر الأخير بأن مستقبله ومستقبل اسرته مجهول ، فهو لا يعرف متى يشفى من المرض وهل ان المرض سيترك مضاعفات عنده قد تقعده عن العمل طيلة فترة حياته ، وهل ان الآم المرض الذي يعاني منه سوف تزداد وتتفاقم ، وهل ان المرض سيتطور عنده بحيث يقضي على حياته . وفي حالة وفاته من هو الذي يتحمل مسؤوليات زوجته واطفاله واقاربه . أن مثل هذه التساؤلات التي تجول في فكر المريض انما تجعله يشعر بأن مستقبله مجهول، وان مجهولية مستقبله مع تفاقم حالته المرضية وتردي أحواله النفسية انما تعرضه الى الحيرة والقلق وعدم الاطمئنان للمستقبل ، الامر الذي قد يعقد المرض عنده بحيث لا يستطيع الافلات من قبضته . من هنا تظهر أهمية الخدمة الاجتماعية الطبية التي توجه النصائح والارشادات للمريض والتي تجعله مطمئناً للمستقبل وواثقاً منه، الامر الذي يمكنه من مواجهة المرض وتذليل أخطاره ومعوقاته [١٦] .

٣- **ضعف الثقة بالنفس وعدم القدرة على اتخاذ القرار** : يكون المريض عادة ضعيف الثقة بنفسه وامكاناته وقدراته الجسمية والنفسية لانه يحس بالوهن والعجز الجسمي والهبوط النفسي وعدم القدرة على العمل والانتاج والتخطيط للمستقبل . وكل هذه الامور تجعله غير قادر على اتخاذ أي قرار يتعلق بمستقبله ومستقبل أسرته واطفاله . وشعور المريض بالتعب والاعياء البدني والنفسي والعقلي وعدم قدرته على اتخاذ القرار

مع احساسه بالضعف والعجز والقصور انما يؤدي الى اضطراب حالته النفسية وتدهور معنوياته ووقوعه فريسة للمرض وتحدياته التي لا يمكن التكهن بأخطارها على صحة المريض . من هنا تظهر أهمية الخدمة الاجتماعية الطبية في زرع الثقة بالنفس عند المريض . هذه الثقة التي تمكنه من اتخاذ القرار المستقل الذي يحدد مستقبله ومستقبل أسرته واطفاله . ذلك ان الخدمة الاجتماعية الطبية من خلال جهود الاختصاصي الاجتماعي تستطيع توجيه المريض الى حقيقة كون مرضه حالة مؤقتة يمكن ان تزول بعد فترة من الزمن ، وان زوالها لا بد أن يمكن المريض من استرجاع قدراته وقابليته السابقة وبالتالي اشغال ادواره الوظيفية المعتادة وتحمل المسؤوليات المناطة به .

٤- المشكلات المادية والأسرية :

من أهم المشكلات التي يواجهها المرضى المشكلات المادية والأسرية. فقد يتعرض الكثير من المرضى الى الانقطاع عن العمل وبالتالي انقطاع مصادر الرزق عنهم وعن أسرهم معاً مما يعرض أسرة المريض والمريض نفسه الى الفقر والحاجة المادية . علماً بأن انقطاع مصادر الرزق عن المريض وأسرته يقلق المريض ويسبب له الازمات النفسية والمعنوية التي تقود الى عدم استقراره وسوء تكيفه لدوره الجديد (المريض) ، الامر الذي لا يمكن المريض من مجابهة مرضه وتخطي أزمته الجسمية والنفسية .

زد على ذلك ان المرض يدفع برب الاسرة الى الغياب عن الأسرة لفترة طويلة، وغيابه عن الأسرة لا يمكنه من الاشراف على أسرته ورعايتها ومقابلة حاجاتها المادية والاجتماعية والعاطفية والروحية . كما ان غيابه عن الأسرة لا يتيح المجال له بالمساهمة في تربية اطفاله وحماية زوجته والاهتمام باقاربه . وامور كهذه تقلقه وتحير ألبابه وتجلب له التوترات النفسية والكآبة والقلق وتصدع الشخصية مما يجعله في وضع نفسي عصيب لا يستطيع من خلاله مقاومة المرض والتصدي لمضاعفاته وانعكاساته الهدامة .

أن الخدمة الاجتماعية الطبية تهدف الى حل مشكلات الأسرة لاسيما المشكلات المادية ومشكلات التنشئة الأسرية [١٧] . ذلك ان الاختصاصي الاجتماعي

يستطيع ان يحصل على المعونة الاقتصادية للأسرة التي انقطعت عنها مصادر الرزق بسبب مرض معيلها ، ويستطيع في الوقت نفسه المشاركة في عملية التنشئة الأسرية ورعاية الاطفال والاهتمام بهم وازالة الخوف والقلق والاضطراب عنهم . وإذا ما أدت الخدمة الاجتماعية الطبية واجباتها هذه فأن المريض يمكن ان يتفرغ لمرضه ويقاوم تحدياته ويصمد بوجه الأزمة المرضية التي ألمت به . وهنا يمكن ان يحصل المريض على الشفاء العاجل ويسترد قابلياته وطاقاته التي تضمن أداءه لادواره الوظيفية المعتادة .

جـ - العلاج الاجتماعي للحالات المرضية :

(Social Cure For Illnesses)

بعد تشخيص المرض الاجتماعي أو المشكلة الاجتماعية التي يعاني منها المريض يحول او يحال الأخير الى الاختصاصي الاجتماعي من قبل الطبيب أو من قبل الفريق الصحي ، وفي بعض الحالات يذهب المريض الى الاختصاصي الاجتماعي دون أحالته اليه من قبل أية جهة لاسيما وانه يشعر بحاجة الى العلاج الاجتماعي أو المساعدة الاجتماعية . ان هناك أكثر من طريقة لوصول الحالات المرضية الى الاختصاصي الاجتماعي ، ومن هذه الطرق ما يأتي :

١- أن يقوم الاختصاصي الاجتماعي الطبي بأختيار الحالات التي تستدعي العلاج الاجتماعي .

٢- أن يذهب المريض بنفسه الى الاختصاصي الاجتماعي الطبي عند شعوره بالحاجة الى المعونة او المساعدة الاجتماعية .

٣- أن يحيل الطبيب المعالج الحالة الى الاختصاصي الاجتماعي [١٨] .

٤- أن تحال الحالة الى الاختصاصي الاجتماعي الطبي بواسطة أحد أعضاء الفريق المعالج كالممرضة أو مساعد الطبيب او مساعد المختبر او الجراح ... الخ .

ويمكن تحويل المريض الى قسم أو وحدة الخدمة الاجتماعية الطبية بالمستشفى بموجب بطاقة خاصة يملؤها الطبيب أو الممرضة عند اللزوم وتشمل على

البيانات الأساسية وفي مقدمتها نوع المرض وسبب التحويل وطبيعة المساعدة الاجتماعية التي يحتاجها المريض ... الخ .وبعد دراسة الحالة من قبل الاختصاصي الاجتماعي توضع خطة العلاج وتوضح الاجراءات التي سوف يتخذها الاختصاصي الاجتماعي ويعلم الطبيب أو الممرضة بذلك . والعلاج الاجتماعي الذي يعتمده الاختصاصي الاجتماعي أزاء المريض يقسم الى قسمين أساسيين هما العلاج المباشر والعلاج غير المباشر .

أولاً: العلاج المباشر

ينطوي هذا العلاج على المحاولات التي يبذلها الاختصاصي الاجتماعي في تغيير سلوك المريض وتعديله بحيث يتكيف المريض الى دوره الاجتماعي الجديد وهو دور المريض . وفي الوقت نفسه يتخلى مؤقتاً أو دائمياً عن الادوار الاجتماعية الوظيفية التي كان يشغلها سابقاً قبل مرضه والتي لم يعد المريض قادراً على اشغالها [١٩] . أن الاختصاصي الاجتماعي يحاول تكييف المريض نفسياً واجتماعياً للمرض وتطوراته ، ويحاول مساعدته في اجتياز الظروف العصيبة او الازمات الانفعالية التي يمر بها بسبب مرضه كما في حالة بتر أحد الاعضاء أو اجراء العمليات الجراحية الصعبة كعمليات فتح الدماغ وتبديل صممات القلب ... الخ . يمكننا تلخيص المهام التي يقوم بها الاختصاصي الاجتماعي الطبي ازاء المريض المحال بالنقاط الآتية :

١- تمكين المريض من التكيف النفسي- والاجتماعي للادوار الجديدة التي يحتلها والتي تتلائم مع حالته المرضية مع حثه على التنازل عن الادوار التي لم يعد قادراً على أحتلالها نتيجة للمرض الذي ألم به .

٢- مساعدة المريض في تخفيف أو أزالة المشاعر والاحاسيس السلبية التي تنتابه بسبب المرض وضغوطه الجسمية والنفسية والاجتماعية [٢٠] .

٣- تشجيع المريض على التعبير عن ذاتيته الحقيقية التي تجسد مخاوفه وآلامه ومصادر قلقه وتوتراته لكي يصار الى معالجتها وتطويق آثارها السلبية .

٤- معرفة قدرات وخبرات ومهارات المريض لكي يصار الى تنميتها وتطويرها والاستفادة منها خلال فترة المرض وبعدها .

٥- تشجيع وتنمية المواقف والاتجاهات والآراء والقيم الايجابية التي يفصح عنها المريض والتي يمكن الركون اليها في اعطاء الفرصة للمريض في أداء التزاماته الاسرية والمجتمعية .

٦- تقوية معنوية المريض وزرع الثقة بالنفس عنده لكي يقاوم المرض ويتغلب على مخاطره ومن ثم ينال الشفاء ويعود ثانية لممارسة مهامه الأسرية والوظيفية (٢١)

٧- تأهيل المريض اجتماعياً ونفسياً ومهنياً بعد شفائه من المرض وعودته الى الحياة الاجتماعية المعتادة .

٨- ايجاد العمل المناسب للمريض بعد شفائه ، العمل الذي يتناسب مع قدراته وحالته الصحية والنفسية وتاهيله المهني الجديد .

ثانياً:   العلاج غير المباشر

وهو أهتمام الاختصاصي الاجتماعي بالبيئة الخارجية للمريض كالاسرة ومكان العمل واماكن الترويح والتثقيف والعبادة وغيرها . ويعتمد الاختصاصي الاجتماعي الاساليب التالية في معالجة المريض معالجة اجتماعية تخفف عنه ضغوط البيئة المفروضة عليه ومشكلاتها :

أ-   الحاق اسرة المريض بمؤسسات الرعاية الاجتماعية التي تقدم لها المساعدة المادية والاجتماعية والثقافية والروحية خلال فترة مرض الاب أو ولي الأمر .

ب-   العمل على تغيير سكن المريض إذا كانت شروط السكن غير ملائمة ، مع تغيير عمل المريض إذا كان العمل غير مناسب وكان سبباً من أسباب وقوع رب الأسرة او ولي الأمر في المرض .

جـ -   توعية أفراد الوسط الاجتماعي الذي يحتك به المريض بظروف الاخير ومشكلاته لكي يعاملوه المعاملة التي تتجاوب مع حالته الصحية ومشكلاته الاجتماعية (٢٢) . وهنا يكون الوسط الاجتماعي للمريض أكثر تجاوبا

وانسانية مما كان عليه سابقاً ، الأمر الذي يساعد المريض في التكيف للبيئة الاجتماعية .

د-   العمل على حل مشكلات المريض ومشكلات أسرته .

هـ-   تعريف المريض بالمؤسسات الاجتماعية والصحية والترويحية التي يمكن مساعدته ومساعدة أسرته لكي يستفيد منها في حل مشكلاته وتحسين ظروفه الخاصة والعامة .

د-   **دور الاختصاصي الاجتماعي في المستشفى (خدمة الفرد) :**

يؤدي الاختصاصي الاجتماعي العديد من المهام أزاء المريض ، هذه المهام التي تشتق من اختصاص خدمة الفرد والتي تمكن المريض من مجابهة المرض وطرد مخاوفه والتكيف لظروفه . أن دور الاختصاصي الاجتماعي الطبي في المستشفى انما يتجسد في المهام الآتية :

١-   **مساعدة المريض على تقبل المرض :**

لما كان فن خدمة الفرد يعتمد أساساً على قبول المحتاج (الزبون) لمشكلته ، ومعظم المرضى لا يتقبلون امراضهم ولا يريدون احتلال دور المريض في المجتمع ، فقد أصبح لزاماً على الاختصاصي الاجتماعي أن يساعد المرضى على تقبل امراضهم . علماً بأن التقبل هذا ليس هو مجرد التسليم بوجود المرض بل هو التفكير بوجود المرض ومحاولة علاجه والتحرر من أدرانه [٢٣] .

٢-   **مساعدة المريض في القضاء على مظاهر الخوف والقلق :**

للخوف والقلق تأثيرهما السلبي على ارادة المريض في مقاومة المرض . فالمريض الخائف من العمليات الجراحية الكبرى والذي ينتابه القلق حول مستقبله الصحي المجهول لا يستطيع ان يقاوم المرض ولا يتحمل هول الآلام والصعوبات التي تنتظره . لذا نراه يستسلم للمرض ولا يقاومه بحيث يتغلب المرض عليه ويستحكم في جسده أو عقله الى درجة قد تؤدي به الى عدم الشفاء بسرعة أو قد تؤدي به الى الموت المحقق . لذا

ينبغي عدم اجراء العملية الجراحية الكبرى على المريض الخائف والمنهار القوى . فقبل اجراء العملية له ينبغي تهدئته وجلب الاطمئنان الى نفسه . وهنا يلعب الاختصاصي الاجتماعي الطبي الدور الكبير في طرد مظاهر الخوف والقلق عن المريض وتكييفه لدوره الجديد وتقوية ثقته بنفسه وتبصيره بفائدة العملية الجراحية في أنقاذه من المرض[٢٤] ، مع تقوية علاقته الانسانية بالطبيب وبقية أفراد الفريق الصحي لكي يهتم الاخيرون بالمريض ويمنحونه الرعاية الطبية والعلاج اللازم الذي يستحقه .

٣-   حل المشكلات الاجتماعية المحيطة بالمريض :

يؤدي الاختصاصي الاجتماعي الطبي الدور الكبير في حل المشكلات الاجتماعية للمريض ومشكلات أسرته . ذلك أن الاختصاصي الاجتماعي يؤهل المريض على احتلال دوره الجديد ويمده بالمساعدات المادية وغير المادية التي يحتاجها ، ويتصل بأهل المريض وذويه لحل مشكلاتهم المتعلقة بالعوز المادي وتربية الاطفال ومتابعة دراستهم ومنعهم عن الاختلاط بأبناء السوء وتخفيف أزمات السكن والتربية والتعليم والصحة والترويح عن كاهلهم. علماً بأن حل مشكلات اسرة المريض عن طريق النصائح التي يسديها الاختصاصي الاجتماعي الطبي أو عن طريق الاتصال بمؤسسات الخدمة الاجتماعية وحثها على مساعدة أسرة المريض لا بد أن يمنح الفرصة للمريض بالاطمئنان حول عائلته والتفرغ لمقاومة مرضه وقهر معوقاته واخطاره [٢٥] .

٤-   الاتصال بافراد أسرة المريض :

من المهام التي يضطلع بها الاختصاصي الاجتماعي الاتصال بعائلة أو أسرة المريض لاخبارهم عن الحالة الصحية لمريضهم وجلب الاطمئنان الى نفوسهم والتأكيد لهم بأن مريضهم سيشفى قريباً ويتحرر من الآلام ومضايقات المرض . ومن جهة ثانية ينقل الاختصاصي الاجتماعي الطبي اخباراً سارة عن أسرة المريض الى المريض ، هذه الاخبار التي تجلب الاطمئنان والتفاؤل للمريض . الأمر الذي يمكنه من مقاومة المرض ومقارعة اخطاره . كما يؤدي الاختصاصي الاجتماعي دوره الفاعل في تقوية العلاقات

الانسانية بين المريض وافراد أسرته مما يوحد الأسرة ويجعلها منظمة متماسكة تقف خلف المريض وتدعمه وتعزز كيانه .

٥-مساعدة المريض في التكيف مع الحياة الجديدة بعد الخروج من المستشفى :

ينبغي على الاختصاصي الاجتماعي الطبي تهيئة المريض لحياته المهنية والاجتماعية الجديدة قبل خروجه من المستشفى وهذه التهيئة تكون من خلال برامج أعادة التأهيل التي من خلالها يستطيع المريض التكيف اجتماعياً ونفسياً ومهنياً لاوضاعه الجديدة التي تتناسب مع حالته الصحية وامكاناته الجسمية والعقلية . وإذا ما تكيف المريض لحياته الجديدة بعد شفائه وخروجه من المستشفى فأنه يستطيع الاستقرار في المجتمع والتفاعل مع ابنائه وتكوين أقوى العلاقات معهم . كما يستطيع الاختصاصي الاجتماعي أيجاد العمل الملائم للمريض ، العمل الذي يسد أوقات فراغه ويمده بمصادر الرزق ويجعله يشعر بأنه لا يزال نافعاً وفاعلاً في المجتمع .

٦- مساعدة الاطباء واعضاء الفريق الصحي في التعرف على المرضى وظروفهم :

يؤدي الاختصاصي الاجتماعي الطبي الدور الفاعل في نقل المعلومات والحقائق عن الاوضاع الاجتماعية للمريض وطباعه وحالته النفسية والمعنوية ومواقفه وميوله واتجاهاته ومصالحه وأهدافه والمشكلات الاجتماعية والنفسية التي يعاني منها . ومثل هذه المعلومات والحقائق تكون مفيدة للاطباء وبقية اعضاء الفريق الصحي إذ تمكنهم من اعتما اساليب التعامل التي تتلائم مع واقع المريض وظروفه الذاتية والموضوعية [٢٦] . علماً بأن هذا التعامل لا بد أن يقوي العلاقات الانسانية بين المريض والطبيب وبقية أفراد الفريق الصحي. وإذا ما تعمقت العلاقات الانسانية بين المريض والطبيب فأن المريض لا بد ان يتجاوب مع الطبيب وينفذ نصائحه وتوجيهاته كافة ويمتلك الثقة المطلقة به . ومن جهة ثانية نلاحظ بأن تقوية اواصر العلاقة الانسانية بين الطبيب والمريض لا بد ان تحفز الطبيب على خدمة المريض ومعالجته بصورة جيدة ومقنعة مما يسبب شفاء المريض من المرض بأسرع وقت ممكن .

هـ - دور الاختصاصي الاجتماعي في المستشفى (خدمة الجماعة):

يتوخى الاختصاصي الاجتماعي الطبي تحقيق أهداف سامية للجماعة او المؤسسة (المستشفى) التي يعمل فيها . وبدون الاهداف المتوخاة فأن خدمة الجماعة التي يعتمدها الاختصاصي في المستشفى تكون خدمة هامشية وقاصرة لأنها تفتقد الغرض الذي يدفعها الى العمل المبدع والخلاق . أن أهم أهداف خدمة الجماعة التي يريد الاختصاصي الاجتماعي تحقيقها في المستشفى انما هي تنمية قدرات المرضى وصقل مواهبهم وتفجير طاقاتهم المبدعة وزجها في خدمة الجماعة أو المؤسسة (المستشفى) بحيث تكون قادرة على بلوغ غاياتها وأهدافها . وتنمية قدرات المريض في المستشفى انما هي عملية توكل الى الاختصاصي الاجتماعي الطبي الذي يصدر ايعازاته بشأن ضرورة تعلم المرضى أصول التعامل والعلاقات الانسانية التي تحتاجها المستشفى في عملها اليومي والتفصيلي ، واتقان أداء الادوار الاجتماعية التي يشغلونها في المستشفى من خلال تدريبهم عليها وحثهم على خدمة الجماعة عن طريقها . ويسعى الاختصاصي الاجتماعي الى تحفيز المرضى على تطوير صيغ العمل التعاوني في المستشفى ومواجهة كل ما من شأنه أن يعرقل انشطة المستشفى كجماعة اجتماعية ويقتل روح التعاون والانسجام عند المرضى واعضاء الفريق لصحي . إضافة الى تصدي قائد المجموعة (الاختصاصي الاجتماعي الطبي) لهؤلاء المرضى والاطباء والممرضين الذين يعرقلون سير العمل في الجماعة ويقفون ضد اهدافها وطموحاتها المشروعة .

ولا تهدف خدمة الجماعة في المستشفى الى تنمية روح التعاون والانسجام بين المرضى واعضاء الفريق الصحي وخلق الاجواء المناسبة للعمل والمعيشة فحسب ، بل تهدف أيضاً الى تكييف المرضى للمؤسسة الصحية بحيث تكون المؤسسة وحدة صلدة ومتماسكة وقادرة على بلوغ غاياتها واهدافها . وتكييف المرضى للمستشفى انما هي عملية تنطوي على استيعاب المرضى لقيم ومقاييس واهداف المستشفى ومد الجسور بين المرضى والمستشفى وخلق الاجواء النفسية والاجتماعية التي تجعل المريض يعمل من أجل المستشفى وتجعل المستشفى تعمل من أجل المريض . ولعل من المفيد ان نشير هنا الى ان تكييف المرضى للمستشفى أو المؤسسة الصحية انما هو عملية تقع على عاتق

الاختصاصي الاجتماعي الطبي ، فالاختصاصي يتعين عليه الاعتراف بقيمة المرضى في ابداء آرائهم ومناقشتهم للخدمات والعناية التمريضية التي تقدم لهم وتقييمهم للمقترحات والافكار التي تطرح من أجل تطوير العمل الصحي . زد على ذلك ضرورة تمسك الاختصاصي الاجتماعي بمبدأ الديمقراطية في اتخاذ القرار ورسم سياسة المستشفى كجماعة اجتماعية. وإذا ما قام الاختصاصي الاجتماعي بهذا العمل فأنه يدخل الى قلوب المرضى وينال التأييد منهم . وهنا يتمكن كل واحد في المستشفى من الانضواء تحت لواء الجماعة والتكيف لظروفها وبرامجها وبقيمها واهدافها [٢٧] .

ومن المهام الاخرى للاختصاصي الاجتماعي الطبي في المستشفى وهو يعتمد تكنيك خدمة الجماعة توطيد العلاقات الاجتماعية الداخلية بين المرضى واعضاء الفريق الصحي من جهة ، وتوطيد العلاقات الاجتماعية الخارجية بين المستشفى والمؤسسات الاجتماعية الاخرى التي يتكون منها المجتمع الكبير من جهة أخرى لاسيما الأسرة والمدرسة والمجتمع المحلي ووسائل الاعلام واماكن العبادة والعمل ... الخ. إن من أهم مهام الاختصاصي الاجتماعي الطبي توليد العلاقات الانسانية بين أعضاء المؤسسة الصحية كالمستشفى مثلاً بغض النظر عن الادوار الوظيفية التي يحتلونها فيها والمستويات الثقافية والمهنية التي يتمتعون بها . لكن مهمة توليد العلاقات الانسانية الوطيدة بين الادوار الاجتماعية المختلفة للجماعة أو المؤسسة انما تتطلب تحطيم الحواجز النفسية والاجتماعية بين الادوار الرئاسية في الجماعة والادوار المرؤوسية . وتحطيم هذه الحواجز لا يتم الا من خلال اتباع الطرق الديمقراطية في التفاعل الاجتماعي وتحقيق مبدأ المساواة والعدالة الاجتماعية في التعامل مع أفراد الجماعة والعمل على تحقيق الاماني الذاتية والمجتمعية للافراد . والجماعة الاجتماعية كالمستشفى أو المركز الصحي يتعين عليها توليد العلاقات الانسانية الطيبة مع بقية الجماعات الاخرى لكي تستطيع أن تحقق طموحاتها المجتمعية . غير ان عملية توليد العلاقات الايجابية مع الجماعات الاخرى انما تتطلب قيام كل جماعة بخدمة الجماعة الاخرى وتوفير الاجواء الحضارية للتقارب والتفاعل بين الجماعات والتزام كافة

الجماعات بفلسفة وعقيدة المجتمع الكبير التي توحد قيم ومقاييس ومصالح واهداف هذه الجماعات بحيث تعمل وكأنها جماعة واحدة .

واخيراً تهدف خدمة الجماعة في المستشفى من خلال جهود وفنون الاختصاصي الاجتماعي الطبي الى ربط انشطة المرضى من خلال البرامج الجماعية كالبرامج الثقافية والترويحية والرياضية والاجتماعية بالاهداف والغايات التي تحددها المستشفى وتعتبرها دليلاً لانشطتها وفعالياتها . فخدمة الجماعة دائماً ما تسير انشطة الافراد في خط الاهداف التي تتبناها (٢٨) . لو أخذنا البرامج الترويحية التي يعدها الاختصاصي الاجتماعي الطبي للمرضى لشاهدنا بأن هذه البرامج هي أدوات فعالة لتحقيق اغراض واهداف المستشفى. فالبرامج الترويحية التي يعدها الاختصاصي الاجتماعي للمرضى قد تتجسد في السفرات الى الاماكن الاثرية والتأريخية والالعاب الفردية أو الجماعية التي يقترحها عليهم والمطالعة ومشاهدة التلفزيون وسماع الراديو وممارسات الهوايات المحببة الى نفوس المرضى ٠٠ الخ . علماً بأن البرامج الترويحية التي يقتفيها المرضى داخل وخارج المؤسسة الصحية انما تؤدي دورها الفاعل في سد أوقات فراغهم والترفيه عنهم وعدم التفكير بمشكلاتهم وهمومهم وتكوين العلاقات الانسانية الطيبة فيما بينهم . وامور كهذه مع العلاج والعناية الطبية التي يتلقونها في المستشفى أو المركز الصحي تؤدي الدور الكبير في شفائهم وتحررهم من ضغوط ومضايقات المرض . وإذا ما حصل المرضى على الشفاء وتخلصوا من شرور المرض فأن المستشفى كمؤسسة اجتماعية تكون قد حققت اهدافها الرئيسية وأسدت للمجتمع خدمة نافعة لا يستطيع الاستغناء عنها مهما تكن الظروف والمناسبات .

و- مكتب الخدمة الاجتماعية الطبية :

(Medical Social Service Unit)

يؤدي مكتب الخدمة الاجتماعة الطبية الملحق بالمستشفى العديد من الخدمات الاجتماعية للمرضى الراقدين في المستشفى لاسيما المرضى الذين يحتاجون الى الرعاية الاجتماعية . فبعد تحويل المرضى الى وحدة أو مكتب الخدمة الاجتماعية الطبية من قبل الاطباء أو الممرضات أو أعضاء الفريق الصحي يقوم الاختصاصيون الاجتماعيون

الطبيون بمقابلة هؤلاء المرضى للتأكد من حاجتهم الى الخدمات الاجتماعية الطبية مع معرفة طبيعة أو نوعية هـذه الخدمات . وبعد تشخيص الخدمات الاجتماعية التي يحتاجها المرضى يبدأ الاختصاصيون الاجتماعيون بتقديم هـذه الخدمات لهـم ، هذه الخدمات التي تطرد الخوف والقلق عنهم وتكيفهم لمحيط المستشفى وتحل مشكلاتهم الاجتماعية ومشكلات أسرهـم وتقـوي علاقاتهم الانسانية بالاطباء والممرضات وبقيـة أعضاء الفريق الصحي .

أن مكتـب الخدمـة الاجتماعيـة الطبيـة مـن خـلال خـدمات ومهارات وفنـون الاختصاصيين الاجتماعيين العاملين فيه يؤدي الكثير مـن الخدمات الاجتماعية للمرضى الراقدين في المستشفى ويمكن درج هذه الخدمات بالنقاط الآتية :

١- تكييف المريض لدوره الجديد في المستشفى مـع حثه عـلى التخلي عـن الآدوار الاجتماعية الوظيفية التي كان يشغلها قبل أصابته بالمرض .

٢- طرد الخوف والقلق والتوتر النفسي الذي ينتاب المريض نتيجة للمـرض المصاب بـه، هـذا المـرض الـذي جعـل مسـتقبل المريض مجهـولاً ومحفوفاً بالاخطار والتحديات .

٣- تكييف المريض لاوضاعه وظروفه في المستشفى وجعلـه يتجاوب مـع المرضى الآخرين ومع جميع أعضاء الفريق الصحي .

٤- العمل عـلى حـل مشكلات المريض الاجتماعية والنفسية والاقتصادية داخـل وخارج المستشفى مع حل مشكلات أسرته .

٥- تقوية العلاقة الانسانية بين المريض والطبيب وبقية أفراد الفريق الصحي ، مـع تقوية علاقات المريض بأسرته وأقاربه .

٦- نقل أخبار المريض الراقد في المستشفى الى أسرته ونقل أخبار أسرة المـريض الى المريض نفسه لكي يطمئن على أحوالهم ويتعرف على ظروفهم ومشكلاتهم .

٧- اتصال مكتب الخدمة الاجتماعية الطبية الكائن في المستشفى ببقية المؤسسات الاجتماعية التي يحتاجها المريض لكي تسهم هذه المؤسسات في حل مشكلات المريض والمشاركة في تكييفه للمجتمع والحياة الجديدة التي يعيشها .

٨- مشاركة مكتب الخدمة الاجتماعية الطبية في اعادة تأهيل المريض وتشغيله في عمل يتلائم مع حالته الصحية وظروفه الموضوعية والذاتية.

هذه هي المهام الرئيسية التي يمكن أن يسديها مكتب الخدمة الاجتماعية الطبية الى المرضى الراقدين في المستشفى ، ولكن ما هي المستلزمات المادية والبشرية التي يحتاجها المسؤولون عند تأسيس مثل هذا المكتب . ان المستلزمات المادية التي يحتاجها مكتب الخدمة الاجتماعية الطبية هي على النحو الآتي :

١- بناية ملائمة تقع داخل المستشفى تتكون من عدد من الغرف مع تأثيثها بالاثاث اللازم .

٢- سيارة من نوع كروزر تنقل الاختصاصيين الاجتماعيين من المستشفى الى دور المرضى والى بقية المؤسسات الاجتماعية التي يتصل بها الاختصاصيين من أجل اشراكها في اعادة تأهيل المرضى وحل مشكلاتهم الاجتماعية والنفسية والمادية .

٣- آلة حاسبة مع بقية أدوات البحث الاجتماعي التي يحتاجها الاختصاصيون الاجتماعيون .

٤- مكتبة تحتوي على مختلف المصادر والكتب والمجلات العلمية الدورية والصحف اليومية التي يحتاجها الباحثون الاجتماعيون في المركز .

أما المستلزمات البشرية التي يحتاجها مكتب الخدمة الاجتماعية الطبية فيمكن تحديدها بالنقاط الآتية:

١- مدير مكتب الخدمة الاجتماعية الطبية الذي ينبغي أن يحمل شهادة أولية جامعية في الخدمة الاجتماعية أو علم الاجتماع .

٢- عدد من الاختصاصيين الاجتماعيين الطبيين الذين يحملون مؤهلات في الخدمة الاجتماعية الطبية .

٣- عدد من الاداريين والكتبة الذين يحتاجهم المكتب .

٤- إذا كان المكتب خارج المستشفى فأنه يحتاج الى طبيب في الامراض العامة واختصاصي في الطب النفسي .

مصادر الفصل السادس عشر

(١)   أحمد ، كمال احمد (الدكتور) وعدلي سليمان ، الخدمة الاجتماعية والمجتمع ، مكتبة القاهرة الحديثة ، القاهرة ، ١٩٦٤، ص ٥٠٠.

(٢)   المصدر السابق، ص ٥٠١.

(٣)   الحسن ، إحسان محمد(الدكتور) . علم الاجتماع : د راسة تحليلية ، مطبعة التعليم العالي، بغداد، ١٩٨٨، ص ٣٤.

(٤)   المصدر السابق، ص ٣٥.

(٥)   علي، صباح الدين، الخدمة الاجتماعية ، مؤسسة المطبوعات الحديثة، القاهرة، ١٩٦٠، ص ٤١٧.

(٦)   المصدر السابق، ص ٤١٨.

(٧)   المصدر السابق، ص ٤١٩.

(٨)   الويس ، كامل طه (الدكتور) . اتجاهات وآفاق تأهيل وتشغيل معوقي الحرب ، إطروحة الدورة السابعة لكلية الدفاع الوطني ، جامعة البكر للدراسات العسكرية العليا، ١٩٩٠ ، ص ١٥.

(٩)   شهاب، بهيجة أحمد، المدخل الى الخدمة الاجتماعية ، مطبعة جامعة الموصل، الموصل ، ١٩٨٣، ص ٨٧٨.

(١٠) علي، صباح الدين، الخدمة الاجتماعية ، ص ٤١٨.

(١١) المصدر السابق ، ص ٤١٨.

(١٢) المصدر السابق، ص ٤٢١.

(١٣) المصدر السابق، ص ٤٢٢.

(١٤) المصدر السابق، ص ٤٢٢.

(١٥) شهاب ، بهيجة احمد ، المدخل الى الخدمة الاجتماعية ، ص ٨٨٣.

(١٦) أحمد ، كمال أحمد (الدكتور) وعدلي سليمان، الخدمة الاجتماعية والمجتمع ، ص ٥٠٢.

(١٧) المصدر السابق، ص ٥٠٥.

(١٨) شهاب ، بهيجة أحمد ، المدخل الى الخدمة الاجتماعية ، ص ٨٨٠.

(١٩) المصدر السابق، ص ٨٨١.

(٢٠) الكعبي ، صبيح جبر (الدكتور) . أثر العوامل الاجتماعية في الامراض النفسية ، إطروحة دكتوراه في علم الاجتماع الطبي، كلية الآداب ، جامعة بغداد، حزيران ١٩٩٠ ، ص ١٠٧.

(٢١) المصدر السابق، ص ١١٠.

(٢٢) احمد، كمال احمد (الدكتور) . الخدمة الاجتماعية والمجتمع ، ص٥٠٥ .

(٢٣) علي، صباح الدين، الخدمة الاجتماعية ، ص ٤٢٢.

(٢٤) المصدر السابق، ص ٤٢٢ـ ٤٢٣.

(٢٥) المصدر السابق، ص ٤٢٤.

(٢٦) الحسن، إحسان محمد(الدكتور) وبهيجة احمد شهاب، خدمة الجماعة ، مطبعة جامعة الموصل ، الموصل ، ١٩٩٠ ، ص ١٢.

(٢٧) المصدر السابق، ص ٢٤٥.

T0102955

Printed in the United States
By Bookmasters